"一带一路"农业合作与政策

"YIDAIYILU"
NONGYE HEZUO YU ZHENGCE

朱玉春　王永强　主编

中国农业出版社
北　京

主　编：朱玉春　王永强

副主编：闫小欢　徐家鹏　胡华平

　　　　赵殷钰　孙自来　刘天军

前言
FOREWORD

为稳步推进国家"一带一路"倡议实施，与"一带一路"国家深度开展农业全方位合作，促进与"一带一路"国家农业投资合作、贸易合作、科教合作和农业技术合作，培养和造就一批具有国际化视野、有志服务于共建"一带一路"国家农业生产、投资、贸易等方面所需要的农业管理国际化专门人才，特别是培养和储备一批具有国际视野、通晓国际规则、能够参与国际事务和竞争的国别与区域合作应用型专业人才，更好为"一带一路"建设提供强有力的人才智力支撑，教材编写组依托西北农林科技大学经济管理学院中俄农业科技发展政策研究中心、中国哈萨克斯坦研究中心和数量经济研究中心等省部级和院级研究中心和平台，组织校内外具有丰富实践经验的研究生导师、龙头企业高级专业技术人员和高管组建"双师型"导师团队，根据"一带一路"国家农业经济管理政策、现代农业发展、农产品国际贸易、区域经济与发展四个研究方向的农业管理人才需求，教材编写组经过三年多的实践探索和研究积累，编写了本教材。

本教材按照32～64学时设计其内容体系，课内外学时比为1:2设计其内容体系。通过课程教学，使学生达到：①了解"一带一路"倡议的历史背景、主要任务、相关政策和沿线主要国家的基本情况，能够秉持求真、创新、合作、开放的价值观，成为有能力处理与此相关问题的高层次、复合型的决策者、管理者和研究者。②使学生掌握农业经济与管理的基本理论、方法和技术，适应经济全球化需要，具备良好的政治思想素质和职业道德素养，具有创新精神和实践能力，通晓现代农业经济学和农业管理学基础理论，懂得国别与区域研究基本知识，具有国际视野和国际竞争能力，有较高外语水平的高素质复合型农业管理应用型人才，能够胜任在涉外企事业单位、政府部门和社会团体从事涉及"一带一路"倡议国际事务的管理工作。

全书共分三大部分12章内容。

第一部分，"一带一路"国家农业概况。通过教学，要求学生达到：了解"一带一路"倡议的历史背景、主要任务、相关政策，了解沿线东北亚、南亚、东南亚、中亚、西亚和欧洲主要国家的基本概况。

第二部分，"一带一路"国家农业与农业政策。通过教学，要求学生达到：掌握"一带一路"沿线东北亚、南亚、东南亚、中亚、西亚和欧洲主要国家的农业资源条件、农业生产、农业科技发展和农业政策概况。

第三部分，中国与"一带一路"国家农业合作及"一带一路"国家农业与农业政策。通过教学，要求学生达到：理解并掌握中国与"一带一路"沿线东北亚、南亚、东南亚、中亚、西亚和欧洲主要国家农业合作的潜力与机会、障碍与风险、合作模式和合作政策。

本书编著过程中，参考了国内外许多关于"一带一路"国家农业合作的期刊、文献、书籍和网站资料，在本书的参考文献中一并列出，疏漏之处，还请作者批评指正。《"一带一路"农业合作与政策》作为西北农林科技大学研究生重点建设的精品特色教材之一，得到了研究生院、学校教学管理部门、学院的指导和支持。本书作为教材建设立项成果，通过了学校组织的专家评审，并在"一带一路"国际农业管理专业硕士课堂上使用三届，专家和学生们提出了许多宝贵意见。在此，对西北农林科技大学研究生院等部门、有关参考文献的作者、专家和学生们一并表示最衷心的感谢。

由于我们水平有限，书中定有疏漏、不妥甚至错误之处，恳请读者批评指正。

朱玉春

2024 年 9 月于西北农林科技大学

目 录
CONTENTS

第1部分

"一带一路"国家概况

第 1 章　"一带一路"倡议及共建国家概况

1.1　"一带一路"倡议的战略框架

　　"一带一路"建设是新时代中国与世界良性互动的新路径，以陆海内外联动和东西双向互济的两翼为支撑，优化中国经济空间格局，打造"六廊六路多国多港"为架构的多条经济走廊（王志民等，2021）。习近平主席于 2013 年 9 月和 10 月分别提出"一带"和"一路"，当年 11 月召开的十八届三中全会和 2014 年的《政府工作报告》均将"一带一路"与京津冀协同发展、长江经济带一起确定为优化我国经济空间格局的三大战略。2016 年 3 月，国务院印发的《关于深化泛珠三角区域合作的指导意见》指出："一带一路"立足泛珠三角区域连接南亚、东南亚和沟通太平洋、印度洋的区位优势，构建以粤港澳大湾区为龙头，以珠江—西江经济带为腹地，带动中南、西南地区发展，辐射东南亚、南亚的重要经济支撑带。2018 年 10 月，国务院印发《中国（海南）自由贸易试验区总体方案》，提出"把海南打造成为我国面向太平洋和印度洋的重要对外开放门户"。2019 年 2 月，中共中央、国务院印发的《粤港澳大湾区发展规划纲要》指出：打造粤港澳大湾区，"通过区域双向开放，构筑丝绸之路经济带和 21 世纪海上丝绸之路对接融汇的重要支撑区。"2020 年 10 月，中共中央政治局会议审议《成渝地区双城经济圈建设规划纲要》指出："唱好'双城记'，联手打造内陆改革开放高地，共同建设高标准市场体系，营造一流营商环境，以共建'一带一路'为引领，建设好西部陆海新通道，积极参与国内国际经济双循环"。习近平总书记在党的二十大报告中强调，"中国坚持对外开放的基本国策，坚定奉行互利共赢的开放战略"，"推进高水平对外开放"。2023 年 10 月，在第三届"一带一路"国际合作高峰论坛开幕式主旨演讲中，习近平主席宣布中国支持高质量共建"一带一路"的八项行动。一年来，在共建国家的共同努力下，八项行动稳步推进，成果斐然，为共建"一带一路"第二个十年奠定良好开局。

　　"一带一路"以推动我国经济发展为主线，以优化和拓展中国经济空间格局为坐标，构建广泛参与的区域经济合作新平台。在不存在任何重大体系力量的时候，政策制定者能够成为变迁的施动者。2015 年 3 月，国家发展改革委、外交部、商务部等三部委联合发布《推动共建丝绸之路经济带和 21 世纪海上丝绸之路的愿景与行动》，作出了地缘上的顶层设计。"一带一路"贯通亚欧非大陆，一头是活跃的东亚经济圈，一头是发达的欧洲经济圈，中间广大腹地国家经济发展潜力巨大。丝绸之路经济带重点畅通中国经中亚、俄罗斯至欧洲（波罗的海）；中国经中亚、西亚至波斯湾、地中海；中国至东南亚、南亚到印度洋。21 世纪海上丝绸之路重点方向是从中国沿海港口过南海到印度洋，延伸至欧洲；从中国沿海港口过南海到南太平洋。

"六廊六路多国多港"设施联通的总体布局已经基本形成并不断延伸和拓展。在中国—中亚—西亚、中蒙俄、新亚欧大陆桥、中国—中南半岛、孟中印缅、中巴等"六大经济走廊"顶层设计的基础上，我国又先后与相关国家达成构建中尼印经济走廊、中缅经济走廊、澜湄流域经济发展带等共识，初步形成陆海内外联动、东西双向互济的双栖对外开放新格局。以公路、铁路、水路、空路、管路、信息高速路等"六路"的形式并以沿线主要国家和重要港口为依托，逐渐形成人流、物流、资金流、信息流和技术流，在联动发展基础上构建优势互补的区域经济合作新模式。这些从内陆到沿海的国际大通道将沿线国家的节点城市、边境经济合作区、重要港口及由此形成的产业集群连接起来，已经形成经济合作上联动发展的聚集效应。

蓝色经济通道是"21 世纪海上丝绸之路"互联互通的长远谋划和总体布局。2017 年 6 月，国家发展改革委和海洋局联合发布《"一带一路"建设海上合作设想》，确定我国与世界全方位联通的三条蓝色经济通道：一是我国沿海——大洋洲——南太平洋的蓝色经济通道，实现与大洋洲及南太平洋岛国的海上联通；二是我国沿海——印度洋——非洲——地中海的蓝色经济通道，实现与中国——中南半岛、孟中印缅、中缅、中巴等经济走廊及非洲和西欧地区的联通；三是我国沿海——白令海峡——北欧——西欧的蓝色经济通道，联通北冰洋东北航道以打造"冰上丝绸之路"。"一带一路"建设由此贯通并环绕亚欧大陆，连接太平洋、印度洋、大西洋和北冰洋等四大洋，延伸并辐射至大洋洲、非洲及北美洲等地区，并影响到全世界。

同时，"一带一路"建设的"南向通道"以重庆为中心，向北联通甘肃、青海、宁夏、新疆等西北省区并延伸至中亚、西亚；向南联通四川、贵州、云南、广西等西南省区，从北部湾等港口出海，形成"西部陆海新通道"，连接太平洋、印度洋、大西洋及东南亚、太平洋岛国及南亚、中东、非洲、欧洲等地区，发挥陆海联运的优势，从而实现时间上的快捷和经济上的高效。相关国家特别是中南半岛国家非常期待加强与"西部陆海新通道"的互联互通，并实现与粤港澳大湾区等中国各地区的联动发展。2019 年国家发展改革委印发《西部陆海新通道总体规划》，标志着西部陆海新通道上升为国家战略。2021 年《"十四五"推进西部陆海新通道高质量建设实施方案》公布。2022 年，党的二十大报告明确提出，加快建设西部陆海新通道。2017—2023 年，西部陆海新通道铁海联运班列发送集装箱货物分别为 3 382 标箱、5.34 万标箱、9.4 万标箱、31.3 万标箱、63.2 万标箱、75.6 万标箱和 86.1 万标箱，6 年增长了 253.6 倍。

"一带一路"建设还大大拓展了我国"西部大开发"战略升级，推动东部和西部的平衡和充分发展，是解决新时代我国社会主要矛盾的新路径。党的二十大报告指出，我国社会主要矛盾已经转化为人民日益增长的美好生活需要和不平衡不充分的发展之间的矛盾。从宏观上分析，西部地区落后于东部地区是不平衡不充分发展的重要体现。《推动共建丝绸之路经济带和 21 世纪海上丝绸之路的愿景与行动》提出，发挥我国西北地区的区位优势，深化与中亚、南亚、西亚等国家交流合作，形成丝绸之路经济带上重要的交通枢纽、商贸物流和文化科教中心，打造丝绸之路经济带核心区；发挥我国西南地区的独特优势，构建面向东盟区域的国际大通道，打造西南、中南地区开放发展新的战略支点。2020 年 5 月，国务院出台《关于新时代推进西部大开发形成新格局的指导意见》，以共建"一带一路"为引领，加大西部开放力度等重大举措。我国西部地区正在积极参与和融入"一带一路"建设，强化开放大通道建设，构建内陆多层次开放平台，加快沿边地区开放发展，发展高水平开放型经济，拓展区际互动合作。

1.2 "一带一路"倡议的五通建设

"一带一路"是新时代我国对外开放的重大举措，推动中国与外部世界的良性互动。如今，"一带一路"倡议不仅写进党章，也写进联合国大会和安理会决议，并得到联合国大会 193 个成员国和安理会 15 个理事国的一致同意。截至 2023 年 6 月，中国已经同 151 个国家和 32 个国际组织签署 200 余份共建"一带一路"合作文件，涵盖了亚欧大陆、非洲、拉丁美洲及南太平洋等广大地区。中国还在"一带一路"框架下与共建国家建立能源合作委员会、投资合作委员会等多个政府间合作委员会及人文合作机制。"一带一路"国家在"五通"各领域建设成绩斐然，超乎预期。

政策沟通为"五通"之首，给"一带一路"建设提供制度保障。以元首外交为引领，以政府间战略沟通为支撑，以地方和部门间政策协调为助力，以企业、社会组织等开展项目合作为载体，建立起多层次、多平台、多主体的常规性沟通渠道。中国成功举办两届"一带一路"国际合作高峰论坛，为各参与国家和国际组织深化交往、增进互信、密切来往提供了重要平台。2017 年的第一届"一带一路"国际合作高峰论坛,29 个国家的元首和政府首脑出席,140 多个国家和 80 多个国际组织的 1 600 多名代表参会。2019 年的第二届"一带一路"国际合作高峰论坛,38 个国家的元首和政府首脑及联合国秘书长、国际货币基金组织总裁等 40 位领导人出席圆桌峰会,超过 150 个国家、92 个国际组织的 6 000 余名代表参会。2023 年 10 月中国政府发布《共建"一带一路":构建人类命运共同体的重大实践》白皮书指出,共建"一带一路"围绕互联互通,以基础设施"硬联通"为重要方向,以规则标准"软联通"为重要支撑,以共建国家人民"心联通"为重要基础,不断深化政策沟通、设施联通、贸易畅通、资金融通、民心相通,不断拓展合作领域,成为当今世界范围最广、规模最大的国际合作平台。

设施联通是"一带一路"的优先建设领域,共建国家联动发展的基础。习近平主席强调,丝绸之路首先得要有路,有路才能人畅其行、物畅其流。"六廊六路多国多港"的总体构架正在破解共建国家基础设施落后的瓶颈。2011 年 3 月 19 日,首趟中欧班列"渝新欧"自重庆始发。渝新欧、蓉欧、义新欧、合新欧、郑欧、汉新欧、贵西欧等中欧班列已开往欧洲 20 个国家,成为新时代的钢铁丝绸之路。截至 2022 年底,中欧班列累计开行突破 6.5 万列、运输货物超 600 万标箱、货值 3 000 亿美元。中欧班列已有 82 条线路开通运行,联通欧洲 24 个国家 200 多个城市,逐步"连点成线""织线成网"。"一带一路"建设为哈萨克斯坦在中国连云港找到出海口,中老铁路建设将联通中泰铁路,老挝从而实现"陆锁国"到"陆联国"的历史性转变。中国远洋海运集团(中远海运)根据特许经营协议于 2008 年开始管理希腊比雷埃夫斯港,在与希腊方面多年携手努力下,港口从一度亏损,逐步发展为如今的地中海第一、欧洲第四大港口。中巴经济走廊最南端的瓜达尔港将被打造成巴基斯坦的"深圳"。如今,"一带一路"沿线的公路、铁路、港口、电力、信息通信建设有序推进,进一步推动"一带一路"建设走深走实。2020 年发布的报告《BRI CONNECT:"一带一路"倡议背后的数字》中指出,依据"一带一路"所建立的全球物流和贸易网络规划,运输项目占"一带一路"所有项目的 47%,金额约 1.88 万亿美元;电力和水利行业在建项目占全球所有项目的 23%,金额达 9 260 亿美元。2013—2022 年,我国在共建国家的承包工程年均完成营业额大约 1 300 亿美元,建设了中老铁路、雅万高铁、蒙内铁路等一系列标志性项目,有效改善了东道国的基础设施条件,大幅提升了互联互通水平。

贸易畅通是共建国家互利共赢的主要动力,"一带一路"建设的重要载体。2017 年 5 月,第一届"一带一路"国际合作高峰论坛曾专门举行"推进贸易畅通"平行主题会议,并发布《推进"一带一路"贸易畅通合作倡议》,强调

"愿通过推进贸易便利化、发展新业态、促进服务贸易合作,推动和扩大贸易往来。"如今,"一带一路"沿线多个国家之间已经建立起贸易畅通工作组,推动市场开放,提高贸易便利化水平。"一带一路"国家之间的贸易增长水平大大高于世界贸易增长水平。2013—2022 年,我国与"一带一路"共建国家的货物贸易累计规模达到 19.1 万亿美元,实现年均 6.4% 的增速。2013—2022年,我国与"一带一路"共建国家的累计双向投资超过 3 800 亿美元,其中对共建国家的直接投资超过 2 400 亿美元,涵盖经济社会发展的多个领域。中国在共建国家承包工程新签合同额、完成营业额累计分别达到 2 万亿美元、1.3万亿美元。2022 年,中国与共建国家进出口总额近 2.9 万亿美元,占同期中国外贸总值的 45.4%,较 2013 年提高了 6.2 个百分点;中国民营企业对共建国家进出口总额超过 1.5 万亿美元,占同期中国与共建国家进出口总额的 53.7%。我国还与共建国家合作建设了一系列的经贸合作区,截至 2023 年底累计投资已经超过 2 700 亿美元。同时,共建国家也积极投资中国,共享中国的发展机遇,十年来累计对华投资超过 1 400 亿美元,在华新设企业接近 6.7 万家。

我国作为"一带一路"倡议国出资设立"丝路基金",并发起成立亚洲基础设施投资银行(简称亚投行)。中国于 2013 年 10 月首次倡议筹建亚投行,并于 2016 年 1 月正式开业。截至 2023 年 10 月,亚投行已发展到 106 个成员,包括 92 个正式成员和 14 个意向成员,覆盖全球 81% 的人口和 65% 的 GDP。丝路基金专门服务于"一带一路"建设,截至 2023 年 6 月底,丝路基金累计签约投资项目 75 个,承诺投资金额约 220.4 亿美元;批准 227 个投资项目,共投资 436 亿美元,项目涉及交通、能源、公共卫生等领域,为共建国家基础设施互联互通和经济社会可持续发展提供投融资支持。中国发起设立中国—欧亚经济合作基金、中拉合作基金、中国—中东欧投资合作基金、中国—东盟投资合作基金、中拉产能合作投资基金、中非产能合作基金等国际经济合作基金,有效拓展了共建国家投融资渠道。中国国家开发银行、中国进出口银行分别设立"一带一路"专项贷款,集中资源加大对共建"一带一路"的融资支持。截至 2022 年底,中国国家开发银行已直接为 1 300 多个"一带一路"项目提供了优质金融服务,有效发挥了开发性金融引领、汇聚境内外各类资金共同参与共建"一带一路"的融资先导作用;中国进出口银行"一带一路"贷款余额达2.2 万亿美元,覆盖超过 130 个共建国家,贷款项目累计拉动投资 4 000 多亿美元,带动贸易超过 2 万亿美元。

民心相通是共建"一带一路"的社会根基。中国与"一带一路"共建国家广泛开展文化旅游合作、教育交流、媒体和智库合作、民间交往等,推动文明互学互鉴和文化融合创新,形成了多元互动、百花齐放的人文交流格局,夯实了共建"一带一路"的民意基础。2016 年 12 月,中央全面深化改革领导小组审议通过《关于加强"一带一路"软力量建设的指导意见》，国家各部委均出台"一带一路"建设相关文件。2020 年 9 月，当代中国与世界研究院发布的《中国国家形象全球调查报告 2019》显示，海外受访民众对中国的整体印象为 6.3 分，其中四成以上的人认为共建"一带一路"是"有广阔前景的全球性公共产品"；68% 的海外受访者认为中国科技创新能力强，在发展中国家受访者中的认可度超过八成。截至 2023 年 6 月底，中国已与 144 个共建国家签署文化和旅游领域合作文件。中国与共建国家共同创建合作平台，成立了丝绸之路国际剧院联盟、博物馆联盟、艺术节联盟、图书馆联盟和美术馆联盟，成员单位达 562 家，其中包括 72 个共建国家的 326 个文化机构。中国在 44 个国家设立 46 家海外中国文化中心，其中共建国家 32 家；在 18 个国家设立 20 家旅游办事处，其中共建国家 8 家。中国发布《推进共建"一带一路"教育行动》，推进教育领域国际交流与合作。截至 2023 年 6 月底，中国已与 45 个共建国家和地区签署高等教育学历学位互认协议。中国设立"丝绸之路"中国政府奖学金，中国地方省份、中国香港特别行政区、中国澳门特别行政区和高校、科研机构也面向共建国家设立了奖学金。中国院校在 132 个共建国家办有 313 所孔子学院、315 所孔子课堂。智库交流更加频繁，"一带一路"国际合作高峰论坛咨询委员会于 2018 年成立，"一带一路"智库合作联盟已发展亚洲、非洲、欧洲、拉丁美洲合作伙伴合计 122 家，16 家中外智库共同发起成立"一带一路"国际智库合作委员会。

1.3 "一带一路"倡议的合作国家

1.3.1 "一带一路"与共建合作协议国家

根据国家信息中心"中国一带一路网"的整理和披露，截至 2023 年 1 月 6 日，中国已经同 151 个国家和 32 个国际组织签署 200 余份共建"一带一路"合作文件（表 1-1）。从大陆洲的区域分布情况来看，已经同中国签署"一带一路"合作协议的 151 个国家，具体分布情况分别是：非洲（52 个）、亚洲（41 个）、欧洲（26 个）、美洲（21 个）、大洋洲（11 个）。

表 1-1 "一带一路"国家（已签署合作协议）按区域分布情况

区域名称	亚区域名称	主要国家
欧洲	东欧	保加利亚、白俄罗斯、捷克、匈牙利、摩尔多瓦、波兰、罗马尼亚、俄罗斯、斯洛伐克、乌克兰
欧洲	南欧	阿尔巴尼亚、波黑、克罗地亚、希腊、意大利、马耳他、黑山、葡萄牙、塞尔维亚、斯洛文尼亚、北马其顿（原马其顿）

（续）

区域名称	亚区域名称	主要国家
欧洲	北欧	爱沙尼亚、拉脱维亚、立陶宛
欧洲	西欧	奥地利、卢森堡
亚洲	东亚	韩国、蒙古
亚洲	南亚	阿富汗、孟加拉国、斯里兰卡、马尔代夫、尼泊尔、巴基斯坦
亚洲	东南亚	文莱、缅甸、柬埔寨、印度尼西亚、老挝、马来西亚、菲律宾、东帝汶、新加坡、越南、泰国
亚洲	中亚	哈萨克斯坦、吉尔吉斯斯坦、塔吉克斯坦、土库曼斯坦、乌兹别克斯坦
亚洲	西亚	阿塞拜疆、巴林、亚美尼亚、塞浦路斯、格鲁吉亚、巴勒斯坦、伊朗、伊拉克、科威特、黎巴嫩、阿曼、卡塔尔、沙特阿拉伯、叙利亚、阿联酋、土耳其、也门
美洲	南美洲	阿根廷、玻利维亚、智利、厄瓜多尔、圭亚那、秘鲁、苏里南、乌拉圭、委内瑞拉
美洲	中美洲	哥斯达黎加、萨尔瓦多、尼加拉瓜、巴拿马
美洲	加勒比	安提瓜和巴布达、巴巴多斯、古巴、多米尼克、多米尼加、格林纳达、牙买加、特立尼达和多巴哥
大洋洲	澳大利亚和新西兰	新西兰
大洋洲	美拉尼西亚	所罗门群岛、斐济、瓦努阿图、巴布亚新几内亚
大洋洲	密克罗尼西亚	基里巴斯、密克罗尼西亚联邦
大洋洲	波利尼西亚	库克群岛、纽埃、汤加、萨摩亚
非洲	西非	佛得角、贝宁、冈比亚、加纳、几内亚、科特迪瓦、利比里亚、马里、毛里塔尼亚、尼日尔、尼日利亚、几内亚比绍、塞内加尔、塞拉利昂、多哥、布基纳法索
非洲	东非	布隆迪、科摩罗、埃塞俄比亚、厄立特里亚、吉布提、肯尼亚、马达加斯加、马拉维、莫桑比克、卢旺达、塞舌尔、索马里、津巴布韦、南苏丹、乌干达、坦桑尼亚、赞比亚
非洲	北非	阿尔及利亚、利比亚、摩洛哥、苏丹、突尼斯、埃及
非洲	中非	安哥拉、喀麦隆、中非、乍得、刚果布、刚果（金）、赤道几内亚、加蓬、圣多美和普林西比
非洲	南非	博茨瓦纳、莱索托、纳米比亚、南非

资料来源：联合国统计分区数据库（UNSD）；中国一带一路网。

注：①已签署"一带一路"合作协议的国家和地区名单来自国家信息中心"中国一带一路网"；②区域分区标准来自联合国统计分区数据库（UNSD）的 M49 划分标准，但对亚区域（Sub-region）和中间区域（Intermediate Region）的划分做了部分归并和简化处理；③国名先后顺序依据联合国 UNSD 统计标准 M49 的国家编号（从小到大）。

从合作国家的发展水平来看，根据联合国统计标准，已经同中国签署"一带一路"合作协议的 151 个国家，可以分为"发达国家"和"发展中国家"（表 1 - 2）。进一步地还可以将这些国家划分为最不发达国家（Least Developed Countries，LDC）、内陆发展国家（Land Locked Developing Countries，LLDC）和小岛屿发展国家（Small Island Developing States，SIDS）。总体来看，已经同中国签署"一带一路"合作协议的 151 个国家中，以发展中国家居多，其中发达国家 28 个，发展中国家有 123（表 1 - 3）。"一带一路"合作的发达国家中（28 个），都不属于小岛屿国家（SIDS），完全内陆国家（LLDC）较少，仅有 2 个。相比而言，"一带一路"合作的发展中国家中（123 个），最不发达国家（LDC）有 43 个，内陆发展国家（LLDC）有 27 个，小岛屿国家（SIDS）有 28 个。

表 1 - 2 "一带一路"国家（已签署合作协议）**按发展阶段划分情况**

发展水平	是否最不发达国家	是否内陆国家	是否小岛屿国家	主要国家
发展中国家	N	N	N	【亚洲】：巴林、文莱、斯里兰卡、格鲁吉亚、巴勒斯坦、印度尼西亚、伊朗、伊拉克、韩国、科威特、黎巴嫩、马来西亚、阿曼、巴基斯坦、菲律宾、卡塔尔、沙特阿拉伯、越南、叙利亚、泰国、阿联酋、土耳其；【美洲】：阿根廷、智利、哥斯达黎加、厄瓜多尔、萨尔瓦多、尼加拉瓜、巴拿马、秘鲁、乌拉圭、委内瑞拉；【非洲】：阿尔及利亚、喀麦隆、刚果布、赤道几内亚、加蓬、加纳、科特迪瓦、肯尼亚、利比亚、摩洛哥、纳米比亚、尼日利亚、南非、突尼斯、埃及
发展中国家	N	N	Y	【亚洲】：马尔代夫、新加坡；【美洲】：安提瓜和巴布达、巴巴多斯、古巴、多米尼克、多米尼加、格林纳达、圭亚那、牙买加、苏里南、特立尼达和多巴哥；【大洋洲】：库克群岛、斐济、瓦努阿图、纽埃、密克罗尼西亚联邦、巴布亚新几内亚、汤加、萨摩亚；【非洲】：佛得角、塞舌尔
发展中国家	N	Y	N	【亚洲】：阿塞拜疆、亚美尼亚、哈萨克斯坦、吉尔吉斯斯坦、蒙古国、塔吉克斯坦、土库曼斯坦、乌兹别克斯坦；【美洲】：玻利维亚；【非洲】：博茨瓦纳、津巴布韦
发展中国家	Y	N	N	【亚洲】：孟加拉国、缅甸、柬埔寨、也门；【非洲】：安哥拉、刚果（金）、贝宁、厄立特里亚、吉布提、冈比亚、几内亚、利比里亚、马达加斯加、毛里塔尼亚、莫桑比克、塞内加尔、塞拉利昂、索马里、苏丹、多哥、坦桑尼亚
发展中国家	Y	N	Y	【亚洲】：东帝汶；【大洋洲】：所罗门群岛、基里巴斯；【非洲】：科摩罗、几内亚比绍、圣多美和普林西比

（续）

发展水平	是否最不发达国家	是否内陆国家	是否小岛屿国家	主要国家
发展中国家	Y	Y	N	【亚洲】：阿富汗、老挝、尼泊尔；【非洲】：布隆迪、中非、乍得、埃塞俄比亚、莱索托、马拉维、马里、尼日尔、卢旺达、南苏丹、乌干达、布基纳法索、赞比亚
发达国家	N	N	N	【欧洲】阿尔巴尼亚、奥地利、波黑、保加利业、白俄罗斯、克罗地亚、捷克、爱沙尼亚、希腊、匈牙利、意大利、拉脱维亚、立陶宛、卢森堡、马耳他、黑山、波兰、葡萄牙、罗马尼亚、俄罗斯、塞尔维亚、斯洛伐克、斯洛文尼亚、乌克兰；【亚洲】：塞浦路斯；【大洋洲】：新西兰
发达国家	N	Y	N	【欧洲】摩尔多瓦、北马其顿（原马其顿）

资料来源：联合国统计分区数据库（UNSD）；中国一带一路网。

注：①已签署"一带一路"合作协议的国家和地区名单来自国家信息中心"中国一带一路网"；②发展水平划分标准来自联合国统计分区数据库（UNSD）的 M49 划分标准；③符号"Y"和"N"分别表示"是"和"否"；④国名先后顺序依据联合国 UNSD 统计标准 M49 的国家编号（由小到大）。

表 1-3 已签署"一带一路"合作协议国家的发展阶段及特征

发展水平	发展特征	当前状态	国家数量
发展中国家	LDC	N	80
发展中国家	LDC	Y	43
发展中国家	LLDC	N	96
发展中国家	LLDC	Y	27
发展中国家	SIDS	N	95
发展中国家	SIDS	Y	28
发达国家	LLDC	N	26
发达国家	LLDC	Y	2
发达国家	SIDS	N	28

资料来源：联合国统计分区数据库（UNSD）；中国一带一路网。

注：①已签署"一带一路"合作协议的国家和地区名单来自国家信息中心"中国一带一路网"；②发展水平划分标准来自联合国统计分区数据库（UNSD）的 M49 划分标准；③发展特征中，LDC 表示"最不发达国家"，LLDC 表示"内陆国家"，SIDS 表示"小岛屿国家"；④当前状态中，符号"Y"和"N"分别表示"是"和"否"。

从合作国家的发展水平来看，根据世界银行统计的已经同中国签署"一带一路"合作协议的151个国家中（其中纽埃、库克群岛未统计），可按照不同收入水平进行分组（表1-4），划分为高收入、中高收入、中低收入和低收入国家。具体来看，已经同中国签署"一带一路"合作协议的国家中，低收入国家有27个，中低收入国家有46个，中高收入国家有42个，高收入国家有34个（表1-5）。

表1-4 "一带一路"国家按收入水平划分情况

收入水平	主要国家
高收入	【欧洲】：奥地利、克罗地亚、捷克、爱沙尼亚、希腊、匈牙利、意大利、拉脱维亚、立陶宛、卢森堡、马耳他、波兰、葡萄牙、罗马尼亚、斯洛伐克、斯洛文尼亚；【亚洲】：巴林、文莱、塞浦路斯、韩国、科威特、阿曼、卡塔尔、沙特阿拉伯、新加坡、阿联酋；【美洲】：安提瓜和巴布达、巴巴多斯、智利、巴拿马、特立尼达和多巴哥、乌拉圭；【大洋洲】：新西兰；【非洲】：塞舌尔
中高收入	【欧洲】：阿尔巴尼亚、波黑、保加利亚、白俄罗斯、黑山、俄罗斯、塞尔维亚、北马其顿（原马其顿）；【亚洲】：阿塞拜疆、亚美尼亚、格鲁吉亚、印度尼西亚、伊朗、伊拉克、哈萨克斯坦、黎巴嫩、马来西亚、马尔代夫、泰国、土耳其、土库曼斯坦；【美洲】：阿根廷、哥斯达黎加、古巴、多米尼克、多米尼加、厄瓜多尔、格林纳达、圭亚那、牙买加、秘鲁、苏里南、委内瑞拉；【大洋洲】：斐济、汤加、萨摩亚；【非洲】：博茨瓦纳、赤道几内亚、加蓬、利比亚、纳米比亚、南非
中低收入	【欧洲】：摩尔多瓦、乌克兰；【亚洲】：孟加拉国、缅甸、柬埔寨、斯里兰卡、巴勒斯坦、吉尔吉斯斯坦、老挝、蒙古国、尼泊尔、巴基斯坦、菲律宾、东帝汶、越南、乌兹别克斯坦；【美洲】：玻利维亚、萨尔瓦多、尼加拉瓜；【大洋洲】：所罗门群岛、基里巴斯、瓦努阿图、密克罗尼西亚联邦、巴布亚新几内亚；【非洲】：阿尔及利亚、安哥拉、喀麦隆、佛得角、科摩罗、刚果布、贝宁、吉布提、加纳、科特迪瓦、肯尼亚、莱索托、毛里塔尼亚、摩洛哥、尼日利亚、圣多美和普林西比、塞内加尔、津巴布韦、突尼斯、埃及、坦桑尼亚、赞比亚
低收入	【亚洲】：阿富汗、叙利亚、塔吉克斯坦、也门；【非洲】：布隆迪、中非、乍得、刚果（金）、埃塞俄比亚、厄立特里亚、冈比亚、几内亚、利比里亚、马达加斯加、马拉维、马里、莫桑比克、尼日尔、几内亚比绍、卢旺达、塞拉利昂、索马里、南苏丹、苏丹、多哥、乌干达、布基纳法索

资料来源：联合国统计分区数据库（UNSD）；世界银行全球发展指数；中国一带一路网。

注：①已签署"一带一路"合作协议的国家和地区名单来自国家信息中心"中国一带一路网"；②各国收入水平划分标准依据世界银行全球发展指数的国别收入分组数据（The World by Income and Region）；③国名先后顺序依据联合国 UNSD 统计标准 M49 的国家编号（由小到大）；④世界银行只统计218个国家的收入分组数据，上表未列出已签署"一带一路"合作协议的2个国家：纽埃、库克群岛。

表 1-5 "一带一路"合作国家收入分组及分布情况

收入水平组别	地区	国家数量
高收入	欧洲	16
高收入	亚洲	10
高收入	美洲	6
高收入	大洋洲	1
高收入	非洲	1
中高收入	亚洲	13
中高收入	美洲	12
中高收入	欧洲	8
中高收入	非洲	6
中高收入	大洋洲	3
中低收入	非洲	22
中低收入	亚洲	14
中低收入	大洋洲	5
中低收入	美洲	3
中低收入	欧洲	2
低收入	非洲	23
低收入	亚洲	4

资料来源：联合国统计分区数据库（UNSD）；世界银行全球发展指数；中国一带一路网。

注：①已签署"一带一路"合作协议的国家和地区名单来自国家信息中心"中国一带一路网"；②各国收入水平划分标准依据世界银行全球发展指数的国别收入分组数据（The World by Income and Region）；③排序依据收入组别、国家数量降序排列；④世界银行只统计 218 个国家的收入分组数据，上表未列出已签署"一带一路"合作协议的 2 个国家：纽埃、库克群岛。

1.3.2 "一带一路"与区域经济组织/联盟

冷战结束后，区域（地区）一体化蓬勃发展，形成了诸多地区经济组织，成为国际组织的重要组成部分。区域经济组织是制度一体化的结果，它形式多样，涵盖领域各异（王志，2021）。有的区域经济组织致力于超国家一体化，有的区域经济组织仅限于国家之间合作；有的区域经济组织希望协调成员国宏观经济政策，统一货币，乃至于打造经济和政治联盟，有的区域经济组织将合作范围限定在贸易自由化层次，从而形成自由贸易区（于立新等，2016）。

  "一带一路"倡议的宏大框架全面对接东南亚国家联盟（东盟）、欧亚经济联盟、南亚区域合作组织、欧盟、非洲联盟与阿拉伯国家联盟等区域经济合作组织，这些区域经济合作组织占据重要的战略区位（表1-6）。上述与"一带一路"倡议密切联系的六个区域经济组织/联盟，总共涉及128个国家，其中非洲联盟就涵盖了55个非洲国家。上述区域经济组织或联盟成员国中，已经与中国签署"一带一路"共建合作协议的国家共有108个国家，占成员国总数的84.4%（表1-7）。

表1-6 若干重要区域经济组织或联盟情况

序号	组织名称（中文）	成员数	成立年份	成员国
1	非洲联盟	55	1963	阿尔及利亚、埃及、埃塞俄比亚、安哥拉、贝宁、博茨瓦纳、布基纳法索、布隆迪、赤道几内亚、多哥、厄立特里亚、佛得角、冈比亚、刚果（布）、刚果（金）、吉布提、几内亚、几内亚比绍、加纳、加蓬、津巴布韦、喀麦隆、科摩罗、科特迪瓦、肯尼亚、莱索托、利比里亚、利比亚、卢旺达、马达加斯加、马拉维、马里、毛里求斯、毛里塔尼亚、莫桑比克、纳米比亚、南非、尼日尔、尼日利亚、塞拉利昂、塞内加尔、塞舌尔、圣多美和普林西比、斯威士兰、苏丹、索马里、坦桑尼亚、突尼斯、乌干达、赞比亚、乍得、中非、阿拉伯撒哈拉民主共和国、南苏丹、摩洛哥
2	欧洲联盟	27	1957	奥地利、比利时、保加利亚、塞浦路斯、捷克、克罗地亚、丹麦、爱沙尼亚、芬兰、法国、德国、希腊、匈牙利、爱尔兰、意大利、拉脱维亚、罗马尼亚、立陶宛、卢森堡、马耳他、荷兰、波兰、葡萄牙、斯洛伐克、斯洛文尼亚、西班牙、瑞典
3	阿拉伯国家联盟	22	1945	阿尔及利亚、阿联酋、阿曼、埃及、巴勒斯坦、巴林、吉布提、卡塔尔、科威特、黎巴嫩、利比亚、毛里塔尼亚、摩洛哥、沙特阿拉伯、苏丹、索马里、突尼斯、叙利亚、也门、伊拉克、约旦、科摩罗
4	东南亚国家联盟	10	1967	文莱、柬埔寨、印度尼西亚、老挝、马来西亚、缅甸、菲律宾、新加坡、泰国、越南
5	南亚区域合作组织	9	1985	中国、日本、韩国、缅甸、美国、欧盟、澳大利亚、伊朗、毛里求斯
6	欧亚经济共同体/欧亚经济联盟	5	2000	白俄罗斯、哈萨克斯坦、俄罗斯、亚美尼亚、吉尔吉斯斯坦

资料来源：中国外交部网站"国家和组织"部分披露的数据。

  注：①全球区域经济组织/联盟数量众多，此处仅列出了部分与"一带一路"倡议密切相关的区域经济组织/联盟；②排序依据区域经济组织/联盟成员数量降序排列。

表 1 - 7　"一带一路"倡议与重要区域经济组织或联盟的合作协定情况

序号	组织名称（中文）	组织成员数	"一带一路"协议国家数	未签订"一带一路"协议成员国
1	非洲联盟	55	51	刚果（布）、毛里求斯、斯威士兰、阿拉伯撒哈拉民主共和国
2	欧洲联盟	27	18	比利时、丹麦、芬兰、法国、德国、爱尔兰、荷兰、西班牙、瑞典
3	阿拉伯国家联盟	22	21	约旦
4	东南亚国家联盟	10	10	—
5	南亚区域合作组织	9	3	日本、美国、欧盟、澳大利亚、毛里求斯
6	欧亚经济共同体/欧亚经济联盟	5	5	—

资料来源：中国外交部网站"国家和组织"部分披露的数据。

注：①全球区域经济组织/联盟数量众多，此处仅列出了部分与"一带一路"倡议密切相关的区域经济组织/联盟；②排序依据区域经济组织/联盟成员数量降序排列；③考虑到中国可能作为区域经济组织或联盟的成员，此时"一带一路"合作协议数量要相应减 1。

　　东南亚国家联盟（东盟）10 国与欧亚经济联盟成员国是与中国一衣带水或密切接壤的近邻，与中国紧密相连、休戚与共。其中，欧亚经济联盟所在的中亚区域和俄罗斯与我国西北和东北部接壤，边界线总和达到 7 682 千米，是古丝绸之路的必经要道，是"丝绸之路经济带"从西安途经甘肃河西走廊、自阿拉山口走出国门后的第一站。该区域汇集欧亚铁路、公路、输油输气管道、通信系统、水路和航空交通，可以连接欧亚经济联盟和欧盟两大消费市场，同时处在从我国至欧洲的陆上交通干线的要冲位置，是中国经由陆路开拓欧洲市场的必经之路。而东南亚国家联盟（东盟）与我国南部接壤并隔海相望，是"海上丝绸之路"从起点出海之后的首站，历史上与我国文化贸易交流频繁，具有相同的文化传承。

　　南亚区域合作组织共有包括阿富汗在内的 9 个国家，位于海上丝绸之路的必经之处，印度半岛是连接太平洋与阿拉伯海的海上咽喉，同时与我国西南部接壤，也是我国重要的贸易合作与文化交流伙伴。中巴经济走廊中的瓜达尔港是"一带一路"的交会点，也是中巴经济走廊的终点，区位优势举足轻重。

　　此外，海上丝绸之路还经由红海—苏伊士运河一线贯穿了两个范围广阔、人口与市场庞大的区域经济合作组织，即阿拉伯国家联盟与非洲联盟。其中，阿拉伯国家联盟地区共有 22 个成员国，地理范围囊括阿拉伯半岛、西亚和北非,战略位置十分重要。该地区海域四通八达,阿拉伯海、红海、地中海、黑海等海域提供了丰富的良港与便利的航运。同时,阿拉伯国家联盟地区还有丰富的石油资源、4 亿人口的广阔市场和巨大的人口红利,对接"一带一路"倡议将充分发挥其贸易与市场优势,加快与我国的经贸往来与投资互利。

非洲联盟的范围覆盖了整个非洲大陆,目前共有 55 个区域内成员国。在我国"一带一路"规划中,非洲东北部地区包括非洲之角均属于海上丝绸之路沿线地带,位于从红海通过苏伊士运河进入地中海的要道上。非洲拥有广袤的土地与丰富的资源,具备与我国劳动密集型产业开展国际产能合作的潜力。我国与非洲各国长期保持友好互信、互通互助的深厚情谊。2015 年 6 月,非洲联盟成员国启动了非洲大陆自由贸易协议谈判,旨在 2017 年建立一个覆盖全部非洲人口、经济总量达到 2 万亿美元的超级自贸区,实现商品、服务以及人员的域内自由流动。这一规划恰好与我国"一带一路"倡议不谋而合。

欧盟是丝绸之路的终点,也是"一带一路"倡议中的重要区域。欧盟地区的西班牙首都马德里也是"一带一路"的交会点,海上丝绸之路从非洲之角吉布提穿过苏伊士运河抵达地中海,陆上丝绸之路从中国大陆穿过新疆阿拉山口经过东欧、西欧最后到达伊比利亚半岛,因此,欧盟地区同时也是"一带一路"闭环上的终点,具有重要的区位优势。

1.3.3 "一带一路"与贸易协定及自贸区

1.3.3.1 WTO 区域贸易协定 RTA

"一带一路"国家基本都是 WTO 成员。中国又是 WTO 的核心成员。"一带一路"的愿景与 WTO 的宗旨交汇重合,为中国与共建国家形成规则共识奠定了基础。WTO 成立后,成员通过履行 WTO 规则,促进了国内经济的转型和国内法规的改革,市场准入得到显著改进,市场经济体制有长足进步,政府的管理行为符合 WTO 非歧视、法治和透明度的核心原则,使协商行为成为常态,有利于成员务实地解决争端(Bown,2017;Voon,2018;Wilkinson,2018)。WTO 规则实施效果为"一带一路"国家加强政府间沟通,积极构建多层次政府间宏观政策沟通交流机制,深化利益融合,促进政治互信,达成合作新共识,就经济发展战略和对策进行充分交流对接,共同制定推进区域合作的规划和措施,协商解决合作中的问题,提供了以规则为基础的政策沟通途径(薛荣久等,2017)。通过对世贸组织(WTO)区域贸易协定数据(RTAs)的不完全统计,表 1-8 列出了 WTO 框架下中国参与的相关双边区域贸易协定。

表 1-8 WTO 框架下中国参与的区域贸易协定情况

序号	协议国家/地区	所属区域	协议编号	协议名称	协议状态	参与方式
1	哥斯达黎加	拉丁美洲和加勒比	677	China-Costa Rica	有效	双边协议
2	智利	拉丁美洲和加勒比	8	Chile-China	有效	双边协议
3	秘鲁	拉丁美洲和加勒比	666	Peru-China	有效	双边协议
4	毛里求斯	撒哈拉以南非洲	1 034	China-Mauritius	有效	双边协议
5	瑞士	西欧	635	Switzerland-China	有效	双边协议
6	冰岛	北欧	454	Iceland-China	有效	双边协议
7	格鲁吉亚	西亚	991	China-Georgia	有效	双边协议
8	澳大利亚	澳大利亚和新西兰	156	Australia-China	有效	双边协议
9	新西兰	澳大利亚和新西兰	664	China-New Zealand	有效	双边协议
10	老挝	东南亚	46	Asia Pacific Trade Agreement (APTA) -Accession of China	有效	多边协议
11	老挝	东南亚	140	Asia Pacific Trade Agreement (APTA)	有效	多边协议
12	新加坡	东南亚	496	China-Singapore	有效	双边协议
13	孟加拉国	南亚	46	Asia Pacific Trade Agreement (APTA) -Accession of China	有效	多边协议
14	斯里兰卡	南亚	46	Asia Pacific Trade Agreement (APTA) -Accession of China	有效	多边协议
15	印度	南亚	46	Asia Pacific Trade Agreement (APTA) -Accession of China	有效	多边协议
16	孟加拉国	南亚	140	Asia Pacific Trade Agreement (APTA)	有效	多边协议
17	斯里兰卡	南亚	140	Asia Pacific Trade Agreement (APTA)	有效	多边协议
18	印度	南亚	140	Asia Pacific Trade Agreement (APTA)	有效	多边协议
19	巴基斯坦	南亚	153	Pakistan-China	有效	双边协议
20	韩国	东亚	46	Asia Pacific Trade Agreement (APTA) -Accession of China	有效	多边协议
21	韩国	东亚	140	Asia Pacific Trade Agreement (APTA)	有效	多边协议
22	韩国	东亚	697	China-Korea, Republic of	有效	双边协议

资料来源：世贸组织（WTO）区域贸易协定数据库（RTAs）；联合国统计分区数据库（UNSD）。

注：①表中未统计状态未知或闲置（NA/inactive）的区域贸易协议，未包含协议主体为中国香港、中国澳门和中国台湾的协议；②排序依据联合国 UNSD 统计标准 M49 和 WTO RTAs 数据库中的区域编号，协议编号和国家编号；③世贸组织（WTO）区域贸易协定数据库查询时间为 2023 年 10 月 10 日。

1.3.3.2 中国自由贸易区协定 FTA

中国在自由贸易区建设方面取得积极进展，成为对外拓展国际经济关系的重要平台（王蕊等，2021）。"一带一路"倡议是中国向世界提供的具有广泛包容性的国际合作新平台，也是中国的自贸区战略的重点推进方向。近年来，"一带一路"沿线自贸区战略得到稳步推进（表1-9）。截至2023年10月，中国已签署19个自由贸易协定，正在谈判的自贸协定有10个，同时中国还与8个国家和地区启动了自贸协定谈判。RCEP作为全球最大的自贸协定得以正式签署推进。RCEP是由发达国家、发展中国家和最不发达国家共同参与的大型区域贸易安排，也是中国参与的成员最多、经济规模最大、影响最广的自贸协定。其次，我国与非洲国家的自贸协定实现零的突破。2019年10月17日正式签署的《中国—毛里求斯自贸协定》，成为中国与非洲国家达成的第一个自贸协定。最后，原来已有自贸区也逐步得到拓展升级。《中国—东盟自贸区升级议定书》于2019年10月22日对所有协定成员全面生效，使优惠政策红利惠及更多协定成员国的企业和人民，成为中国—东盟命运共同体的重要支撑。2023年，中国与厄瓜多尔以及中国与尼加拉瓜分别正式签署自由贸易协定，中国与自贸伙伴的经贸合作再上新台阶。

表1-9　中国推进与各国的自由贸易区合作协议情况

序号	合作地区	合作对象	协议阶段	协议名称
1	欧洲	冰岛	已签协议	中国—冰岛
2	欧洲	瑞士	已签协议	中国—瑞士
3	亚洲	柬埔寨	已签协议	中国—柬埔寨
4	亚洲	格鲁吉亚	已签协议	中国—格鲁吉亚
5	亚洲	韩国	已签协议	中国—韩国
6	亚洲	马尔代夫	已签协议	中国—马尔代夫
7	亚洲	巴基斯坦	已签协议	中国—巴基斯坦（含第二阶段）
8	亚洲	新加坡	已签协议	中国—新加坡（含升级）
9	美洲	智利	已签协议	中国—智利（含升级）
10	美洲	哥斯达黎加	已签协议	中国—哥斯达黎加
11	美洲	厄瓜多尔	已签协议	中国—厄瓜多尔
12	美洲	尼加拉瓜	已签协议	中国—尼加拉瓜
13	美洲	秘鲁	已签协议	中国—秘鲁
14	大洋洲	澳大利亚	已签协议	中国—澳大利亚
15	大洋洲	新西兰	已签协议	中国—新西兰（含升级）

（续）

序号	合作地区	合作对象	协议阶段	协议名称
16	非洲	毛里求斯	已签协议	中国—毛里求斯
17	—	RCEP	已签协议	《区域全面经济伙伴关系协定》（RCEP）
18	—	东盟	已签协议	中国—东盟（含"10+1"升级）
19	欧洲	摩尔多瓦	正在谈判	中国—摩尔多瓦
20	欧洲	挪威	正在谈判	中国—挪威
21	亚洲	斯里兰卡	正在谈判	中国—斯里兰卡
22	亚洲	巴勒斯坦	正在谈判	中国—巴勒斯坦
23	亚洲	以色列	正在谈判	中国—以色列
24	亚洲	日本；韩国	正在谈判	中日韩
25	亚洲	韩国	正在谈判	中国—韩国自贸协定第二阶段谈判
26	美洲	巴拿马	正在谈判	中国—巴拿马
27	美洲	秘鲁	正在谈判	中国—秘鲁自贸协定升级谈判
28	—	海合会	正在谈判	中国—海合会
29	欧洲	瑞士	正在研究	中国—瑞士自贸协定升级联合研究
30	亚洲	孟加拉国	正在研究	中国—孟加拉国
31	亚洲	蒙古	正在研究	中国—蒙古国
32	亚洲	尼泊尔	正在研究	中国—尼泊尔
33	美洲	加拿大	正在研究	中国—加拿大
34	美洲	哥伦比亚	正在研究	中国—哥伦比亚
35	大洋洲	斐济	正在研究	中国—斐济
36	大洋洲	巴布亚新几内亚	正在研究	中国—巴新

资料来源：商务部"中国自由贸易区服务网"；联合国统计分区数据库（UNSD）。

注：①对于多边或区域合作（如 RCEP、东南亚国家联盟（东盟）、海合会），合作地区用"—"表示；②排序依据协议状态、联合国 UNSD 统计标准 M49 的区域编号和国家编号；③本表所列合作协议来自商务部"中国自由贸易区服务网"的公布数据，查询时间为 2023 年 10 月 10 日。

1.3.3.3 合作创建境外经贸合作区

作为承载凝聚中国改革开放 40 年发展经验的重要平台，经济园区以有限资源进行滚动式开发，形成高效的产业聚集带动所在地经济发展的模式，为中国改革开放和经济腾飞作出了积极贡献。中国境外经贸合作区则在过去十几年的建设发展中，积极把中国园区的发展实践同东道国的发展需求相结合，持续同全球合作伙伴分享中国对外开放的发展经验，同时也有效地助力了所在国的社会和经济发展（CAITEC 等，2019）。随着"一带一路"建设的深入推进，在境外建设园区成为"走出去"的重要抓手，也是政府推动对外合作的重要方式。2015年国家发展和改革委员会、外交部、商务部联合发布的《推动共建丝绸之路经济带和21世纪海上丝绸之路的愿景与行动》，明确提出鼓励在境外合作建设各类产业园区促进产业集群发展。近年来，我国商务部和农业农村部进一步强化中国境外经贸合作区和农业对外开放合作试验区建设工作，成为共建"一带一路"的两大重要境外园区经济展示平台（表1-10）。"一带一路"沿线的境外合作区和试验区不仅可以成为推动东道国贸易和经济增长的引擎，还在促进经济、环境和社会的可持续性发展和助力东道国实现可持续发展目标方面具有潜力（茹蕾等，2019）。

表1-10 境外经贸合作区和农业对外开放合作试验区情况

序号	合作地区	合作对象	境内实施企业	所属省份	认定部门
1	欧洲	匈牙利	山东帝豪国际投资有限公司	山东	商务部
2	欧洲	匈牙利	烟台新益投资有限公司	山东	商务部
3	欧洲	俄罗斯	康吉国际投资有限公司	黑龙江	商务部
4	欧洲	俄罗斯	黑龙江东宁华信经济贸易有限责任公司	黑龙江	商务部
5	欧洲	俄罗斯	黑龙江省牡丹江龙跃经贸有限公司	黑龙江	商务部
6	欧洲	俄罗斯	中航林业有限公司	山东	商务部
7	亚洲	柬埔寨	江苏太湖柬埔寨国际经济合作区投资有限公司	江苏	商务部
8	亚洲	印度尼西亚	广西农垦集团有限责任公司	广西	商务部
9	亚洲	印度尼西亚	上海鼎信投资（集团）有限公司	上海	商务部
10	亚洲	印度尼西亚	天津聚龙集团	天津	商务部
11	亚洲	吉尔吉斯斯坦	河南贵友实业集团有限公司	河南	商务部
12	亚洲	老挝	云南省海外投资有限公司	云南	商务部
13	亚洲	巴基斯坦	海尔集团电器产业有限公司	山东	商务部
14	亚洲	越南	前江投资管理有限责任公司	浙江	商务部
15	亚洲	泰国	华立产业集团有限公司	浙江	商务部
16	亚洲	乌兹别克斯坦	温州市金盛贸易有限公司	浙江	商务部
17	非洲	埃塞俄比亚	江苏永元投资有限公司	江苏	商务部
18	非洲	尼日利亚	中非莱基投资有限公司	北京	商务部
19	非洲	埃及	中非泰达投资股份有限公司	天津	商务部
20	非洲	赞比亚	中国有色矿业集团有限公司	北京	商务部
21	亚洲	柬埔寨	海南顶益绿洲生态农业有限公司	海南	农业农村部
22	亚洲	吉尔吉斯斯坦	河南贵友实业集团有限公司	河南	农业农村部

（续）

序号	合作地区	合作对象	境内实施企业	所属省份	认定部门
23	亚洲	老挝	深圳华大基因科技有限公司	广东	农业农村部
24	亚洲	塔吉克斯坦	新疆利华棉业股份有限公司	新疆	农业农村部
25	大洋洲	斐济	山东俚岛海洋科技股份有限公司	山东	农业农村部
26	非洲	莫桑比克	湖北省联丰海外农业开发集团有限责任公司	湖北	农业农村部
27	非洲	苏丹	山东国际经济技术合作公司	山东	农业农村部
28	非洲	乌干达	四川友豪恒远农业开发有限公司	四川	农业农村部
29	非洲	坦桑尼亚	汀苏海企技术工程股份有限公司	江苏	农业农村部
30	非洲	赞比亚	青岛瑞昌科技产业有限公司	山东	农业农村部

资料来源：商务部网站；农业农村部网站公示文件农外发〔2017〕3 号；联合国统计分区数据库（UNSD）。

注：①商务部确认考核的"境外经贸合作区"资料来自商务部网站公示；农业部认定"境外农业合作示范区"资料来自农业农村部网站公示文件农外发〔2017〕3 号；②排序依据认定部门、联合国 UNSD 统计标准 M49 的区域编号和国家编号，以及实施单位所属省份；③境内实施单位所属省份根据其工商登记归属地进行确定；④本表所列名单的数据查询时间为 2023 年 10 月 10 日。

第2章　东北亚、南亚和东南亚主要国家概况[①]

2.1　东北亚国家概况

2.1.1　韩国

2.1.1.1　自然概况

韩国地处亚洲大陆东北部，朝鲜半岛南端，面积 10.04 万平方千米。三面环海，西临黄海，东南是朝鲜海峡，东边是日本海，北面隔着三八线非军事区与朝鲜相邻。韩国拥有约 3 000 个大小岛屿，大多分布在西海岸和南海岸，其中三分之二是无人岛。济州海峡坐落于朝鲜半岛与济州岛之间，而大韩海峡（朝鲜海峡）则位于朝鲜半岛与日本之间。韩国是三面临海的半岛国家，海岸线总长约 5 259 千米。山地占韩国的三分之二左右，地形具有多样性，低山、丘陵和平原交错分布。低山和丘陵主要分布在中部和东部，海拔多在 500 米以下。汉拿山位于济州岛的中心，海拔 1 950 米，是韩国的第一高峰。平原主要分布于南部和西部，海拔多在 200 米以下。黄海沿岸有汉江平原、湖南平原等平原，南海沿岸有金海平原、全南平原及其他小平原。韩国地处东 9 时区，当地时间比北京时间早 1 小时，无时差和夏令时。

2.1.1.2　经济概况

据韩国银行统计，2020 年，受新冠疫情冲击，韩国国内生产总值（GDP）同比下降 0.9%，自 1998 年亚洲金融危机以来首次出现负增长。而 2021 年则反弹到增长 4%，创 10 年之最。2016—2020 年，韩国第一产业占 GDP 比重平均为 2%，第二产业平均占比为 37%，第三产业平均占比为 60%。而 2021 年第一、二、三产业占 GDP 比重分别为 1.1%、27.7% 和 71.2%。2016—2020 年，消费占 GDP 平均比重为 64%，投资平均占比为 31%，净出口平均占比为 4%。而 2021 年消费、投资和净出口占 GDP 比重分别为 64.1%、10.8% 和 25.1%。世界银行数据显示，服务业是韩国整体经济占比最大且增长最快的经

济板块，2021 年占国内生产总值的 57.1%，并雇用了超 70% 的工作人口。

2021 年韩国政府财政收入为 488.1 万亿韩元（约合 4 264.74 亿美元，按照 2021 年平均汇率 1 美元兑换 1 144.5 韩元计算，下同），财政支出 548.7 万亿韩元（约合 4 794.23 亿美元），赤字 60.6 万亿韩元（约合 529.49 亿美元），占 GDP 的 2.9%。2021 年韩国消费者物价指数（CPI）同比上涨 2.9%，打破了 2019—2020 年连续两年涨幅低于 1% 的事实。扣除农产品的核心物价指数同比上涨 10.4%。2020 年韩国国内零售总额为 475.2 万亿韩元（约合 4 026.8 亿美元），同比增长 0.4%。

2022 年韩国国家债务为 2 326.2 万亿韩元，较前一年增加 130.9 万亿韩元，增幅为 6%。截至 2021 年底，韩国外债余额达 6 645 亿美元，较上年底增加 496 亿美元。其中，短期外债 1 667.24 亿美元，同比增加 32.4 亿美元。韩国举借外债的规模和条件不受国际货币基金组织（IMF）、经合组织（OECD）等国际组织的限制。

同样，在疫情的冲击下，韩国的就业人口数量也急剧下降，2020 年韩国就业人口同比减少 21.8 万人，创 1998 年以来的最大降幅；失业率为 4%，创 2001 年以来最高。而 2021 年，韩国就业人数实现小幅度增长，同比增加 38 万人；失业率也有所下降，为 3.6%。

2.1.1.3　社会概况

韩国行政区目前划分为 1 个特别市（首尔）、1 个特别自治市（世宗）、6 个广域市（釜山、大邱、仁川、光州、大田、蔚山）及 9 个道（京畿道、江原道、忠清北道、忠清南道、全罗北道、全罗南道、庆尚北道、庆尚南道、济州特别自治道）。首都是首尔，面积 605.3 平方千米，人口 966.8 万，下设 25 个区、424 个洞。

截至 2022 年 6 月，韩国人口约为 5 200 万。其中，首尔市户籍登记人口为 949.688 7 万人。韩国为单一朝鲜民族国家。韩国是较为对外开放的国家，虽然韩国语为通用语言，但是在机场、观光酒店及大百货公司、购物街区等场所亦可使用英文、日文、中文。

2.1.2　蒙古

2.1.2.1　蒙古自然概况

蒙古位于亚洲东部，面积 156 万平方千米，属于内陆高原国家，地势较高，海拔 1 000 米以上地区占全境的 4/5 以上。西部、北部和中部为山地，除中北部的肯特山脉较低外，其他各山脉的主峰都超过 3 000 米。东部和东南部是平坦的高原，海拔 1 000 米左右，在高原低缓的丘陵间分布着"塔拉"（浅盆地）和"诺尔"（向心状水系潴成的内流湖）。蒙古可耕地资源少，境内草原、戈壁和沙漠广布,其中戈壁约占 1/3,沙漠占 26%。河流多集中在中部和北部地区。

2.1.2.2 经济概况

2021 年,蒙古国经济逐渐从疫情中恢复过来,转入正轨,国内生产总值
(GDP)增长 1.4%,2022 年增长率为 4.5%。蒙古国的主要产业为矿业、农
牧业、交通运输业。2022 年,粮食种植面积、粮食产量均比上年减少。蒙古
牲畜头数保持一定增长,截至 2022 年末,蒙古牲畜存栏量共计约 7 110 万头
(只),同比增长 5.6%。工业生产持续恢复。2022 年,工矿业总产值 67.9 亿
美元,同比增长 25.7%。其中,采矿业产值 48.2 亿美元,增长 28.8%;制造
业产值 14.7 亿美元,增长 22.3%;电力热力燃气行业产值 4.3 亿美元,增长
7.8%。交通运输业稳步增长。截至 2022 年底,蒙古运输业收入 5.9 亿美元,
增长 47.6%;运输货物 6 080 万吨,增长 23.4%;发送旅客 1.46 亿人次,增
长 36.6%。其中,铁路运输收入 2.1 亿美元,下降 2.5%,运输货物 2 770 万
吨,下降 11.5%;发送旅客 240 万人次,增长 6 倍;航空运输收入 1.4 亿美
元,增长 2.5 倍,运输货物 1.3 万吨,增长 6.5 倍;发送旅客 95.2 万人次,
增长 4.8 倍。公路运输收入 2.2 亿美元,增长 89.6%,运输货物 3 310 万吨,
增长 84.1%;发送旅客 1.43 亿人次,增长 34.2%。

2.1.2.3 社会概况

蒙古国地广人稀,是世界上人口密度最低的国家之一,人口密度约每平方
千米 2 人。近年来,蒙古人口增长较快,截至 2023 年 1 月,蒙古国约有 340
万人。从人口的年龄结构上讲,蒙古国是一个年轻的国家,现有人口中约
70% 为 35 岁以下的年轻人。

蒙古国人口分布不均衡,全国近半数人口居住在首都乌兰巴托市。2022
年,乌兰巴托市常住人口约 150 万。预计到 2030 年,乌兰巴托市人口将达到
近 180 万人。蒙古国其他主要人口集中城市还包括达尔汗、额尔登特等。

蒙古国的官方语言为喀尔喀蒙古语,使用率达 95%。文字为斯拉夫蒙语。
蒙古国居民主要信奉喇嘛教,根据《国家与寺庙关系法》,藏传佛教为国教。
少数人口信奉基督教和伊斯兰教等。

2.2 南亚国家概况

2.2.1 阿富汗

2.2.1.1 自然概况

阿富汗是亚洲中西部内陆国家,位于中亚、西亚和南亚交会处。南部和东
部与巴基斯坦接壤,西靠伊朗,北部与土库曼斯坦、乌兹别克斯坦、塔吉克斯
坦为邻,东北部凸出的狭长地带瓦罕走廊与中国交界。阿富汗国土面积 64.75

万平方千米。境内大部分地区属伊朗高原,地势自东北向西南倾斜,山地和高原占全国面积80%,兴都库什山脉斜贯阿富汗中部,最高峰诺夏克峰海拔7 485米。虽然农业是阿富汗主要的经济支柱,但是可用耕地不足农用地的2/3,几乎没有大型农场。河流主要有阿姆河、赫尔曼德河、阿富汗哈里河和喀布尔河。阿富汗首都喀布尔属于东4时区,比北京时间晚3小时30分钟,无夏令时。

2.2.1.2 经济概况

阿富汗政府将能矿开发定为重点发展方向,视其为推动经济发展、增加财政收入、扩大就业、实现经济自立的主要"财源"和"发动机"。同时,全力推进区域和境内"互联互通"及TAPI天然气管道项目(TAPI项目是指从土库曼斯坦铺设管道向阿富汗、巴基斯坦和印度出口天然气),打造地区"交通枢纽",为能矿开发和过境运输贸易的发展装上"车轮"。

据阿富汗中央统计局提供的数据,2021/2022财年阿富汗国内生产总值(GDP)约为196.9亿美元,同比下降2.2%;人均GDP为505.8美元(数据均不含鸦片产值)(表2-1)。预计在未来一段时间内,随着阿富汗逐渐从2014年美国和北约撤军、国内政治转型等因素的影响中恢复过来,国内经济将缓慢复苏。但受国内安全形势严峻、国际社会对阿富汗援助减少、政局走向不明等因素影响,其经济增速将不复以往高速增长态势。2020年5月,世界银行报告显示,受新冠疫情影响,阿富汗经济增长率将下降5.5%。

表2-1 阿富汗近几年宏观经济指标

年度	2014/2015	2015/2016	2016/2017	2017/2018	2018/2019	2019/2020	2020/2021	2021/2022
GDP增长率(%)	2.2	−2.4	2.1	2.9	2.7	3.9	−2.4	−2.2
GDP(亿美元)	210.2	193.7	197	202	199	188.9	201.4	196.9
人均GDP(美元)	748	677	675	679	630	586.6	611	505.8
通货膨胀率(%)	−0.7	3.8	7.2	0.2	0.6	2.3	5.6	4.8
外汇储备(亿美元)	—	—	4		83.22	86.28		
外债(亿美元)			25		12.34	13.21		
汇率(阿尼:美元)	57.6	64	67.6	68.5	72.3	77.8	76.8	—

资料来源:阿富汗中央统计局和世界银行(外汇储备和外债)。

注:因汇率变动及统计口径不同等缘故,部分数据可能存在偏差。

2023年7月,世界银行发布报告称,阿富汗外汇储备达到90亿美元。

2016 年 2 月，阿富汗财政部官员称，2001 年以来，阿富汗从外国和国际金融机构共贷款约 25 亿美元。其中从俄罗斯贷款 9.7 亿美元，其余贷款来自伊朗、捷克、世界银行和亚洲开发银行。这些贷款期限为 40 年，其中 23 亿美元用于建设道路和机场等基础设施，其余用于一般预算。同年 3 月，俄罗斯政府同意免除阿富汗长期拖欠的债务。目前，由于阿富汗财政预算的 60% 左右来自国际援助，阿富汗举债的规模和条件受 IMF 等国际组织限制。2014 年以来，由于美国及北约从阿富汗撤军以及国际社会对阿富汗援助减少，阿富汗失业率剧增。目前阿富汗失业率约为 40%。喀布尔市许多劳动力在一个月里工作时间甚至不到一个星期，部分劳动力一个月只能获得 3 500 阿尼（约 60 美元）的工资，难以维持家中生计。阿富汗已计划在全国建立 46 个职业培训中心，加强对阿富汗年轻人的职业技能培训。在阿富汗 2019/2020 财年 GDP 构成中，农牧业产值占 GDP 比重为 25.77%，工业占 GDP 比重为 14.06%，服务业占 GDP 比重为 55.47%。

阿富汗财政收入逐年增加，但财政依然入不敷出，需要国际援助来支撑，而且这种局面将持续多年。近年来，阿富汗税收部门进行改革并防止了偷税漏税行为，2019/2020 财年，阿富汗财政收入共计 2 089 亿阿尼（约 26.85 亿美元），同比增长约 26.9%。总预算支出为 4 244 亿阿尼，其中，一般预算 2 973.9 亿阿尼，发展预算 1 270.1 亿阿尼。2019/2020 财年，阿富汗全年通货膨胀率达到 2.3%。其中，食品类达到 3.8%，非食品类达到 0.9%。

2.2.1.3 社会概况

根据阿富汗中央统计局统计，2022 年阿富汗人口约为 4 113 万，其中，男性占 50.5%，女性占 49.5%。人口密度 59.6 人/平方千米。由于常年战争，阿富汗人口中青少年占比非常高，其中 15 岁以下人口 1 628 万，占 39.6%，居全球最高之列。65 岁以上人口仅占 2.5%。

阿富汗约有 30 个民族，主要民族有 21 个，其中普什图族约占 40%，塔吉克族约占 25%，哈扎拉族占 19%，乌兹别克族占 8%（由于阿富汗多年未进行人口普查，各民族准确人数和占比难以确定，不同数据来源差距较大），其余有土库曼、俾路支、恰拉马克、努里斯坦、吉尔吉斯、帖木里等 20 多个少数民族。南部地区包括阿巴、阿伊接壤地区，主要是普什图族；与中亚国家接壤地区主要是塔吉克、乌兹别克、土库曼族；哈扎拉族主要分布在中部巴米扬、戴孔迪、加兹尼等省。

普什图语和达利语是官方语言。主要民族语言有达利语（占人口比例约 50%）、普什图语（约占 35%）。大多数政府高级官员能使用英语，西部与伊朗邻近省份民众能听懂波斯语，北部部分地区可用俄语交流。阿富汗国内普遍信仰伊斯兰教，穆斯林约占 99%，其中逊尼派占 80%，什叶派占 19%。所有伊斯兰教禁忌适用于阿富汗。

2.2.2　孟加拉国

2.2.2.1　自然概况

孟加拉国位于南亚次大陆东北部的恒河和布拉马普特拉河冲积而成的三角洲上。东、西、北三面与印度毗邻，东南部与缅甸接壤，南部濒临孟加拉湾。海岸线长 550 千米。全境 85% 的地区为平原，东南部和东北部为丘陵地带，国土大部分地区海拔低于 12 米，境内大部分区域为洪泛冲积平原，适于农业和渔业的发展。孟加拉国首都达卡属于东 6 时区，与北京时差 2 小时，不实行夏令时。

2.2.2.2　经济概况

孟加拉国实行的是计划经济。2010 年 10 月，孟加拉国政府对外发布该国第八个五年规划（2020/2021 财年至 2024/2025 财年），设定年均 8.51% 的 GDP 增长目标，至 2021 财年达到 6.9%（表 2-2）。2020 年新增 1 290 万个就业岗位。根据该计划，公共投资总额目标定为 123 786 亿塔卡。其中，80 306 亿塔卡来自内部，43 480 亿塔卡来自外部。新五年计划的税收目标已确定为国内生产总值的 14.6%。卫生部门也将在下一个五年计划中获得更多拨款，因为新冠疫情暴露了该国卫生系统的脆弱性。政府已设定目标，到 2025 财年将卫生部门拨款占国内生产总值的比例从 2019 财年的 0.7% 提高至 2%。在未来五年，教育资源占国内生产总值的比例预计将从 2019 财年的 2.2% 达到 3%。根据孟加拉国政府公布的数据，近 10 年来，孟加拉经济持续稳定增长，国内生产总值（GDP）年均增长率维持在 6% 以上。

表 2-2　近年孟加拉国宏观经济情况

财年	实际 GDP（万亿塔卡）	经济增长率（%）	名义 GDP（万亿塔卡）	人均 GDP（万塔卡）	人均收入（万塔卡）
2014/2015	8.25	6.55	15.16	9.60	10.22
2015/2016	8.84	7.10	17.33	10.84	11.46
2016/2017	9.48	7.28	19.76	12.22	12.74
2017/2018	10.22	7.86	22.50	13.75	14.38
2018/2019	11.06	8.15	25.42	15.36	16.04
2019/2020	22.64	3.40	31.73	18.95	19.86
2020/2021	24.27	6.90	35.42	20.90	22.28

资料来源：孟加拉国统计局、世界银行（https://www.worldbank.org/）.

注：上述 GDP 增速按实际 GDP 计算，人均 GDP 及人均收入按名义 GDP 和 GNI 计算。

孟加拉国的财政年度为上年的 7 月开始至本年的 6 月末为止。2021 年，孟加拉国财政收入 3.3 万亿塔卡，支出 4.58 万亿塔卡，赤字约 1.28 万亿塔卡。2021 年，孟加拉国平均通货膨胀率为 5.5%。2020 年，孟加拉国失业率为 5.3%。截至 2021 年，孟加拉国外汇储备为 428.5 亿美元。近年来，孟加拉国外债规模增长较快，2021 年达 914.29 亿美元。其中，中长期外债 700.4 亿美元，占比为 76.6%；短期外债 213.89 亿美元，占比为 23.4%。外债期限结构尚属合理。2022 年，俄乌冲突和大宗商品供应中断导致了孟加拉国进口成本上升，外汇储备下降。虽然 2022 年 5 月以来，孟加拉国政府加强进口管制，但自俄罗斯进口未显著下降。同时，孟加拉国央行不顾反对，坚持汇率市场干预，俄乌冲突以来，塔卡兑美元已贬值 25%，但外汇储备依旧大幅减少，孟加拉国央行汇率管制政策效果有限，预计 2023 财年孟加拉国 GDP 增长将放缓至 5.2%。

孟加拉国统计局数据显示，2021 年按当前价格计算的最终消费支出为 3 097.6 亿美元，按市场价格计算的国内生产总值（GDP）为 4 149 亿美元，当前消费占 GDP 的比例为 74.66%，比 2020 年 75.83% 的水平略降。统计局数据还显示，2020/2021 财年，孟加拉国私人消费支出为 2 853.5 亿美元，占 GDP 的比例为 68.78%。根据出口促进局（EPB）数据，在 2022 年 7 月至 12 月期间，孟加拉国服装出口额达到 229.7 亿美元，同比增长 15.56%。服装业是孟加拉国创汇额最大的产业。根据 BGMEA 的分析，2022 年孟加拉国的成衣出口额达到 457 亿美元，比 2021 年增长 27.64%。孟加拉国是世界第二大黄麻生产国，年产量超过 100 万吨，其中，65% 用于国内生产消费，其余用于出口。黄麻及制品是孟加拉国第二大出口产品。2021 财年，孟加拉国黄麻出口创纪录地增长了 31%。

2.2.2.3　社会概况

孟加拉国人口数量居全世界第八位。据孟加拉国政府最新公布的数据，孟加拉国人口普查数量为 1.651 6 亿，是全世界人口密度最高的人口大国，也是世界最贫穷的国家之一，平均寿命 71 岁，15～50 岁劳动力人口占比超过 60%。

孟加拉国是一个多民族国家，主要民族为孟加拉族，约占人口总数的 98%，另有查拉尔玛、山塔尔、加诺等 20 多个少数民族。孟加拉语是孟加拉国的官方语言。在教育界和商界广泛使用的则是英语。有相当部分人可以看懂阿拉伯语。孟加拉国的四大宗教是：伊斯兰教、印度教、佛教和基督教。

2.2.3　尼泊尔

2.2.3.1　自然概况

尼泊尔北临中国，西、南、东三面与印度接壤。国土面积 147 516 平方千米。国境线全长 2 400 千米。尼泊尔境内重峦叠嶂,世界最高峰——珠穆朗玛峰(尼泊尔称萨加玛塔峰)位于中尼边界上。地势北高南低。大部分属丘陵地带,海拔千米以上的国土占全国总面积的一半。东、西、北三面群山环绕,因此尼泊尔自古有"山国"之称。河流多而湍急,大都发源于中国西藏,向南注入印度恒河。南部是土壤肥沃的冲积平原,分布着茂密的森林和广阔的草原,也是尼泊尔重要的农业经济区。中部是河谷区,多小山,首都加德满都就坐落在加德满都河谷里。尼泊尔属于东 6 时区,当地时间比格林尼治时间早 5 小时45 分,比北京时间晚 2 小时 15 分。尼泊尔不使用夏令时。

2.2.3.2　经济概况

尼泊尔为农业国,经济落后,是联合国确定的 47 个最不发达国家之一。自 20 世纪 90 年代以来,尼泊尔一直处于动荡状态。2012 年,随着毛派武装力量整合进入政府军队,尼泊尔和平进程正式结束,步入新的发展时期。2015年 9 月颁布新宪法,2017 年完成宪法规定的选举,2018 年产生新的联邦政府和议会、省政府和议会及地方政府,政府执政基础更加稳固。

据世行数据,尼泊尔 2022 年工业部门增长 10.2 个百分点,服务业增长5.9 个百分点,农业增长 2.3 个百分点。近年尼泊尔宏观经济数据见表 2-3。

表 2-3　近年尼泊尔宏观经济数据

财年	经济增长率(%)	人均 GDP(美元)
2014/2015	2.97	766
2015/2016	0.20	748
2016/2017	7.74	877
2017/2018	6.30	998
2018/2019	6.81	1 034
2019/2020	−2.4	1 139
2020/2021	4.2	1 208.2

资料来源:尼泊尔 2018/2019 财年经济概览。

注:2018/2019 财年数据为尼泊尔政府公布的初测数据、世界银行(https://www.worldbank.org/)。

尼泊尔工业基础薄弱,规模较小,机械化水平低,发展缓慢。主要行业有制糖、纺织、皮革制鞋、食品加工、香烟和火柴、黄麻加工、砖瓦生产和塑料制品等。据世行数据,尼泊尔 2022 年工业部门增长 10.2 个百分点,服务业增长 5.9 个百分点,农业增长 2.3 个百分点。预计 2022 年商品和服务出口将增长 35%,进口将增长 15%。进口前五位商品为石油产品、汽车和零部件、机械和零部件、低碳钢坯、大豆原油;出口前五位商品为大豆油、聚酯纱线、羊毛地毯、小豆蔻、黄麻制品。新获得外国就业批准人数减少 62.8%，续签外国就业批准人数下降 46.8%。

根据尼统计局公布的数据，2020/2021 财年，尼泊尔现价三次产业结构为 26.41：12.53：61.06，其中制造业占全部增加值比重为 5.08%，建筑业占 5.68%，批零贸易业占 15.67%，住宿餐饮业占 1.56%，运输仓储业占 5.43%，信息通信业占 2.17%，金融保险业占 6.88%，房地产业占 9.43%，商业服务业占 1.83%，其他服务业占比 18.09%。

尼泊尔地处喜马拉雅山南麓，自然风光旖旎，气候宜人，徒步旅游和登山业比较发达。2015 年发生特大地震，尼泊尔旅游业受到严重影响。目前，赴尼泊尔旅游人数正在逐渐超过地震前水平。据尼泊尔旅游局（NTB）数据，2022 年累计 614 148 名游客抵达尼泊尔，远高于 2020 年的 230 085 人次。

2.2.3.3　社会概况

2022 年尼泊尔总人口为 2 999 万人，约 63% 的人口生活在城市和城镇。首都加德满都地区人口约 500 万，是全国人口最多的地区。南部特莱平原地区人口密集，北部山区人口数量稀少。

尼泊尔是一个多民族国家，全国有尼瓦尔（Newar）、古隆（Gurung）、拉伊（Rai）、林布（Limbu）、达芒（Tamang）、马嘉尔（Magar）、夏尔巴（Sherpa）、塔鲁（Tharu）等 130 多个民族。尼泊尔有 90 多种语言，其中尼泊尔语（Nepali）为国语，上层社会通用英语。尼泊尔 86.2% 的居民信奉印度教，7.8% 信奉佛教，3.8% 信奉伊斯兰教，信奉其他宗教人口占 2.2%。

2.2.4　巴基斯坦

2.2.4.1　自然概况

巴基斯坦位于南亚次大陆西北部，南濒阿拉伯海，海岸线长 840 千米，北枕喀喇昆仑山和喜马拉雅山。东、北、西三面分别与印度、中国、阿富汗和伊朗接壤。国土面积 79.6 万平方千米（不含巴控克什米尔的 1.3 万平方千米）。全境五分之三为山区和丘陵地形，源自中国的印度河从北流入巴境后，向南蜿蜒 2 300 千米，注入阿拉伯海，径流季节变化大，为了调节水量，满足灌溉的需要，政府兴建了大批水利工程，为农业生产的发展创造了条件。

2.2.4.2　经济概况

过去十几年，由于长期结构性问题，巴基斯坦经济遇到了巨大的挑战，能源短缺、安全问题、投资环境不佳以及持续的财政和经常账户赤字阻碍了经济增长。从 2009 财年到 2013 财年，巴经济增长始终徘徊在 3% 以内。2013 年谢里夫上台后，在中巴经济走廊及结构性改革带动下，巴经济逐渐趋稳，并呈现持续较快增长态势。较为自由宽松的投资政策和友好的中巴关系有助于助推巴基斯坦的经济增长，开发其市场潜力。但是较高的通货膨胀，导致经营成本不断上升，这是巴基斯坦经济发展的不利因素。2015—2021 财年巴基斯坦经济增长情况见表 2-4。

表 2-4　2015—2021 财年巴基斯坦经济增长情况（以卢比计）

财政年度	GDP（万亿卢比）	增长率（%）
2014/2015	26.09	4.06
2015/2016	27.40	4.51
2016/2017	31.86	5.28
2017/2018	34.40	5.79
2018/2019	38.60	3.30
2019/2020	48.62	2.50
2020/2021	56.74	6.50

资料来源：巴基斯坦统计局、世界银行（https://www.worldbank.org/）.

2018 年 8 月伊姆兰·汗上台后，经济通胀上升，三大产业发展不及预期，巴经济在经历持续较快增长后急速回落，2021/2022 财年（2021 年 7 月至 2022 年 6 月）巴基斯坦国内生产总值为 3 482.6 亿美元，人均国内生产总值为 1 505 美元，国内生产总值增长率为 5.97%。2021/2022 财年，巴工业产值占国内生产总值 12.4%，工业增长率为 7.2%。最大的工业部门是棉纺织业，棉纱产量 257.8 万吨，棉布产量 7.86 亿平方米，其他还有毛纺织、制糖、造纸、烟草、制革、机器制造、化肥、水泥、电力、天然气、石油等。2021/2022 财年，巴农业产值增长率为 4.4%，其中种植业产值占农业产值的 33.3%，增长 6.58%，畜牧业产值占农业产值的 61.89%，增长 3.26%，林业产值增长 6.13%，渔业产值增长 0.35%。主要农产品有小麦、大米、棉花、甘蔗等。全国可耕地面积 5 768 万公顷，其中实际耕作面积 2 168 万公顷。农业人口约占全国人口的 63%。

2.2.4.3　社会概况

巴基斯坦全国共设 4 个省和两个地区，包括旁遮普省、信德省、俾路支省、开伯尔—普什图省和吉尔吉特—巴尔蒂斯坦地区、自由查谟和克什米—巴基斯坦尔地区。2018 年 5 月，巴总统签署关于联邦部落地区改革的宪法修正案，将联邦部落地区并入开伯尔—普什图省。巴基斯坦首都是伊斯兰堡，卡拉奇是其最大城市和商业中心，其他主要经济中心城市包括拉合尔、费萨拉巴德、木尔坦等。

巴基斯坦是多民族国家，其中旁遮普族占 63%，信德族占 18%，普什图族占 11％，俾路支族占 4％。巴基斯坦有很多部落，主要分布于开伯尔—普什图省靠近阿富汗边境一带的联邦部落地区（FATA），其中大部分人属普什图族。

巴基斯坦宪法规定乌尔都语为国语，英语为官方语言。乌尔都语通行全国，英语广泛用于高等教育、科技、商业、司法和外交等领域。主要民族语言有：旁遮普语、信德语、普什图语和俾路支语等。

根据宪法规定，巴基斯坦的国教为伊斯兰教，伊斯兰教徒占全国人口总数的 95％，其中 90％的穆斯林人口为逊尼派，此外，还有印度教、基督教等，但仅占全国人口的 5％。

2.3 东南亚国家概况

2.3.1 缅甸

2.3.1.1 自然概况

缅甸位于亚洲中南半岛西北部，地处北纬 9°58′～28°31′和东经 92°20′～101°11′。北部和东北部与中国毗邻，东部和东南部与老挝和泰国相连，西南濒临印度洋的孟加拉湾和安达曼海，西部和西北部与孟加拉国和印度接壤，海岸线长 2 832 千米。国土面积 676 578 平方千米。缅甸位于东 6.5 区，比北京时间晚一个半小时，无夏令时。

2.3.1.2 经济概况

缅甸的市场经济处于初步培育阶段，经济发展水平比较落后。民盟政府 2016 年 4 月上台执政后，于 7 月份发布了经济发展纲领，但较为笼统。按现行价格计算的缅甸 GDP 总量和人均 GDP 等统计数据如表 2-5 所示。

表 2-5 近年来缅甸宏观经济数据

财年	经济总量（亿美元）	GDP 增长率（％）	人均 GDP（美元）	人均 GDP 增长率（％）
2014/2015	656	8.0	1 275	6.3
2015/2016	597	7.0	1 151	6.1
2016/2017	632	5.9	1 210	4.9
2017/2018	667	6.8	1 267	5.8
2018/2019	237	6.5	1 254	1.1
2019/2020	789	3.2	1 451	2.5

（续）

财年	经济总量 （亿美元）	GDP 增长率 （%）	人均 GDP （美元）	人均 GDP 增长率 （%）
2020/2021	651	−17.9	1 187	−18.6

资料来源：《2019 年缅甸年鉴》、IMF 统计数据、世界银行（https://www.worldbank.org/）、《国际统计年鉴》。

注：自 2018/2019 财年起，缅甸将财年由原来的 4 月至次年 3 月，调整为 10 月至次年 9 月，为适应此变化，缅甸将 2018 年 4 月至 9 月作为 2018 年过渡财年。

2021 年缅甸通货膨胀率为 3.6%。世界银行数据显示，缅甸 2020/2021 财年（2020 年 10 月至 2021 年 9 月）GDP 负增长约 18%，大量企业倒闭，工人失业。缅元对美元汇率从 2020 年 1 月的约 1 300 缅元兑换 1 美元跌至 2021 年 2 月的约 1 800 缅元兑换 1 美元，物价因此快速上涨。

不仅经济发展水平比较落后，缅甸整体的对外贸易环境也有待改善。缅甸商务部数据显示，2019 年 10 月至 2020 年 4 月，缅甸对外贸易总额达 226 亿美元，较上财年同期增长 11%。新冠疫情对缅甸上半年外贸的影响主要体现在边境贸易方面，由于中缅、缅泰边贸口岸出台一系列疫情防控措施，致使通关效率降低，边贸受阻，前 7 个月缅甸边境贸易增长率仅为 5.5%，低于海上贸易 13.6% 和总贸易额 11% 的增长率。外资方面，2020 年 1 季度缅甸实际流入外资 5 亿美元，低于 2019 年同期的 8 亿美元。

2.3.1.3 社会概况

缅甸约有人口 5 458 万人，共 135 个民族。人口最多的省邦分别是仰光省、曼德勒省、伊洛瓦底省、掸邦、实皆省和勃固省。缅甸 15～64 岁的劳动力人口约占 66%，人力资源极为丰富。缅甸与中国接壤，19 世纪中叶，开始有大量中国人移居缅甸。旅缅侨胞遍及全缅各省、邦，相对集中在大中城市。他们主要来自云南、福建、广东，亦有少数来自广西、四川、山东、湖南、湖北和浙江等地。缅甸共有 135 个民族，主要有缅族（约占 65%）、掸族（约占 8.5%）、克伦族（约占 6.2%）、若开族（约占 5%）、孟族（约占 3%）、克钦族（约占 2.5%）、钦族（约占 2.2%）、克耶族（约占 0.4%）等。各少数民族均有自己的语言，其中缅、克钦、克伦、掸、孟等族有文字。

缅甸是个信仰自由的国家，每年都有各种宗教的仪式、节日。信仰佛教人数最多，缅甸佛教是上座部佛教（俗称小乘教），与中国的佛教（大众部，俗称大乘教）是同一宗教，不同教派。蒲甘佛塔 85% 以上的缅甸人信仰佛教。佛教传入缅甸已有上千年历史，宗教思想已深入到社会生活的各个角落，形成缅甸人民根深蒂固的思想体系。另外，还有约 8% 的人信奉伊斯兰教。

2.3.2 印度尼西亚

2.3.2.1 自然概况

印度尼西亚位于亚洲东南部，由太平洋和印度洋之间的 17 508 个大小岛屿组成，面积 1 904 443 平方千米，海洋面积 3 166 163 平方千米（不包括专属经济区），是世界上第 14 大国家，海陆联合面积排名第 7。印度尼西亚群岛东西达 5 300 千米，南北约 2 100 千米，其中 6 000 个岛屿有人居住。印度尼西亚处于亚洲大陆及澳大利亚之间，扼守出入太平洋、印度洋之间的门户马六甲海峡，在全球战略上居重要地位。印度尼西亚位于环太平洋地震带，境内多火山，是一个地震频发的国家。印度尼西亚首都雅加达位于东 7 时区，比北京时间晚 1 小时。

2.3.2.2 经济概况

印度尼西亚主要产业是石油天然气、农业、工业和服务业。其中，农业和石油天然气产业是传统支柱产业。

尽管遭受了 2008 年国际金融危机的影响，印度尼西亚经济依然保持了较高的增长率。2009 年、2010 年、2011 年分别实现 4.5%、6.1%、6.5% 的经济增长。印度尼西亚中央统计局从 2014 年开始，将实际 GDP 的计算基准年由原来的 2000 年改成了 2010 年。2021 年印度尼西亚国内生产总值（GDP）比上年增长 3.7%，人均 GDP 达 4 292 美元（表 2-6）。

表 2-6 2015—2023 年印度尼西亚经济增长情况

年份	经济增长率（%）	人均 GDP（美元）
2015	4.80	3 377
2016	5.02	3 605
2017	5.07	3 877
2018	5.17	4 000
2019	5.02	4 200
2020	−2.1	3 871
2021	3.7	4 292
2022	5.3	4 299
2023	5.2	4 600

资料来源：印度尼西亚中央统计局、《2022 年中国统计年鉴》。

2021年，印度尼西亚通货膨胀率为1.6%。据印度尼西亚中央统计局统计，2019年失业率降至5.3%。印度尼西亚是东盟最大的经济体，农业、工业和服务业均在国民经济中有着重要地位。外国资本对印度尼西亚经济发展有重要促进作用，2021年吸引外资309.7亿美元，2022年吸引外资456亿美元，主要投资来源地为新加坡、中国香港、中国、美国、日本。

印度尼西亚矿产资源丰富，分布广泛。采矿业为印度尼西亚国民经济发展创造了可观的经济效益，它是出口创汇、增加中央和地方财政收入的重要来源，也为保持经济活力、创造就业和发展地区经济做出了积极贡献，同时还具有辐射社会经济其他领域的间接作用以及对边远地区发展的推动作用。印度尼西亚最大的国有矿业公司为安塔公司（Antam），另外还有国有锡业集团公司（PTTimahTbk）。

印度尼西亚的工业化水平相对不高，制造业有30多个不同种类的部门，主要有纺织、电子、木材加工、钢铁、机械、汽车、纸浆、纸张、化工、橡胶加工、皮革、制鞋、食品、饮料等。其中纺织、电子、木材加工、钢铁、机械、汽车是出口创汇的重要门类。印度尼西亚最大的钢铁企业为国有克拉卡陶钢铁公司（Krakatau Steel）。

印度尼西亚旅游资源非常丰富，拥有许多风景秀丽的热带自然景观、丰富多彩的民族文化和历史遗迹，发展旅游业具有得天独厚的条件。从20世纪70年代起，印度尼西亚政府大力发展旅游业，兴建星级酒店等旅游基础设施，通过完善旅游业的法规，逐步扩大到印度尼西亚旅游免办签证的国家，并采取其他有力措施，多方吸引外国游客。2021年到访印度尼西亚的外国游客158万人次，比2020年同比下降60.98%，同期印度尼西亚国内游客提升了12%。马来西亚、中国、新加坡、东帝汶和澳大利亚为印度尼西亚前5大游客来源地。

2.3.2.3　社会概况

印度尼西亚是世界第四人口大国，根据2023年印度尼西亚第七次人口普查，印度尼西亚人口总数为2.7亿人，其中爪哇岛人口达1.5亿人，占全国总人数的56.1%，该岛是世界上人口最多的岛屿。15岁以上人口约1.97亿，其中就业人数1.33亿。按行业统计，就业人口主要分布在农业、商贸、工业、建筑业及服务业。华人约占人口总数的3.79%，在印度尼西亚商贸和服务业领域发挥着重要作用。

根据印度尼西亚政府公布的数字，印度尼西亚有300多个民族，其中爪哇族占人口总数的45%，巽他族占14%，马都拉族占7.5%，马来族占7.5%，华人约占人口总数的5%，超过1 000万人。华人在印度尼西亚商贸和工业领域发挥着重要作用。印度尼西亚有200多种民族语言，官方语言为印尼语。

印度尼西亚约 87% 的人信奉伊斯兰教，是世界上穆斯林人口最多的国家，其中大多数是逊尼派。6.1% 的人信奉基督教新教，3.6% 的人信奉天主教，其余的人信奉印度教、佛教和原始拜物教等。

2.3.3　菲律宾

2.3.3.1　自然概况

菲律宾位于亚洲东南部，北隔巴士海峡与中国台湾遥遥相对，南和西南隔苏拉威西海、巴拉巴克海峡与印度尼西亚、马来西亚相望，西濒中国南海，东临太平洋。总面积 29.97 万平方千米，共有大小岛屿 7 000 多个，其中吕宋岛、棉兰老岛、巴拉望岛、萨马岛等 11 个主要岛屿占全国总面积的 96%。海岸线长约 18 533 千米。菲律宾地处东 8 时区，当地时间与北京时间一致，无夏令时。

2.3.3.2　经济概况

菲律宾是出口导向型经济，第三产业在国民经济占有突出地位，农业和制造业也占相当比重。2015—2019 年，菲律宾经济增长较快，在亚洲地区位列前茅。近年来，菲律宾宏观经济发展较为稳定，经济增长率基本保持在 6% 以上。2020 年，受新冠疫情影响，经济实际增长率大幅下降到 −9.6%，人均GDP 增长率大幅下降到 −10.8%。2021 年，随着服务业的全面复苏，菲律宾经济总量（GDP）为 3 936 亿美元，实际增长率恢复至 5.7%，人均 GDP 为3 460 美元（表 2−7）。近年来，菲律宾第一、二、三产业占 GDP 比重较为稳定。2017—2021 年，菲律宾第一产业占 GDP 比重约为 10%，第二产业约占30%，第三产业约占 60%。2021 年菲律宾国内生产总值同比增长 5.6%，数据显示，工业和服务业分别同比增长 8.2% 和 5.3%，是拉动经济增长的主要动力。其中，2021 年第一、二、三产业产值占 GDP 比重分别为 10.1%、28.9% 和 61.0%。2021 年全年，第一产业在非洲猪瘟和超级台风的影响下小幅下降 0.3%，第二、第三产业强劲反弹，分别增长 8.2% 和 5.3%。此外，家庭消费和政府支出均有明显增长；进口和出口贸易同比分别增长 12.9% 和7.8%。2021 年菲律宾农产品对外贸易总额 224.9 亿美元，同比增长 19.8%。主要农产品贸易伙伴为美国、中国、印度尼西亚、越南、马来西亚、澳大利亚、日本和荷兰。农产品出口总额 67.9 亿美元，同比增长 9.4%，占全部商品出口总额的 9.1%。2021 年，随着菲经济逐渐复苏，菲律宾失业情况有所好转，但仍不及疫情前水平，全年平均失业率为 7.8%，较 2020 年低 2.5 个百分点，失业人数达到 371 万。

表 2 - 7　2015—2023 年菲律宾经济增长情况

年份	经济增长率（%）	人均 GDP（美元）
2015	5.8	2 858
2016	6.8	2 947
2017	6.7	2 989
2018	6.2	3 104
2019	5.9	3 319
2020	−9.5	3 224
2021	5.7	3 460
2022	7.6	3 850
2023	6.0	4 153

资料来源：菲律宾国家统计协调委员会、世界银行（https：//www. worldbank. org/）。

菲律宾的前十大贸易伙伴分别是中国、日本、美国、韩国、中国香港、泰国、印度尼西亚、新加坡、中国台湾和马来西亚。根据菲方统计，2021 年，中国仍为菲律宾最大贸易伙伴和第一大进口来源地，并上升为菲律宾第二大出口市场。该年度，中菲贸易总额达 383.4 亿美元，同比增长 24.9%，占菲律宾对外贸易总额的比重提升至 19.9%；菲律宾自华进口 267.9 亿美元，同比增长 28.4%，占菲律宾进口总额的 22.7%；菲律宾对华出口 115.5 亿美元，同比增长 17.5%，占菲出口总额的 15.5%。

菲律宾人力资源优势明显。菲律宾是全球主要劳务输出国之一。据统计，在海外工作的菲劳工 230 多万人，其中约 24% 在沙特阿拉伯工作，16% 在阿联酋工作。

2.3.3.3　社会概况

根据世界银行数据，菲律宾总人口 1.09 亿，为全球第 13 大人口大国。人口增长率近年来降低至 1.3%。吕宋岛占该国人口的一半以上（56.9%），其次是棉兰老岛（23.9%）和米沙鄢群岛（19.2%）。由于地区发展差异导致菲律宾人口分布很不平衡，马尼拉的人口密度高达 4.8 万人/平方千米，吕宋岛北部的一些省人口密度仅为数十人/平方千米。城市人口占总人口的 51.2%。在 33 个高度城市化的城市中，奎松市（294 万人），马尼拉市（178 万人），达沃市（163 万人）和加洛奥坎市（158 万人）在人口规模方面居于前列。

菲律宾大多数人都是南岛人后裔，最大的菲律宾族群包括他加禄人，Cebuano、Ilocano、Bicolano、Kapampangan、Maranao、Maguindanao 和 Tausug。在所有南岛裔的菲律宾人中，约有 8% 是部落民族。菲律宾的原住民称为 Aeta，他们是安达曼群岛的 Negritos 的后裔，现在只占总人口的0.003%。重要的外国少数民族包括华人、美国人和南亚人，还包括西班牙人、韩国人、日本人、印度尼西亚人和阿拉伯人。

根据不同的分类方法，菲律宾大约有 120～187 种语言和方言。1987 年的宪法将菲律宾语指定为国家语言，并将英语作为官方语言。虽然菲律宾语用于全国各种语言群体的交流，并且在流行文化中使用，但政府主要使用英语。英语为官方语言，在菲律宾较普及，凡上过学的菲律宾人均会说英语，菲律宾自称为"世界第三大英语国家"。

菲律宾 80% 的人口信奉罗马天主教，6% 信奉伊斯兰教，少数人信奉独立教和基督教新教，华人多信奉佛教，原住民多信奉原始宗教。天主教对菲律宾社会一直产生巨大影响，在菲律宾 1986 年和 2001 年的重大政治事件中，天主教势力都发挥了重要作用。

2.3.4 越南

2.3.4.1 自然概况

越南位于中南半岛东部，北与中国广西、云南接壤，中越陆地边界线长1 347 千米；西与老挝、柬埔寨交界；东和东南濒临中国南海。陆地面积32.9 万平方千米。越南地形狭长，呈 S 形。南北最长处约 1 640 千米，东西最宽处约 600 千米，最窄处仅 50 千米。地势西北高，东南低，境内 3/4 为山地和高原，有红河三角洲和湄公河三角洲等两大平原，面积分别为 2 万平方千米和 5 万平方千米，是主要农业产区。北部和西北部为高山和高原，中部长山山脉纵贯南北。越南河流密布，其中长度在 10 千米以上的河流达2 860 条。较大的河流有红河、湄公河（九龙江）、沱江（黑水河）、泸江和太平河等。越南海岸线长 3 260 千米。越南属东 7 时区。首都河内时间比北京时间晚 1 个小时。

2.3.4.2 经济概况

越南是传统农业国，工业基础较为薄弱。越共六大推行革新开放和自计划经济向市场经济转型方针政策之后，越南经济取得较好增长。2000—2007年越南加入世贸组织前，GDP 基本保持 7% 以上的高增速。2008 年后受全球金融危机影响，越南经济增速回落至 5%～7% 的水平。2021 年国内生产总值（GDP）同比增长 2.58%（表 2-8）。商品进出口活动仍是越南经济的亮点，2021 年进出口总额达 6 685 亿美元，同比增长 22.6%。其中，出口增长 19%，进口增长 26.5%。2022 年越南国内生产总值增长率达到 8.02%，通胀率达到 3.15%。

表 2-8　2015—2023 年越南宏观经济数据

年份	GDP（亿美元）	GDP 增长率（%）	人均 GDP（美元）
2015	1 906	6.68	2 100
2016	2 046	6.21	2 215
2017	2 276	6.88	2 431
2018	2 476	7.08	2 617
2019	2 620	7.02	2 786
2020	3 432	2.90	3 526
2021	3 626	2.58	3 694
2022	4 090	8.02	4 300
2023	4 500	5.60	4 600

资料来源：越南统计局、《国际统计年鉴》。

越南对出口依赖较大。2021 年是越南农业产业在困难重重的背景下取得成功的一年。越南农产品出口首次创造奇迹，达 468 亿美元，同比增长 15%，其中木材及木制品、虾、蔬菜、腰果、大米、橡胶这 6 类商品出口额超 30 亿美元。农业贸易顺差 64.4 亿美元。

由于新冠疫情持续和日趋复杂，2021 年有上百万人失业，各领域就业人数继续减少，尤其是服务业领域。2021 年适龄劳动力失业人数为 140 万，比 2020 年高出 20.37 万。适龄劳动力失业率为 3.22%，比上年高 0.54 个百分点。2022 年越南财政收入预算值为 1 411.7 万亿越盾（约合 620 亿美元），财政支出预算值为 1 784.6 万亿越盾（约合 783 亿美元），财政赤字为 372.9 万亿越盾（约合 163 亿美元），上述三项指标均高于 2021 年实际数（财政收入 1 365.53 万亿越盾，财政支出 1 709.2 万亿越盾，财政赤字 343.67 万亿越盾）。

2.3.4.3　社会概况

截至 2022 年底，越南全国人口 9 818.7 万人。其中，男性占 49.4%，女性占 50.6%。2020 年，越南 15 岁以上劳动力 5 460 万人，比 2019 年减少 120 万人。越南人口总数居世界第 15 位，人口密度为每平方千米 290 人。人口密度最大的是红河平原，每平方千米 1 060 人；人口密度最小的是西原地区，每平方千米 107 人；人口密度最大的城市是胡志明市，每平方千米 4 363 人；人口密度最小的省份是北件省，每平方千米仅 65 人。

越南是一个多民族国家，共有 54 个民族，京族（也称越族）为主要民族。各民族人口的比例分别是：京族占 86.2%、岱依族占 1.9%、泰族占 1.7%、芒族占 1.5%、高棉族占 1.4%、侬族占 1.1%、赫蒙族占 1%、其他民族占 4.1%。越南语为官方语言，也是通用语言和主要民族语言。部分居民会讲英语。越南的佛教占主导地位，信徒人数近 1 100 万人，天主教信徒约 620 万人，高台教信徒超过 440 万人，140 万人信仰基督新教，130 万人信仰和好教，穆斯林 7.5 万人，巴哈伊信徒 7 000 人，印度教信徒 1 500 人。

2.3.5 泰国

2.3.5.1 自然概况

泰国地处中南半岛中部（北纬 5°30′～21°0′，东经 97°30′～105°30′），东南临太平洋泰国湾，西南临印度洋安达曼海。西部及西北部与缅甸交界，东北部与老挝毗邻，东连柬埔寨，南接马来西亚。

泰国国土面积 51.3 万平方千米，在东南亚地区仅次于印度尼西亚、缅甸；50％以上为平原和低地。泰国地势北高南低，由西北向东南倾斜。按地形分为肥沃广袤的中部平原，山峦起伏的东北部高原，丛林密布的北部山区，风光迷人的南部半岛。泰国首都曼谷属于东 7 时区，比北京时间晚 1 小时，无夏令时。

2.3.5.2 经济概况

泰国属于外向型经济，实行自由经济政策，依赖于美国、日本、中国等外部市场，是传统的农业国，农产品是外汇收入的主要来源之一。

2013 年以来受政治动荡和全球经济复苏乏力影响，经济增长回落，受全球金融危机和疫情的影响，泰国经济呈波动趋势。GDP 总量和人均 GDP 等详细统计数据如表 2-9 所示：

表 2-9　2015—2023 年泰国经济总量及经济增长情况

年份	GDP（亿美元）	增长率（％）	人均 GDP（美元）
2015	3 953	2.8	5 879
2016	4 069	3.2	6 033
2017	4 554	3.9	7 012
2018	5 011	4.1	7 387
2019	5 590	2.4	8 169
2020	4 997	−6.2	7 159
2021	5 060	1.6	7 233
2022	5 055	2.6	7 200
2023	5 580	3.6	7 800

资料来源：泰国国家统计局。

注："2018 年 GDP"和"2018 年人均 GDP"按泰国央行公布的 2018 年 12 月期末汇率 32.56 计算。2019 年数据按照 2019 年 12 月汇率 30.196 计算。增长率按 1988 年不变价格计算。

2022 年以来，泰国外部经济情况相对稳定，还能承受世界经济动荡带来的风险。中国是泰国第二大出口市场，2021—2022 年年均出口额 355 亿美元，占泰国出口总额的 12%。泰国央行的报告指出，泰国通胀有所下降，能源及新鲜食品价格下降，劳动力市场随着经济的恢复而恢复。泰国工业联合会也认为 2023 年出口仍有 1% 的增长空间。2022 年底失业人口为 39 万。

泰国各区域旅游人数及旅游业收入均增长幅度较大，从总体上看泰国南部旅游人数及旅游业收入增长幅度最大，与 2021 年同期相比分别增长 3 463.6% 和 7 136.3%；而泰国北部旅游人数及旅游业收入增长幅度相对其他 6 个区域相对较小，与 2021 年同期相比分别增长 662.4% 和 784.1%。2022 年 5 月旅游人数共计 52 万人，同比增长 8 515.5%，与前一个月相比增长 116.8%，国内旅游业呈现增长趋势，国内游客数量同比增长 1 053.2%，与前一个月相比增长 30.3%。

2.3.5.3　社会概况

泰国第一大民族为泰族，其他民族还有华族、马来族、高棉族、克伦族、苗族等。泰族人曾称"暹罗人"，属汉藏语系壮傣语族民族，和中国的傣族、壮族族源相近，在全国都有分布，占总人口的 75%，主要信仰佛教。

华人在人数上仅次于泰族，占总人口的 14% 左右。华人大批移民泰国是在 19 世纪下半叶到 20 世纪 30 年代这段时间。泰国华人多数居住在首都和外府城市。据估计，首都曼谷的居民中华人占 40%。华人华裔在泰国政治、工商、金融、旅游业、传媒业中有着举足轻重的位置和影响。马来族大多信仰伊斯兰教，主要分布在泰国南部半岛；高棉族主要分布在与老挝和柬埔寨接壤的泰国东北部和东南几个府；克伦族主要分布在西北部的泰缅边境山区；苗族主要分布在北部和东北部泰老、泰缅边境地带的山区。泰语为国语，官方语言为泰语和英语。每个地区都有自己的方言，但以中部曼谷地区的方言为标准语。潮州话、海南话、广东话在泰籍华人中使用较为普遍，此外还有马来语和高棉语。

泰国主要有佛教、伊斯兰教、天主教和印度教。佛教是泰国的国教，是泰国宗教和文化的重要组成部分，对当地政治、经济、社会生活和文化艺术等领域有重大影响，在泰国享有崇高地位。全国 95% 的人口信奉佛教（主要为小乘教）。因此，泰国素有"黄袍佛国""千佛之国"之美称。政府重要活动以及民间婚丧嫁娶等一般都由僧侣主持宗教仪式并诵经祈福。泰国政府设有宗教事务所，管理全国宗教。目前全国共有佛寺 3.2 万多座，平均每个行政村或每 1 600 余人即有一所寺庙。泰国建立现代教学系统之前，佛教寺院是泰国传统文化和佛学教育的重要场所。

第3章 中亚、西亚主要国家概况

3.1 中亚主要国家概况

中亚是中亚细亚的简称，指亚洲中部内陆地区，该概念最早由德国人亚历山大·冯·洪堡于 1843 年提出，其所包含的范围存在多种界定，狭义上一般限于"中亚五国"，分别是哈萨克斯坦、土库曼斯坦、乌兹别克斯坦、吉尔吉斯斯坦和塔吉克斯坦。目前，我国同中亚五国已经实现"三个全覆盖"——全面战略伙伴关系全覆盖、双边层面践行人类命运共同体全覆盖、签署共建"一带一路"合作文件全覆盖，将为携手构建更加紧密的中国—中亚命运共同体注入重要动力。

3.1.1 哈萨克斯坦

3.1.1.1 自然概况

哈萨克斯坦境内多平原和低地，全境处于平原向山地过渡地段，境内 60％的土地为沙漠和半沙漠。最北部为平原，中部为东西长 1 200 千米的丘陵，西南部多为低地，东部多为山地。欧亚次大陆地理中心位于哈萨克斯坦，哈萨克斯坦约有 15％的土地属于欧洲部分。

该国主要农产品包括小麦、大麦、玉米、棉花、马铃薯、水果和蔬菜等，其中小麦和玉米是最主要的农产品，分别产量为 1 140 万吨和 118.91 万吨（2023 年数据）。此外，哈萨克斯坦也是著名的畜牧业国家，主要畜牧业产品有羊肉、牛肉、马肉和奶制品等。

3.1.1.2 经济概况

据世界银行数据，哈萨克斯坦的 GDP 在 2020 年增长了 2.5％，低于预期。哈萨克斯坦主要的出口产品是石油和天然气，由于疫情和油价下跌，哈萨克斯坦的出口受到了冲击，哈萨克斯坦的石油和天然气产量在 2020 年下降了 6.2％。哈萨克斯坦的财政支出在 2020 年增加了，但税收收入下降，财政赤字扩大。2016—2020 年，哈萨克斯坦第一产业产值占 GDP 比重为 4.1％，第二产业产值占比为 27.7％，第三产业产值占比为 68.2％。而 2021 年第一、二、三产业占比分别为 4.0％、24.8％和 71.2％。同期，消费支出平均占 GDP 比

重为 54.6%，投资额平均占比为 20.7%，净出口额平均占比为 25.2%。而
2021 年消费支出、投资额和净出口额预计占比分别为 52.8%、15.1% 和
32.1%。值得注意的是，哈萨克斯坦的服务业产值占比较小，2016—2020 年
的平均比重为 30.9%。哈萨克斯坦政府正在积极推动数字经济发展，经济数
字化和电子商务增长较快。2015—2019 年哈萨克斯坦宏观经济情况见表 3-1、
表 3-2。

据哈萨克斯坦财政部数据，2021 年政府预算收入为 4 493 亿美元，财政支
出为 6 292 亿美元，赤字为 1 798 亿美元，占 GDP 的 6.4%。2021 年哈萨克斯
坦消费者物价指数（CPI）同比上涨 6.2%，扣除食品和能源的核心物价指数
同比上涨 6.4%。2020 年哈萨克斯坦国内零售总额为 106 亿美元，同比下降
11.7%。值得注意的是，2020 年哈萨克斯坦由于新冠疫情而采取了紧缩的财
政政策，但 2021 年随着全球经济逐渐回暖，政府将实行相应的财政刺激措施
以促进经济增长。

表 3-1　2015—2019 年哈萨克斯坦宏观经济情况

年份	GDP 总值		增长率（%）	人均 GDP 值		当年人口（万人）
	亿美元	亿坚戈		美元	坚戈	
2015	1 838.3	407 614	1.2	10 558	2 330 008.9	1 767.1
2016	1 336.6	457 321	1.0	7 509.4	2 569 359.8	1 792.7
2017	1 581.8	519 668	4.0	8 837	2 862 033.4	1 815.7
2018	1 705.5	587 900	4.1	9 271	3 195 806.4	1 839.6
2019	1 793.3	686 400	4.5	9 686	3 703 316.5	1 863.2

资料来源：哈萨克斯坦国民经济部统计委员会。

表 3-2　2019 年哈萨克斯坦宏观经济指标

指　标	2019 年	较上年增幅（%）
面积（万平方千米）	272.49	—
人口（万）	1 863.2	1.3
GDP（亿美元）	1 793.3	4.5
工业 GDP（亿美元）	586.3	5.2
农业 GDP（亿美元）	8.7	0.9
服务业 GDP（亿美元）	994.1	4.4
固定资产投资（亿美元）	327.8	8.5
零售商品总额（亿美元）	292.42	5.8

（续）

指　　标	2019 年	较上年增幅（%）
外贸额（亿美元）	960.8	1.4
出口额（亿美元）	577.2	−5.5
进口额（亿美元）	383.6	14
贸易顺差（亿美元）	193.6	−32.3
通胀率（%）	5.4	—
货币名称	坚戈（Tenge）	
汇率	（全年平均）1 美元＝382.75 坚戈	
人均月工资（美元）	485	14.3
当年引资（美元）	241	−0.8
截至 2018 年底吸引外资存量（亿美元）	1 612.27	—
国际储备（包括央行储备和国家基金）	907.1	2.3
外债（亿美元）	1 568	−1.27
其中：非政府外债（亿美元）	1 241.5	0.32
政府外债（亿美元）	326.5	−6.89

资料来源：哈萨克斯坦国民经济部统计委员会。

总体来看，哈萨克斯坦的经济增速有望逐步复苏，哈萨克斯坦经济的三大产业份额略有波动，数字经济将继续蓬勃发展，同时政府也在努力促进经济转型和改善投资环境，以应对国内外的挑战和风险。

3.1.1.3　社会概况

截至 2020 年 1 月 1 日，哈萨克斯坦人口为 1 863.22 万，同比增长 1.3%。其中女性占 51.5%，男性占 48.5%；城市人口 1 089.386 万人，农村人口 773.84 万人。人口数量在独联体国家中位居第四位。

哈萨克斯坦是一个多民族国家，共有 140 个民族，主要有哈萨克族、俄罗斯族、乌兹别克族、乌克兰族、维吾尔族等。哈萨克斯坦的国家语言是哈萨克语，属于突厥语族。哈萨克语和俄语同为官方语言。掌握哈萨克语的成年人约占总人口的 67.5%。

哈萨克人民过去长期过着游牧生活，被称作"马背上的民族"，哈萨克人的衣食住行、婚丧娶嫁、文化活动都反映出一个从游牧到定居的民族特点。

3.1.2　土库曼斯坦

3.1.2.1　自然概况

土库曼斯坦是一个内陆国家，面积 49.12 万平方千米，在全世界排名第

52，是仅次于哈萨克斯坦的第二大中亚国家，石油天然气工业为该国的支柱产业。而农业方面则以种植棉花和小麦为主，该国主要农产品包括棉花、水果、蔬菜、小麦、烟草、大米和牲畜等，其中棉花是最主要的农产品之一，年产量约为 125 万吨（2023 年数据）。土库曼斯坦位于亚洲大陆的中心处，属于典型的温带大陆性气候，这里是世界上最干旱的地区之一。

3.1.2.2　经济概况

土库曼斯坦是一个自由市场经济国家，投资环境相对稳定。土库曼斯坦经济结构单一，经济主要依赖于自然资源开发，天然气是该国的主要出口商品之一，同时还有棉花、石油和化肥等资源产品出口。2018 年国内生产总值同比增长 8.7%。2019 年，国内生产总值同比增长 8.2%（表 3 - 3）。2020 年国内生产总值同比增长 5.9%。工业产值占国内生产总值的 32%，天然气产值占国内生产总值的 8%，开采量达到 740 亿立方米。在工业增长的 16 个百分点中的加工工业，轻工业、食品工业占 14 个百分点。农业发展较快，1999 年农业产值占国内生产总值的 26%，同比增长 26%。

表 3 - 3　2015—2019 年土库曼斯坦宏观经济数据（按美元现价）

年份	经济增长率（%）	国内生产总值（亿美元）	人均 GDP（美元）
2015	3.31	761.92	6 432
2016	3.02	784.93	6 387
2017	4.20	817.88	6 587
2018	8.04	889.34	6 967
2019	8.20	962.28	7 612

数据来源：世界银行（https：//www.worldbank.org/）。经济增长率的计算扣除了物价因素。

土库曼斯坦与中国之间的贸易往来主要集中在资源和能源等领域。此外，土库曼斯坦政府也积极推动与其他国家的经济合作和投资，例如欧洲、中东和南亚等地区。土库曼斯坦与中国在农业领域的合作主要集中在技术交流和人员培训等方面。近年来，中国政府和企业加强了与土库曼斯坦在农业领域的合作，主要包括技术援助、设备供应、人员培训和农业科技创新等方面。在 2019 年中国—中亚农业科技创新联盟成立后，土库曼斯坦也积极参与其中，与中国和其他中亚国家共同探讨农业科技创新和农业经验交流，推进农业现代化。同时，中国的农业企业也在土库曼斯坦开展了一些农业投资，例如在该国建设棉花加工厂和农业示范园等项目。

3.1.2.3　社会概况

除首都阿什哈巴德为直辖市外，全国划分为阿哈尔、巴尔坎、达绍古兹、列巴普和马雷 5 个州（省），16 个市，46 个区。阿什哈巴德人口有 100 万（2018 年 8 月）。1 月平均气温 2.1℃，7 月平均气温 37.6℃。

截至 2020 年 6 月，人口 572 万。主要民族有土库曼族（94.7%）、乌兹别克族（2%）、俄罗斯族（1.8%），此外，还有哈萨克、亚美尼亚、鞑靼、阿塞拜疆等 120 多个民族（1.5%）。伊斯兰教为主要宗教，占总人口的 89%，主要是逊尼派信徒。另外的 9% 人口为东正教徒。

土库曼斯坦有以下重大节日：新年：1 月 1 日；哀思日：1 月 12 日；国旗日：2 月 19 日；独立日：9 月 27 日；中立日：12 月 12 日，此外，还庆祝开斋节、古尔邦节等伊斯兰节日。

3.1.3　乌兹别克斯坦

3.1.3.1　自然概况

乌兹别克斯坦位于中亚腹地的"双内陆国"，全部 5 个邻国均无出海口，国土面积为 44.89 万平方千米。乌兹别克斯坦是一个农业大国，农产品产量丰富。该国主要的农产品包括棉花、小麦、烟草、水果、蔬菜、牛羊等。其中，棉花是该国的主要农产品之一，棉花产值占农业总产值的很大比例。除了传统农业产品外，乌兹别克斯坦还积极发展现代农业，推广农业科技和农业技术，以提高农产品的质量和产量。

3.1.3.2　经济概况

乌兹别克斯坦是一个开放的经济体系，一直以来都非常重视对外贸易和投资合作。2020 年，乌兹别克斯坦受新冠疫情影响，国内生产总值（GDP）同比下降了 0.6%，自 1995 年以来首次出现负增长（表 3-4）。而 2021 年，乌兹别克斯坦经济有所复苏，GDP 增长了 5.2%，这是近年来的较高增长率。2023 年乌兹别克斯坦 GDP 为 908 亿美元，增长率为 6%。

2016—2020 年，乌兹别克斯坦的第一产业产值平均占比为 18.5%，第二产业产值平均占比为 20.7%，第三产业产值平均占比为 60.8%。2021 年第一、二、三产业产值占 GDP 的比重分别为 17.2%、21.8% 和 61.0%。这意味着该国的第一、二产业在过去几年中受到了一些影响，但第三产业持续表现强劲。在乌兹别克斯坦的 GDP 构成中，消费额在 2016—2020 年平均占比约为 62.6%，投资额平均占比为 28.7%，净出口额平均占比为 8.7%。2021 年消费额、投资额和净出口额占 GDP 的比重分别为 64.4%、21.1% 和 14.5%。这表明乌兹别克斯坦的经济正在向以内需拉动为主转型，资本投资也呈现出一定的增长趋势。

表 3 - 4　2015—2020 年乌兹别克斯坦宏观经济数据（按美元现价）

年份	经济增长率（%）	国内生产总值（亿美元）	人均 GDP（美元）
2015	7.22	861.96	2 753.97
2016	5.93	861.38	2 704.68
2017	4.40	620.81	1 916.76
2018	5.35	526.33	1 597.07
2019	5.71	599.07	1 784.01
2020	−0.6	543.72	1 502.6

数据来源：世界银行（https：//www.worldbank.org/）。经济增长率计算扣除了物价因素。

根据世界银行数据，乌兹别克斯坦服务业在该国整体经济中占比最大且增长最快，2021 年服务业产值占国内生产总值的 47.6%。同时，该国的制造业也得到了一定程度的发展，与服务业构成了拉动经济增长的主要力量。该国的投资主要涵盖了采矿、石油、天然气、电力、交通等领域。同时，乌兹别克斯坦还在积极推动农业现代化和农业科技创新，以提高农产品的质量和产量。

乌兹别克斯坦与中国之间的农产品贸易关系密切。乌兹别克斯坦向中国出口大量的棉花和其他一些农产品。据统计，2019 年乌兹别克斯坦向中国出口的农产品总贸易额超过 10 亿美元。除此之外，乌兹别克斯坦与中国在农业领域的合作关系密切，双方合作的范围广泛，并且取得了很多实质性的成果。

3.1.3.3　社会概况

乌兹别克斯坦全国划分为 1 个共和国、12 个州和 1 个直辖市：卡拉卡尔帕克斯坦自治共和国、安集延州、布哈拉州、吉扎克州、卡什卡达里亚州、纳沃伊州、纳曼干州、撒马尔罕州、苏尔汉河州、锡尔河州、塔什干州、费尔干纳州、花剌子模州及塔什干市。首都是塔什干，乌兹别克语为官方语言，俄语通用。

截至 2021 年 6 月，乌兹别克斯坦人口有 3 486 万，共有 130 多个民族。乌兹别克族人口占 80%，俄罗斯族人口占 5.5%，塔吉克族人口占 4%，哈萨克族人口占 3%，卡拉卡尔帕克族人口占 2.5%，鞑靼族人口占 1.5%，吉尔吉斯族人口占 1%，朝鲜族人口占 0.7%。此外，还有土库曼、乌克兰、维吾尔、亚美尼亚、土耳其、白俄罗斯族等。乌兹别克语为官方语言，俄语为通用语言。多数居民信奉伊斯兰教（逊尼派），其余多信奉东正教。

3.1.4　吉尔吉斯斯坦

3.1.4.1　自然概况

吉尔吉斯斯坦位于中亚东北部，属内陆国家。北部与哈萨克斯坦毗邻，南部与塔吉克斯坦相连，西南部与乌兹别克斯坦交界，东部和东南部与中国接壤，边界线全长 4 170 千米，其中与中国的共同边界长 1 096 千米。吉尔吉斯斯坦地处东 6 时区，当地时间比北京时间晚 2 小时。

3.1.4.2 经济概况

吉尔吉斯斯坦国民经济以多种所有制为基础，农牧业为主，工业基础薄弱，主要生产原材料。该国主要农产品包括小麦、玉米、大麦、棉花、烟草和水果等，其中小麦是最主要的农产品，年产量约为 200 万吨（2020 年数据）。根据最新的数据显示，2020 年，国内生产总值（GDP）同比下降了 4.4%（表 3-5）。这一数据表明该国经历了一个较大的经济冲击。但是随着疫情逐渐控制和宏观政策调整，2021 年吉尔吉斯斯坦经济有了一定的复苏，GDP 增长了 3.5%。

表 3-5 2015—2020 年吉尔吉斯斯坦宏观经济

年份	GDP（亿美元）	GDP 增长率（%）	人均 GDP（美元）
2015	66	3.5	1 100
2016	65.5	3.8	1 134
2017	71.6	4.5	1 042
2018	80.93	4.5	1 267
2019	84.55	4.5	1 300
2020	84.13	−4.4	1 382

数据来源：世界银行（https://www.worldbank.org/）。GDP 增长率的计算扣除了物价因素。

2016—2020 年，吉尔吉斯斯坦的第一产业产值平均占比为 14.3%，第二产业产值平均占比为 27.2%，第三产业产值平均占比为 58.5%。而 2021 年，第一、二、三产业产值占 GDP 比重分别为 12.5%、24.1% 和 63.4%。此外，工业和服务业产值也在过去几年中表现出了相对平稳的增长态势。

在吉尔吉斯斯坦的 GDP 构成中，消费额在 2016—2020 年平均占比约为 69.1%，投资额平均占比 25.8%，净出口额平均占比为 −0.9%。而 2021 年，消费额、投资额和净出口额占 GDP 的比重分别为 68.3%、17.6% 和 14.1%。从这些数据可以看出，该国的经济主要靠消费拉动，且资本投资额高于净出口额。吉尔吉斯斯坦的服务业是该国主要的经济板块之一，服务业产值占 GDP 的 39.3%，并且在过去几年中实现了较快的增长。此外，该国的工业和农业也呈现出一定的增长势头，展示出潜在的发展潜力。

针对本国国情，吉尔吉斯斯坦把吸引外国投资、改善国内经济环境、发展农业作为其经济发展的重点，把发展旅游业和扶持中小企业列为今后经济工作的重点方向。中国政府和企业在吉尔吉斯斯坦开展了一些农业援助项目，向吉尔吉斯斯坦提供农业技术支持和农业机械设备等，以帮助该国提高农业生产水平和农业机械化程度。另外，中国的一些企业也在吉尔吉斯斯坦投资兴建农产品加工厂和农产品贸易中心等项目，促进了两国之间的农业合作和贸易往来。

3.1.4.3　社会概况

吉尔吉斯斯坦是一个多民族国家，全国有 84 个民族。截至 2020 年，人口为 650 万。其中吉尔吉斯族占 72.8%，乌兹别克族占 14.5%，俄罗斯族占 6.2%，东干族占 1.1%，维吾尔族占 0.9%，塔吉克族占 0.9%，土耳其族占 0.7%，哈萨克族占 0.6%，其他为鞑靼、阿塞拜疆、朝鲜、乌克兰等民族。70% 以上居民信仰伊斯兰教，多数属逊尼派。在吉尔吉斯斯坦的华人从事一般贸易、经商的较多，经济和社会地位较高。

国语为吉尔吉斯语。2001 年 12 月，吉尔吉斯斯坦总统签署修宪法令，确定俄语为国家官方语言。吉尔吉斯斯坦 70% 以上居民信仰伊斯兰教，多数属逊尼派；部分居民信仰东正教和天主教。[①]

3.1.5　塔吉克斯坦

3.1.5.1　自然概况

塔吉克斯坦位于中亚东南部，北邻吉尔吉斯斯坦，西邻乌兹别克斯坦，南与阿富汗接壤，东接中国。境内多山，约占国土面积的 93%，有"高山国"之称。国土面积为 14.31 万平方千米。

3.1.5.2　经济概况

2020 年塔吉克斯坦国内生产总值（GDP）为 825 亿索莫尼（约合 773 亿美元），同比增长 4.5%，人均 GDP 约 773 美元（表 3-6）；对外贸易额 45.6 亿美元，主要贸易伙伴有俄罗斯、哈萨克斯坦、瑞士、中国、乌兹别克斯坦、土耳其等。该国主要农产品包括棉花、小麦、玉米、水稻、烟草和葡萄等，其中棉花是最主要的农产品之一，年产量约为 35 万吨（2023 年数据）。

表 3-6　2015—2020 年塔吉克斯坦宏观经济数据（按美元现价）

年份	经济增长率（%）	经济总量（亿美元）	人均 GDP（美元）
2015	6.00	82.71	978.40
2016	6.90	75.36	807.10
2017	7.10	75.36	848.67
2018	7.60	77.65	853.22
2019	7.40	83.00	890.54
2020	4.50	73.00	773.12

数据来源：世界银行（https://www.worldbank.org/）。经济增长率的计算扣除了物价因素。

---

① 资料来源：中华人民共和国驻吉尔吉斯斯坦大使馆经济商务处：《吉尔吉斯斯坦指南》。

塔吉克斯坦的工业基础薄弱，规模较小，机械化水平低，发展缓慢。主要行业包括棉纺织、食品加工、化肥和石油产品生产、水泥和砖瓦制造等。据世界银行数据，2022 年，塔吉克斯坦工业部门预计增长 9.8 个百分点，服务业增长 5.7 个百分点，农业增长 2.9 个百分点。预计 2022 年商品和服务出口将增长 30%，进口将增长 15%。塔吉克斯坦进口前五位商品为石油产品、金属和金属矿石、机械和电子设备、化肥、轻工制品；出口前五位商品为中国和俄罗斯的棉花、铝、黄金、石油和天然气。

根据塔吉克斯坦统计局公布的数据，2020 年的三次产业结构为 20.9：20.3：58.8，其中制造业产值占全部增加值的比重为 7.6%，建筑业产值占比为 10.3%，批零贸易业产值占比 6.9%，住宿餐饮业产值占比 3.8%，运输仓储业产值占比 5.9%，信息通信业产值占比 1.5%，金融保险业产值占比 1.9%，房地产业产值占比 8.3%，商业服务业产值占比 2.4%，其他服务业产值占比 32.4%。该国的投资环境相对稳定，政府对外商投资和经济合作持开放态度，为外国投资者提供一系列的优惠政策和税收减免。

3.1.5.3 社会概况

截至 2020 年，塔吉克斯坦人口为 950 万。塔吉克斯坦共分为 3 个州（省）、1 个区、1 个直辖市：戈尔诺-巴达赫尚自治州、索格特州、哈特隆州、中央直属区和杜尚别市。首都杜尚别是国家政治、工业、科学及文化教育的中心。塔吉克语为国语，俄语为通用语。

塔吉克斯坦共有 86 个民族，其中塔吉克族占 80%，乌兹别克族占 15.3%，俄罗斯族占 1%。全国中小学校共 3 884 所，在校学生共 203.39 万人。全国现有各类高等学校 41 所，各类研究机构 56 所，中等职业技术学校（包括分校）74 所。

3.2 西亚主要国家概况

西亚（Western Asia）又称西南亚，亚洲西南部地理区。位于东经 74°56′～26°16′；北纬 43°34′～12°35′。位于亚、非、欧三洲交界地带，在阿拉伯海、红海、地中海、黑海和里海（内陆湖泊）之间，被称为"五海三洲之地"。包括沙特阿拉伯、也门、阿曼、阿联酋、卡塔尔、巴林、科威特、以色列、巴勒斯坦、黎巴嫩、约旦、叙利亚、塞浦路斯、土耳其、阿塞拜疆、格鲁吉亚、伊拉克、伊朗等国家。该地区气候干旱，水资源缺乏，地形以高原为主。波斯湾及里海沿岸是著名的石油产区，西亚也是局势最动荡的地区之一。

3.2.1 伊朗

3.2.1.1 自然概况

伊朗伊斯兰共和国简称伊朗，位于西亚，属中东国家，伊朗是一个伊斯兰共和国，政治体制为总统制。伊朗气候四季分明。北部春夏秋季较为凉爽，冬季较为寒冷，南部夏季炎热、冬季温暖。

3.2.1.2 经济概况

伊朗是亚洲主要经济体之一。伊朗的经济实力位居亚洲第7位（次于中、日、印、韩、印尼、沙特）。伊朗经济主要依赖石油和天然气出口。除此之外，伊朗还有一些其他的产业，比如农业、矿产、制造业等。伊朗的经济发展受到国际制裁的影响，近年来经济增长有所放缓。伊朗积极开展经济合作，扩大对外贸易，与各国签署了一些经济合作协议。

据伊朗央行统计，2020年新冠疫情使得伊朗国内生产总值（GDP）同比下降4.8%（表3-7），而2021年伊朗的GDP增长了2.5%。2016—2020年，伊朗第一产业产值占GDP比重为10.3%，第二产业产值占比为24.6%，第三产业产值占比为65.1%。而2021年，第一、二、三产业产值占GDP比重分别为9.8%、24.3%和66.0%。2016—2020年，消费额占GDP平均比重为50%，投资额平均占比为28.4%，净出口额平均占比为-18.4%。而2021年，消费额、投资额和净出口额占GDP比重分别为47.3%、24.8%和-3.6%。世界银行数据也显示，服务业在伊朗经济中占比较大，2021年服务业产值占国内生产总值的47%，并雇用了超过一半的工作人口。

表3-7 2015—2020年伊朗宏观经济数据（按美元现价）

年份	经济增长率（%）	经济总量（亿美元）	人均GDP（美元）
2015	-11.33	4 082.13	5 200
2016	12.19	4 579.55	5 755
2017	6.26	4 866.3	6 032
2018	-6.70	4 539.96	5 550
2019	-35.82	2 913.63	3 514
2020	-4.80	4 231.92	5 114

数据来源：世界银行（https://www.worldbank.org/）。经济增长率的计算扣除了物价因素。

伊朗的农业主要分布在西北部和东部地区。主要农产品包括小麦、大麦、水稻、玉米、棉花、糖、茶叶、坚果、水果、葡萄、香料等。其中，小麦和玉米是伊朗的主要农产品之一。伊朗的农业产量相对较低，主要是由于气候干旱和土地贫瘠等因素所致。根据海关数据，2019 年，中国从伊朗进口的主要农产品是开心果、葡萄、无花果、石榴等，总进口额为 1.3 亿美元；从中国出口到伊朗的主要农产品是小麦、玉米、大豆等，总出口额为 3.5 亿美元。

此外，中国与伊朗在农业领域也开展了一些技术交流和合作项目。例如，在伊朗南部地区建设了一些灌溉项目，帮助当地农民更好地利用水资源。中国还向伊朗提供了一些农业机械和设备，以提高伊朗的农业生产效率。伊朗的农产品对中国市场有一定的需求，而中国也将伊朗作为重要的农产品供应来源地之一。中伊两国政府在加强农业合作方面进行了一些合作。

3.2.1.3 社会概况

伊朗全国分 31 个省、324 个地区、865 个郡、982 个县、2 378 个乡，主要城市有德黑兰、伊斯法罕、设拉子、马什哈德、克尔曼、大不里士等。人口中波斯人占 66%，阿塞拜疆人占 25%，库尔德人占 5%，其余为阿拉伯人、土库曼人等。官方语言为波斯语。伊斯兰教为国教，98.8% 的居民信奉伊斯兰教，其中 91% 为什叶派，7.8% 为逊尼派。

伊朗是著名的文明古国之一。勤劳、勇敢的波斯人创造了辉煌灿烂的文化，特别是在医学、天文学、数学、农业、建筑、音乐、哲学、历史、文学、艺术和工艺方面都取得了巨大成就。大医学家阿维森纳在公元 11 世纪所著的《医典》，对亚欧各国医学发展有着重大影响。伊朗学者的许多数学著作达到了很高水平。波斯诗人菲尔多西的史诗《列王记》、萨迪的《蔷薇园》等不仅是波斯文学珍品，也是世界文坛的瑰宝。

3.2.2 土耳其

3.2.2.1 自然概况

土耳其共和国国土面积为 78.36 万平方千米，其中 97% 位于亚洲的小亚细亚半岛，3% 位于欧洲的巴尔干半岛，首都为安卡拉（Ankara）。土耳其是一个议会制共和国，政治体制为总统制。近年来，土耳其政治环境相对不太稳定，政府面临来自国内外的多重压力，例如经济下滑、反政府抗议等。然而，土耳其政府对国家主权和安全采取了强硬的态度。土耳其人口 8 315.5 万（2020 年 12 月），其中土耳其族占 80% 以上，库尔德族约占 15%。

3.2.2.2 经济概况

自从 20 世纪 80 年代土耳其实行对外开放政策以来，经济实现了跨越式发展，由经济基础较为落后的传统农业国向现代化的工业国快速转变。自 2002 年正发党上台以来，土耳其加大基础设施建设投入，不断改善投资环境以吸引外资，大力发展对外贸易，对外贸易总值不断增加，经济建设取得较大成就。据土耳其统计局公布的数据，2020 年土耳其三次产业产值（现价）结构为

25.78∶18.02∶56.2，其中制造业产值占全部增加值比重为 20.1%，建筑业产值比重为 7.2%，批零贸易业产值占 16.4%，住宿餐饮业产值占 1.7%，运输仓储业产值占 8.9%，信息通信业产值占 2.7%，金融保险业产值占 6.4%，房地产业产值占 6.8%，商业服务业产值占 1.8%，其他服务业产值占比 5.7%。2015—2019 年土耳其宏观经济数据见表 3-8。

表 3-8　2015—2020 年土耳其宏观经济数据（按美元现价）

年份	经济增长率（%）	经济总量（亿美元）	人均 GDP（美元）
2015	6.08	8 643.16	11 006.28
2016	3.32	8 696.92	10 894.60
2017	7.50	8 589.96	10 589.67
2018	2.98	7 784.71	9 454.35
2019	0.89	7 610.04	9 121.52
2020	1.80	7 813.55	9 191.20

数据来源：世界银行（https://www.worldbank.org/）。经济增长率的计算扣除了物价因素。

　　然而，由于新冠疫情的影响，土耳其经济在 2020 年萎缩了 8.5%。2021 年经济开始复苏，2021 年土耳其 GDP 为 8 152.72 亿美元，同比增长 10.99%。农业增加值为 460.37 亿美元，相比 2020 年减少了 20.6 亿美元，占 GDP 的 5.65%；工业增加值为 2 532.72 亿美元，比上年增长了 515.5 亿美元，占 GDP 的 31.07%。土耳其进口额前五位商品为石油和天然气、机械和交通设备、化学品、电子设备、铁和钢材；出口额前五位商品为汽车和汽车零部件、珠宝、塑料、石油制品、纺织品。土耳其主要进口商品为原油、天然气、化工产品、机械设备、钢铁等，主要出口产品是农产品、食品、纺织品、服装、金属产品、车辆及零配件等。

　　土耳其的农业产业主要分布在西南部和南部地区。主要农产品包括：小麦、大麦、玉米、水稻、棉花、烟草、甜菜、橄榄、葡萄、石榴、柑橘等。其中，橄榄和柑橘是土耳其的主要农产品之一。根据海关数据，2019 年，中国从土耳其进口的主要农产品是小麦、玉米、果仁等，总进口额为 1.3 亿美元；从中国出口到土耳其的主要农产品是玉米、大豆等，总出口额为 1.5 亿美元。近年来，双方在农产品进出口方面的合作有所增加，特别是在"一带一路"倡议的框架下，双方的农产品贸易额持续增长。

3.2.2.3　社会概况

　　土耳其行政区划等级为省、县、乡、村。全国共分为 81 个省、约 600 个县、3.6 万个乡。土耳其首都安卡拉位于安纳托利亚高原中部，海拔 978 米，人口约369万,是土耳其的第二大城市。伊斯坦布尔是土耳其政治、经济、文化、金融、新闻、贸易、交通中心,世界著名的旅游胜地,繁华的国际大都市之一。伊兹密尔是土耳其第三大城市,位于安纳托利亚高原西端的爱琴海边,是重要的工业、商业、外贸、海运中心之一,同时也是历史文化名城、旅游胜地和军事要塞。土耳其还有诸如加济安泰普等重要城市。

3.2.3 沙特阿拉伯

3.2.3.1 自然概况

沙特阿拉伯是一个沙漠国家,位于阿拉伯半岛的东部。该国政治体制为君主专制制度,国王为最高领袖,政府主要由国王和内阁组成。近年来,沙特政府在推进社会经济改革和现代化建设方面取得了一定成果,但政治稳定性仍面临一些挑战。该国土地面积约200万平方千米,主要为沙漠和半沙漠地区,水资源非常有限。沙特阿拉伯的主要农产品包括小麦、大麦、玉米、大豆、棕榈油、水果等。该国的农业生产受到气候和水资源等因素的限制,产量相对较低。

3.2.3.2 经济概况

沙特阿拉伯主要产业是石油、化工、钢铁和农业。其中,石油产业是该国经济的支柱产业,也是全球最大的石油出口国。尽管受到了新冠疫情和油价下跌的双重打击,沙特阿拉伯仍然保持较高的经济增长率。沙特阿拉伯的人口是3 218万,大部分为沙特本土人。根据国际货币基金组织的数据,2019年沙特阿拉伯实际GDP增长2.2%,人均GDP为23 210美元。2020年,沙特阿拉伯实行了一系列经济改革措施,以刺激经济增长。该国计划在2030年前,通过"愿景2030计划"实现经济多元化,降低对石油的依赖程度。此外,沙特阿拉伯还在积极推进数字化经济和旅游业的发展,以促进经济多元化和改善就业状况。沙特阿拉伯通货膨胀率为1.9%,失业率为12.9%。沙特阿拉伯的主要贸易伙伴包括美国、中国、日本、韩国和印度等国家。沙特阿拉伯与中国的贸易往来主要集中在石油和天然气等能源领域。沙特阿拉伯2015—2019年的宏观经济数据见表3-9。

近年来,中沙两国之间的农产品贸易也在逐渐增加,沙特阿拉伯向中国出口的主要农产品包括棕榈油、水果等,而中国向沙特阿拉伯出口的主要农产品为大豆、玉米等。根据2020年的数据,沙特阿拉伯向中国出口了约400万吨的棕榈油,占沙特阿拉伯棕榈油出口总量的四分之一。而沙特阿拉伯的玉米产量较低,需要进口满足国内需求,中国则是沙特阿拉伯玉米的主要供应国之一。根据2020年的数据,中国向沙特阿拉伯出口了约60万吨的玉米。

表 3-9　2015—2020 年沙特阿拉伯宏观经济数据（按美元现价）

年份	经济增长率（%）	经济总量（亿美元）	人均 GDP（美元）
2015	4.11	6 542.69	20 627.93
2016	1.67	6 449.35	19 878.76
2017	−0.74	6 885.86	20 802.47
2018	2.43	7 865.21	23 337.02
2019	0.33	7 929.66	23 139.80
2020	−4.10	7 961.95	23 219.16

数据来源：世界银行（https：//www.worldbank.org/）。经济增长率的计算扣除了物价因素。

3.2.3.3　社会概况

沙特阿拉伯全国分为 13 个省：利雅得省、麦加省、麦地那省、东部省、卡西姆省、哈伊勒省、阿西尔省、巴哈省、塔布克省、北部边疆省、吉赞省、纳季兰省、焦夫省。省下设一级县和二级县，县下设一级乡和二级乡。

沙特阿拉伯首都为利雅得。此外，其夏都为塔伊夫，外交之都为吉达。伊斯兰教为国教，逊尼派占 85%，什叶派占 15%。官方语言为阿拉伯语。沙特政府重视教育和人才培养，实行免费教育。包括初等教育、职业培训、各类技术教育和成人教育等，实行强制义务教育。

3.2.4　阿联酋

3.2.4.1　自然概况

阿拉伯联合酋长国面积为 83 600 平方千米，首都为阿布扎比，位于阿拉伯半岛东部，北濒波斯湾，海岸线长 734 千米。西和南与沙特阿拉伯交界，东和东北与阿曼毗连。联邦最高委员会由 7 个酋长国的酋长组成，是最高权力机构。重大内外政策制定、联邦预算审核、法律和条约批准均由该委员会讨论决定。总统兼任武装部队总司令。除外交和国防相对统一外，各酋长国拥有相当的独立性和自主权。联邦经费基本上由阿布扎比和迪拜两个酋长国承担。阿联酋有人口 1 017 万（2023 年 6 月数据），外籍人口占 88%，主要来自印度、巴基斯坦、埃及、叙利亚、巴勒斯坦等国。居民大多信奉伊斯兰教，多数属逊尼派。阿拉伯语为官方语言，通用英语。

3.2.4.2　经济概况

阿联酋以石油生产和石油化工工业为主。石油和天然气资源非常丰富，是中东地区的经济和金融中心，中东最富裕的城市，在全球最富裕城市中也位居前列。已探明石油储量约 130 亿吨，约占全球储量的 5.6%，居世界第八位。已探明天然气储量 42.4 亿吨，约占全球储量的 3.2%，居世界第九位。外汇不受限制，货币自由出入境，汇率稳定。联邦政府财政收入来自各酋长国的石油或贸易收入。

2020年，受新冠疫情的影响，阿联酋GDP同比下降了5.8%（表3-10），但随着疫苗接种率的提高以及对旅游和贸易的积极推动，2021年GDP增长率已经回升至3.1%。阿联酋的第一产业产值占GDP的比重一直很小，不超过1%，而第二产业和第三产业产值的比重分别为27.7%和71.9%。在投资方面，私人部门的投资占GDP的很大比重，尤其是在房地产、旅游和基础设施建设领域。阿联酋还在积极推进数字化经济和能源转型，以推动经济多元化和可持续发展。世界银行数据显示，阿联酋服务业产值占国内生产总值的60.7%，其中包括金融、房地产、旅游、交通和通信业等行业。此外，阿联酋还致力于成为地区的商业和物流中心，其战略位置和大规模基础设施建设使其成为连接亚洲和欧洲的重要航空运输枢纽。总的来说，尽管受到疫情和国际油价波动的影响，阿联酋经济仍然保持着较高的增长速度和稳定性。

表3-10 2015—2020年阿联酋宏观经济数据（按美元现价）

年份	经济增长率（%）	经济总量（亿美元）	人均GDP（美元）
2015	5.1	3 581.3	38 663
2016	3.0	3 570.5	38 142
2017	2.4	3 856.1	40 645
2018	1.2	4 222.2	43 839
2019	3.4	4 172.2	42 701
2020	−5.8	3 604.7	38 652

数据来源：世界银行（https://www.worldbank.org/）。经济增长率的计算扣除了物价因素。

阿联酋全国可耕地面积32万公顷，已耕地面积27万公顷。主要农产品有椰枣、玉米、蔬菜、柠檬等。粮食依赖进口；渔产品和椰枣可满足国内需求；畜牧业规模很小，主要肉类产品依赖进口。近年来，政府采取鼓励务农的政策，向农民免费提供种子、化肥和无息贷款，并对农产品实行包购包销，以确保农民收入，农业得到一定发展。

3.2.4.3 社会概况

阿联酋由7个酋长国组成：阿布扎比、迪拜、沙迦、哈伊马角、阿治曼、富查伊拉、乌姆盖万。迪拜面积最大，人口最多，也是继阿布扎比之后第二大酋长国。阿拉伯语为官方语言，通用英语。国庆节是12月2日。

阿联酋实行免费医疗制度。建有较为完善的全国城乡医疗保健系统，全国共有医院、初级医疗中心和诊所等医疗机构 1 162 家。政府在发展石化工业的同时，努力发展水泥、炼铝、塑料制品、建筑材料、服装、食品加工等工业，重视发展农、牧、渔业；充分利用各种资源，重点发展文教、卫生事业。阿联酋的银行业发达，现有本国银行 23 家，外国银行及其他金融机构 100 余家。

3.2.5 以色列

3.2.5.1 自然概况

以色列国（The State of Isracl），简称以色列，首都为特拉维夫，以色列国土目前实际控制面积约 2.5 万平方千米。以色列属地中海式气候，夏季炎热干燥，冬季温和湿润。一年之中，只有 2 个差别显著的季节：从 4 月到 10 月为干旱夏季，11 月至次年 3 月为多雨冬季。降水分布十分不均，北部和中部降水量相对较大，北部年降水量 920 毫米，南部内盖夫地区年降水量则十分稀少，仅为 30 毫米。

3.2.5.2 经济概况

以色列经济为混合型经济，工业化程度较高，总体经济实力较强，竞争力居世界前列。但国内市场相对狭小，经济对外依存度高，欧盟是以色列最大贸易伙伴，美国是最大单一贸易伙伴国。主要行业包括深层采掘、化学品、塑料制品、电子元器件、机械设备、纺织品、食品加工、医药制造等。以色列出口前五名商品为高科技产品、药品、金刚石、石油产品和化学制品；进口前五位商品为石油、原油、钻石、机械和车辆零部件、电子设备。

根据以色列央行数据，2019 年，以色列现价三次产业结构比重为 19.5：7.1：73.4，其中制造业产值占全部增加值的 10.9%，建筑业产值比重为 6.6%，批零贸易业产值占 15.7%，住宿餐饮业产值占 2.0%，运输仓储业产值占 5.8%，信息通信业产值占 6.7%，金融保险业产值占 7.3%，房地产业产值占 10.5%，其他服务业产值占比 20.5%。

以色列农业发达，科技含量较高，其滴灌设备、新品种开发举世闻名。农业组织结构以基布兹和莫沙夫为主。主要农作物有小麦、棉花、蔬菜、柑橘等。粮食接近自给，水果、蔬菜生产自给有余并大量出口。中以建立创新全面伙伴关系，中以两国签有农业部谅解备忘录、植物检疫合作协定，开展了一系列农业合作项目，中国是以色列亚洲第一大、全球第二大贸易伙伴。2022 年，双边贸易额 255 亿美元，同比增长 11.6%，其中中方出口额 165 亿美元，同比增长 7.9%，进口额 90 亿美元，同比增长 19%。以色列 2015—2019 年宏观经济数据见表 3 - 11。

表3-11　2015—2020年以色列宏观经济数据（按美元现价）

年份	经济增长率（%）	经济总量（亿美元）	人均GDP（美元）
2015	2.3	3 000.8	35 808
2016	4.5	3 190.2	37 330
2017	4.4	3 552.8	40 774
2018	4.0	3 736.4	42 063
2019	3.8	3 979.3	43 951
2020	—2.4	3 855.4	42 954

数据来源：世界银行（https：//www.worldbank.org/）。经济增长率的计算扣除了物价因素。

3.2.5.3　社会概况

以色列全国划分为6个区，30个分区，31个市，115个地方委员会，49个地区委员会。以色列建国时定都于特拉维夫，1950年，迁往耶路撒冷。由于耶路撒冷归属问题是以巴最终地位谈判的焦点之一，现绝大多数国家驻以色列使馆仍设在特拉维夫。以色列政治系统实行议会制政体，议会是国家最高权力机构，实行一院制，议会选举采用比例代表制。以色列历届政府均为联合政府，政府由议会中占多数席位的政党或政党联盟组成。

以色列有人口959万（2022年9月数据），其中犹太人约占74%，阿拉伯人约占21%，其余为德鲁兹人等。官方语言为希伯来语。以色列公共节日主要来自犹太历史传统，并根据犹太历推算，故而反映到公历就表现为具体日期游移不定。节日从前一天太阳落山开始算起，到当天太阳落山时终止。按犹太历顺序，主要节日有犹太新年、赎罪日等。

第4章 欧洲主要国家概况[①]

4.1 东欧国家概况

4.1.1 俄罗斯

4.1.1.1 自然概况

俄罗斯国土面积 1 709.82 万平方千米,占苏联总面积的 76.3%。俄罗斯横跨欧亚大陆,东西最长 9 000 千米,南北最宽 4 000 千米,领土包括欧洲的东部和亚洲的北部,是世界上国土最辽阔的国家。俄罗斯国界线长 60 933 千米,其中,海岸线长达 38 807 千米,濒临大西洋、北冰洋、太平洋的 12 个海;陆界长达 14 509 千米,与 14 个国家接壤,南部和东南部同中国、朝鲜接壤,南连哈萨克斯坦、蒙古、格鲁吉亚、阿塞拜疆,西南连接乌克兰,西部与芬兰、白俄罗斯、爱沙尼亚、拉脱维亚、立陶宛、挪威毗邻而居。加里宁格勒州与波兰、立陶宛相邻。东面与日本和美国隔海相望。领土 36% 在北极圈内,地形以平原和高原为主,地势南高北低,西低东高。自北向南为北极荒漠、冻土地带、草原地带、森林冻土地带、森林地带、森林草原地带和半荒漠地带。俄罗斯幅员辽阔,气候复杂多样,总体属于北半球温带和亚寒带的大陆性气候,依其大陆性程度的不同,以叶尼塞河为界分为两部分,西部属温和的大陆性气候,西伯利亚属强烈的大陆性气候。西北部沿海地区具有海洋性气候特征,而远东太平洋沿岸则带有季风性气候的特点。俄罗斯大部分地区冬季漫长寒冷,夏季短暂、温暖,春秋两季很短。1 月份平均气温为 $-37\sim-1℃$,7 月份平均气温 $11\sim27℃$,相对湿度 $30\%\sim80\%$。

4.1.1.2 经济概况

俄罗斯工业、科技基础雄厚,属于经济发达国家。苏联解体后俄罗斯经济一度严重衰退,持续下滑,2000 年普京执政至今,俄罗斯经济快速回升,连续 8 年保持增长(年均增幅约 6.7%),但在全球金融危机和国际油价暴跌、OPEC+减产协议、本国投资乏力、净出口减少、内需不振等因素作用下,俄罗斯经济保持低速增长。俄罗斯经济产业主要由三大支柱支撑,第一大支柱是

---

① 本章国家概况信息没有特别标注都来源于中华人民共和国外交部官网有关各国概况介绍。

石油和天然气。第二大支柱是军工的武器出口。第三大支柱是农业。农业是俄罗斯最重要的经济部门之一。农业劳动力约占全国劳动力的14%，农业产值约占GDP的6%。2023年，俄罗斯国内生产总值为2.02万亿美元（现价美元，下同），增长率为3.6%；人均国内生产总值为13 817美元，增长率为3.89%①。

4.1.1.3　社会概况

俄罗斯人口总数约14 382万人，农村人口约3 548万人，农村人口占总人口的24.7%（2023年数据）②。俄罗斯联邦是一个多民族国家，有194个民族，其中俄罗斯族占总人口的77.7%，主要少数民族有鞑靼、乌克兰、巴什基尔、楚瓦什、车臣、亚美尼亚、阿瓦尔、摩尔多瓦、哈萨克、阿塞拜疆、白俄罗斯等族。俄罗斯人属斯拉夫种族，俄罗斯共有大约150种语言（其中有将近80种符合标准语），其中俄语为主要语言，属印欧语系的斯拉夫语族，是俄罗斯联邦各族人民进行民族交往最常用的语言，也是俄罗斯境内的官方语言。俄罗斯联邦境内宗教主要有基督教、伊斯兰教、萨满教、佛教（喇嘛教）和犹太教等。俄罗斯基础研究、军工和宇航技术在世界上处于领先地位。俄罗斯教育分为基础教育和专业教育两种，教育的强项学科有：数学、物理、化学、医学、教育学、航空、航天、航海、核能利用、军工、光学精密机械等。同时，俄罗斯是世界上医药卫生事业较为发达的国家，平均每万名居民拥有医生50名，医疗水平比较高，尤其是复杂的眼科手术水平处于世界领先地位。在社会治安方面，俄罗斯法律规定居民不能持有枪支。

4.1.2　乌克兰

4.1.2.1　自然概况

乌克兰国土面积60.36万平方千米，东西长1 316千米，南北长893千米，居欧洲国土面积的第二位。乌克兰位于欧洲东部，东部、北部与俄罗斯和白俄罗斯接壤，西部连接波兰、斯洛伐克、匈牙利，南部同罗马尼亚、摩尔多瓦毗邻，是欧盟与独联体各国地缘政治的交叉点，地理位置十分重要。最大山系为西部的喀尔巴阡山，最高峰戈尔维拉峰，海拔2 061米。最长河流为发源于俄罗斯的第聂伯河，境内河段长981千米，自北向南流入黑海。乌克兰全国大部分地区为温带大陆性气候。1月平均气温−7.4℃，7月平均气温19.6℃。

4.1.2.2　经济概况

乌克兰的综合经济实力在苏联各加盟共和国中居第二位，仅次于俄罗斯。但自1991年独立后，经济指标连年下降。乌克兰属发展中国家，农业生产水

①② 数据来源：世界银行数据库。

平较高，工业特别是制造业发展相对滞后。乌克兰是世界第五大 IT 服务出口国，也是中东欧最大的软件开发编程和 IT 外包服务市场。2000 年，乌克兰经济呈现独立以来首次回升态势，工农业生产基本实现预定目标，其中有较大增长的有食品、木材加工、造纸、冶金、机械制造等领域。但能源、建材等领域仍在下滑。同时，由于乌克兰经济立法不健全，使得贫富分化加剧。乌克兰的特色产业包括农业、钢铁工业、军事工业、IT 产业、电子商务等，货币是格里夫纳。2023 年，乌克兰国内生产总值为 1 787.57 亿美元，GDP 增长率为 5.3%，人均国内生产总值为 5 181.36 美元，人均 GDP 增长率为 8.05%。

4.1.2.3　社会概况

乌克兰人口总数约 3 700 万人，农村人口约 1 106 万人，农村人口占总人口的 29.89%（2023 年数据）。乌克兰有 130 多个民族，乌克兰族占 72.82%，俄罗斯族占 17.28%，主要信奉东正教和天主教。官方语言为乌克兰语，俄语广泛使用。乌克兰共分为 27 个行政区划，其中包括 2 个直辖市，24 个行政州，1 个自治共和国。首都是基辅，人口 302 万（2023 年数据），面积 827 平方千米，位于第聂伯河中游及其最大支流普里皮亚季河与杰斯纳河汇合处附近，是全国政治、经济、文化和科学中心。哈尔科夫市是乌克兰第二大城市，全国重要的工业中心城市，敖德萨市是乌克兰重要的港口城市。乌克兰实行 11 年制义务教育，人口的突出问题是下降趋势明显，自独立以来人口减少约 1 000 万。乌克兰实行议会总统制和多党制，政府是最高的权力执行机构①。

4.1.3　波兰

4.1.3.1　自然概况

波兰国土面积 31.27 万平方千米，地处欧洲中部，北临波罗的海，南接捷克和斯洛伐克；东邻白俄罗斯，西接德国；东北和东南部则与俄罗斯、立陶宛以及乌克兰接壤。波兰全境 75% 在海拔 200 米以下，全境地势平坦、广阔，河湖密布。波兰属海洋性气候向大陆性气候过渡的温带阔叶林气候。气候温和，冬季寒冷潮湿，平均气温 −10～5℃；春、秋季气候宜人、雨水充沛；夏季凉爽，平均温度为 15～24℃。

4.1.3.2　经济概况

波兰是中等发达国家，是中东欧地区重要的农业、工业国和人口最多的国家。波兰是世界贸易组织、经济合作与发展组织、北大西洋公约组织、欧洲联盟成员国。1989 年东欧剧变后，"休克疗法"导致波兰经济一度下滑。1992 年

---

① 资料来源：《一带一路农业合作国别指南》乌克兰——对外投资合作国别（地区）指南（2020 年版）。

起经济止跌回升，并逐步成为中东欧地区发展最快的国家之一。加入欧盟后，经济更是突飞猛进。2009 年，受国际金融危机影响，经济明显下滑，但仍好于欧盟多数国家，为欧盟内唯一实现正增长的国家。2010 年，经济继续增长，增幅为 3.8%，居欧盟前列，吸引外资 142 亿美元。世界银行和国际金融公司联合发布的《2013 年营商环境年度报告》指出，波兰是自 2005 年来致力于营商环境改善速度最快的欧盟经济体。2020 年经济增长率为 −2.7%，2021 年经济增长率为 5.7%，2022 年经济增长率为 4.9%。2023 年，波兰国内生产总值为 8 112.3 亿美元（现价），GDP 增长率为 0.2%，人均国内生产总值为 22 112.9 美元（现价），人均 GDP 增长率为 0.53%。

4.1.3.3 社会概况

波兰人口总数约 3 668.58 万人，农村人口约 1 459.44 万人，农村人口占总人口的 39.78%（2023 年数据）。波兰共有 16 个省、314 个县和 66 个县级市、2 477 个乡。华沙（Warsaw）是波兰第一大城市，是全国的工业、贸易及科学文化中心，也是全国最大的交通运输枢纽。克拉科夫市位于波兰南部，离华沙约 300 千米的维斯瓦河畔，是波兰最大的文化、科学、工业与旅游中心。格但斯克市位于波罗的海沿岸维斯瓦河的入海口，是波兰北部最大的城市，与索波特、格丁尼亚两市形成庞大的港口城市联合体——三联城。其他重要城市还有罗兹、卡托维茨、波兹南等。在波兰的华侨华人为 1 万人左右，主要集中在华沙等大城市。波兰族占人口的 98% 以上，少数民族主要有德意志族、乌克兰族、俄罗斯族和白俄罗斯族，还有少量犹太、立陶宛族、斯洛伐克族等。官方语言为波兰语，英语日益普及，会讲俄语和德语的人也较多。90% 的波兰人信仰罗马天主教，少部分信仰东正教或基督教新教。教会在波兰影响力很大，前罗马教皇约翰·保罗二世被波兰人视为民族骄傲，2014 年 4 月保罗二世被罗马教廷认定为"圣人"。圣诞节是波兰人最重要、最喜爱的节日。波兰治安状况总体较好，社会安定，不存在反政府武装。

4.1.4 罗马尼亚

4.1.4.1 自然概况

罗马尼亚国土面积 23.84 万平方千米，位于东南欧巴尔干半岛东北部，北和东北分别同乌克兰和摩尔多瓦为邻，南接保加利亚，西南和西北分别同塞尔维亚和匈牙利接壤，东南临黑海，海岸线 245 千米。自然条件优越，地貌多样。属于温带大陆性气候，年平均温度在 10℃ 左右，年降水量约为 637 毫米。春季短暂，却气候宜人；6—8 月是夏季，平均温度 22～24℃，南部和东部低地是最热的地区，最高温度可达 38℃；秋季凉爽干燥；12 月至次年 3 月是冬季，平均温度 −3℃。罗马尼亚全国多年平均降水量 637 毫米，降水分布不均，自西向东呈递减趋势，平原地区年降水量为 350~600 毫米，丘陵区为 600~800 毫米，山区为 1 000~1 500 毫米。罗马尼亚地形奇特多样，境内平原、山地、丘陵各占国土面积的 1/3。罗马尼亚水力资源丰富，蕴藏量为 565 万千瓦。森林面积为 630 万公顷，约占全国面积的 28%。内河和沿海生产多种鱼类。

4.1.4.2　经济概况

罗马尼亚是新兴工业国家，为中东欧地区最大的市场之一。1989 年，罗马尼亚剧变后开始由计划经济向市场经济过渡。2000—2008 年，经济持续增长。受国际金融危机影响，2009—2010 年，经济负增长。2011 年起经济企稳回升，2020 年受新冠疫情影响经济下滑。罗马尼亚主要工业部门有冶金、汽车制造、石油化工和仪器加工等。农业在罗马尼亚经济中占有重要地位，其土地肥沃，雨水充足，农业生产条件良好，主要种植小麦、玉米、向日葵、马铃薯、苹果、葡萄等①。罗马尼亚因其劳动力、土地、税收等方面的优势，成为中东欧地区最具吸引力的投资目的地之一。作为欧盟成员国，罗马尼亚是中国同东欧国家乃至欧洲合作的支点之一，也是重要的"一带一路"国家。世界经济论坛《2019 年全球竞争力报告》显示，罗马尼亚在全球最具竞争力的 140 个国家和地区中，排名第 52 位。世界银行《2020 年营商环境报告》公布的 190 个国家和地区中，罗马尼亚排名第 55 位。2023 年，罗马尼亚国内生产总值为 3 510 亿美元，GDP 增长率为 2.1%，人均国内生产总值为 18 419 美元，人均 GDP 增长率为 2.1%。

4.1.4.3　社会概况

罗马尼亚人口总数约 1 905.61 万人，农村人口约 873.22 万人，农村人口占总人口的 45.82%（2023 年数据）。罗马尼亚全国分为 41 个县和 1 个直辖市，县下设市、镇、乡。罗马尼亚实行五天工作制，周六周日为工休日。每年 7—8 月为度假期。首都布加勒斯特是全国政治、经济、文化和交通中心，位于罗马尼亚东南部瓦拉几亚平原中部，多瑙河支流流经市区。康斯坦察是罗马尼亚最大的海滨和港口城市，同时也是康斯坦察县首府和重要的文化与教育中心。罗马尼亚政体为共和制，奉行和平友好的外交政策，重点发展同欧盟、美国和北约的关系。该国民族中，罗马尼亚族占 88.3%，匈牙利族占 6.0%，罗姆族占 3.4%，日耳曼族和乌克兰族各占 0.2%，其余民族为俄罗斯、土耳其、鞑靼等。官方语言为罗马尼亚语，主要少数民族语言为匈牙利语。主要流行的外语为英语和法语。主要宗教有东正教、罗马天主教、新教。罗马尼亚实行

---

① 资料来源：陕西省统计局 . 一带一路国家统计年鉴 2017［M］. 北京：中国统计出版社，2018.

10 年义务教育，包括小学 4 年、初中 4 年和高中的前 2 年。罗马尼亚拥有较为完善的医疗卫生体系，首都布加勒斯特有大型综合医院、专科医院、急诊医院、流行病医院、昼夜药店等，乡镇设有医疗站和医疗所。罗马尼亚是欧盟、北约成员国，安全形势总体良好。目前，罗马尼亚犯罪率呈下降趋势，成为欧洲国家中治安较好的国家之一。

4.1.5　捷克

4.1.5.1　自然概况

捷克国土面积 7.89 万平方千米，国土分为两大地理区，一是位于西半部的波希米亚高地，二是位于东半部的喀尔巴阡山地，它由一系列东西走向山脉组成。捷克地处欧洲中部，东靠斯洛伐克，南邻奥地利，西接德国，北毗波兰。捷克西北为高原，东部为喀尔巴阡山脉，中部为河谷地。捷克平均海拔 450 米，最低点海拔 115 米，最高点 1 602 米。捷克地处北温带，属典型温带大陆性气候。四季分明，夏季平均气温约 18.5℃，冬季平均气温约 −3℃，气候湿润，年均降水量 683 毫米。捷克由波希米亚、摩拉维亚和西里西亚 3 个区域组成。捷克处在三面隆起的四边形盆地，土地肥沃。北有克尔科诺谢山，南有舒玛瓦山，东部和东南部为平均海拔 500～600 米的捷克—摩拉维亚高原。盆地内大部分地区在海拔 500 米以下，有拉贝河平原、比尔森盆地、厄尔士山麓盆地和南捷克湖沼地带。

4.1.5.2　经济概况

捷克是一个发达的资本主义国家，1999 年加入北约，2004 年加入欧盟。于 2006 年被世界银行列入发达国家行列。捷克为中等发达国家，工业基础雄厚。2009 年受国际金融危机影响经济下滑，2010 年和 2011 年实现恢复性增长，2012 年和 2013 年经济再次下滑。近年来，实行积极、平衡、稳健的经济政策，经济逐渐呈现复苏势头。捷克主要有机械制造、化工、冶金、纺织、制鞋、木材加工、玻璃制造和啤酒酿造等工业部门。捷克的出口对象是欧盟成员，尤其是德国。外贸在捷克经济中占有重要位置，国内生产总值 85% 依靠出口实现。2022 年，捷克对外贸易总额为 9 038 亿美元，其中捷方出口额为 4 418 亿美元，进口额为 4 620 亿美元。2023 年，捷克国内生产总值为 3 308.6 亿美元，GDP 增长率为 −0.3%，人均国内生产总值为 30 427.4 美元，人均 GDP 增长率为 −2.16%。

4.1.5.3　社会概况

捷克人口总数约 1 087.37 万人，农村人口约 276.71 万人，农村人口占总人口的 25.45（2021 年数据）。捷克全国共划分为 14 个州级行政区，其中包括 13 个州和首都布拉格市。下属 114 个市，原 76 个县作为地区和统计单位依然存在，但县主要行政职能已转移。首都布拉格为直辖市，是全国最大的城市，位于该国的中波希米亚州、伏尔塔瓦河流域，面积 496 平方千米，人口约 128 万。该市地处欧洲大陆的中心，在交通上一向拥有重要地位，与周边国家的联系也相当密切。捷克的主要经济中心城市有：布拉格、布尔诺、奥斯特拉发和皮尔森市等。在捷克的华人数量约有 7 500 人，主要集中在首都布拉格地区。捷克主要民族为捷克族，约占总人口的 94％，斯洛伐克族约占 1.9％，波兰族约占 0.5％，德意志族约占 0.4％。此外，还有乌克兰族、俄罗斯族和匈牙利族等。捷克的官方语言为捷克语，属于斯拉夫语系，是捷克人的母语。主要外语包括英语、德语及俄语。捷克主要宗教是罗马天主教。全国有 39.2％的居民信奉罗马天主教，4.6％的居民信奉基督新教，还有少数居民信奉东正教、犹太教。捷克政局稳定，民族和宗教矛盾小，当地不存在反政府武装组织。

4.2　南欧国家概况

4.2.1　意大利

4.2.1.1　自然概况

意大利国土面积 30.13 万平方千米，位于欧洲南部，包括亚平宁半岛及西西里、撒丁等岛屿。北以阿尔卑斯山为屏障与法国、瑞士、奥地利、斯洛文尼亚接壤，东、南、西三面分别临地中海的属海亚得里亚海、爱奥尼亚海和第勒尼安海。海岸线长约 7 200 千米。大部分地区属亚热带地中海式气候，夏季干旱少雨，冬季湿润多雨。平均气温 1 月 2～10℃，7 月 23～26℃。最热的月份为 7 月，一般气温在 20～32℃；最冷月份为 1 月，一般气温在 1～10℃。意大利北有阿尔卑斯山脉，中部有亚平宁山脉。北部有波河平原，土壤肥沃，农业发达。意大利和法国边境的勃朗峰海拔 4 810 米，是欧洲第二高峰；多火山和地震，亚平宁半岛西侧有著名的维苏威火山，西西里岛上的埃特纳火山是欧洲最大的活火山。

4.2.1.2　经济概况

意大利是发达工业国，欧洲第四大、世界第八大经济体。中小企业发达，被誉为"中小企业王国"，中小企业数量占企业总数的 98％以上。地区经济发展不平衡，北方工商业发达，南方以农业为主，经济较为落后①。巨额赤字和公共债务一直是意大利经济的两大难题。2011 年，受国际金融危机和希腊主权债务危机影响，意大利主权债务形势一度十分严峻，经济持续疲软。意大利

①　资料来源：《意大利统计年鉴（2021 年）》。

分别于2008年、2012—2014年、2019—2020年历经三次经济衰退。意大利实体经济发达，是欧盟内仅次于德国的第二大制造业强国。各类中等技术含量消费品和投资产品在世界市场上占有相当份额，但高技术产品相对较少。农、林、渔业产值占国内生产总值的2.4%。境内56%的土地属农业用地，农业企业约160万家，是世界传统农业大国和农业强国，橄榄油、葡萄酒、番茄酱等农产品质量享誉世界。意大利是欧盟内部获得"原产地保护""地理标志保护""传统特色产品保护"认证最多的国家。意大利服务业发展较快，始终保持上升势头，在国民经济中占有重要地位，服务业产值占国内生产总值2/3，多数服务业与制造业产品营销或供应有关。意大利是中国在欧盟的第四大贸易伙伴，中国是意大利在亚洲的第一大贸易伙伴。2023年，意大利国内生产总值为2.255万亿美元，GDP增长率为0.9%，人均国内生产总值为38 373.2美元（现价美元），人均GDP增长率为1.23%。

4.2.1.3 社会概况

意大利人口总数约5 876.11万人，农村人口约1 646.9万人，农村人口占总人口的28.03%（2023年数据）。意大利全国划分为20个行政区，101个省，8 001个市镇。主要人口为意大利人，讲意大利语。西北部的瓦莱·达奥斯塔、东北部的特伦蒂诺—上阿迪杰和弗留利—威尼斯·朱利亚等少数民族地区分别讲法语、德语和斯洛文尼亚语。大部分居民信奉天主教。重要节日有：元旦、主显节、复活节、解放日、国庆日等。意大利教育体系分为三个阶段，即5年初级教育（小学），8年中级教育（3年初中，5年高中），大学、专科院校等高等教育，16岁以下可享受义务教育。著名大学有罗马大学、米兰博可尼大学、米兰理工大学等。意大利新闻出版和旅游业比较发达，交通基础设施完善，但建设时期早，普遍较为陈旧。意大利实行议会共和制。总统为国家元首和武装部队统帅，由参、众两院联席会议选出。总理行使管理国家职责，由总统任命，对议会负责。议会是最高立法和监督机构，实行两院制，由参议院和众议院组成。

4.2.2 希腊

4.2.2.1 自然概况

希腊国土面积13.195 7万平方千米，其中15%为岛屿，海岸线长约15 021千米，领海宽度为6海里，位于巴尔干半岛最南端，北同保加利亚、北马其顿、阿尔巴尼亚相邻，东北与土耳其的欧洲部分接壤，西南濒爱奥尼亚海，东临爱琴海，南隔地中海与非洲大陆相望。属亚热带地中海式气候，平均气温冬季0～13℃，夏季23～41℃。7月气温为18～41℃，1月气温为0～18℃。希腊大陆部分三面临海，河流湍急，海岸多曲折。希腊多半岛、岛屿，最大半岛是伯罗奔尼撒半岛，最大岛屿为克里特岛。希腊境内多山，四分之三为山地，沿海有低地平原。奥林匹斯山在希腊神话中被认为是诸神寓居之所，海拔2 917 米，是希腊最高峰。希腊最低点海平面为 0 米。品都斯山脉纵贯希腊西部，中部为色萨利盆地。

4.2.2.2　经济概况

希腊属欧盟经济中等发达国家之一，经济基础较薄弱，工业制造业较落后。海运业发达，与旅游、侨汇并列为希腊外汇收入三大支柱。农业较发达，工业主要以食品加工业和轻工业为主。近年来，希腊政府积极推行经济和社会福利改革，鼓励外来投资，取得一定效果。2008 年以前，希腊经济保持增长，增速高于欧盟平均水平，但 2008 年国际金融危机所引发的欧洲债务危机使希腊经济遭受重创。从 2010 年到 2018 年，希腊共接受了三轮总计超过 3 000 亿欧元的救助，最低迷时 GDP 与危机前相比缩水了四分之一以上。2020 年希腊GDP 构成中，以生产法计算，第一、二、三产业增加值占 GDP 的比重分别约为 4.7%、15.8%和 79.5%；以支出法计算，最终消费额占 93.7%，资本形成总额占 14.5%，净出口额占 −8.2%，希腊政府财政收入占 GDP 的 51%，支出占 60.7%，赤字 161.3 亿欧元，赤字率为 9.7%，CPI（居民消费价格指数）涨幅为 −1.2%，受疫情影响时隔四年再次出现紧缩。

希腊同 100 多个国家有贸易关系，欧盟成员国是其最大贸易伙伴，占其进出口总额的 42%～47%。德国、意大利、英国、塞浦路斯、保加利亚、俄罗斯和中国为其主要贸易伙伴，其主要出口商品为石油产品、铝、药品、食品、橄榄油、电信产品、铜铝等，主要进口商品为原材料、石油及石油产品、日用品、交通运输设备、天然气等，希腊对外投资主要集中在保加利亚、罗马尼亚、北马其顿和阿尔巴尼亚等邻国[①]。2023 年，希腊国内生产总值为 2 382.1亿美元，GDP 增长率为 2%，人均国内生产总值为 22 990 美元，人均 GDP 增长率为 2.66%。

4.2.2.3　社会概况

希腊人口总数约 1 036.13 万人，农村人口约 200.25 万人，农村人口占总人口的 19.33%（2023 年数据）。希腊全国分为 13 个行政省（大区）和 325 个行政市。希腊首都雅典是世界历史名城，城内雅典卫城中的帕特农神庙是西方文化的象征。雅典位于阿提卡盆地的南部，东西北三面环山，南面是萨洛尼科斯海湾。雅典是希腊的经济、政治和文化中心，也是欧盟商业中心之一。希腊官方语言为希腊语，英语也被广泛使用。在教育方面，希腊实行 9 年义务教育制，公立中小学免费，大学实行奖学金制。从 20 世纪 90 年代末开始，越来越

---

① 资料来源：《对外投资合作国别（地区）指南希腊 2021 年版》。

多的中国大陆新移民到希腊谋发展。据不完全统计，迄今为止在雅典和萨洛尼卡的华人批发行发展到约 400 家，分散在希腊各城镇、岛屿和乡村的零售店约 2 000 家，华人约 2 万人。希腊全国人均寿命为 81.9 岁，高于欧盟 81 岁的平均水平。希腊是民主制度、西方哲学、奥林匹克运动会、西方文学、历史学、政治学、科学与数学原理、西方戏剧的发源地，其文明对世界历史具有很强的影响力。希腊社会治安相对稳定，不存在反政府武装组织，近年未发生直接针对中资企业或公民的恐怖袭击案件。

4.2.3 葡萄牙

4.2.3.1 自然概况

葡萄牙国土面积 9.22 万平方千米，位于欧洲伊比利亚半岛的西南部。东、北连接西班牙，西、南濒临大西洋。大陆东西相距 218 千米，南北相距 561 千米，海岸线长 832 千米。地形北高南低，多为山地和丘陵。北部是梅塞塔高原；中部山区平均海拔 800~1 000 米，埃什特雷拉峰海拔 1 991 米；南部和西部分别为丘陵和沿海平原。主要河流有特茹河、杜罗河（流经境内 322 千米）和蒙德古河。葡萄牙国土南北狭长，跨亚热带和温带两个温度带，北部属海洋性温带阔叶林气候，南部属亚热带地中海式气候。最冷月 1 月平均气温为 4~14℃，最热月 8 月为 15~28℃。年降水量 500~1 000 毫米，最旱月（7 月）降水 4 毫米（月均降水量），最湿月（1 月）降水 104 毫米。葡萄牙首都里斯本属 0 时区，比北京时间晚 8 个小时。

4.2.3.2 经济概况

葡萄牙是欧盟经济中等发达的国家之一。工业基础较薄弱。纺织、制鞋、酿酒、旅游等是国民经济的支柱产业。软木产量占世界总产量的一半以上，出口位居世界第一。矿产资源较丰富，主要有：锂、钨、铜、黄铁、铀、赤铁、磁铁矿和大理石，锂储量为欧洲第一位、世界第八位，钨储量为西欧第一位。森林面积 347 万公顷，覆盖率 39%。2008 年起，葡萄牙遭受国际金融危机和主权债务危机双重打击，经济受挫，财政告急。2011 年 5 月，欧委会、欧央行和国际货币基金组织组成的"三驾马车"批准为期 3 年、总额 780 亿欧元的援葡备忘录。在两次放宽财政赤字标准后，葡最终于 2014 年 5 月按期完成援助备忘录，结束国际救助，重返市场自主融资。2020 年葡萄牙经济受新冠疫情严重冲击，连续多年的增长势头被打断。2023 年，中葡双边贸易额为 87.04 亿美元，同比下降 3.2%。中国对葡出口商品主要有：电机电气设备、机械器具、玩具、家具、钢铁制品等。进口商品主要有：机械器具、电机电气设备、软木及其制品、纸浆及废纸、矿产品等。2023 年，葡萄牙国内生产总值为 2 870.8 亿美元，GDP 增长率为 2.3%，人均国内生产总值为 27 275.1 美元，人均 GDP 增长率为 1.14%。

4.2.3.3　社会概况

葡萄牙人口总数约 1 052.53 万人，农村人口约 337.8 万人，农村人口占总人口的 32.09%（2023 年数据）。葡萄牙全国设有 18 个大区，约 81% 的居民为天主教徒。实行 12 年义务教育，包括基础教育（小学 4 年，中学预备班 2 年，初中 3 年）和中等教育（3 年，相当于我国高中）。葡萄牙为单一民族国家，葡萄牙人约占总人口的 95.4%，合法移民占 4.6%。官方语言为葡萄牙语，英语很普及，会讲法语、西班牙语、德语的人也比较多。葡萄牙约 88.7% 的居民信奉天主教。其他宗教教派有基督新教、东正教、伊斯兰教、犹太教等。绝大多数葡萄牙人把圣诞节列为最重要、最喜爱的节日。葡萄牙不存在反政府武装组织，根据全球经济与和平研究所发布的《2021 年全球和平指数》报告，葡萄牙是全球最安全的五个国家之一，在 163 个国家和地区中安全指数排名第四位，仅次于冰岛、新西兰和丹麦，居欧盟第二位。

4.2.4　塞尔维亚

4.2.4.1　自然概况

塞尔维亚国土面积 8.84 万平方千米，地处东南欧巴尔干半岛中部，与黑山、波斯尼亚和黑塞哥维那、克罗地亚、匈牙利、罗马尼亚、保加利亚、北马其顿及阿尔巴尼亚接壤。其北部为著名的伏伊伏丁那多瑙河冲积平原，地势平坦，土壤肥沃，誉为粮仓。中部、东部、西部及南部为丘陵和山地。塞尔维亚北部属温带大陆性气候，南部受地中海气候影响。四季分明，夏季炎热，7—8 月气温最高 35℃，正常气温为 25～28℃；春、秋气候宜人，平均气温 15℃；冬季 1—2 月最低气温 −10℃左右，正常气温 0～5℃。此外，塞尔维亚雨量充沛，年均降水量平原地区为 660～880 毫米，山区为 880～1 200 毫米。

4.2.4.2　经济概况

塞尔维亚的经济主要基于各种服务业，其服务业产值约占国内生产总值的 63%。塞尔维亚积极实行经济改革，推进私有化，改善投资环境，经济实现增长。塞尔维亚的经济基础相对较好，但由于联合国 1992—1995 年的经济制裁以及在战争中基础设施等遭受严重破坏，经济损失相当严重。进入 21 世纪，经济开始好转，人均国内生产总值从 2000 年的 1 160 美元增长到 2008 年的 7 054 美元。此外由于塞尔维亚正准备加入欧盟，这使得塞尔维亚的经济将更加迅速地增长。主要经济问题是高失业率（14%）和巨额贸易赤字（1 亿美元），作为唯一的与欧盟和俄罗斯同时签署自由贸易协定的欧洲国家，塞尔维亚希望在今后几年里能得到更多的经济刺激和较高的经济增长率。2023 年，塞尔维亚国内生产总值为 751.9 亿美元，GDP 增长率为 2.5%，人均国内生产总值为 11 361 美元，人均 GDP 增长率为 3.25%。

4.2.4.3 社会概况

塞尔维亚人口总数约 661.80 万人，农村人口约 283.83 万人，农村人口占总人口的 42.89%（2023 年数据）。塞尔维亚设有 2 个自治省（伏伊伏丁那自治省和科索沃自治省）、29 个大行政区和首都贝尔格莱德直辖区。官方语言为塞尔维亚语，英语较普及，会讲英语的人数约占 40%。此外，会讲德语和俄语的人也比较多。全国多数居民信奉东正教，少部分人信奉罗马天主教或伊斯兰教，个别人不信教。塞尔维亚实行八年制义务教育，全国受过高等教育的人口约占总人口的 13.9%。信息通信产业是塞尔维亚主要科技发展领域。塞尔维亚政府重视社会治安，重视改善社会环境，不断完善法制框架，积极与欧盟各项法规接轨，社会治安状况基本稳定，近年来未发生极端暴力事件或恐怖袭击事件。

4.2.5 克罗地亚

4.2.5.1 自然概况

克罗地亚陆地面积 56 594 平方千米，陆地海岸线长 1 880 千米，位于欧洲中南部，巴尔干半岛西北部。东邻塞尔维亚、波黑，南接黑山，北靠匈牙利，西北与斯洛文尼亚相邻，南与西南濒临亚得里亚海，与意大利隔海相望。北部为丘陵和平原地区，中部和中南部为高原和山地，南部和西南部为亚得里亚海，岛屿众多，有"千岛之国"之称。克罗地亚北部为温带大陆性气候，四季分明，夏季温和，7 月份气温 18～22℃，冬季寒冷，气温低于 0℃；中部和中南部为高原山地气候，夏季凉爽，气温不超过 18℃，冬季严寒且降雪频繁，平均气温 -2℃；南部和西南部海岸为地中海式气候，夏季炎热干燥，平均气温超过 22℃，冬季温和多雨，气温在 0℃以上。克罗地亚首都萨格勒布属东 1 时区，比北京时间晚 7 小时。

4.2.5.2 经济概况

克罗地亚是西巴尔干地区经济较为发达的国家，经济基础良好。加入欧盟后，法律政策将与欧盟全面对接，市场范围扩大，金融体系较稳定，近期克罗地亚正积极努力加入欧元区和申根区。克罗地亚地理位置优越，是进入中欧和东南欧地区的门户；港口设施较完善，公路路网密集，陆路运输快捷，铁路与水运较为便利；森林和水资源丰富；旅游、造船、医药及电动汽车等产业较发达。在克罗地亚的外商主要投资于金融服务、制造业、贸易及服务、房地产及建筑、ICT（信息和通信技术）、旅游酒店业等领域。2020 年，克罗地亚农林渔业出口额为 8.87 亿欧元；进口额为 6.65 亿欧元。据世界银行数据，2020年克罗地亚农业、工业、服务业增加值占 GDP 的比重分别为 3.3%、21.5%、

58.9%，投资、消费和净出口额占 GDP 的比重分别为 25.7%、81.5%、
－7.2%。2020 年新冠疫情导致财政开支大幅增长，克罗地亚政府财政赤字
300 亿库纳，连续三年实现盈余后转为大幅赤字，赤字率为国内生产总值的
8.0%，平均通货膨胀率为 0.1%，平均失业率为 7.5%，名义零售总额同比下
降 6.3%，实际零售总额同比下降 5.8%，克罗地亚外债总额共计 400.8 亿欧
元，约为国内生产总值的 81.3%，外债占出口的比率为 190.9%。2023 年，
克罗地亚国内生产总值为 826.9 亿美元，GDP 增长率为 3.1%，人均国内生产
总值为 21 459.8 美元，人均 GDP 增长率为 3.13%。

4.2.5.3　社会概况

克罗地亚人口总数约 385.32 万人，农村人口约 159.62 万人，农村人口占
总人口的 41.43%（2023 年数据）。由于受侵略、经济、政治、战争等因素影
响，自 15 世纪开始，克罗地亚对外移民浪潮不断。目前，克罗地亚海外侨民
达 250 万。克罗地亚族是克罗地亚的主体民族，占克罗地亚总人口的 90.4%，
塞尔维亚族是最大的少数民族，占克罗地亚总人口的 4.4%，其他为波斯尼亚
族、意大利族、匈牙利族、阿尔巴尼亚族、捷克族等。全国 86.3% 的居民信
奉罗马天主教，少部分居民信奉东正教（4.4%）、伊斯兰教（1.5%）、基督新
教、希腊天主教或犹太教。克罗地亚属南部斯拉夫民族。克罗地亚科技基础较
好，属于中等发达国家，在前南斯拉夫地区经济发展水平仅次于斯洛文尼亚。
克罗地亚是进入中欧和东南欧地区的门户，社会治安良好。克罗地亚教育程度
较高，具备较为完整的教育体系，包括学前教育、初等教育、中等教育、职业
教育、高等教育、成人教育和特殊教育等。克罗地亚的医疗保险由强制医疗保
险和补充医疗保险组成。

4.3　西北欧国家概况

4.3.1　奥地利

4.3.1.1　自然概况

奥地利国土面积 8.39 万平方千米，位于欧洲中部，是中欧南部的内陆国
家，北部与德国接壤，西面是瑞士和列支敦士登，南部与意大利相邻，东南方
与斯洛文尼亚连接，东部的邻国有匈牙利、斯洛伐克和捷克。奥地利境内山地
占国土面积的 70%，风景秀丽，气候宜人，为著名的山国。连绵起伏的阿尔
卑斯山横贯境内，美丽的多瑙河由西向东流经东北部几个联邦州，长约 350 千
米。奥地利属海洋性向大陆性过渡的温带阔叶林气候，西部受大西洋影响，冬
夏温差和昼夜温差小且多雨，东部为大陆性气候，温差相对较大，雨量亦少。
阿尔卑斯山地区寒冬季节较长，夏季比较凉爽，7 月一般气温为 14～19℃，最

高温度为 32℃。冬季从 12 月到次年 3 月，山区 5 月仍有积雪，气温为 0℃ 以下。①

4.3.1.2　经济概况

奥地利属经济发达国家，人均国内生产总值在欧洲位居前列。奥地利服务业发达，在金融和旅游等领域有较强竞争力。奥地利的工业部门技术先进，注重创新，主要面向国际市场，以其在特殊领域独有的技术优势在国际市场上占有一席之地。奥地利注重环保，大力发展绿色工业，使节能环保、绿色能源等成为奥地利新的优势产业，中小企业占全国企业总数的 99% 以上。进入 21 世纪以来，奥地利经济总体保持稳定增长，增速高于欧盟成员国平均水平。与其他发达经济体相比，奥地利工业和服务业占比相对较高，这种经济结构被认为具有较强的抵御危机的能力。奥地利的工业和服务业发展均相当成熟，并拥有一些优势产业。奥地利最重要的工业部门有机械工业、化工业、食品和饮料工业、金属加工业、汽车业。2023 年，奥地利国内生产总值为 5 160.3 亿美元，GDP 增长率为 −0.8%，人均国内生产总值为 56 506 美元，人均 GDP 增长率为 −1.81%。

4.3.1.3　社会概况

奥地利人口总数约 913.24 万人，农村人口约 369.59 万人，农村人口占总人口的 40.47%（2023 年数据）。奥地利民族占 88.8%，非奥地利民族占 11.2%，其中德国人占 1.5%，波黑人占 1.1%，土耳其人占 1%，塞尔维亚人占 1%。奥地利的官方语言为德语。首都维也纳位于多瑙河畔，为 9 个联邦州之一，是全国最大城市和政治、经济中心，是欧洲古典音乐的摇篮和世界著名的音乐之都。萨尔茨堡被誉为"世界舞台"。格拉茨是奥地利第二大城市，是奥地利重要的工业中心。奥地利 78% 居民信奉天主教，5% 信奉基督教。中国对奥地利移民始于 20 世纪 70 年代，目前约有 3 万华人在奥地利生活，主要分布在维也纳、格拉茨和萨尔茨堡等大城市。奥地利人和蔼可亲，易于接近，在社交场合既保持尊严，又显得轻松随和。奥地利居民以面食为主食，面包和香肠是人们普遍喜爱的食品，奥地利的酿酒业享有盛名，全国农业人口中近 1/5 的人从事酿酒业。

4.3.2　立陶宛

4.3.2.1　自然概况

立陶宛国土面积 6.53 万平方千米，位于波罗的海东岸，北接拉脱维亚，东连白俄罗斯，南邻波兰，西濒波罗的海和俄罗斯加里宁格勒州。国境线总长

---

① 杨言洪．"一带一路"黄皮书［M］．银川：宁夏人民出版社，2015．

1 644 千米，海岸线长 90 千米。属海洋性向大陆性过渡气候。1 月平均气温 −1℃，7 月平均气温 19℃。年平均气温 6℃，年均降水量 626 毫米。东西部气温和降水量差别较大，东部地区干燥而寒冷，而西部地区由于受波罗的海海洋性气候的影响，湿润而温暖。立陶宛气候介于海洋性气候和大陆性气候之间，冬季较长，多雨雪，日照少；9 月中旬至第二年 3 月中旬温度较低，1 月份气温为 −4～7℃；夏季较短而凉爽，日照时间较长；6 月下旬至 8 月上旬最温暖，7 月气温为 16～20℃。全年植物生长期为 169～202 天。年平均降水量 748 毫米。立陶宛是欧洲湖泊最多的国家之一，地形以平原为主，另有西部不大的丘陵及东南部的高地，最高点海拔 293.6 米。

4.3.2.2　经济概况

立陶宛属于发达的资本主义国家，独立后通过企业私有化走向市场经济，经济形势基本平稳。国内有三个自由经济区：考纳斯、克莱佩达和希奥利艾，都有良好的投资环境。主要的经济来源依靠工农业，工农业比较发达，是立陶宛的支柱产业，其他包括矿业及采石业、加工制造业及能源工业。食品加工、木材加工、交通物流、生物技术、激光技术为优势产业。农业以水平较高的畜牧业为主，畜牧业产值占农业产值的 90% 以上。农作物有亚麻、马铃薯、甜菜和各种蔬菜，谷物产量很低。据立陶宛国家统计局数据，2020 年进出口总额为 576 亿欧元，其中出口额 286 亿欧元，同比下降 3.3%，进口额 290 亿欧元，同比下降 8.8%。立陶宛主要出口商品为矿产品、机电设备、电气设备、木材等，主要进口商品为矿产品、机电设备、电气设备、化工产品、蔬菜及水果等。立陶宛主要出口国是俄罗斯，对俄出口额占出口总额的 13.5%，其次为拉脱维亚（9.9%）、波兰（9.1%）、德国（7.7%）。主要进口国为俄罗斯，对俄进口额占比 14.4%，其次为德国（12.1%）、波兰（10.8%）以及拉脱维亚（8%）。2023 年，立陶宛国内生产总值为 778.4 亿美元，GDP 增长率为 −0.3%，人均国内生产总值为 27 102.8 美元，人均 GDP 增长率为 −1.73%。

4.3.2.3　社会概况

立陶宛人口总数约 287.19 万人，农村人口约 89.91 万人，农村人口占总人口的 31.31%（2023 年数据）。立陶宛族占总人口的 83.6%，波兰族占 6.3%，俄罗斯族占 5.0%（2023 年）。此外还有白俄罗斯、乌克兰、犹太等民族。官方语言为立陶宛语，多数居民懂俄语。主要信奉罗马天主教，此外还有东正教、基督新教等。2011 年 6 月，立陶宛进行，行政区划改革，取消县制，全国改为由 7 个城市、43 个区、8 个自治机构和 2 个疗养区共 60 个地方行政单位构成，大小城镇 100 余座。主要城市有维尔纽斯、考纳斯、克莱佩达、希奥利艾等。立陶宛于 1990 年独立，2004 年加入欧盟。立陶宛政局基本稳定。

立陶宛为议会制国家，议会是国家最高立法机关。立陶宛的重要节日有：2月16日为国家重建日（国庆日）、3月11日为恢复独立日，7月6日为国家日。立陶宛人主要食物有面食、土豆、甜菜、白菜、猪肉、羊肉和奶制品等。

4.3.3 拉脱维亚

4.3.3.1 自然概况

拉脱维亚国土面积64 589平方千米，其中陆地面积62 046平方千米，水域面积2 543平方千米。拉脱维亚位于东欧平原西部，西临波罗的海（海岸线长498千米），里加湾深入内陆。北邻爱沙尼亚，东接俄罗斯，南接立陶宛，东南与白俄罗斯接壤。国界线总长1 862千米。全境地势低平，东部和西部为丘陵。拉脱维亚平均海拔87米，地貌为丘陵和平原。气候属海洋性气候向大陆性气候过渡的中间类型。1月平均气温−4.6℃，7月平均气温21.4℃，夜晚平均气温11℃，平均年气温为5.9℃。寒冷的月份是1月和2月，平均气温分别为−4.6和−4.7℃。拉脱维亚的年平均降水量为732毫米。降水量较多的月份是7月和8月，平均月降水量为78毫米。降水量较少的是2月和3月，平均月降水量33毫米。年平均相对湿度为81%。全年盛行南风、西南风和西风。

4.3.3.2 经济概况

拉脱维亚经济发达，工业在波罗的海三国中最强，电子设备和医疗器械行业比较著名。在欧洲，它的人均工资虽然不是很高，但社会福利普遍较好。第二次世界大战期间，拉脱维亚的经济遭到严重破坏。但是，由于原有的经济基础较好，因此战后经济得到了迅速恢复和发展。1980年工业产值比1940年增长44倍，农业产值比1940年增长40%。1988年工农业生产总值为133.25亿卢布，国民收入为72.88亿卢布。1991年恢复独立后，拉脱维亚按西方模式进行经济体制改革，推行私有化和自由市场经济。1998年被正式接纳为世界贸易组织成员。拉脱维亚与世界120多个国家和地区有贸易关系。主要贸易伙伴为周边欧盟成员国和独联体国家，经济发展对周边国家依赖程度较高。2020年前五大出口目的地国为立陶宛、爱沙尼亚、俄罗斯、德国和瑞典；前五大进口来源国为立陶宛、爱沙尼亚、俄罗斯、德国和波兰。中国是拉脱维亚重要的贸易伙伴。木材及制品、矿产品和机电产品是拉脱维亚对中国出口的主要产品，自中国进口的主要产品为机电产品、家具和橡胶制品。2021年，拉脱维亚国内生产总值为436.3亿美元，GDP增长率为−0.3%，人均国内生产总值为23 184.3美元，人均GDP增长率为−0.41%。

4.3.3.3 社会概况

拉脱维亚人口总数约188.18万人，农村人口约58.95万人，农村人口占

总人口的 31.34%（2023 年数据）。拉脱维亚族占总人口的 62%，俄罗斯族占
25.4%，白俄罗斯族占 3.3%，乌克兰族占 2.2%，波兰族占 2.1%。此外还
有犹太、爱沙尼亚等民族。官方语言为拉脱维亚语，通用俄语。主要信奉基督
教路德教派和东正教。首都里加是拉脱维亚全国的政治、经济、文化中心，也
是波罗的海地区重要的工业、商业、金融和交通中心。里加与苏州市、北京市
已结为国际友好城市。其他主要城市有：道加瓦皮尔斯、文茨皮尔斯、利耶帕
亚、叶尔加瓦、尤尔马拉、雷泽克内。拉脱维亚分为 5 个区域（里加地区、维
泽梅地区、库尔泽梅地区、泽梅盖尔地区、拉特盖尔地区）和 1 个区级市（里
加市）。5 个区下设 8 个市、110 个县。拉脱维亚实行九年制义务教育，允许私
人办学校。大学实行公费和自费两种制度。拉脱维亚社会治安状况较好，采取
得力措施重点打击谋杀、抢劫、贩毒等恶性案件。社会总体稳定，不存在反政
府武装组织。宪法规定拉脱维亚是独立的民主共和国，议会是国家最高立法机
构，总统由议会选举产生，任期 4 年，最多任 2 届，任期不超过 8 年。国内重
要节日是 11 月 18 日的独立日。

第2部分

"一带一路"国家农业与农业政策

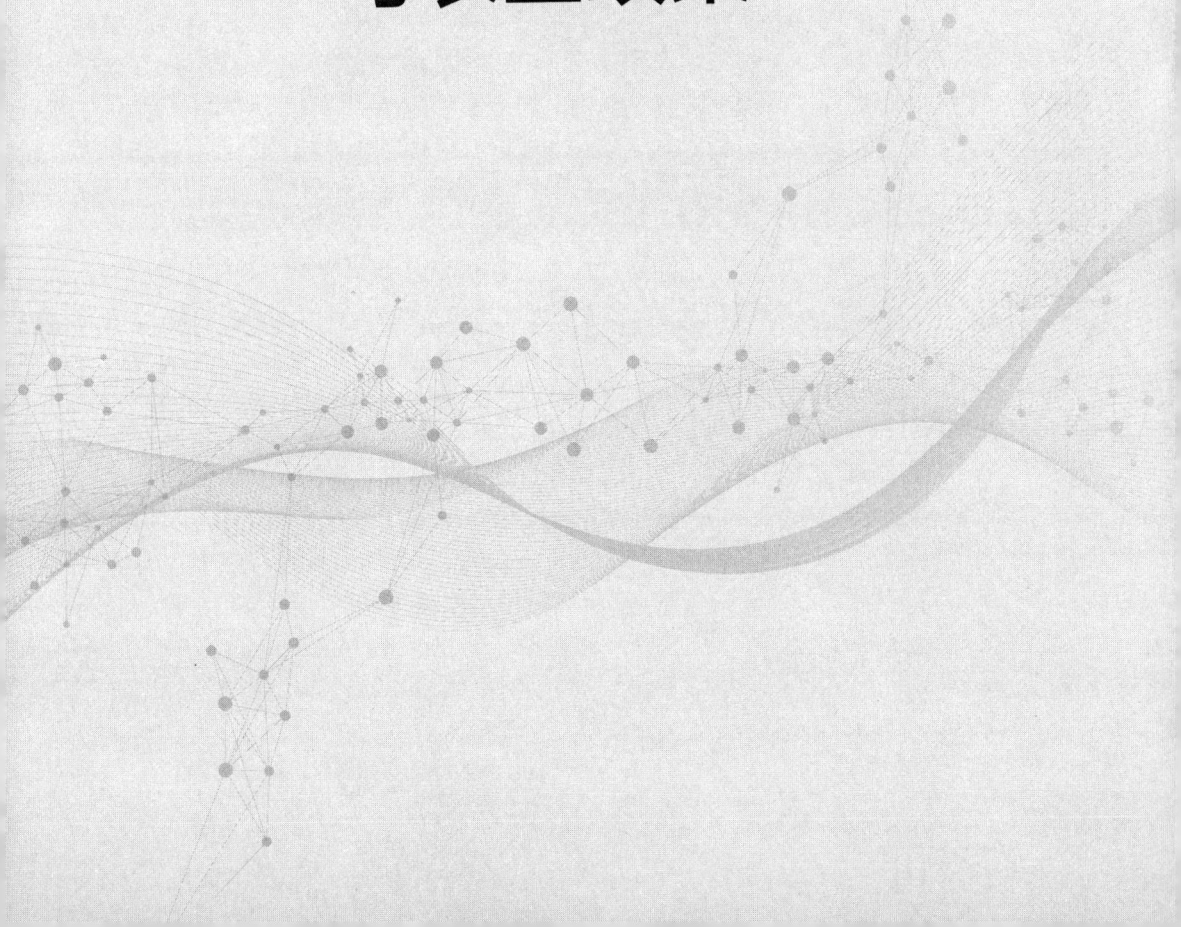

第5章 农业与农业政策总论

5.1 农业概况

东北亚农业较发达,是世界水稻、玉米、小麦、大豆、温带和北亚热带水果、肉类、茶叶、棉花、蚕丝的重要产区,其草原广阔,畜牧业、畜产品加工发达,农业产业化程度高。

东南亚农业以种植业为主,是世界上天然橡胶、油棕、椰子、蕉麻等热带经济作物的最大产区,是东南亚各国出口创汇的主要产品。

南亚地区以热带季风气候为主,主要的粮食作物是水稻和小麦。水稻主要分布在印度东北部和西部沿海地区,小麦则主要分布在西北部干旱少雨地区。此外,南亚地区还盛产黄麻、茶叶、棉花等经济作物,其中黄麻主要分布在恒河下游地区,棉花主要分布在德干高原西部地区。南亚也是芒果、蓖麻、茄子、香蕉、甘蔗以及莲藕等栽培植物的原产地,这些作物在南亚地区都有广泛的种植。

西亚的农业类型主要有两种,在水源比较充足的地方,发展灌溉农业、种植小麦等农作物。在气候干旱,水资源缺乏的地区,发展畜牧业。其农产品主要有小麦、棉花、椰枣等,养殖安卡拉羊。

中亚五国农业以种植业、畜牧业为主,但结构单一。其中,种植业以生产谷物、水果、蔬菜、油料作物和经济作物为主,畜牧业以生产肉、皮毛和鲜奶为主。中亚各国的粮食作物主要是小麦、玉米和水稻,经济作物主要是棉花、甜菜和烟叶。畜牧业以养羊、牛、马为主,养蚕和养禽也占一定比例(闫琰和王秀东,2016)。

独联体及中东欧国家的小麦、黑麦、大麦和燕麦等谷物产品在大部分中东欧国家具有较强的国际贸易竞争力,而油菜籽则具有较强的国际竞争力。中东欧畜牧产品相对于中国来说比较优势较强,对中国的出口量较大且一直处于上升状态。但中东欧国家的水产品普遍缺乏国际贸易竞争力。从具体渔业产品来看,中东欧国家的淡水鱼、海鱼、甲壳类、贝类的国际贸易竞争力均明显不足,但也有部分国家具有很强的资源禀赋,如罗马尼亚湖泊大量空闲,而拉脱维亚和波兰等临海国家的海洋捕捞具有一定的比较优势。

5.1.1 东北亚、东南亚和南亚国家

5.1.1.1 东北亚国家

东北亚农业较为发达，普遍精耕细作，农业产业化程度高。东北亚区域的西部内陆条件较差，人口稀少，草原广阔，畜牧业、畜产品加工发达。

5.1.1.2 东南亚国家

东南亚地处热带，中南半岛大部分地区为热带季风气候，一年中有旱季和雨季之分，农作物一般在雨季播种，旱季收获。马来群岛的大部分地区属热带雨林气候，终年高温多雨，分布着茂密的热带雨林。农作物随时播种，四季都有收获。因此，东南亚是世界上橡胶、油棕、椰子和蕉麻等热带经济作物的最大产区。马来西亚是世界最大的棕油生产国和出口国，泰国的橡胶生产居世界首位，菲律宾是世界上生产椰子最多的国家。水稻是东南亚的主要粮食作物，种植历史悠久，主要分布在肥沃的平原和三角洲地区。这里是世界最重要的稻米产区，泰国、缅甸和越南是世界重要的稻米生产国和出口国。

5.1.1.3 南亚国家

南亚大部分地区属热带季风气候，一年分热季（3—5月）、雨季（6—10月）和凉季（11月至翌年2月），全年高温，各地降水量相差很大。西南季风迎风坡降水极其丰富，是世界降水最多的地区之一（如印度的乞拉朋齐），并且当地气候、土壤和植被的垂直变化显著，中部为大平原（由印度河、恒河和布拉马普特拉河冲积而成），河网密布，灌溉渠道众多，农业发达，是芒果、蓖麻、茄子、香蕉、甘蔗、莲藕等栽培农作物的原产地。所产黄麻、茶叶约占世界总产量1/2。水稻、花生、芝麻、油菜籽、甘蔗、棉花、橡胶、小麦和椰干等的产量在世界上也占重要地位。

5.1.2 西亚、中亚国家

5.1.2.1 西亚国家

西亚大部分地区降水稀少，气候干旱，水资源短缺，草原和沙漠广布。在干旱的环境下，这里的人们发展了畜牧业和灌溉农业。主要粮食作物有小麦、大麦、豆类，次为粟、稻谷等，经济作物有棉花、烟草、甜菜等。畜产品和干鲜果品是重要的出口产品，如椰枣、榛子、阿月浑子、石榴、油橄榄、紫羔羊、安卡拉山羊等。耕地集中在沿海、河谷和绿洲地带，山地、高原的草原牧场以畜牧业为主。农产品自给率低，成为世界农牧产品主要进口区之一。

5.1.2.2 中亚国家

作为"一带一路"倡议的必经之地，中亚国家自古就是丝绸之路的重要贸

易地区。该地区深居内陆，距海远，降水稀少，气候干旱，气温年较差和日较差大，年均日照时间为 2 000～3 000 小时，光热同季，十分有利于农作物生长和养分积累，尤其有利于优质粮棉、果品、花卉等的生长。在灌溉条件下农作物基本保收。其主要粮食作物是小麦和水稻，主要经济作物为棉花。基于以上自然条件分析，可将我国优质水果，棉花引入此地，充分发挥该地的自然优势，与中亚国家建立长期的农业合作关系。

5.1.3　独联体及中东欧国家

就欧洲国家而言，此类国家主要粮食作物为小麦、大麦、玉米、黑麦和燕麦谷物产品，并且此类农产品具有较强的国际贸易竞争力。从具体经济作物品种来看，中东欧的油菜籽也具有较强的国际竞争力。除了这些大宗的经济作物外，中东欧很多国家的一些有特色的经济作物也值得投资，如斯洛文尼亚和爱沙尼亚的饲草、波黑的药用植物和芳香植物、立陶宛的亚麻和保加利亚的玫瑰等。从近几年主要蔬菜水果产品贸易竞争力可以判断，总体上中东欧和独联体国家蔬菜水果产品的国际贸易竞争力较弱，但近年来略有上升。相对中国而言，此类国家蔬菜水果产品具有比较优势，果蔬制品大量出口到中国。水产捕捞和养殖业不是中东欧国家的优选投资领域，但是针对沿海、多湖国家，中国可以适度开展投资（于敏等，2021）。

5.2　农业政策概况

亚洲国家普遍重视农业发展，但是农业政策的取向根据农业特点的不同而有较大差异，大体可分为以下几类：①以韩国为代表的农业资源相对匮乏的国家，进口依存度高，对农业实行高度保护；②以中国为代表的传统农业大国，农产品自给率较高，政策重点在于稳定农业基础和发展现代农业；③以印度尼西亚、泰国为代表的东南亚部分国家，农业自然条件优越，在热作产品上具有明显的出口优势，推动农产品市场开放和贸易自由化；④以哈萨克斯坦、乌兹别克斯坦为代表的中亚国家，地域辽阔，农牧业资源基础良好，鼓励农业资源开发与合作；⑤其他国家如东南亚，包括以老挝、柬埔寨和缅甸为代表的欠发达国家和以新加坡、文莱为代表的非农业国，根据各自不同的农业特点制定了相应的战略。[①]

---

① 许世信，信乃诠．当代世界农业 [M]．北京：中国农业出版社，2010：364-372.

5.2.1 农业政策的背景及目标

5.2.1.1 东北亚①

东北亚地区包括韩国、蒙古、中国,此处以韩国和中国为例来分别阐述农业政策的背景及目标。

1. 韩国

①耕地面积有限,农户经营规模较小,农业劳动力不足。韩国国土面积狭小,耕地面积所占比例不足 20%。人多地少的资源状况以及土地私有化的小农经济制度限制了农户经营规模。随着工业化进程的加快,农村劳动力向非农业部门转移,兼业农户比例提高,农业人口老龄化严重,文化素质不高等因素制约了农业的发展。②农产品主产品种单一,自给率较低。受地理和气候条件的限制,农产品种类不多,除了作为口粮的大米自给率较高外,其他农产品几乎都需要进口。这也使得韩国成为世界上最重要的农产品进口方,很大程度上影响了其农业政策的走向。③农民的组织化程度不断提高,有反映共同利益诉求的渠道。韩国农协组织完善,地方性和全国性组织兼备,为农民提供生产指导、组织流通、互助救济等服务。在农民利益受到威胁时,农协可以有效地组织农民发出抗议呼声,从而影响政府决策。

以韩国为代表的国家,经济高度发达,工业化和城市化水平较高,但是农业资源贫乏,农业发展受到很大限制,所以推行高度保护的农业政策。

2. 中国

①农业体量大、农村人口多,很多农产品的产量居世界前列。中国的耕地面积仅次于美国,占世界耕地总面积的 10.17%,农村人口有 7.9 亿,是小麦、稻谷、糖料、棉花、茶叶、花生等农产品的主产国。②小农经济占绝对主体地位,农户平均经营规模小。中国农户的平均经营规模不足 0.5 公顷,土地集约化和规模化经营比较困难。③传统农业的特点比较突出,现代农业尚未完全建立。农业对气候、水土等自然条件的依赖性很大,抵御自然灾害的能力较差。先进技术和生产方式的应用在一定程度上受小规模经营的制约。④以粮食为主的多数农产品自给率高,进出口主要发挥调剂余缺的作用。中国是世界上第四大农产品贸易国,大豆、棉花等农产品的进口量较大。不过,中国多年来维持了95% 以上的粮食自给率,在肉类、蔬菜、水果等主要农产品上也坚持自给原则。

以中国为代表的传统农业大国,耕地面积大,人口数量多,人均资源并不丰富。农业在国民经济中占有基础性地位,农民占全国人口的绝大多数,解决好农业发展是确保经济增长和社会稳定的首要问题。

---

① 许世信,信乃诠.当代世界农业 [M].北京:中国农业出版社,2010:364-372.

5.2.1.2　东南亚

东南亚地区包括文莱、缅甸、柬埔寨、印度尼西亚、老挝、马来西亚、菲律宾、新加坡、越南、泰国，此处以马来西亚、泰国、菲律宾和印度尼西亚以及老挝、柬埔寨、缅甸等欠发达国家和新加坡、文莱等非农业国家为例来阐述其农业政策的背景及目标。

马来西亚、泰国、菲律宾和印度尼西亚拥有相对富饶的土地和廉价的劳动力，农业竞争力和比较优势突出。东南亚国家农业自然资源禀赋优越，农业发展的自然基础较好，大米、棕榈油、橡胶等农产品在国际市场上具备竞争力。农业基础设施有待改善，农业自然资源开发和利用的潜力较大。虽然拥有良好的气候、土壤及海洋渔业资源，东南亚新兴经济体国家的农业资源开发程度并不是很高，在农业灌溉、仓储、交通等基础设施建设方面的经验和投入也相对不足，一直以来对国外资金和技术的需求意愿比较强烈。

总之，马来西亚、泰国、菲律宾和印度尼西亚等东南亚新兴经济体国家的农业自然资源丰富，非常适宜农作物尤其是热带作物的生长，农产品出口能力强，实施开放的农业政策。

此外，老挝、柬埔寨、缅甸等欠发达国家积极调整落后的农业经营体制，以尽快实现农业发展，帮助农民摆脱贫困。新加坡国土狭小、农业资源匮乏，农业产值非常小，粮食和蔬菜几乎全部依赖进口。在这种情况下，新加坡提倡农业与资源环境的协调发展，其农业政策制定着重于发展生态和高效农业。文莱油气资源丰富，国内经济稳定，人均收入高，但农业生产基础设施薄弱、科技动力匮乏，大量农产品和食品依赖进口。文莱为了改变单纯依靠能源的发展模式，其农业政策侧重于经济多元化发展，鼓励发展农业生产，提高粮食自给率。

5.2.1.3　南亚

南亚地区包括阿富汗、孟加拉国、斯里兰卡、马尔代夫、尼泊尔、斯里兰卡和巴基斯坦。此处以巴基斯坦为例来阐述其农业政策的背景及目标。

巴基斯坦历来比较重视农业的发展，积极采取措施以提高农业发展水平，包括加强农业科研、大力兴修水利、完善农田灌溉网、逐步实行农业机械化、坚持为农业提供大量信贷和补贴、实行农产品优惠收购价格政策，刺激农民生产积极性。此外，政府还努力开发土地、提高单位产量、发展多种经营等。经过几十年的发展，巴基斯坦的农业取得了长足的进步。在 20 世纪 80 年代初期实现了粮食自给自足，并逐步开始出口粮食。

5.2.1.4　西亚[①]

西亚地区包括巴林、塞浦路斯、伊朗、伊拉克、科威特、黎巴嫩、阿曼、

---

① 来自中华人民共和国驻沙特阿拉伯王国大使馆经济商务处的专题调研。

卡塔尔、沙特阿拉伯、阿联酋和也门。此处以沙特为例来阐述其农业政策的背景及目标。

农业作为沙特基础产业之一，曾一度繁荣。20世纪90年代，沙特每年可生产400多万吨小麦，除了满足本国需要，还出口到东欧、叙利亚等地，是世界第六大小麦出口国。此外，禽肉、马铃薯也能自给自足，橄榄油产量不断增长，葡萄、猕猴桃年年丰收，甚至还出口鲜花。但农业的快速发展直接导致了地下水迅速枯竭，水资源日益紧张。为此，沙特不得不调整农业发展政策，开始大幅削减农业补贴，限制本国农业发展，转向重点发展海外农业、节水有机农业、渔业以及粮食存储业等。

5.2.1.5　中亚[①]

中亚地区包括哈萨克斯坦、吉尔吉斯斯坦、塔吉克斯坦、乌兹别克斯坦。首先，中亚地区土地辽阔。中亚7国总面积约580万平方千米，人口约1亿，人均资源占有量较高，土地资源适宜农牧业生产，有里海、咸海作为渔业发展基地，还有诸多河流湖泊可以引水灌溉，可供开发利用的地下水蕴藏量也非常大。其次，中亚地区种植业、畜牧业发达，小麦、棉花等农产品的产量较大，在国际市场有一定地位。最后，中亚地区具备投资和开发潜力。中亚地区有大量尚未开垦的土地，受经济发展实力所限，中亚地区对农业和食品加工的投资也相对欠缺。

总之，中亚地区土地和淡水资源丰富，农牧业作为传统部门，是国民经济的基础和重要依靠。近年来，中亚国家推动农业市场化，积极吸引农业投资，挖掘贸易潜力，开展农业合作。

5.2.1.6　欧洲主要国家[②]

欧盟共同农业政策植根于20世纪50年代。当时西欧各国刚走出第二次世界大战的阴影，农业生产受到严重破坏，无法保障农产品的有效供给，分割的农业政策更是影响了农业生产的恢复。在这样的背景下，部分欧洲国家开始考虑引入共同的农业政策。1957年《罗马条约》签署，决定建立欧洲共同大市场。欧洲委员会将共同农业政策和关税同盟作为建设共同大市场的重要支柱，于1962年开始逐步实施共同农业政策。

《罗马条约》规定了共同农业政策的最初目标，共有4个：①通过促进技术进步、保证农业生产的合理发展和所有生产要素特别是劳动力的最佳使用，来提高劳动生产率；②保障农业人口的良好生活水平；③稳定农产品市场；④确保农产品供应安全，以合理的价格向消费者提供农产品。这些目标传达了

---

① 许世信，信乃诠．当代世界农业［M］．北京：中国农业出版社，2010：364-367.
② 许世信，信乃诠．当代世界农业［M］．北京：中国农业出版社，2010：368-372.

以下几个信息：①共同农业政策的目标着眼于增强竞争力，但并不完全以增强竞争为中心，生产率的提高并不以牺牲农业人口的就业和生活水平为代价；②共同农业政策必须保证区内农产品的充足供给，区内粮食安全不应受到威胁；③共同农业政策应该考虑消费者的利益，价格需要在可承受的范围内。虽然随着形势的发展，欧盟共同农业政策更加以市场为导向，并增加了对环境和动物福利的关注等新要素，但其始终没有丢掉保障农民收入水平和消费者利益的目标。

随着共同农业政策的发展，欧盟在 2000 年根据《阿姆斯特丹条约》对共同农业政策的要求，确立了一个更高的目标，即实现农村地区的全面发展。全面发展农村地区不仅仅包括纯农业生产部门，而是涵盖整个农村经济、社会和环境事业的发展，实现农村和农业的繁荣。

共同农业政策实施以来，经过不断调整，逐渐完善健全，当前共同农业政策主要由两个支柱组成：第一支柱为共同市场组织（Common Market Organizations，CMOS），另一个是农村发展（Rural Development）。共同市场组织在共同农业政策实施之初就已确立，但在 20 世纪 90 年代部分内容发生了重大变化，农村发展则是在 90 年代后逐渐引入的。

1. 1984 年牛奶配额制的实行

牛奶配额是欧盟尝试改革共同农业政策的开始。欧盟将牛奶配额作为控制日常牛奶生产和整个欧盟花费在共同农业政策预算内的手段，其具体内容包含：

①整体数量控制：将配额分散给各个成员国；

②不同的数量：生产者的配额和购买者的配额；

③牛奶税：如果生产者超配额生产将对超额生产量进行征税。

虽然牛奶配额在控制欧盟牛奶生产上非常有效，但配额却超过了欧盟区内日常消费量。欧盟牛奶产品的结构性过剩问题并没有根本性解决。

2. 1992 年的马克莎莉改革（Mac Sharry Reform）

马克莎莉改革标志着直接补助的开始，直接补助的目的是补偿价格支持手段的减少。马克莎莉改革削减了农产品（肉制品和谷物）的价格，力图提高欧盟产品在国内和国际市场的竞争力。农民根据在不同地区生产的特定农产品获得直接补助，为了取得补助资格，农民必须留出一定数量的土地和限制单位土地的动物数量。改革还引入新的方式，以激励农民创造更好的自然环境条件。这些补助部分地抵消了价格降低的损失。

3. 2000 年计划

欧盟理事会签署了 2000 年计划，公布了共同农业政策的一系列经济、社会和环境的新目标。新目标比以前更加以市场为导向，较为强调农业领域的竞争，还涉及农产品质量和安全、农业收入的稳定、农业政策的环境考量、提高农村地区活力、简化农业政策制定程序和加强地区审查批准农业补助的权力。该计划创造了共同农业政策的第二根支柱——农村发展政策，将农业行为的多功能纳入了考虑。3 项主要的政策手段被设计出来：土地环境计划、支持最不受惠的地区计划和加强农业生产率及竞争力的投资帮助。以前的第一项支柱只是解决了对农业生产的支持，第二支柱更加全面和长远。2000 年计划确立的调整原则还使部分资金可以从第一支柱转向第二支柱。2000 年计划标志着欧盟开始从直接补助项目逐渐重视长期的发展目标。

4. 2003 年以来的共同农业政策

在欧洲社会和不断变化的经济形势压力下，欧盟不断推动共同农业政策的改革，2003 年又开始了一系列新的改革（这轮改革持续到 2007 年）。新改革旨在进一步加强农业部门的竞争力、促进以市场为导向的可持续农业发展和加强农村发展政策（通过资金和政策工具实现）。这些改革符合了新的中东欧国家入盟的需要。最重要的措施就是使直接补助和农民生产数量脱钩。农民领取的补助额依据 2000—2002 年的历史标准制定，很大程度上和当时生产的农产品无关。这些支付在单一支付计划（Single Pay-Mentscheme，SPS）基础上进行。

2007—2013 年的新农村发展政策集中于 3 个核心目标：①提高农业和林业部门的竞争力；②通过有效的土地管理提高农业发展和环境发展的和谐程度；③提高农村生活质量和促进农村经济的多元化。

5.2.2　农业政策的执行机制

5.2.2.1　东北亚

东北亚以中国为代表的农业政策由农业农村部、各级政策研究室、各级政府发展研究中心、国务院研究室农村经济研究司、国务院发展研究中心农村经济研究部制定；其执行由农业农村部、国家改革委、财政部、水利部、科技部、国土资源部、人力资源社会保障部、监察部、统计局、粮食局、气象局等部门负责执行；农业政策的评估由政策决策部门、政策执行部门、政策监督部门（农业农村部、各地农业主管部门等）、政策咨询部门（政府农业部门等）、绩效考核部门（国家发展改革委评估督导司、农业农村部政策与改革司等）来评估；农业政策的调整由农业农村部、各级政策研究室、各级政府发展研究中心、国务院研究室农村经济研究司、国务院发展研究中心农村经济研究部来调整。

5.2.2.2　东南亚

东南亚国家农业政策一般由各国农业部制定；其执行由农业部、财政部、管理委员会等联合执行；农业政策的评估由农业部及利益集团、立法机关、研究局、管理局等来负责评估；农业政策的调整由农业部及各相关部门联合调整执行。

5.2.2.3　南亚

南亚地区包括孟加拉国、马尔代夫、尼泊尔、斯里兰卡、阿富汗在内的五个国家，加入了南亚区域合作联盟，在该联盟中农业政策的制定由部长理事会制定；农业与农村发展技术委员会、经济合作委员会及其他相关委员会等联合执行；农业政策的评估由相关委员会及利益集团、立法机关等来负责评估；农业政策的调整由部长理事会及各相关委员会联合调整执行。

5.2.2.4　西亚

西亚国家农业政策一般由各国农业部制定；其执行由农业部、财政部、水利部、环境部等联合执行；农业政策的评估由农业部及利益集团、立法机关等来负责评估；农业政策的调整由农业部及各相关部门联合调整执行。

5.2.2.5　中亚

中亚国家农业政策一般由各国农业部制定；其执行由农业部、财政部、经济部、能源水利部、食品工业部、环保部等联合执行；农业政策的评估由农业部及利益集团、立法机关等来负责评估；农业政策的调整由农业部及各相关部门联合调整执行。

5.2.2.6　欧洲国家

中东欧国家农业政策一般由各国农业部制定，但其政策的制定会受到议会委员会、相关利益集团、区域集团和说客等的一定影响，其中，欧盟共同农业政策由欧盟机构制定；中东欧国家农业政策的执行由农业部、财政部、各地区委员会等负责执行，其中，欧盟共同农业政策由欧盟机构、欧盟委员会等执行；农业政策的评估由农业部、议会委员会、相关利益集团、区域集团等来负责评估；农业政策的调整由农业部、欧盟机构等来调整执行。

5.2.3　农业政策的主要内容

5.2.3.1　东北亚[①]

以韩国为代表的国家，经济高度发达，工业化和城市化水平较高，但是农业资源贫乏，农业发展受到很大限制，推行高度保护的农业政策。其主要农业政策包括：

（1）重视农业的多功能性，推动农村综合发展。虽然农业产值在国民经济中的比例日益下降，农村人口逐渐减少，但是政府充分注意到农业承担着经

---

① 许世信，信乃诠 . 当代世界农业 ［M］. 北京：中国农业出版社，2010：364 - 367.

济、生态和社会等多方面的责任，在工业化进程中不忽视农业，从而制定了振兴农业和农村、促进不同地区之间以及城乡之间协调发展的措施。

（2）国内农业支持水平高，重视粮食安全。韩国运用以"绿箱"政策为主的农业国内支持手段，在世界贸易组织（WTO）新一轮农业谈判中免于削减，使得农业实际支出水平接近承诺水平，很好地发挥了支持政策的作用。在高关税和国内支持政策的共同作用下，韩国的农产品及其加工品价格居高不下，有些甚至成为高价的奢侈品。虽然本国粮食生产能力不是很强，韩国仍高度重视以大米为主的粮食安全。韩国通过努力，使大米的自给率长期保持在80%以上。

（3）在贸易自由化的进程中实现对本国农业的高度保护。对于战后经济迅速发展，并逐渐迈入发达国家行列的韩国来说，世界经济一体化和国际贸易自由化的潮流难以抵挡，并且其工业产品出口在贸易自由化进程中具有重大利益。但是，如何在此过程中保护本来就相对弱小的农业部门，成为政府必须解决的重要课题。对此，韩国政府的对策是设置高关税、配额、通关壁垒、贸易保障措施等多道贸易屏障，实现对本国农产品的高度保护。①在多边承诺中保留较高的约束关税和关税高峰。韩国农产品的约束税率很高，猪肉关税54%、牛肉72%、大麦513%、蘑菇383%、大蒜360%、辣椒325%、柑橘144%、乳制品176%。②在双边贸易自由化过程中对重要敏感农产品实行例外等特殊处理。尽管韩国积极筹建与周边国家的自由贸易区，以获取经贸利益，但农业在其中都是极力加以特殊保护的领域。韩国在与美国签署自由贸易协定时将大米排除在外，对美国全面开放牛肉市场的承诺因国内产业的强烈抗议引发政坛动荡而最终作出妥协。③对农产品制定严格的动植物检验检疫措施，以多种非关税壁垒保护国内产业。韩国2000年开始以防止低价报关和打击走私为由，对部分农产品实行通关前价格审查和大幅提高抽检率，大大增加了出口方的交易成本。此外，韩国多次运用反倾销、反补贴等保障措施对别国农产品实施贸易制裁。

总的来看，韩国地少人多，农业优势不足，农业在国民经济中的作用十分有限。但是，政府并没有忽视农业发展，而是采取了主动的农业支持保护政策，维持弱势产业的平稳运行。

以中国为代表的传统农业大国，耕地面积大，人口数量多，人均资源并不丰富。农业在国民经济中占有基础性地位，农民占全国人口的绝大多数，解决好农业发展是确保经济增长和社会稳定的首要问题。其主要农业政策包括：

（1）实行农业和农村改革，努力建立适应生产力发展要求的新型生产关系。中国在20世纪70年代末开始推行农村改革，实行了家庭联产承包责任制，极大地调动了农民生产积极性，为农业稳定发展奠定了基础。

（2）加强农业投入，提高农业生产水平。中国在 2006 年全面取消了农业税，并逐步对粮食、良种、农业机械等实行直接补贴，支持农业发展，近年来实现了粮食连续增产、农民持续增收。

（3）农业政策逐步向自由化、市场化、全球化的方向发展。20 世纪 90 年代以后，中国逐步放开了农产品市场，在国内市场减少价格干预，在国际市场上允许自由贸易。在加入世界贸易组织后，承诺对农产品进口关税进行逐步削减，并取消对私营部门从事进出口贸易的限制。不过，由于农业在国内具有极端重要性和敏感性，中国并没有完全放任市场调节，仍然通过强有力的政府宏观调控来确保国内粮食安全和主要农产品稳定供给，这也成为农业能够较好应对 2007 年以来粮食危机和金融危机相继冲击的政策背景。此外，中国还在 WTO 框架下成为发展中国家集团的主要代言人，通过多边贸易规则的制定为国内农业发展谋求政策空间。

5.2.3.2　东南亚[①]

马来西亚、泰国、菲律宾和印度尼西亚等东南亚新兴经济体国家的农业自然资源丰富，非常适宜农作物尤其是热带作物的生长，农产品出口能力强，实施开放的农业政策。其主要农业政策包括：

（1）农业政策经历了从忽视农业到重视农业的反复。20 世纪 70 年代，东南亚各国通过"绿色革命"使粮食产量大幅提高。发展中国家通过接受一些高产农业技术，迅速实现了粮食作物的自给自足。然而，此后很长时间内，政府对农业采取了故步自封的态度，将经济发展的重点集中到制造业以及满足城市人口需要的基础设施建设方面，实施了牺牲农业促进工业化的战略，造成农业增长相对缓慢，农村地区的收入和生活水平相对恶化。随着农业成为经济社会全面进步的短板，近年政府逐渐意识到农业的积极作用，开始重新重视农业发展。

（2）实行开放和市场化的农业政策，鼓励对外贸易和投资。由于具备了农产品出口优势，东南亚新兴工业化国家普遍倡导开放政策。泰国农业政策始终以出口为重点，制定了多元化的市场营销策略，以提高产量、增加农民的收入。印度尼西亚与澳大利亚、新西兰等农业发达国家在 WTO 框架下组成了凯恩斯集团，大力倡导贸易自由化。菲律宾等国鼓励农业领域的外国投资，给予一定的政策优惠。以这些国家为主体的东南亚国家联盟还积极与中国、日本、澳大利亚等亚太国家签订自由贸易协定，谋求进一步降低农产品关税，扩大农产品出口市场。

（3）重视粮食生产，保障国家粮食安全。由于大米在国内粮食消费中占绝

---

① 　许世信，信乃诠. 当代世界农业［M］. 北京：中国农业出版社，2010：364 – 367.

对的统治地位,各国都制定了鼓励粮食生产特别是大米生产的政策措施。马来西亚制定了以市场为主体、政府适度引导的"粮食自立"战略,扩大粮食生产用地,设立粮食发展基金,鼓励私人机构参与农业发展,并把逐步提高农业产值占 GDP 比例作为农业发展的重要目标。印度尼西亚对大米实行最低和最高限价政策,运用国家储备调节市场,以稳定大米供应和价格。除菲律宾外,多数东南亚新兴经济体实现了以大米为主的粮食基本自给。

(4) 农业投入的重点倾向于稳定市场供应和价格,而较少用于提高生产率或采用新技术以增加产量。以印度尼西亚为例,2007 年 40% 的农业投入用于粮食价格补贴,仅种子补贴就比用于农业研究的预算高出 2 倍,农民也很难得到扩大生产的贷款,2001—2006 年银行贷款额上升了 370%,但农民得到的份额同期却从 7% 下降到 2%。

老挝、柬埔寨、缅甸等欠发达国家积极调整落后的农业经营体制,以尽快实现农业发展,帮助农民摆脱贫困。老挝政府积极调整不适应农业发展的生产合作社政策,逐步改变农村所有制结构,规定农民对其土地拥有使用权、继承权和转让权,实现了土地和其他生产资料的私有化;改革农业税收,发展自由贸易,调动农民的积极性;增加政府投入,积极寻求国际援助,改善农业生产的基础条件;强调发展农业的重要性,将农村开发与消除贫困战略相结合。柬埔寨政府为加快恢复经济,将农业基础设施建设、农业开发、人才培训等列为优先发展的领域,并为投资者提供各种优惠政策。缅甸政府确定经济发展走以农业为主的道路,实行多种经济相结合的模式,并致力于推进由计划种植生产体系向市场种植生产体制转变。

新加坡国土面积狭小、农业资源匮乏,农业产值非常小,粮食和蔬菜几乎全部依赖进口。在这种情况下,制定了着重发展生态和高效农业的战略,提倡农业与资源环境的协调发展,只保留了观赏鱼、热带花卉等高附加值的出口型农业。文莱油气资源丰富,国内经济稳定,人均收入高,但农业生产基础设施薄弱、科技动力匮乏,大量农产品和食品依赖于进口。为了改变单纯依靠能源的发展模式,文莱政府制定了经济多元化发展战略,鼓励发展农业生产,对农业基础设施建设给予支持补贴,并积极吸引外资投入农业,扩大粮食和蔬菜种植面积,提高粮食自给率。

5.2.3.3 南亚

南亚地区以巴基斯坦为例,其重视农业的发展,积极采取措施以提高农业发展水平,包括加强农业科研工作、大力兴修水利、完善农田灌溉网、逐步实行农业机械化、坚持为农业提供大量信贷和补贴,实行农产品优惠收购价格政策,刺激农民生产积极性。其主要农业政策包括:

(1) 农产品支持价格政策。巴基斯坦农业支持价格政策覆盖多种农产品,政府每年都制定小麦、水稻、棉花和甘蔗等品种的支持价格。每年政府确定的支持价格需要协调农产品需求和供应情况、生产成本、国内和国际市场价格总体走势、不同农作物比价、农业与非农业部门间的贸易条件等多重因素，确保种植户获得价格保障。

（2）农业贷款。巴基斯坦农业贷款是向农民提供基本农业投入的主要来源。巴基斯坦国家银行指导农业合作社、合作银行及一些私人银行提供农业贷款，几乎所有贷款计划都有附带功能，即提高农民技术知识水平。

2016 年上半年，巴基斯坦粮食安全和研究部制定农业发展长期战略，在2016/2017 财年安排专项资金。新的发展战略将主要致力于引进农业生产要素的全产业链、降低农业税费水平、提高农业生产机械化水平、降低农业生产成本、提高农业生产效率。政府将大力削减农民生产负担。一是调降化肥价格，普通化肥价格从 1 850 卢比/包降至 1 400 卢比/包；磷肥价格从 2 800 卢比/包降至 2 500 卢比/包；二是调降农业灌溉电价。

5.2.3.4　西亚[①]

农业作为沙特基础产业之一，曾一度繁荣，但农业的快速发展直接导致了地下水迅速枯竭，水资源日益紧张。为此，沙特不得不调整农业发展政策，开始大幅削减农业补贴，限制本国农业发展，转向重点发展海外农业、节水农业、渔业以及粮食存储业等。随着本国农业政策发展方向的调整，沙特确定了三个重点发展方向。其政策内容包括：

（1）发展海外农业。2009 年，沙特政府公布了明确的海外农业投资行动计划，其目标是保障沙特粮食安全，鼓励沙特投资者利用海外资源和经验，建立海外农业生产基地，为沙特增加稳定的粮食供应。除直接投资外，沙特还通过合资、海外订单农业、外包种植等方式发展海外农业。2006—2011 年，沙特在海外已谈成较大规模的农业投资置地项目 14 个，已获得农业耕地 76.55万公顷，这些项目分布在 9 个国家，65.7% 在非洲，27.7% 在南美洲，6.5%在亚洲。另外还有 4 个在谈项目，分别在马里、塞内加尔、巴基斯坦和俄罗斯，预计获得土地 31.74 万公顷。

（2）发展有机节水农业。由于沙特本国自然环境的限制，无法发展大规模成片种植业，精细、特色、节水农业成为重点发展方向。沙特目前正在着手制定有机农业发展规划，该规划将涵盖有机农业未来发展方向及鼓励措施，其中包括政府将为有机农业提供免费检测等优惠政策。该计划预测，未来沙特境内有机农场将达到 120 个。同时，由于用水量的不断增加，沙特地下水迅速枯竭。在这种情况下，发展节水农业成为沙特首选，沙特农村普遍采用滴灌技

---

① 来自中华人民共和国驻沙特阿拉伯王国大使馆经济商务处的专题调研。

术，种植耐干旱、抗高温作物及品种。袁隆平院士曾带领团队种植"沙漠水稻"获得成功，沙特对此极为感兴趣，并与中国科学院建立直接联系。

（3）发展农畜产品存储业。沙特政府十分重视发展本国的农畜产品存储业，主动提出加强中沙两国在此领域的合作。这主要基于两方面原因：一是战略储备考虑。为保护本国紧张的水资源，沙特不得不对本国农业发展进行限制和引导，这使得沙特市场上的农产品大多来自外国进口。在粮食主要依靠进口的情况下，粮食存储业的战略地位更加凸显。沙特希望大力发展粮食存储以应对不时之需，维护本国稳定。二是便利农畜产品贸易。由于沙特农畜产品进口主要依赖海运，并且集中于西部吉达港，因此亟须发展农畜产品储存、冷链物流等产业，以进一步便利农畜产品贸易，惠及本国人民。

5.2.3.5 中亚[①]

中亚地区土地和淡水资源丰富，农牧业作为传统部门，是国民经济的基础和重要依靠。近年来，中亚国家推动农业市场化，积极吸引农业投资，挖掘贸易潜力，开展农业合作。其主要农业政策包括：

（1）制定优惠政策，吸引外国投资。哈萨克斯坦为吸引外资发展本国农产品加工业，对外商投资企业实行进口设备关税全免，所得税、财产税、土地税3年内全免等优惠政策。乌兹别克斯坦对从事农产品和食品加工的外资企业，自注册起2年内免征利润税，外资占50％以上的生产型合资企业，投产后2年内免征利润税。吉尔吉斯斯坦在一些地区专门划出自由经济区，创造吸引国外资本、技术和管理经验的良好条件。蒙古执行相对自由的贸易和投资政策，对外国进口的所有商品征收5％的进口税，不设任何进口配额限制，几乎没有出口税，外贸许可证大幅减少。中亚国家还通过上海合作组织、中国与中亚区域经济合作机制等多双边渠道加强与周边国家的农业合作。

（2）扩大农业投入，保障国内供应。哈萨克斯坦近年高度重视农业经济发展，近5年来政府向农业领域投入了约80亿美元的资金，并且推行了《2004—2010年哈萨克斯坦农业经济发展国家框架》。根据该框架，哈萨克斯坦2010年粮食种植面积应达700万～1 600万公顷，粮食产量达2 500万～2 700万吨，牛存栏量达650万～700万头。政府还采取激励措施来增加植物油、水果、糖等国内紧缺农产品的生产，并将本国不能生产的农产品进口关税调整到0.5％以下，以充分满足国内需求。吉尔吉斯斯坦对农产品进口关税进行调整，对种子、种畜等匮乏的资源性产品实行进口零关税。

（3）挖掘出口潜力，扩大农畜产品出口。在保障国家粮食安全的基础上，中亚国家着力提高农产品出口竞争力。乌兹别克斯坦于1997年取消了出口许

---

① 许世信，信乃诠. 当代世界农业［M］. 北京：中国农业出版社，2010：364-367.

可证和出口关税，实行出口信贷和出口保险体制，提供国家担保，为实现农产品出口稳定增长创造条件，进一步完善出口结构，最大限度地利用资源和生产潜力。哈萨克斯坦在农产品质量安全方面逐步与国际标准接轨，通过里海和黑海渠道扩大粮食出口，并通过面向全球的激励措施鼓励扩大投资和引进现代农业技术，促进农业增产和农产品多样化，保障粮食安全，巩固农业出口国地位。

（4）农产品贸易政策措施逐步与世贸组织规则接轨，但仍存在许多隐性壁垒。中亚国家中，吉尔吉斯斯坦加入了世贸组织，其他国家被列入世贸组织的观察员，仍然存在部分农产品关税税率过高、非关税壁垒不规范等状况，主要表现在海关程序、监管环境、港口物流、商务人员流动以及监管透明度等方面，在一定程度上增加了农产品贸易的不确定性。

5.2.3.6　欧洲国家①

欧盟共同农业政策始于 1962 年，由一系列的欧盟农业补贴项目和对市场的干预机制组成。欧盟共同农业政策在欧盟层面制定，总体目标是保障欧盟农民良好的生活标准并以欧盟消费者可负担的价格提供稳定和安全的食品供应。欧盟共同农业政策自引入以来，不断地调整变化，现在政策的优先领域是：确保食品质量和安全；保护环境和动物福利；在不扭曲世界贸易的条件下增强欧盟农产品在对外贸易中的竞争力；促进农村地区的活力和可持续发展。欧盟共同农业政策支出占整个欧盟预算支出的 40%，远远高于其他政策领域的支出。欧盟共同农业政策对稳定和促进欧盟内部农业发展发挥了重要的作用。欧盟共同农业政策的主要内容包括：

1. 以单一支付计划为主的直接支付

单一支付计划的主要目的有 4 个：一是使农民得到的补贴与其生产量脱钩，使农民的生产更具市场导向；二是实现农业在经济上和环境上可持续发展；三是简化共同农业政策的申请和管理程序；四是巩固和加强欧盟在世界贸易组织农业谈判框架下的地位。

单一支付计划在成员国共同协定的规则下应用于各个成员国。单一支付计划有 3 种模式：①历史模式。在历史模式下，根据单个农场以前的补贴情况进行支付。②区域模式。在该模式下，根据该地区以前整体农民得到的补贴情况进行支付。③混合模式。各成员国根据不同农业部门选择上述两种模式中的一种。各个成员国的选择情况不尽一样，有自己的特殊情况。

单一支付计划根据其管理和拥有的土地支付给农民补助。农民每年根据其土地和权利向相关机构提交支付请求。权利是指农民有权利要求取得补贴。每

---

①　许世信，信乃诠. 当代世界农业 [M]. 北京：中国农业出版社，2010：368 - 372.

个农民获得的补贴额将依据 2000—2002 年为基期的情况确定，确定后的补贴额与当年种植的作物种类和面积无关。每个农民的补助额计算非常复杂，所有的农民都有最低 5 000 欧元保证。补助的情况根据整体申请情况做出，支付必须要等到所有农民的申请被核实后才能够计算和支付。农民还可以在一定的规则下进行补助额的转让。为了促进向单一支付体系的转换，欧盟还设立了国家保留制度解决当年新加入单一支付计划的农民补助问题和一些特殊问题。

为了获得这些补贴，农民必须满足一系列条件和遵守一系列规则。直接支付的受惠者即农民，有义务维持其土地的良好环保及农业经营条件，无法达到要求的农民获得的补贴将减少。这些条件涉及农民拥有的耕种土地的面积、农民每年实际利用这些土地的时间、农民每年预留空置的土地以及环保、公共、动物和植物健康与福利标准、保持好用地的农业和环境条件。这里面比较出名的是共同遵守原则（cross compliance）。这些标准涉及环境、食品安全和动物健康及福利。

直接支付资金还有一个调整计划，将第一支柱调整的资金用于第二支柱农村发展政策，这个调整涉及欧盟层面和成员国层面。欧盟层面 2005 年是 3%，2006 年是 4%，2007 年开始是 5%。为了保证被调整的金额仍用于原有地区的农村建设，欧盟对此还特别规定，调整金额的 80% 必须用于原成员国。

直接支付是欧盟第一支柱的重要组成部分，另外一个部分就是单一共同市场组织（Single Common Market Organizations，CMOS）。2007 年，欧盟决定将共同农业政策中的 21 个不同农产品的共同市场组织合并为单一共同市场组织，合并工作于 2008 年全部完成，但程序、机制未发生根本性变化。单一共同市场组织提供了管理内部农业市场、对外农业贸易和农业竞争的法律框架，主要涉及对内对外两个方面。

2. 农村发展

欧盟 2007—2013 年农村发展政策的主轴有 3 个。

第一，提高农业和林业部门的竞争能力。这主要通过三方面实现：①重视职业培训和人力资本开发。欧盟提出为农民提供农业技能培训、传播农业创新经验、强化农业信息的获取能力、为农民提供必要的咨询服务和重点培养年轻农民，引入农民提前退休制度。②重组和发展农业硬件设施以及促进创新。主要的政策手段有提高农业生产工具的现代化水平、增加农产品的附加值、合作开发农业新产品和新生产技术、提高农业基础设施水平以及建立自然灾害预防和恢复生产机制。③提高农业生产的水平和农产品的质量。这主要是要求农民按照欧盟新的需求标准来生产，对提出和实施高标准生产的农民进行补贴。

第二，提高农村地区的发展水平和自然环境。欧盟设置了各种农业生产用地标准，对各种可持续用地进行补贴，比如对山林地区的土地实行开发限制补贴、对以高于欧盟用地标准和动物饲养标准的生产行为进行补贴以及资助非生产目的的土地维护投资。

第三，提高农村地区的生活质量和促进农村经济的多元化。促进农村经济多元化的措施包括：向非农业生产延伸、支持农村中小型企业的建立和发展、发展农业旅游。提高生活质量的措施包括：为农村地区经济发展和人民提供基本的服务、村庄翻新改造、保留和发展乡村文化。此外，还提供有关提高生活质量、农村经济多元化的培训和信息，因地制宜地制定和实施促进农村地区发展活力和技能获取的战略。

为了保证这三项主轴平衡发展，欧盟要求成员国将农村发展资金平衡地运用于这三方面。

欧盟的另一项要求就是农村发展政策资金的一部分需要用于支持根据领导社区动议（Leadercom-Munityinitiative）经验而设置的具体项目。领导社区动议是欧盟结构基金支持的四大动议之一，与农村发展政策紧密相关。该动议的核心目的就是鼓励当地农民团体提出各种促进本地发展的项目，并将一些好的经验用于地区之间的交流，对各地区提供技术指导。欧盟要求农村发展政策资金的一部分用于资助根据该动议推广的经验而设置的项目。

欧盟农村发展政策的唯一亮点是农场咨询系统。该系统主要帮助农民更加重视生产资料的流动和向农民提供如何在生产过程中按照有关标准以及良好操作规范的咨询服务，其提供的咨询建议不能与法定管理要求和环境、食品安全、动物福利相关的标准冲突。农民可以自愿选择加入该系统，那些在单一支付计划中每年领取补贴超过1.5万欧元的农民是优先吸纳的对象。加入该系统的农民的相关信息及咨询行为应该予以保密。农场咨询系统由各成员国指定的机构或私人公司管理。欧盟农场审计部门将定期地对农场的投入水准进行审查，以确定是否符合有关的环境、食品安全和动物福利要求。有关的费用由欧盟的农村发展农业基金支付。

3. 一体化的管理和控制系统（Integrated Administration and Control System，IACS）

由于共同农业政策关于补助申请和核实的过程比较复杂，欧盟建立了一体化的系统进行管理。这套系统包括：农业资产的统计数据库；农业片区的分类系统；支付金额的确定和登记系统；补贴申请系统。一体化系统是要求农民遵守相关标准的控制系统，也是记录提交补助申请的农民身份的单一系统。该系统控制欧盟农业财政资金90%的开支。

共同农业政策的资金来源于欧盟的财政预算，大约占到欧盟整个财政预算的40%。欧盟共同农业政策支出总金额由欧盟整体决定，设立了各成员国的最高限额，限额根据各成员国前一段时间获得的直接支付额得出。欧洲农业保证基金（European Agricultural Guarantee Fund，EAGF）和欧洲农村发展农业基金（European Agricultural Fund for Rural Development，EAFRD）共同向农业政策提供资金。欧洲农业保证基金承担共同农业政策直接支付和干预农业市场的支付，即承担第一支柱的开支；欧洲农村发展农业基金向第二支柱农村发展政策提供资金。欧盟 2007—2013 年农业政策的计划开支为 8 624 亿欧元，其中农村发展农业基金大约有 883 亿欧元。欧盟委员会负责管理两个基金，然而，委员会并不向受益者直接支付。根据分散管理原则，支付任务归于成员国。这些成员国与 85 个国家或地区支付机构共同工作。在这些机构花费欧盟预算之前，他们必须被委员会设置的一系列标准认可。支付机构不仅负责向受益人支付资金，而且必须自己或者委托机构确定援助申请是否合格。支付机构由委员会通过成员国进行报销，欧洲农业保证基金 1 个月报销 1 次，欧洲农村发展农业基金 1 个季度报销 1 次。

第6章　东北亚、东南亚和南亚国家农业与农业政策

6.1　农业资源条件

6.1.1　东北亚国家

6.1.1.1　韩国

韩国属于温带季风气候，海洋性特征显著。年均气温 13℃，夏季 8 月份最热，平均气温为 25℃，最高达 39℃；冬季平均气温为 0℃，最低达 −7℃。年均降水量 1 500 毫米左右。

韩国农业是韩国经济的基础产业，由种植业、畜牧业、林业和渔业组成。建国之初，韩国是个典型的农业国家，80% 以上的人口从事农业生产。韩国农业生产结构中种植业特别是大米的比例较高，而畜牧业的比重较小。不过粮食作物的面积有减少的趋势，高附加值作物、蔬菜和水果的面积在种植业中的比重在增加。韩国农业资源禀赋非常稀缺，现有耕地面积 1 835.6 千公顷，是世界人均耕地面积最少的国家之一。韩国农产品因此较多依赖于国外进口。除了大米和薯类能基本自给外，其他粮食 85% 需要进口。另外韩国 60% 以上的牛肉、鱼贝类，20% 水果、禽肉和奶都需要从国外进口，只有砂糖和蛋可以完全自给。

韩国投资环境总体良好，韩国政府鼓励利用外资，对创新、就业拉动效果较大的外资企业给予现金返还等一系列优惠，提供一条龙服务。韩国农业主管部门定期听取外资企业的困难和建议，重视改善营商环境。韩国交通物流便捷，网络通信设施世界一流，文教体育卫生等社会管理成熟。人均 GDP 超过 3 万美元，消费方式多样新潮，是全球性的试验市场之一。韩国国家信用等级维持历史较高水平，与中国、美国等主要经济体签署自贸协定。

6.1.1.2　蒙古

蒙古属温带大陆性荒漠草原气候，冬寒夏热，春秋短促，气温变化剧烈，降水稀少。蒙古是亚洲寒潮的发源地之一，全境严寒，1 月平均气温在 −35～−15℃；夏季气温高，7 月全国平均温在 10～25℃，最高气温可达 35℃；气

温年较差一般达 35～50℃，气温日较差也很大，可达 20～30℃。高原地区年均降水量只有 120～250 毫米，70% 以上集中于 7—8 月，南部戈壁降水更少，只有西北部山地的降水量较多，可达 300～500 毫米。首都乌兰巴托冬夏气温悬殊，1 月份平均气温－20～－15℃，7 月份平均气温为 20～22℃，年均降水量为 230 毫米，年均晴天 180 天。

畜牧业是蒙古的传统产业，是国民经济的基础，也是蒙古加工业和生活必需品的主要原料来源。蒙古地广人稀，冬季持续时间较长，畜牧业生产仍以自然放养为主，现阶段仍难以实现大规模、现代化生产。2022 年底牲畜存栏量达 7 000 万头。蒙古全境位于蒙古高原，国内近 1/3 的人口以草地畜牧业为主要生计，草地畜牧业也成为国民经济发展的支柱产业。近 10 年来蒙古从事畜牧业的劳动力数量基本稳定，农业从业人口仅 6 万余人，2022 年，蒙古共有 1.77 万农户，1 600 家企业从事农业生产。全国农作物种植面积达 61.8 万公顷，同比下降 8.4%。蒙古是全球第二大羊绒生产国，羊绒供应量约占全球的三分之一。

6.1.2　东南亚国家

6.1.2.1　缅甸

缅甸是世界上森林分布最广的国家之一，森林资源较为丰富。根据《中国环境统计年鉴 2020》统计，缅甸森林覆盖率为 44.2%，主要分布在北、西、南部。中部勃固山脉是柚木的主要产区，储量世界领先。缅甸林木种类约 2 300 种，其中乔木 1 200 余种，质地坚固，耐腐蚀，膨胀和收缩系数极小，花纹美观，可用其造船、建桥梁、码头、房屋、制家具等。除柚木外，缅甸还盛产檀木、灌木、鸡翅、铁力、酸枝木、花梨木等各种硬木和名贵硬木。2018 年过渡财年（2018 年 4—9 月），缅甸生产硬木共 11.37 万立方米，其中柚木占 1.23 万立方米。此外，缅甸还有丰富的竹类和藤木资源。竹类品种约 97 种，竹林面积约 9 630 平方千米，主要分布在若开、缅甸中部地区。藤木约 32 种，主要分布在克钦、掸邦，有水藤、红藤，只有小部分出口。2014 年 4 月开始，缅甸政府禁止原木出口。缅甸政府注重林业资源保护，2017 年 11 月底，缅甸国家投资委员会暂停审批使用缅甸原始森林出产的木材原料加工厂项目。

缅甸国内河流密布，主要河流有伊洛瓦底江、萨尔温江、钦敦江和湄公河，支流遍布全国。其中伊洛瓦底江、萨尔温江和湄公河均发源于中国。伊洛瓦底江为缅甸第一大河，流域面积 43 万平方千米，水量充沛，水流平缓，从北向南依次流经克钦邦、曼德勒和仰光等 6 个省份，最后从仰光注入印度洋，全长 2 200 千米，总落差 4 768 米，全河平均比降为 2.1‰，入海口平均流量为 13 600 立方米/秒。萨尔温江为缅甸第二大河，由云南潞西出境进入缅甸，在缅境内 1 660 千米，流域面积约 20.5 万平方千米，经过掸邦、克耶邦、克伦邦和孟邦，最后由莫塔马湾归入印度洋。湄公河由西双版纳进入缅甸，主要流经缅甸掸邦与老挝、泰国的边境线。

缅甸海岸线漫长，内陆湖泊众多，渔业资源丰富，因受资金、技术、捕捞、加工、养殖水平等条件限制，对外合作开发潜力大。缅甸海岸线长 2 832 千米，专属经济区 48.6 万平方千米，适宜捕捞海域约 22.5 万平方千米。缅甸沿海鱼虾 500 多种，具有经济价值的石斑鱼、鲳鱼、缅甸鱼、龙虾、黄鱼、带鱼、鲨鱼、比目鱼、鲥鱼、虎虾、琵琶虾等约 105 种，820 万公顷的内陆江湖内也有大量淡水鱼虾。缅甸水产档次高、品质优，适宜海水、淡水养殖。1990 年缅甸政府颁布《缅甸海洋渔业法》，1993 年颁布《缅甸海洋渔业法修正案》，1994 年撤销国家渔业公司，所有鱼塘、冷库、加工厂转让给个人，国家只保留示范鱼塘、苗塘。水产已成为仅次于农业和工业的第三大主要经济产业和重要创汇产业。《缅甸农业数据 2021—2022》显示，2021—2022 过渡财年，缅甸捕捞鱼虾约 179.7 万吨，缅甸海产品主要出口中国、新加坡、泰国、韩国、孟加拉国及中国台湾和中国香港等地区。

6.1.2.2　印度尼西亚

印度尼西亚地处热带，全年气候温暖湿润，平均气温为 25～27℃，湿度为 70%～90%。印度尼西亚有两个季节，对于大部分地区而言，通常每年 4 月至 10 月为旱季，11 月至次年 3 月为雨季，没有夏季或冬季的极端情况。

印度尼西亚自然资源丰富，有"热带宝岛"之称。盛产棕榈油、橡胶等农林产品，其中棕榈油产量居世界第一，天然橡胶产量居世界第二。印度尼西亚是一个农业大国，全国耕地面积约 8 000 万公顷，从事农业人口约 4 200 万人。印度尼西亚森林覆盖率为 54.25%，达 1 亿公顷，是世界第三大热带森林国家，海岸线 8.1 万千米，水域面积 580 万平方千米，包括领海渔业区 270 万平方千米，专属经济区 310 万平方千米。渔业资源丰富，海洋鱼类多达7 000 种。

从投资环境角度看，印度尼西亚的吸引力主要表现在以下方面：一是政局总体稳定，政府重视扩大投资；二是自然资源丰富；三是经济增长前景看好，市场潜力大；四是地理位置重要，控制着关键的国际海洋交通线；五是人口众多，有丰富、廉价的劳动力；六是市场化程度较高，金融市场较为开放。印度尼西亚利用外资快速增长，作为东南亚最大的国家，已成为东盟 10 国中最具吸引力的投资目的国之一。

6.1.2.3　菲律宾

菲律宾属季风性热带雨林气候，高温多雨，湿度大，台风多。全年平均气温为27℃，年降水量2 000~3 000毫米，年平均湿度78%。群岛西部有干季（11月至翌年4月）和雨季（5—10月）之分，东部海岸终年有雨，并以冬雨为多，南部地区也终年多雨，无明显干、雨季之分。群岛以东的太平洋洋面为台风发源地，每年6—11月多台风。

菲律宾拥有丰富的海洋资源。在该国发现的2 400种鱼类中，65种具有良好的商业价值。其他海产品包括珊瑚、珍珠、螃蟹和海藻。菲律宾地热资源丰富，预计有20.9亿桶原油标准的地热能源。巴拉望岛西北部海域初步探测的石油储量约3.5亿桶。森林面积1 585万公顷，覆盖率达53%，有乌木、紫檀等名贵木材。境内野生植物有近万种，其中高等植物有2 500余种。

6.1.2.4 越南

越南地处北回归线以南，属热带季风气候区。北部四季分明，多数地区年平均气温为23~25℃；南部分为旱季（10月至翌年4月）和雨季（5月至9月），多数地区年平均气温为26~27℃。空气湿润，雨量充足，全国年平均降水量1 500~2 000毫米。

越南资源丰富，种类多样。矿藏资源分为能源类、金属类和非金属类等50多种矿产。越南盛产大米、玉米、橡胶、椰子、胡椒、火龙果、腰果、咖啡和水果等作物。2021年越南出口大米约657万吨，出口额31.33亿美元；出口果蔬32.7亿美元。森林面积约1 000万公顷。越南渔业资源丰富，沿海有1 200种鱼、70种虾，仅北部湾就有900种鱼，盛产红鱼、鲐鱼、鳖鱼等多种鱼类。中部沿海、南部东区沿海和暹罗湾等海域，每年的海鱼产量都可达到数十万吨。

越南吸收外资的主要优势：一是政局稳定，经济发展较快，越南共产党和政府执政能力较强，政策具有连续性，注重经济建设；二是劳动力成本相对较低；三是地理位置优越，海岸线长达3 260千米，港口众多，运输便利；四是越南投资法较为开放、完善，为外国投资者提供了较为全面的基础法律保障和较大力度的优惠政策；五是对外开放程度较高，越南已签署或正在推进17项自贸协定，投资者可利用东盟经济共同体、中国—东盟自贸区等自由贸易平台接近更广阔的国际市场；六是基础设施需求大。

6.1.2.5 泰国

泰国具有得天独厚的农业资源禀赋。泰国全国大部分地区属热带季风性气候，全年明显分为热季（2—5月）、雨季（6—10月）和凉季（11月至翌年2月）3个季。全年平均气温27.7℃，最高气温可达40℃以上。年平均降水量为1 100毫米，平均湿度为66%~82%。全国耕地面积约1 500万公顷，占国土总面积31%，农业对泰国经济、社会和环境各个层面的发展起到至关重要的作用，尽管农业产值只占国内生产总值的8.5%，但对泰国未来的发展更胜于其他行业。泰国农业耕地面积有 2 388 万公顷，占国土总面积的 46.5%，农业劳动力占全国总劳动力的 50% 左右。更重要的是农业部门是各种工业原料的源头，是国内粮食生产的来源并出口到国外，每年为泰国带来巨大的经济效益。多年来年平均出口农产品创收 103 900 亿铢。

泰国与各主要经济大国的贸易关系融洽，市场辐射范围较大。泰国是 WTO 的正式成员，与澳大利亚、新西兰、日本、印度、秘鲁等国家有双边优惠贸易安排，并通过东盟与中国、韩国、日本、印度、澳大利亚和新西兰等国签订了自贸区协议。2021 全年出口总值 2 711.735 亿美元，同比增长 17.1%；进口 2 676 亿美元，涨幅 29.8%，贸易顺差为 35.732 亿美元。

6.1.3　南亚国家

6.1.3.1　阿富汗

阿富汗属大陆性气候，四季分明，昼夜温差较大。全年干燥少雨，冬季寒冷，北部和东北部地区最低气温为 $-30℃$，夏季炎热，东部城市贾拉拉巴德最高气温可达 49℃。全国年平均降水量只有 240 毫米，河水主要来源于雨雪，故在阿富汗有"不怕无黄金，只怕无白雪"的民谚。首都喀布尔气候宜人，四季分明，全年平均气温 13℃ 左右。

阿富汗矿藏资源丰富，但基本未开发，被称为"躺在金矿上的穷人"。目前，阿富汗政府外交以寻求援助为中心，政治和经济重建主要倚重美国等西方国家支持和援助。同时，阿富汗重视与中国、印度和中亚等周边国家和地区的关系，倡导开展区域合作，以合作求安全、谋发展。阿富汗政府与邻国签署了《喀布尔睦邻友好宣言》和《喀布尔睦邻友好禁毒宣言》，与印度、意大利等国签署了《战略合作协议》，但是由于种植鸦片的回报远远高于合法农作物以及政府无力帮助农民改种合法农作物，鸦片生产已成为农民的主要就业出路，严重影响阿富汗和平重建进程。

2014 年底，美国及北约从阿富汗撤军后，阿富汗投资环境急剧恶化，安全问题导致许多重大投资项目驻足不前，外国投资者也由于安全形势不明朗而纷纷离开阿富汗。同时阿富汗国内税务、海关等经济行政部门效率低下，总体投资环境较差。从地缘上讲，阿富汗位于西亚、南亚和中亚交会处，扼南北交通要冲，在发展过境运输贸易、构建连接东南西北地区的运输通道方面，具有得天独厚的地理区位优势。投资吸引力主要体现在两个方面：一是品种多、储量大的能矿资源开发；二是发展工农业及区域经贸合作的各类互联互通的"通道"项目，如跨境输水、输电、铁路和公路、石油天然气输送管道项目。

6.1.3.2　孟加拉国

孟加拉国大部分地区属亚热带季风性气候，湿热多雨。全年分为 3 季：冬季（11 月至翌年 2 月）、夏季（3—6 月）和雨季（7—10 月）。年平均气温为 26.5℃。冬季是一年中最宜人的季节，最低温度为 4℃，夏季最高温度达 45℃，雨季平均温度为 30℃。

孟加拉作物种植面积约为 6 711 万公顷。农作物主要有水稻（年熟三季，为冬季稻、夏季稻和春季稻）、小麦、黄麻、甘蔗和茶叶等。为改变粮食结构，还扩种了高产品种豆类和马铃薯。

孟加拉国矿产资源主要有天然气、石灰石、硬岩石、煤炭、硅砂、白黏土等。孟加拉国东南部吉大港丘陵地带森林茂密，为主要林木产区，森林面积约 200 万公顷，森林覆盖率为 13.4%。孟加拉国境内有着众多的洼地、池塘，除此之外，还有一个人工湖——卡普泰湖。得天独厚的自然条件使孟加拉国成为全球重要的产鱼国。

从投资环境而言，孟加拉国的优势主要体现在政府重视、政策优惠、经济增长较快、市场潜力较大、劳动力资源充足且价格低廉等方面。世界经济论坛《2019 年全球竞争力报告》显示，孟加拉国在全球最具竞争力的 141 个国家和地区中，排第 105 位。世界银行《2020 年营商环境报告》显示，孟加拉国在 190 个经济体中排名第 168 位。

6.1.3.3　尼泊尔

尼泊尔的气候基本上只有两季，每年的 10 月至翌年的 3 月是旱季（冬季），雨量极少，早晚温差较大，晨间 10℃左右，中午会升至 25℃。每年的 4—9 月是雨季（夏季），其中 4—5 月气候尤其闷热，最高气温常达到 36℃。从 6 月起降雨增多，雨季逐渐开始，一直持续到 9 月底，雨量丰沛，河流常泛滥成灾，对农业生产带来不利影响。山多地少，耕地分布不均衡，40% 的耕地没有灌溉措施。农业是尼泊尔最重要的产业。农业人口占尼泊尔总人口约 80%。尼泊尔耕地面积为 325.1 万公顷。

尼泊尔对外合作开放重点为三个领域：一是水电行业。尼泊尔水利资源丰富，其中 4.3 万兆瓦可开发，但目前开发不足 1 千兆瓦，开发率较低。尼泊尔政府将水电开发作为发展经济的引擎之一。二是公路和铁路项目。目前尼泊尔境内交通网络尚不完善，公路开发和建设是尼泊尔承包工程市场的重要组成部分。尼泊尔几乎没有铁路交通，尼泊尔政府正进行南部平原地区铁路项目的规划，计划未来建设东西向铁路通道。三是农村基础设施领域，如灌溉等民生项目。尼泊尔大力发展水利灌溉工程，城市和乡村的基础设施也亟待完善，这两个领域也是国外援助资金重点投入领域。2015 年 3 月，尼泊尔内阁签署新产业政策，增加了旅游和矿业两个领域。

6.1.3.4　巴基斯坦

巴基斯坦大部分地区处于亚热带，气候总体炎热干燥，降水比较稀少，年降水量少于 250 毫米的地区占全国总面积的 3/4 以上。巴基斯坦最炎热的时节是 6—7 月，大部分地区中午气温超过 40℃，信德省和俾路支省部分地区中午气温最高可达 50℃ 以上。气温最低的时节是 12 月至翌年 2 月。海拔高度超过 2 千米的北部山区比较凉爽，且温差大。印度河流经巴基斯坦，且径流季节变化大，为了调节水量，满足灌溉之需，政府兴建了大批水利工程，为农业生产的发展创造了条件。巴基斯坦是一个缺水干旱的国家，生产和生活用水很大程度上依赖于每年的冰川融化和季风降水，大约 92％ 的土地属于干旱或半干旱类型，农业生产活动高度依赖灌溉，作物生长离不开灌溉，畜牧业和家禽养殖所需要的牧草等饲料也需要灌溉。印度河是巴基斯坦的主要河流，印度平原面积约占巴基斯坦总面积的 25％。从古至今，印度河水系灌溉一直就是印度河平原农业文明的发展基础。全国可耕地面积 5 768 万公顷，其中实际耕作面积 2 168 万公顷。农业人口约占全国人口的 66.5％。巴基斯坦活动物及其产品和矿产品竞争优势强（程云洁，2017）。

巴基斯坦政府和民间欢迎外商投资。除国家安全和公共安全禁止或限制领域外，巴基斯坦几乎所有经济领域均向外资开放，外国和当地投资者享有同等待遇，允许外商拥有 100％ 的股权，允许外商自由汇出资金。此外，外商在巴基斯坦投资享受设备进口关税、初期折旧提存、版权技术服务费、关税、销售税、企业所得税等方面的优惠政策。

6.2　农业生产概况

6.2.1　东北亚国家

6.2.1.1　韩国

韩国农业是韩国经济的基础产业，由种植业、畜牧业、林业和渔业组成。建国之初，韩国是个典型的农业国家，80％ 以上的人口从事农业生产。经过李承晚政府的土地改革，朴正熙军政府的经济振兴和 20 世纪 80 年代开始的世界贸易自由化浪潮，韩国农业已经发生了巨大的变化。通过绿色革命，1978 年韩国实现了主食大米的自给自足，1996 年，韩国基本实现了农业机械化，成为继日本之后率先实现农业机械化的亚洲国家。韩国农业的发展也带动了化肥、农业机械、种子等农业相关产业的发展。

韩国四大作物是大米、小麦、玉米、大豆。其中，大米的自给率是 104％，是韩国目前唯一能自给自足的谷物。关于小麦，其供给量从 2009 年的 412.9 万吨，到 2020 年的 372.6 万吨，呈下降趋势。韩国小麦年产量平均在

1万~2万吨，自给率不到1%。小麦的进口量在供给量中占90%以上，进口依存度非常高。2009年韩国的小麦进口量为369.5万吨，2020年为370.9万吨，整体变化不大。

玉米方面，其供给量从2009年的1 031.3万吨，到2020年的1 175.57万吨，逐年增加。玉米的进口量在供给量中占98%，2000年后持续增加。2020年为1 166.4万吨。可见玉米是韩国进口量最多的谷物。

大豆，其供给量从2009年的177.2万吨，到2020年的120.9万吨，逐年减少。

大豆的进口量在供给量中占93%。从2009年的155.7万吨到2020年的112.8万吨，减少了27.6%。

6.2.1.2 蒙古

畜牧业是蒙古的传统产业，是国民经济的基础，也是蒙古加工业和生活必需品的主要原料来源。蒙古地广人稀，自然条件差、气候比较恶劣，冬季持续时间较长，畜牧业生产仍以自然放养为主，现阶段仍难以实现大规模、现代化生产，受自然气候和牲畜影响较大。蒙古牲畜头数保持一定增长，截至2022年末，蒙古牲畜存栏量共计约7 110万头，同比增长5.6%。

农业（主要指种植业）不是蒙古国民经济的支柱产业，但关系国计民生，历来受到政府的重视。蒙古私有化改革以来，由于经济衰退及投入不足，生产力大幅倒退，种植面积和产量锐减，农业产值约占农牧业总产值的四分之一。主要农作物有小麦、大麦、马铃薯、白菜、萝卜、洋葱、大蒜、油菜等。谷物产量42.8万吨，同比下降30.2%；土豆产量21.4万吨，同比增长17.5%；蔬菜产量14.8万吨，同比增长22.3%；饲料产量17.1万吨，同比下降41.7%；牧草产量156万吨，同比下降9.1%。近年来，蒙古政府对农业高度重视，通过采取有力的措施来确保农业生产的稳定发展。

6.2.2 东南亚国家

6.2.2.1 缅甸

农业是缅甸国民经济的基础，也是政府优先发展的重要产业之一。目前，缅甸乡村人口约占总人口的70%，其中大多以农业和畜牧业为生。缅甸的主要农作物包括水稻、小麦、玉米、豆类等常规作物，以及橡胶、甘蔗、棉花、棕榈等工业用作物。近年来，豆类已超过大米成为缅甸出口创汇的最主要农产品。仅2020年10月1日至2020年11月27日近两个月时间，缅甸农产品出口6.139亿美元，同比增长8 284.4万美元。

6.2.2.2 印度尼西亚

印度尼西亚自然条件得天独厚，气候湿润多雨，日照充足，农作物生长周期短,主要经济作物有棕榈油、橡胶、咖啡、可可。2021 年,毛棕榈油产量达到 4 866 万吨,同比增加约 7.1%。全国有 3 000 万人依靠林业维持生计;胶合板、纸浆、纸张出口在印尼的出口产品中占很大份额,其中藤条出口占世界 80%~90% 的份额。印度尼西亚最大的林业和造纸企业集团为金光集团(Sinar Mas)。政府估计印度尼西亚潜在捕捞量超过 800 万吨/年,目前已开发的海洋渔业产量占总渔业产量的 77.7%,专属经济区的渔业资源还未充分开发。中国和美国已成为印度尼西亚渔产品出口最大市场,虾类、金枪鱼和花蟹出口至美国较多,而鱿鱼、墨鱼、章鱼和海草出口至中国较多。

6.2.2.3　菲律宾

2021 年菲律宾农产品对外贸易总额 224.9 亿美元,同比增长 19.8%。主要农产品贸易伙伴为美国、中国、印度尼西亚、越南、马来西亚、澳大利亚、日本和荷兰。主要出口产品为椰子油、香蕉、鱼和虾、糖及糖制品、椰丝、菠萝和菠萝汁、未加工烟草、天然橡胶、椰子粉粕和海藻等。农业是菲律宾经济的重要组成,国内 40% 的劳动力靠农业为生,农业产值占全国 GDP 的 20%。菲律宾农业资源丰富,主要生产大米、椰子、玉米、甘蔗、香蕉、菠萝、芒果等农产品,菲律宾也是世界主要的水果生产国之一,盛产香蕉、菠萝、芒果、木瓜和椰子。菲律宾有 3 000 万公顷国土面积,其中 47% 是农业用地,主要农业用地集中在城市附近及人口稠密地区。林地 1 580 万公顷,农业耕地 1 300 万公顷。全国有农场 556 万个,耕地 720 万公顷,农民人均耕地 1.29 公顷。菲律宾主要农作物为水稻和玉米。其他食用作物用地中,椰子种植面积最大,占土地面积达 356 万公顷,每年生产约 155 亿吨椰子。甘蔗种植面积在 42 万公顷,每年生产约 3 000 万吨甘蔗。菲律宾有灌溉设施的农田为 610 万公顷,占耕地面积的 57%。

6.2.2.4　越南

2021 年是越南农业产业在困难重重的背景下取得成功的一年。越南农产品出口首次创造奇迹,达 468 亿美元,同比增长 15%,其中木材及木制品、虾、蔬菜、腰果、大米、橡胶这 6 类商品出口额超 30 亿美元。农业贸易顺差 64.4 亿美元。在生产恢复,多种产品能适应市场要求的背景下,2022 年以来越南不少农产品出口企业订单大增。

6.2.2.5　泰国

农业是泰国的支柱产业,农业产值占 GDP 比重超过 10%。农产品是泰国重要出口商品之一,主要农产品包括稻米、天然橡胶、木薯、玉米、甘蔗、热带水果。泰国是世界第一大橡胶生产国和出口国,以及第一大木薯和大米出口国。橡胶年产量约 450 万吨,占全球总产量三分之一,所产橡胶绝大部分出口，年出口量占全球橡胶出口总量 40%～45%。2023 年农业经济增长 2%～3%，其主要得益于良好的天气条件，水量充足。许多农产品价格处于较好的水平，使得更多农民扩大种植，拓展运销渠道。

6.2.3 南亚国家

6.2.3.1 阿富汗

阿富汗粮食不能自给自足，每年需要国际援助或进口解决粮食短缺问题。受自然地理条件限制，阿富汗几乎没有大型农场。主要农作物包括小麦、大麦、水稻、玉米、棉花、干果以及各种水果。畜牧业是阿富汗农业重要组成部门，畜牧业主要以放养为主，有绵羊、山羊、牛以及家禽等（表 6-1）。据统计，2019/2020 财年，阿富汗粮食产量 558 万吨，同比增长 35.1%。其中，小麦 489 万吨，同比增长 35.5%；稻谷 38 万吨，同比增长 8%；玉米 18 万吨，同比增长 68.2%；土豆 92.1 万吨，同比增长 49.6%；杏仁 3.82 万吨，同比增长 11%；核桃 1.47 万吨，同比增长 36%；杏 12.9 万吨，同比增长 18.6%。阿富汗的藏红花比较有名，近年来，阿富汗有意将其打造成重点出口农产品之一，并取代青金石作为国宾礼品。2019/2020 财年，阿富汗藏红花种植面积 7 558 公顷，共生产藏红花 19 650 千克。藏红花主要生产地在西部的赫拉特，其种植面积达 7 000.3 公顷，占总种植面积的 92.6%；产量为 18 200.8 千克，占全国总产量的 92.6%。2019/2020 财年，阿富汗共生产葡萄 111.3 万吨，苹果 25 万吨，石榴 19.4 万吨，杏仁 3.8 万吨，桃子 6.1 万吨，棉花 7.3 万吨。阿富汗农业以小农生产为主，主要包括种植业和畜牧业，其中种植业包括谷物类和经济作物等。据阿富汗中央统计局数据，2002/2003—2016/2017 年度，阿富汗农业总产值总体呈增长态势，谷物产值占农业总产值的比重总体呈下降趋势，畜牧业产值占农业总产值的比重基本保持稳定，水果产值占农业总产值的比重呈波动增加趋势，并在 2016/2017 年度首次超过畜牧业。2018/2019 年度阿富汗农、林、渔业总产值达到 487.24 亿美元，占GDP 的 25.8%。

表 6-1 阿富汗畜牧业统计

单位：万头/年

年度	牛	绵阳和山羊	鸡	骆驼	毛驴	骡子	马
2012/2013	524.4	2 113.1	1 321.2	17.4	142.3	2.4	17.8
2013/2014	523.5	2 017.8	1 205.3	17.0	145.1	2.1	17.1

（续）

年度	牛	绵羊和山羊	鸡	骆驼	毛驴	骡子	马
2014/2015	534.9	2 054.4	1 109.8	17.1	144.1	2.4	17.1
2015/2016	526.1	2 094.1	1 186.3	17.0	148.1	2.5	17.3
2016/2017	523.4	2 071.3	1 189.9	17.0	147.2	2.5	17.1
2017/2018	497.7	2 146.4	1 357.3	17.2	131.7	2.4	17.5
2018/2019	515.7	2 133.3	1 438.8	17.1	136.1	2.4	17.6
2019/2020	512.3	1 826.8	1 376.0	16.9	155.5	2.4	17.3
2020/2021	508.6	2 158.1	1 372.4	16.9	153.5	2.4	17.3

资料来源：阿富汗中央统计局、联合国粮食及农业组织。

6.2.3.2　孟加拉国

孟加拉国是世界第二大黄麻生产国，年产量超过 100 万吨，其中，65％用于国内生产消费，其余用于出口。黄麻及制品是孟加拉国第二大出口产品。2021 财年，孟加拉国黄麻出口创纪录地增长了 31％。孟加拉国政府规定 6 种商品必须使用黄麻包装袋，包括水稻、大米、小麦、玉米、化肥和糖类。根据孟加拉国政府部门统计，截至 2021 年，全国有 22 家国有黄麻厂，约 200 家私人黄麻厂。

6.2.3.3　尼泊尔

2021 年，尼泊尔农业增加值为 77.37 亿美元，占 GDP 的比重为 21.3％。尼泊尔最主要三大粮食作物依次是水稻、玉米和小麦，此外还有少量荞麦、谷子和黍。主要经济作物有油类作物（向日葵、芝麻、芥末、花生、亚麻籽、黑棕等）、土豆、甘蔗，此外还有较少的黄麻、棉花，以及种类较多的香料作物，包括肉蔻、生姜、大蒜、姜黄、辣椒等。尼泊尔最近一次农业生产普查是在 2021 财年，主要作物普查结果如表 6-2、表 6-3：

表 6-2　2021 财年尼泊尔主要粮食作物种植面积及产量

单位：公顷，吨，公顷/吨

粮食作物	水稻	玉米	小麦
全国种植面积	1 550 000	1 170 000	750 000
全国总产量	5 600 000	3 000 000	2 000 000
主产区	南部特莱地区	中部低矮山区	南部特莱地区
每公顷产量	3.61	2.56	2.67

表 6-3　2021 财年尼泊尔主要经济作物种植面积及产量

单位：公顷，吨，公顷/吨

经济作物	油菜籽	土豆	甘蔗
全国种植面积	110 000	150 000	50 000
全国总产量	220 000	1 400 000	1 500 000
主产区	南部特莱地区	中部低矮山区	南部特莱地区
每公顷产量	2.00	9.33	30.00

尼泊尔传统饮食食用较多豆类食物，因此豆类种植品种较多，包括：小扁豆、鹰嘴豆、木豆、黑吉豆、家山黧豆、硬皮豆、大黄豆等。2016/2017 财年各类豆类总产量 38 万吨，种植面积 33 万公顷。养殖牲畜品种有：牛、水牛、绵羊、山羊、猪、鸡、鸭、奶牛等。水果品种有：橘子、柚子、香蕉、苹果、芒果、菠萝、荔枝等，2016/2017 财年各类水果产量 68 万吨，种植面积 7 万公顷。

6.2.3.4　巴基斯坦

农业是巴基斯坦经济的生命线，2018/2019 财年，巴基斯坦农业产值增加0.85%，占其 GDP 的 18.5%，为 38.5%的劳动力提供就业机会，以农业为生计的人口占全国人口的 59.5%。巴基斯坦主要农作物有小麦、大米、玉米、棉花、甘蔗，产值占农业增加值的 21.90%和 GDP 的 4.06%，其他农作物产值分别占 11.21%和 2.08%。牲畜业增加值从 2018—2019 财年的 14 300 亿卢比增加到 2019—2020 财年的 14 660 亿卢比，同比增长 2.5%。牛奶总产量估计为 6 169 万吨，其中约 4 970 万吨牛奶供人类消费。2019—2020 财年，肉类总产量为 475 万吨。巴基斯坦的产业结构中农业占比较高，农业合作的敏感性低，不易受到干扰和影响。2019/2020 财年，农业产值占国内生产总值 19%，巴基斯坦农业增长率为 2.67%，其中种植业产值占农业产值的 21.73%，增长2.98%，畜牧业产值占农业产值的 60.56%，增长 2.58%，林业产值增长2.29%，渔业产值增长 0.6%。主要农产品有小麦、大米、棉花、甘蔗等。

6.3　农业科技发展概况

6.3.1　东北亚国家

6.3.1.1　韩国

为了加强农业科研，1995 年韩国建立农业研究和发展促进中心，通过这个新的机构，韩国政府向 3 005 个农业研究项目投入了 3 910 亿韩元。为了向农民提供农业生产技术指导、为农民提供农产品营销帮助，韩国政府实行了

"区域农业集合计划"，即在农村社区学院、农业科学研究所、农业产业和地方政府之间建立区域网络，2005年韩国政府为该计划投资120亿韩元，2006年增加到200亿韩元。总体上看，2006年韩国用于科学研究、技术推广与农业教育的开支为9 149.18亿韩元，2009年为9 413.52亿韩元（OECD，2010），基本保持稳定增长的态势。

6.3.1.2　蒙古

2021年蒙古的农业生产总值持续增高，达到了20.12亿美元。从近些年的农业作物种植面积来看，蒙古在适当减少小麦的种植面积，增加其他经济作物的种植面积，2016年小麦的种植面积为35.50万公顷，2020年为32.88万公顷；2016年油菜种植面积为39 063公顷，2020年油菜种植面积49 994公顷，产量为0.45吨/公顷；与5年前相比较来说，虽然油菜种植面积大幅增加，但是单产一直在下降；2016年土豆种植面积为15 024公顷，2020年土豆种植面积为17 596公顷。从整个农业生产来看，蒙古基本上是一个以小麦种植为主，经济作物为辅的农业国家。但是由于农业生产水平较低，蒙古所生产的农产品仅够维持本国60%的需要，剩余40%需要进口。联合国粮农组织—中国南南合作计划要在蒙古启动一个新项目，除了农业技术推广，南南合作项目还会引入机械设备来提高生产力。

6.3.2　东南亚国家

6.3.2.1　缅甸

缅甸农业发展面临的主要问题是农业投入严重不足、农业技术落后、农业生产率低下（张芸等，2015）。缅甸主要农作物单产水平普遍低于相邻国家，如水稻单产约为中国水稻单产的60%，棉花单产为中国单产的40%，黄麻单产为中国单产的30%，玉米、豆类、甘蔗等作物单产水平普遍较低。缺乏优质高产种子是制约缅甸农业发展的首要因素。一是尚未建立完善的农作物良种繁育和推广体系，新品种繁育缓慢，主要粮食作物的良种应用水平不到15%。二是缅甸农业生产投入严重不足，农业基础设施发展滞缓。缅甸尚未建立全国性的运输系统，电力严重不足，农业灌溉设施极少，巨大的水力资源至今仅利用了6%左右，2020年缅甸农田灌溉面积仅为171.4万公顷，占耕地总面积的15.6%。化肥、农药的需求缺口非常大。缅甸每年对肥料的总需求量达150万吨，但是缅甸有机肥料和化肥的年产量不足10万吨，只能满足本国肥料总需求量的6.7%。三是缅甸农业耕作方式原始，复种指数低，机耕水平仅达10%。

6.3.2.2　印度尼西亚

印度尼西亚在20世纪70年代建立了国家农业科研系统，1974年印度尼西亚农业部成立印度尼西亚农业研究和发展局（IAARD），其任务是确定技术政策，制定规划，协调管理有关农业科技的人、财、物，指导所属各个研究中心、研究所的工作。现 IAARD 共有 11 个研发中心，分别从事粮食作物、园艺作物、特产作物、动科、兽医、土壤和农业气候、农业经济、农机、采后处理、生物技术和农业技术评估等学科的研究。这些研究中心又下辖 15 个研究所，3 个试验站和 31 个评估机构，分布于全国各省。

印度尼西亚的科研机构大多经费自筹，政府负责基础设施以及实验仪器的购置。各研究机构对于科技成果的评估模式是 collectpoints 模式，科研人员分为 4 个等级，可分为：初级科研工作者、青年科研工作者、中级科研工作者和高级科研工作者。

6.3.2.3 菲律宾

国内并没有农资生产，多数农资均从国外进口，如农业机械、农产品加工机械、农药、化肥等农业生产资料主要依靠进口。

菲律宾政府非常重视农业机械化、农业生物技术的开发和应用，提高农业生产效率。但菲律宾农场机械化程度低，采后设施不足。尽管机械化程度促进了劳动力的转移，但农业机械和采后设备设施的使用对于提高农产品的数量和质量、减少损失和降低劳动力成本具有重要意义。菲律宾农业机械化从 20 世纪 90 年代的 0.38 千瓦/公顷大幅提高到 2011 年所有作物的 0.90 千瓦/公顷，稻米和玉米的 1.70 千瓦/公顷。然而，这种改善仍然滞后于日本、韩国、泰国和中国等其他亚洲国家的机械化水平，仅与越南、巴基斯坦和印度基本相同。相关研究表明，采后设施不足会造成相对较高的损失，水稻产量损失可达 16.5%、玉米产量损失可达 7.8%、香蕉产量损失可达 15.5%、芒果产量损失可达 30.4% 和洋葱产量损失可达 45.1%。

菲律宾的灌溉基础设施发展滞后。由于设计和建造大型灌溉系统需要漫长而烦琐的过程，所以灌溉设施建设进展缓慢；小规模灌溉系统的建设受到限制，许多现有的灌溉系统需要修复后才能提高效率。

菲律宾对研发（R&D）支持不足。尽管研发在技术开发和良好农场管理实践方面具有重要意义，但研发计划的份额仍然低于农业部和科学技术部的预算总额。2022 年全球食品安全倡议组织（GFSI）指出，菲律宾在农业研发方面落后，在全球排名第 81 位，研发预算下降，研发能力也受到农业科学家和研究人员的永久职位数量有限的影响，从而导致研究工作的收缩。

菲律宾对于服务的推广执行不足。服务推广不力减慢了适用于特定地区需要的农场实践和技术的传播和采用，推广服务效率低下归因于运营资金不足和地方政府缺乏人力资源。根据相关调查显示，在菲律宾几乎一半的农业推广人员出现老龄化，年龄从 43 岁到 64 岁不等。

6.3.2.4　越南

越南政府十分重视农业科技事业的发展。近年来为了适应市场经济发展，越南大胆改革农业机构，在农业行政管理、科研、教育系统，普遍增设了农业科技推广与开发机构。1992 年在农业及食品工业部首次设立了推广局，同时在 53 个省的农业厅设立了省级农业技术推广服务中心。在各类农业科研单位、大专院校也增设了科技推广与开发机构。越南政府对农业科技事业单位采取由国家保证基本工资和科研、推广的正常事业经费，除此之外，创收部分奖励科技人员，调动了农业科技人员的积极性。在库伦（湄公河）三角洲，芹苴市和槟椥省正在应用智慧水利系统。稻虾轮作模式也在金瓯省、薄寮省、朔庄省和茶荣省推广应用。芹苴大学的乐安团认为现代农业的成功和可持续发展需要国家、科学家、企业和农民的密切合作。他们强调农业生产需要多个行业的集成创新，包括机械和自动化、气象和水文、生物技术、化学、农产品加工和储运、金融、工商管理和信息技术。后江省已经采取了多方面的措施从化学农业改变为有机农业，应用现代科技于农业生产以保护环境和改善当地农民的生活标准。该省在隆美区建立了一个占地 5 200 公顷的高科技农业应用中心。

6.3.2.5　泰国

泰国是东盟国家中农业科技基础较好、科研水平较高、科技实力较强的国家，在农业科技政策制定、科研资金管理和科技管理体制建设方面，形成了从中央到地方，囊括政府、科研院所、高校、农民合作组织、企业等多种机构的较为规范的运作体系，促进了水稻、橡胶、甘蔗等重点作物的农业科技水平持续提升（陈格等，2019）。

泰国非常重视作物的品种改良、栽培技术研究和推广，全国分布着大大小小数十个科研机构，主要研发项目集中在水稻、甘蔗、木薯、果蔬等品种改良和栽培技术改良领域。泰国水稻种植以常规稻为主，在提纯复壮和采取基因积累的方法增强稻种的抗病抗涝抗旱能力方面颇有建树；水果产期调控技术先进，在水果科研领域上表现出较强的国际竞争力；其热带蔬菜研究中心，保存了全世界 14 448 份蔬菜种质资源，具有强大的蔬菜品种选育能力。此外，泰国农业部门在改善地方品种，扩大遗传基础，增加遗传多样性和提高作物经济价值方面进行不懈努力，相继开发了甘蔗新品种 KhonKaen3，木薯新品种 RAYONG3、RAYONG5 和 SRIRACHAL 等。

泰国饲料生产体系的发展和完善，大大加速了泰国畜牧业的现代化进程。如今泰国畜牧业已转向生产和出口高技术、高价值的产品。为了进一步提高畜产品的抗市场风险和市场竞争能力，参与国际市场中高水平的竞争，泰国在畜禽养殖科技发展上重点集中于：通过国际交流引进高质量畜禽品种、发展良种繁育技术和畜禽疫病防疫技术、开发信息化智能养殖装备和借鉴先进的商品化养殖管理经验等。

渔业是泰国经济的重要组成部分,其中水产养殖业扩张迅速,对虾养殖尤其发达。为了维持水产养殖业的持续增长,泰国非常重视鱼虾人工选育、繁殖和育苗技术的开发和应用、鱼虾疾病的防治以及育苗池、孵化池、供排水系统等先进设备的引进。

泰国加工业主要集中于饲料加工、小麦制粉、冷冻食品加工和油料加工等领域。其饲料加工业位于世界先进行列,根据奥特奇 2017 年所做的全球饲料调查报告,亚太地区饲料产量增加了 8%,达 3.8 亿吨,主要源于泰国和印度分别增长了 8% 和 7%,猪和宠物饲料产量增加。泰国正大集团、Betagro Group 和 Thai Foods Group 三家企业多年来饲料年产量均跻身世界100 强之列,其中泰国正大集团饲料产量世界排名第二,2021 年高达 2 700 万吨,仅次于中国新希望集团。饲料的主要原料是玉米、面粉、大豆及豆粕,近年来泰国政府鼓励使用木薯、甘薯等块茎研发新的饲料配方,以带动种植、畜禽养殖和加工等相关产业的发展。制粉业也在泰国发展迅速,主要生产个人消费面粉和虾饲料用粉。

6.3.3 南亚国家

6.3.3.1 阿富汗

阿富汗农业生产技术落后,生产力水平低下,基础设施薄弱,农产品附加值低,严重阻碍阿富汗农业的发展。阿富汗是一个位于亚洲中南部的内陆国家,农业是阿富汗的经济支柱,国土面积的大部分地区属于山区,交通非常不便。阿富汗也是世界上最贫穷国家之一。农牧业是阿富汗国民经济主要支柱,但当地农业耕种技术和水平与中国 20 世纪六七十年代状况相似。缺少现代化高科技农业设施,粮食不能自给自足,每年需要国际援助或进口解决粮食短缺问题。阿富汗是自然资源丰富的国家,这些自然资源 90% 是原生态资源。阿富汗作为农业国家,70%~80% 的人口从事农牧业,但是缺少的农林牧副渔技术。

6.3.3.2 孟加拉国

农业一直是孟加拉国的经济支柱。中国电子科技集团有限公司针对孟加拉国农业发展情况,利用电子信息技术优势为孟加拉国建设了一套先进的、功能齐全的现代化智慧农业系统,助推孟加拉国智慧农业发展,加快其农业信息化建设进程。2018 年,孟加拉国政府在内阁会议上批准纳米技术以促进农业生产。不到四分之一的孟加拉国农业社区属于中型和大型农场类别,其平均农场规模超过 0.6 公顷。然而,76% 是小农和边缘农民,他们要么没有自己的土地，要么拥有小农场，2022 年 5 月，孟加拉国农业部长表示，政府正在努力实现传统农业方法的机械化，以获得更高的产量，减轻农民的工作量。

6.3.3.3 尼泊尔

尼泊尔长期以来，农业发展缓慢，生产力低下。由于人口增长较快，粮食供应紧张。最近十多年来，政府十分重视农业生产，在国民经济各部门中，农业投资占了首位，但终究因农业生产基础薄，与亚洲各国平均水平相比其单产仍然很低。根据比兰德拉国王的指示，适当改变农业结构，在山区发展放牧和园艺，丘陵地区发展家畜饲养、园艺和混合农业，在特赖平原重点发展粮食和经济作物。

6.3.3.4 巴基斯坦

巴基斯坦拥有世界上最庞大的连续性自流灌溉系统，然而由于灌溉系统基础设施状态不佳，灌溉输送的水资源大约有 2/3 而被渗漏掉，因此巴基斯坦农业的灌溉系统效率较低。为了获得更多产量，只有通过不断扩大经营面积以及增加用水量，农村地区缺水已成为限制巴基斯坦农业发展的一大障碍。低效率的灌溉技术，加之人口的增长，巴基斯坦人均可用水资源数量在不断下降，巴基斯坦对地下水的使用缺乏有效监督和管理，地下水被过度使用和漫灌致使土地盐碱化。

巴基斯坦农业生产的组织形式和技术装备水平对提升粮食单产、应对粮食安全具有较大的挑战。巴基斯坦农业生产的组织形式仍然以小农生产为主，农户的粮食生产主要为自用，只有不到两成的农业经营主体从事商业农产品生产和加工。由于巴基斯坦农业生产方式粗放，技术水平低，加之缺乏优质的作物种子，巴基斯坦的小麦、玉米以及水稻等粮食作物的单产均低于世界平均水平，与中国相比，更是具有较大的差距。面对快速的人口增长以及缓慢的城市化进程，巴基斯坦对粮食和食物在数量和质量两个维度都提出了更高的要求，为了应对因气候、环境变化，巴基斯坦政府必须要在绿色革命的基础上，加大农业的科技投入，利用现代化的农业生产方式和先进技术改造传统农业，使农业系统脱离低水平的均衡状态，确保农业可持续发展，提升粮食的单产水平，以应对庞大的人口增长压力。

6.4　农业政策概况

6.4.1　东北亚国家

6.4.1.1　韩国

从 1968 年开始韩国对大米等农产品种植农户实行"购销倒挂"的补贴政策之后，随着韩国经济的发展及农产品国际贸易环境的变化，韩国政府不断对农产品补贴种类、补贴方式及补贴水平做出调整。从 1986—2009 年韩国对 11 种主要农作物实行的市场价格支持（MPS）占对所有农产品市场价格支持总金额的比重看，市场价格支持程度较高的农产品有稻谷、猪肉、牛肉、牛奶、红辣椒、鸡肉、大豆和鸡蛋等。

大米是韩国民众最主要的粮食消费产品。大米补贴政策是韩国农业补贴政策的核心。2004 年韩国政府开始采用"稻田直接收入支持机制"。这标志着韩国政府对农产品的支持政策开始由"市场价格支持"为主向"直接支付"的方式转变。"稻田直接收入支持机制"包含"固定支付"和"可变支付"两部分内容，该政策具体从 2005/2006 作物年开始正式实施。符合固定支付的条件是：1998—2000 年一直种植水稻的稻田；符合可变支付的条件是：在政府登记的耕地里，当前种植水稻，支付金额由每年收获后的市场价格与目标价格之间的差额计算。稻谷补贴机制的调整促使韩国补贴稻米的开支表现出持续下降的态势：2004 年韩国补贴稻米的支出为 79 199.5 亿韩元，2005 年下降为 58 820.9 亿韩元，2009 年下降到 49 622.2 亿韩元。

园艺产业方面，政府给予的主要支持政策是稳定蔬菜市场价格。当蔬菜的价格下跌至蔬菜成本价以下时，政府鼓励农户作调节性储存，减少市场上蔬菜供应量，稳定蔬菜价格。政府对作调整性储存蔬菜的农户给予补贴，补贴的费用由农渔市场公司从农渔产品价格稳定基金支出。经常作调整性储存的蔬菜有红辣椒、大蒜和洋葱。

牛肉、猪肉、鸡肉是韩国农户生产的主要的畜产品。韩国政府对牛、猪、鸡等畜产品均没有系统的支持政策，只是当牛肉、猪肉和鸡肉的市场价低于成本价格时，政府会实行价格干预政策，补偿农户市场价与生产成本价之间的差价。

6.4.1.2 蒙古

通过税收来调控外商投资方向。根据蒙古新《投资法》，除法律法规禁止从事的生产和服务行业以外，都允许外商投资。蒙古目前没有特别针对行业的鼓励政策。为增强外国投资者信心，蒙古新《投资法》规定稳定税率，向符合条件的投资者授予稳定证书，有效期内稳定企业所得税、关税、增值税和矿产资源补偿费等的课征率。蒙古将本国划分为首都乌兰巴托、中央区、东部地区、西部地区以及山区五大投资区域，如外资企业若在首都乌兰巴托投资 3 000 亿～5 000 亿图格里克（约合 1.8 亿～3 亿美元），可享受 10 年税收稳定期，而若在中央区和西部区域投资相同金额，税收稳定期可延长到 11～13 年。

劳工政策较为严格。蒙古本土失业率较高，为限制外国劳务在蒙工作，蒙古实行严格的劳务许可制度。获批工作许可的用工单位每月需按雇佣外国员工数向政府缴纳高额的就业岗位费用，蒙古法律规定，外籍劳务岗位费是蒙古最低工资的 2 倍，2023 年为 48 万图（约合 1 343 元人民币）。

土地政策相对宽松。根据蒙古相关法律法规，不允许外资企业获得土地所有权，但外资企业可依法获取土地占有和使用权。蒙古《投资法》允许外国投资者以合同占有、使用土地最长 60 年，并可将该期限按原有条件延期至最长 40 年。

6.4.2　东南亚国家

6.4.2.1　缅甸

为了推进农业现代化，实现农业经济的可持续发展，缅甸政府十分重视农业政策的制定和实施。2003 年缅甸进行农业改革，当局最初计划取消农产品统购计划，但保留公务员及军队的大米配给休制。同年 4 月 23 日，缅甸政府正式颁布包括出口条例在内的稻米自由交易法令，政府不再直接从农户手中征购稻谷。除政府机构外，缅甸国民均可从事稻谷和大米交易，交易价随行就市，但不允许任何人或者任何单位垄断经营。商人须将其按市场价从农户手中购买的稻谷中的 10% 按原价卖给政府，以解决国家工薪阶层的吃粮问题。出口方面，必须遵守缅甸稻米交易管理会的指示，只能出口国内多余的稻米，出口商须缴付 10% 的税款，剩余外汇收入的 90% 由出口商和政府各分一半，政府用缅币支付出口商的成本。

实施农业补贴政策。2004 年初，缅甸政府宣布取消大米配给制度，以个人现金补贴代替大米配给，每人每月 5 000 缅币。如果按照 2004 年 1 月的大米价格计算，每人每月的现金补贴相当于 33.6 千克，大于配给制度下的 25.2 千克。然而 1 月份是每年粮食价格最低的时候，所以全年的现金补贴并不一定确保能够买到与配给制度下相当的大米量。而且，有些部门还取消了其他一些食物的配给，如鸡蛋和食用油等，因此，取消配给制度事实上减少了原来受益人的实际收入。此外，取消国家稻米出口垄断权后，通过私人出口商出口的数量会大幅上升，这必然会导致国内稻米价格的上涨，因而现金补贴对公务员和军人的负面影响更大。由于缅甸实际上是军政府执政，政策制定者对军人的不满情绪尤为关注，担心会引起政治动乱，权衡再三，最终于 2004 年收回了稻米出口垄断权，防止国内米价上升到和国际市场价格同一水平。这样，国内稻米贸易的自由化可以在一定程度上激励农民的种稻积极性，稻米产量增加，出口量也会增加。在外汇增加的同时，由于出口控制权掌握在政府手中，可以保证国内市场价格低于国际价格，有利于国内局势稳定。

随着 2003—2004 年度政府大米购买计划的取消，大米的产量和盈余大幅度提高。根据 Dolly 的计算结果，缅甸的大米盈余比例由 1999/2000 年度的 16.3% 上升到 2006/2007 年度的 36.04%，增长率为 120%。总体来讲，缅甸的粮食供给可以实现自给，但是大米的出口量远远低于盈余量，2002/2003 年度起这一差距开始扩大，到 2006/2007 年度大米的盈余为 36.04％时，出口仅为产出量的 0.08％。这可能是由非正规出口、个人储存等造成的数据收集问题，但更可能是由于国内低米价对稻农的激励不足，大米质量差造成的出口竞争力减弱。

6.4.2.2　印度尼西亚

印度尼西亚农业政策的基本目标是：增加农民收入，提高大米、玉米、糖、大豆和肉类等自给率，稳定国家经济。为了实现上述目标，自 20 世纪 60 年代以来，政府一直向农民提供多种农用物资（粮食作物种子和肥料）补贴、浇灌工程信贷等。为了确保粮食安全，政府已经制定出到 2014 年要实现的目标和相关扶持措施。

对农产品市场实行严格的保护制度。印度尼西亚拥有优越的自然条件和肥沃的土地，是个盛产稻谷的国家，但在收获季节和缺粮季节之间，大米和稻谷的差价悬殊，影响农民生产积极性，因此，从 1970 年开始，政府对大米和稻谷实行基本价格政策。采取这项措施是为了保证农民的收入，防止"谷贱伤农"，提高农民增产大米的积极性。若粮食市价低于基本价格，政府就按基本价格收购。与此同时，政府还规定大米和稻谷的最高价格，以防止米价上涨推动物价上升，影响人民生活。如果市场接近规定的最高价格，政府就抛售大米，以维持政府规定的最高价格。通过实行基本价格和最高价格的政策，既稳定了农民收入，又保护了广大消费者的利益。印度尼西亚的基本价格和最高价格每年根据物价上涨幅度重新规定，基本价格几乎每年都有提高。印度尼西亚政府对玉米、豆类等杂粮也规定基本价格，并逐年提高。这项措施对促进粮食生产和稳定粮价起到了积极的作用。为了稳定重要农产品的市场价格，印度尼西亚农业部正考虑在全国农产品生产中心建立价格信息体系，对大米、白糖、辣椒、红葱、柑橘等农产品进行价格监控管理，以便在产品价格出现过度波动时能够给予及时调控。政府通过国家粮食后勤局（BULOG），对包括大米在内的基本食品实施严格控制，国家粮食后勤局负责确定大米等主要粮食的支持价格，进行干预性收购或销售，并且从事大米的进出口、储备和供应。2003 年 1 月，国家粮食后勤局改名为"国家贸易公司"，接受财政部的监督，但基本职责不变。

开拓国际市场。为了遵循世界贸易组织的相关规定，政府从 1998 年开始允许私营企业进口小麦，从而解除了国家粮食后勤局对小麦进口的控制。目前，私营企业可以自主进口小麦、大豆、玉米和糖。引进外资发展农业也是印度尼西亚政府的一项重要举措。由于全球粮食危机，沙特阿拉伯政府为保障粮食安全，近期推出财政优惠政策，鼓励企业在海外投资农业。自然条件优越、国土面积广阔的印度尼西亚成了沙特企业的首选地之一。目前沙特 8 家大型企业计划在印度尼西亚投资 20 亿美元发展农业，将来向中东地区出口粮食、棕油等产品。印度尼西亚粮食出口到沙特及中东地区的潜力很大。此外，为提高印度尼西亚国内马铃薯生产，印度尼西亚将与位于秘鲁的国际马铃薯中心建立更加密切的关系，就马铃薯种植、开发新品种和抗病虫害等问题进行深入合作。

虽然印度尼西亚采取了一系列政策措施以支持农业的发展，但是印度尼西亚农业仍然存在着突出的问题。进入 20 世纪 90 年代后，随着印度尼西亚政府将经济发展重点转向工业部门，特别是 1997 年旱灾和金融危机后，印度尼西亚粮食产量一路下滑，重新开始进口粮食，粮食生产再次成为政府需要解决的头等大事。为增加国家粮食储备和提高粮食安全防御，印度尼西亚政府正努力采取粮食多元化，增加农业投入，提供信贷支持，成立专门粮食能源公司等多项措施。

6.4.2.3　菲律宾

菲律宾政府决心把发展农业放在振兴整个国民经济的首位制定了一系列农业发展政策：

实行土地改革。菲律宾政府认为，进行土地改革能够激发农民的生产积极性，提高农业生产水平，加速农业发展。这次土地改革的原则是，公平分配土地，使每个农民都拥有自己的土地。

对山区坡地及其他生产条件较差的农民实行扶助政策。以前的菲律宾政府选择生产条件较好的平原地区优先发展，但也将约占农村人口 70% 的山坡地区农民排除在扶助政策外。现政府把农业发展的战略重点从平原地区转移到山地、坡地的雨养农业地区。政府对这些地区的农民实行减租减税，还通过设立农村综合开发项目，增加投资，以优惠的条件向农民提供良种和推广新技术，加强对农民的文化教育和技术培训，帮助农民开发利用农业资源，发展生产，提高经济收入。

加强自然资源的合理开发利用和保护。据菲土壤局的资料，适宜和基本适宜耕种的土地面积尚有 856.95 万公顷，占已开垦利用土地面积的 72.49%，还有大量的林地有待开发，正在山坡旱地推行果树种植计划。通过蓄水工程和节水灌溉技术设施，加强水资源的合理开发利用。此外，政府进一步加强渔业资源管理。对农业资源的开发和保护，政府决心改变过去小农户分散管理状况，采用以农村社团组织为主的管理方式，参加社团的农民承担一定责任，可共享开发农业资源所获得的利益。

加强农业科学研究和技术推广。政府计划增加农业科研经费，把经费预算从 1982 年占新增农业产值的 0.3%，到 1992 年提高为 0.8%。政府要求农业科研活动要与实践紧密结合，开发出农民需要的农业生产新技术。加强农业技术推广工作，由官方技术推广机构、有关院校和非官方组织以多种渠道多种方式开展农业技术推广工作。

开发市场，实行自由贸易。政府首先解散市场垄断组织，避免农民受垄断组织坑害。其次是开放国内外市场，国家仅控制木材和大米的进出口，其他农产品一律放开。再次是为农民提供各种市场服务，包括介绍客户、市场信息、咨询、信贷等，目的是帮助农民直接进入市场，减少中间环节。

加强社会基础设施建设。主要是交通运输和通信设施的建设，必须与农村经济发展相适应，使农产品及时地运往市场。

6.4.2.4 越南

实施农业税减免政策。越南1993年颁布的土地法规定，任何使用土地从事农业生产的单位和个人，必须向国家缴纳农业土地使用税。同时还明确规定，除国家规定的税收外，农户不再向国家缴纳任何其他费用。1993年实行新的农业土地使用税，纳税额比原先的农业税约减少了30%。新的农业土地使用税标准为每公顷土地收取50千克稻谷，约相当于单位面积土地产值的5%～6%；农业特产税是其营业额的4%，其他经济作物产品为其产值的2%；国家重点发展的茶叶全部免税。在1992年之前，越南农业税收合计折合稻谷1 200万吨，1993年降低税收之后为800万吨。对于遭受自然灾害减产15%以上的，政府规定了适量减免的政策，减产50%以上的，则全部减免。另外，还规定了少数民族和贫困山区减免农业税收的政策。1994年国家实际征收的农业税相当于500万吨稻谷，占全国税收总额不足10%。

除此之外，越南在发展粮食生产中不断扩大粮食种植面积，尤其十分重视南方九龙江平原的粮田开发。越南在大力开发九龙江平原的过程中，通过改造盐碱地和把单季稻改变成两季或三季稻的办法，使该地区的水稻种植面积成倍增加。

6.4.2.5 泰国

1997年金融危机后，泰国政府对以往国家的发展政策进行了重新思考和审视，针对农业部门出现的一系列问题，对农业发展政策进行了修正，主要表现为以下几个方面。

落实政策确实改善农民的生活状况。首先，泰国政府增加了对农业的投入。政府每年为有项目的乡镇提供100万铢无息贷款，并对农村部分债务进行了减免。其次，大力推动"一村一品"计划，由政府为乡村产品寻找销路，提供销售场所，大力推动乡村经济的发展。最后，出台政策解决农村的土地所有权问题，加快落实土地所有权证的颁发，大大提高了农民的劳动积极性。

保护森林资源、促进农业可持续发展。针对森林资源的破坏和引发的环境问题，泰国政府一方面加强法律的制定和执行，加强对新开垦农田的审批、监督和制裁，以保护森林资源；另一方面加强土地证的核定和发放，使耕者有其田。

泰国政府还提出了可持续发展的农业的理念，特别是金融危机后，泰国更加强调农业的可持续发展及对农业生态的保护。对一些环保的农业产业进行了宣传，鼓励人们使用环保的肥料和无残留的农药，一些非政府组织和团体也行动起来共同抵制环境污染。

6.4.3 南亚国家

6.4.3.1 阿富汗

阿富汗农业生产技术落后，生产方式粗放，缺乏科技推广和运用。农民获得的资金有限，农业投入和产出低。同时，农村过剩的劳动力与过低的劳动生产率并存。

农业产业链有待开发。阿富汗的农业以小农生产为主，农民生产的粮食主要为自用，缺乏大型农场和农业企业。大部分农产品以初级加工或未加工为主，附加值低，产品采后处理、精深加工和质量安全控制等极度缺乏。境内互联互通设施匮乏，仓储和物流体系建设亟须完善，农产品贸易流通渠道有待拓宽。

关于外资参与阿富汗当地农业投资合作的规定有待清晰和完善。外商在阿富汗投资建厂，可以租用土地，但没有统一的征地价格，而且外商对于租用的土地没有所有权和处置权，由于外资较少进入农业和林业领域，阿富汗也未出台相关规定。

6.4.3.2 孟加拉国

孟加拉国实行积极的农业政策，为各类农民提供高效的分散需求引导服务，培训推广人员，加强推广联系，促进环境保护。尽可能准确地评估农民的信息需求，使用低成本或无成本的推广方法，促进粮食和非粮食作物的普及，并将性别和社会发展问题纳入推广服务的主流。改善农民的收入和就业，改善农村基础设施和销售设施，培训青年妇女，促进弱势的少数民族地区和山区的发展。

推行年度作物计划，确保可靠的粮食安全体系，稳定地供应安全和营养食品，增加人们的粮食购买力。推行适用于高产出农作物育种，繁殖优质种子，均衡发展公共和私营部门种子企业，提供种子方面的培训和技术，支持生产、加工和存储监控，控制和调节种子的质量和数量。优先考虑种子、肥料、土地、灌溉、机械化、销售、农业研究和推广方面的中长期政策措施，以提高农业生产率，改善农业投资的风险管理。

发展渔业资源，增加鱼类产量，加速鱼类产品出口。将 20% 的土地用于造林，丰富生物多样性，通过开发土地和水资源，实施与全球变暖、野生鸟类和动物贸易的荒漠化控制以及预防有关措施，向林业部门提供援助，禁止非法占领林地、砍伐树木、捕获和干扰野生动物。

尽量减少耕地流失，为不同地区的土地使用制定指南，并使土地使用与自然环境同步。以有效的方式开发和管理地表水和地下水，确保穷人、妇女和儿童获得水供给，加速发展可持续的公共和私人供水系统，为私营部门投资水资源开发制定法律和监管框架，设计未来水资源管理计划。

6.4.3.3 尼泊尔

土地改革政策。尼泊尔的土地问题是阻碍其农业发展的主要原因。全国有 90% 的土地集中在 3% 的地主、富农手中。佃农要用 60%～80% 的收成交纳地租；高利贷者的利息更高达 100%。1963 年政府颁布了新的土地改革法，规定在特赖平原每户最高的土地占有量不超过 17 公顷，山区 4.1 公顷，加德满都地区 2.5 公顷，地租不得超过 50%。这一举措延缓了土地兼并过程。

扩大耕地面积，兴修水利。在拉普提河谷开垦了 3.4 万公顷土地，安置近 3 万户农民。在特赖平原的丛林带，也开垦了 18 万公顷土地。1956 年全国土地灌溉面积只有 1.8 万公顷；十年后增加了 9 倍，至 1975 年已增加到 23 万公顷。灌溉面积的不断增加，提高了复种指数，使一些地区变一年一熟为一年两熟或三熟。尼泊尔兴修水利多半依靠当地的人力、物力和财力。兴修投资少、收益快的小型水利工程，收效显著。

推广良种，增施化肥。20 世纪 60 年代初期，良种推广工作尚属试验阶段，1965—1970 年的第三个五年计划期间，使用良种的耕地为 8 万公顷，至 70 年代末已达 60 多万公顷，小麦良种本国可以自给。推广良种，除了需要充裕的灌溉水源外，还必须增施一定数量的化肥。

培养农业技术力量。尼泊尔已先后设立了 4 个农业研究站和 4 个农艺场，还建立农业专科学院。许多县和村镇根据当地的条件和需要，举办了短期农业技术训练班，为广大农村输送了一批农业技术人员。

6.4.3.4 巴基斯坦

巴基斯坦已出台多项政策支持农业生产，包括政府农资补贴、农产品支持价格、灌溉用水的改革、农业贷款、设施农业、农业推广服务、土地改革、农产品的进口和出口配额、农业机械进口、农产品市场化程度的提高等。

农资补贴投入。20 世纪 50 年代后期，政府给予化肥补贴，促进农户适度合理用肥。60 年代后期，补贴范围涵盖化肥、农药、种子、管井设施、农业用电和拖拉机等。由于受到国际货币基金组织和世界银行施加的压力，1980 年的农业补贴占国家预算的 9.31%，到 1995 年已逐渐降低到 1.54%。农业补贴限于退税和化肥、拖拉机进口关税的豁免等。此外，考虑氮、磷、钾化肥等国内价格和进口价格的差距，给化肥行业提供天然气补贴。

农产品支持价格。政府每年都制定小麦、水稻、棉花和甘蔗等品种的支持价格。公布农产品支持价格需要考虑以下因素：国际市场价格的总体走势，不同农作物间的比价，农业和非农业部门间的贸易条件，此外，支持价格政策也需考虑对普通公众的影响。

政府非常关注小麦、水稻、甘蔗和棉花这 4 种农产品贸易价格及种植面积。政府每年宣布甘蔗的支持价格，鼓励农民扩大甘蔗产量。然而，巴基斯坦糖业协会可能形成一个全国的垄断组织，导致农产品的需求和供应、生产成本，以及国内市场上食糖虚假短缺的局面，以证明他们要求提高食糖市场价格和压低甘蔗支持价格的合理性。

农业贷款。巴基斯坦有 26 个商业银行和小额信贷银行，以及 3 900 个农业分行，正在全国范围内扩大信贷规模以帮助农民。在农业信贷发放总额中，非种植业贷款份额不断增加，从 2008 年 9 月的 27.1％增长到 2011 年 12 月的 33.2％。这表明，农业内部的多元化对于减少风险和提高农民利润来说具有积极意义。

第 7 章　中亚、西亚国家农业与农业政策

7.1　农业资源条件

7.1.1　中亚国家

中亚国家由于地处内陆，远离海洋，海洋水汽难以进入，降水稀少。大部分地区属于干旱半干旱地区，气候类型属于典型的温带大陆性气候。自然植被主要是温带草原带和温带荒漠带。中亚地区拥有丰富的土地资源，比如中亚五国的人均耕地面积为 0.52 公顷，相当于我国人均耕地面积的 6 倍。但各国农业用地的利用率都比较低，且灌溉面积小，靠天吃饭情况普遍存在。可见，中亚五国具有较大的土地开发潜力。但受水资源瓶颈制约，中亚五国丰富的土地资源并未得到充分利用，制约了当地农业的发展。

7.1.1.1　哈萨克斯坦

哈萨克斯坦是世界上最大的内陆国家，拥有丰富的后备耕地资源，农业用地面积扩大空间可观。20 世纪 90 年代，哈萨克斯坦耕地面积高达 2.22 亿公顷。但 1993 年独立之后，由于缺乏强有力的农业政策支持和帮扶，可耕地面积已经减少了 35%。21 世纪初，随着哈萨克斯坦整体经济形势改善，耕地面积也逐年上升。2022 年哈萨克斯坦的耕地面积达到了 2 290 万公顷。且处于北温带，光、热及水资源也能够满足农业生产的需要。整体看，该国有较好的农业发展条件。

哈萨克斯坦是传统的农业国，种植业以粮食和油料作物为主，主要粮食作物包括小麦、玉米、大麦、燕麦等。丰富的土地资源和适宜的自然环境使哈萨克斯坦成为世界上生产优质小麦的国家之一，稳居全球第六大小麦出口国地位。哈萨克斯坦是世界重要粮食出口国，其谷物平均年产量超过 1 000 万吨，但每亩单产仅为 85.3 千克，相当于中国单产的 1/5，属典型的广种薄收。

7.1.1.2　土库曼斯坦

土库曼斯坦位于中亚西南部，为内陆国家。北部和东北部与哈萨克斯坦、乌兹别克斯坦接壤，西濒里海与阿塞拜疆、俄罗斯相望，南邻伊朗，东南与阿

富汗交界。约80%的国土被卡拉库姆大沙漠覆盖。1月平均气温4.4℃，7月平均气温39℃；年降水量从东北部地区的80毫米向南部山麓的300毫米递增，科佩特山区年降水量可达400毫米。

土库曼斯坦农业以种植业为主，主要种植棉花、小麦和蔬菜，少量种植水稻、玉米和大麦。该国土壤和气候适合种植葡萄和瓜果等作物，瓜果产品糖度高、口感佳。土库曼斯坦还是重要的甘草产地。土库曼斯坦畜牧业以养羊业为主，所产的卡拉库尔绵羊在世界上享有盛名。土库曼斯坦其他养殖业主要有养蚕、家禽饲养、水产养殖等，尤以养蚕业发达。棉花、羊毛、蚕丝和皮张为土库曼斯坦农业出口的主要产品。

7.1.1.3 乌兹别克斯坦

全境地势东高西低。平原低地占全部面积的80%，大部分位于西北部的克孜勒库姆沙漠。乌兹别克斯坦属严重干旱的大陆性气候，夏季漫长、炎热，7月平均气温为26℃，南部白天气温经常高达40℃；冬季短促、寒冷，1月平均气温−5℃，北部最低气温为−38℃。年降水量平原低地为80～200毫米，山区为1 000毫米，大部分集中在冬春两季。

乌兹别克斯坦作为传统农业国，农村人口占全国总人口近一半，农业是该国经济命脉和支柱产业。主要农作物包括粮食、蔬菜、土豆、葫芦、水果和浆果等。农业支柱产业是棉花种植业，棉花年产量占苏联棉花产量的三分之二，居于世界第四位。另外桑蚕业、畜牧业、蔬菜瓜果种植业也占有重要地位。乌兹别克斯坦是世界上新鲜水果和蔬菜的最大生产者之一，是世界上番茄酱的五大主要生产者之一，且有着极大的农业生产潜力，拥有大量的原材料足以生产上亿吨的水果和蔬菜。乌兹别克斯坦总共有耕地面积427万公顷，约占国土面积的10%；农业人口1 420万，约占全国总人口的60%，人均耕地面积0.17公顷。棉花产量在中亚地区所占的比重为66%，粮食占12%，肉占26%。但因为地处干旱地区，水资源紧缺，灌溉成为农业生产的重要因素，所以灌溉农业的水利基础设施非常发达，灌溉地面积达425万公顷。

7.1.1.4 吉尔吉斯斯坦

吉尔吉斯斯坦境内多山，90%的土地在海拔1 500米以上，属大陆性气候，四季分明，夏季炎热、干燥，冬季比较寒冷，昼夜温差较大，晴天多，少刮风，1月平均气温−6℃，7月平均气温27℃。吉尔吉斯斯坦境内河流湖泊众多，水资源极其丰富，蕴藏量在独联体国家中居第3位，仅次于俄罗斯和塔吉克斯坦，潜在的水电蕴藏量达1 425亿千瓦，目前仅开发利用了10%。主要河流有纳伦河、恰特卡尔河、萨雷查斯河、楚河、塔拉斯河、卡拉达里亚河、克孜勒苏河等。主要湖泊有伊塞克湖、松格里湖、萨雷切列克湖等，多分布在海拔2 000米以上地区，风景优美，具有较高的旅游价值。吉尔吉斯斯坦农业资源丰富,农业在国民经济中占有举足轻重的地位,全国60%以上的人员从事农业生产和农业服务。吉尔吉斯斯坦主要粮食作物有小麦、玉米、水稻、燕麦、大麦、黑麦和高粱等,主要经济作物有棉花、甜菜、烟草、红花和花生等。吉尔吉斯斯坦是中亚的畜牧大国,具有丰富的草地资源,畜牧业具有得天独厚的资源优势,畜产品主要以牛羊肉、动物生皮和乳制品为主,具有极强的出口竞争力。

7.1.1.5 塔吉克斯坦

塔吉克斯坦地处中亚,国土面积14万平方千米,山地占土地面积的93%,多山的地貌环境对农业生产有局限性,基本农业生产区域主要分布在海拔300~1 500米的区域,仅有30%、4 100万公顷适宜农业生产,但水力资源丰富,大概85%的耕地都分布在灌区范围内。塔吉克斯坦属典型的大陆性气候,南北温差较大,且垂直变化很大,冬、春两季雨雪较多,夏、秋季节干燥少雨,年降水量150~250毫米。1月平均气温−2℃,7月平均气温为23℃。夏季最高气温可达40℃,冬季最低气温−20℃。塔吉克斯坦人口总数841万人,其中农村人口598万人,占全国人口总数的73.2%。农业在塔吉克斯坦经济中的地位十分重要,是国民经济第二大产业。2022年,塔吉克斯坦GDP为1150亿索莫尼(约合104.3亿美元),增速为8%,农业总产值占1/3以上。塔吉克斯坦2022年农业用地面积达到了61.18万公顷,其中粮食和蔬菜的种植面积为36.7万公顷,果树种植面积为18万公顷。塔吉克斯坦农业以种植优质细纤维棉花为主,其产值占农业产值的60%。在糖、植物油和谷物的自给自足方面存在困难,粮食依赖于进口。畜牧业发展潜力巨大,据塔官方数据分析,塔吉克斯坦大畜和家禽数量规模每年按8%~10%的速度增长。

7.1.2 西亚国家

西亚大部分处于副热带高压和干燥的东北信风控制之下,同时,本区西南临干旱的北非,加之高原边缘有高大山系环绕,所以气候干燥,多属热带和亚热带沙漠气候。降水很少,蒸发强烈。年降水量多在250毫米以下,降水较多地区一般也不超过500毫米,仅山地和地中海沿岸地带降水较丰富。地中海东岸为冬雨夏干的地中海式气候。阿拉伯半岛等地降水稀少,是世界著名的干燥气候区。受降水和地形的制约,本区内陆流域及无流区面积广大,地表径流贫乏,河网稀疏。除幼发拉底河与底格里斯河外,多为短小河流,大部分发源于高原边缘山地,靠冰川融雪水补给,河流水量较小,季节变化显著。

7.1.2.1 伊朗

伊朗气候类型多样,在北部里海海岸区域,降水量相对丰富,区域范围内几乎可以满足果树栽培和作物生产的需求。然而在其他地区,尤其是中部地区，则以干旱炎热的气候为主，非常不利于种植。农业在国民经济中占有重要地位。伊朗农耕土地资源丰富，全国可耕地面积超过 5 200 万公顷，占国土面积的 30% 以上，已耕面积 1 800 万公顷，其中可灌溉耕地 830 万公顷，旱田 940 万公顷。农业人口占总人口的 43%，农民人均耕地 5.1 公顷。农业机械化程度较低，其综合收割机与拖拉机保有量分别为 1.3 万台和 36 万台。近年来，伊朗政府高度重视、大力发展农业，粮食自给率达 90%。

根据环球印记投资管理有限公司伊朗事业部撰写并发布的《2022—2026 年伊朗农业投资前景及风险分析报告》数据显示，伊朗所需要的化肥总量约为 450 万吨，伊朗国内还无法满足自身的用肥需求。在磷肥和钾肥方面，基本依赖进口。而有机肥大部分来自国内生产企业，腐殖酸和腐殖酸钾含量比较高的肥料一般需要进口。由于当地的土壤结构比较差，土壤中有机质含量非常低，所以对于有机肥料的需求量非常高。此外，伊朗还需要一些抗盐分的肥料。

伊朗农业所面临的主要挑战是缺水和水土中的盐分含量过高。炎热的气候使伊朗农业生产面临非常大的挑战。伊朗所有地区的土地几乎都存在着盐分含量高的问题。在恶劣气候条件下，不仅难以保持肥料的有效性，给施肥带来了严峻挑战，还破坏了土壤结构，造成了土壤中有机质含量的严重不足。所以，减少土壤中的有机盐分、改善土壤结构是伊朗农业亟须解决的问题。

7.1.2.2　土耳其

土耳其除了东部外，其西、北、南全部临海，临海山坡上森林密布。虽然土耳其境内多为高原和山地，仅有的一些平原分布在地中海和黑海沿岸，但是这些山地大多为海拔 1 500 米的低山，地势相对平缓，山坡土层肥厚。加上周边黑海和地中海造就的湿热气候，不仅适合农作物和果树生长，还有利于发展畜牧业。土耳其夏季长，日照充足，昼夜温差较大，果实甜美。土耳其是全球最大的核果出口国之一，每年出口量超 25 万吨，大部分销往欧盟和俄罗斯，2023—2024 年土耳其桃和油桃产量预计为 100 万吨，出口量还将增加。

为了增加土地可耕种面积，土耳其对于广袤的山地资源进行了大力开发。通过大片山坡的耕地改良，土耳其如今的可耕种土地面积已经达到了 24 万平方千米，占到整个国土面积的 30.7%，其耕地总量排在世界第 15 位。土耳其的农业发达还在于它的从业人数，约有 55% 的人从事农业生产。

7.1.2.3　沙特阿拉伯

沙特阿拉伯位于阿拉伯半岛，地势西高东低，是全球沙漠面积第二大的国家，国土面积 225 万平方千米，70% 的面积为半干旱荒地或低级草场，沙漠面积占据了 86 万平方千米，可耕地面积只占土地面积的 1.6%，约 345 万公顷，耕地集中分布在降水量较充沛的西南部地区。永久性草地约 378.5 万公顷，占土地面积的 1.9%。森林覆盖率很低，林地面积只占到全部土地的 0.45%。除西南高原和北方地区属亚热带地中海性气候外，其他地区均属热带沙漠气候。夏季炎热干燥，最高气温可达 50℃ 以上，年平均降雨不超过 200 毫米。"干旱"与"沙漠"极大地限制了沙特的农业发展，采用中枢灌溉系统，喷灌设备围绕圆心旋转浇灌植被。

沙特的谷物自给率比较低，只有 20% 多，依靠大量进口才能满足国内的需求，是世界上最大的大麦进口国。沙特畜牧业主要有绵羊、山羊、骆驼等。但沙特原油储量居世界第二位，天然气居世界第五位，并且是世界上最大的淡化海水生产国。石油和石化工业是沙特的经济命脉，石油收入约占国家财政收入的 70%。

7.1.2.4 阿联酋

阿联酋位于阿拉伯半岛东部，属热带沙漠气候，全年分两季，5—10 月为热季，最高气温可达 50℃ 以上；11 月至翌年 4 月为凉季，最低气温可至 7℃。偶有沙暴。平均降水量约 100 毫米，多集中于 1—2 月。

阿联酋农业不发达，全国可耕地面积 32 万公顷，已耕地面积 27 万公顷，主要农产品有椰枣、玉米、蔬菜、柠檬等。85% 的粮食依赖进口，水产品和椰枣可满足国内需求，畜牧业规模很小，主要肉类产品依赖进口。稀缺的水资源和严酷的自然环境使得阿联酋不得不选择走科技兴农道路，通过发展科技含量较高的智慧农业丰富农作物种植品种、提升粮食产量。石油和天然气资源非常丰富。石油储量居世界第八位，天然气储量居世界第九位。

7.1.2.5 以色列

以色列城市化水平较高，城市化率达 94%，农业从业人口占全国总人口的 1% 左右。从自然资源禀赋看，以色列适宜农业生产的土地很少，沙漠占其国土面积的 60%，可耕地面积只有 40 余万公顷，大约为国土面积的 16%。耕地主要分布在北部滨海平原、加利利山区以及上约旦河谷。北部滨海平原是以色列栽培柑橘类果树的中心区，是最先为国家提供重要出口商品的基地。加利利山区由于大量季节性降雨，形成小块肥沃谷田，不用灌溉即可耕作。该地区生产的橄榄和烟叶驰名国内外。在上约旦河谷的太巴列湖周围地区，是农作物丰产区，每年种植水稻、棉花、花生、玉米和各种热带水果。以色列水资源极度缺乏，人均水资源 270 立方米，不足世界人均水平的 3%，年均降水量约 200 毫米，年蒸发量却高达 2 500 毫米。耕地少、半干旱性气候、降水量小、季节性强、区域分布不均、淡水资源缺乏等问题极为突出，自然资源及气候条件对农业生产非常不利。

7.2　农业生产概况

7.2.1　中亚国家

　　种植业和畜牧业是中亚农业的支柱产业，其中种植业以生产谷物、水果、蔬菜、油料作物和经济作物为主，畜牧业以生产肉、皮毛和鲜奶为主。中亚各国的粮食作物主要是小麦、玉米和水稻，经济作物主要是棉花、甜菜和烟叶。但中亚各国的水果、蔬菜和油料作物生产水平较低，供给短缺，只有乌兹别克斯坦能出口部分蔬菜和水果，五国的油菜、葵花籽等油料都需要从国外大量进口。中亚五国以旱作农业为主，方式较为粗放，结构较为简单，只在部分农产品生产上具有一定优势。除个别农产品能自给外，大部分农产品产量都很低，无法满足本国需求。

7.2.1.1　哈萨克斯坦

　　哈萨克斯坦地广人稀，全国可耕地面积超过 2 000 万公顷，每年农作物播种面积 1 600 万～1 800 万公顷。主要农作物包括小麦（占粮食作物产量的 90% 左右）、玉米、大麦、燕麦、黑麦。粮食主产区（占 90% 产量）在北部的科斯塔奈州、北哈萨克斯坦州和阿克莫拉州。南方部分地区可种植水稻、棉花、烟草、甜菜、葡萄和水果等。2019 年农业产值约 136.29 亿美元，同比增长 0.9%。2019 年粮食总产量 1 742.9 万吨，同比下降 14.05%；小麦产量 1 145.16 万吨，同比减少 17.87%；油料作物产量 258.37 万吨，同比减少 4.08；棉花 34.44 万吨，同比增加 0.23%。畜禽存栏量 7 537.44 万头（只）。

　　近年来，中哈农业贸易规模持续提升。2022 年，中哈农产品贸易额达 9.3 亿美元，同比增长 61.3%。其中，中国出口 3.5 亿美元，同比增长 9%；进口 5.7 亿美元，同比增长 128.6%。中方对哈方出口农产品主要是水果、蔬菜和菌类等，进口农产品主要是植物油、小麦、棉花等。2023 年前两个月，中哈农产品贸易额同比增长 36.6%，达 2 亿美元。

7.2.1.2　土库曼斯坦

　　土库曼斯坦是一块位于中亚西南部的内陆国家，沙漠分布广泛，气候干旱且较为恶劣，但其依然以农业为主导，农业发展相对较为成熟。该国的农业以种植业为主，其次是畜牧业，其他还有棉花和水果种植业等。在整个农业生产中，种植业产值占到了 60% 以上，畜牧业产值大约占到了 40%，同时棉花和水果等的种植规模碍于气候等条件不够发达。2019 年土库曼斯坦 GDP 为 452.31 亿美元，农林牧渔业增加值为 48.81 亿美元，占 GDP 比重为 10.8%。2018 年，土库曼斯坦农业用地面积为 33.84 万平方千米，农业用地占土地面积的 72.01%。

7.2.1.3　乌兹别克斯坦

乌兹别克斯坦农业生产主要以种植业和养殖业为主,分别占农业产值的48.3%和48%,其他领域产值较低,占比分别为:林业2.5%,渔业0.6%,狩猎业0.6%。整体而言,乌兹别克斯坦的农业产值呈现上升趋势。随着政策和外资的引进,农业生产技术和设备水平不断提升,农业生产水平不断提升,农业产量也在增加。其农业产值由2016年617 551亿苏姆到2019年1 119 048亿苏姆,增长了81%;畜牧业产值增长了505 342亿苏姆,将近翻了一番。从农业增加值年增长率来看,总体呈现上升趋势,且农业增加值占GDP比重超过25%,仍属于主要产业。[①]

7.2.1.4　吉尔吉斯斯坦

吉尔吉斯斯坦被誉为"山地之国",93%的国土面积为山地,平均海拔为2 750千米,54%国土面积适宜于发展农牧业,共计1 080万公顷。其中,牧场和天然割草场934万公顷,占农牧业用地的86.5%;耕地面积127万公顷,仅占农牧业用地的11.8%。耕地资源丰富,天然牧场面积大。农牧业为主导产业,种植业与畜牧业齐头并进。玉米、小麦、燕麦、棉花、烟叶和蔬菜等为其主要农作物。全国62%以上的人员从事农业生产和农业服务工作。

近年来,畜牧养殖业发展迅猛,以牛羊肉和皮、毛、蛋、奶产品等为主,畜产品表现出极强的出口优势。牲畜和家禽的畜养量增加的同时,各类相关产品也呈现稳步增长的态势。2019年,种植业和畜牧业平稳发展,农林牧业产值为2 199.67亿索姆(约合31.52亿美元),同比增长2.6%。

7.2.1.5　塔吉克斯坦

塔吉克斯坦农业处于缓慢的恢复阶段。在农业用地中谷物播种面积大约有42万公顷,谷物产量131万吨,单产3.12吨/公顷,小麦占谷物产量的72%,其次是玉米、大麦和水稻,此外还有燕麦、黑麦、荞麦、高粱和谷子。人均粮食拥有量156千克,粮食不能自给自足,所需粮食严重依赖进口。棉花是塔吉克斯坦最主要的经济作物,播种面积大约16万公顷,籽棉产量39万吨,皮棉产量13万吨,皮棉出口量大约占总产量的40%,是农业收入的重要来源。另外,有少量水果和蔬菜出口。塔吉克斯坦天然草场大约占农业用地的80%,畜牧业以山区放牧为主。近年来,塔吉克斯坦畜牧业进行了私有化改革,牛羊数量显著增加。牛的数量大约为200万头,羊的数量大约在500万头以上,奶制品和羊毛占有重要地位。[②]

---

① 曾文萱. 乌兹别克斯坦农业投资环境评价研究 [D]. 新疆农业大学,2021.

② 刘佛翔,苏尔托诺夫·苏合洛伯. 塔吉克斯坦农业发展现状及中塔农业合作问题分析 [J]. 农业经济,2019 (11):133-134.

7.2.2　西亚国家

西亚农业开发历史悠久，受气候影响，灌溉农业占重要地位。主要粮食作物有小麦、大麦、豆类，其次为粟、稻谷等。经济作物有棉花、烟草、甜菜等。畜产品和干鲜果品，是出口产品，如椰枣、榛子、阿月浑子、石榴、油橄榄、紫羔羊，安卡拉山羊等。耕地集中在沿海、河谷和绿洲地带，山地、高原的草原牧场以畜牧业为主。农产品自给率低，成为世界农牧产品主要进口区之一。

7.2.2.1　伊朗

小麦是伊朗重要的粮食作物，产量占伊朗全年粮食产量的 2/3 以上，其次是大麦和水稻。伊朗谷物播种面积 905.5 万公顷，其中小麦占 670 万公顷，水稻占 57.16 万公顷，玉米占 17.4 万公顷。水果的种植面积 123.98 万公顷、根茎作物 16.09 万公顷、甜菜 10.64 万公顷、甘蔗 9.37 万公顷、大豆 8.3 万公顷、油菜籽 7.04 万公顷、籽棉 9.85 万公顷。伊朗的粮食自给率达到 90% 以上。2000 年伊朗的农业生产指数为 78.0，2016 年为 110.1。农业生产指数不断增加，反映了伊朗农业生产水平有所提高。

主要农产品包括：小麦、大米、大麦、棉花、茶叶、甜菜、水果、干果、奶制品、鱼子酱、羊毛等。为支持本地大米种植和生产，伊朗从 2015/2016 财年起将大米关税从 18% 提高至 40%。伊朗是中东地区主要的干鲜果品生产国和出口国，其中，开心果、核桃、柠檬、柑橘、猕猴桃、无花果和石榴是主要出口产品。此外，伊朗还是世界第一大藏红花生产国，总产量占世界总量的 95%。

7.2.2.2　土耳其

土耳其农业经济是其国民经济的核心，农业产值占其国内生产总值的 20% 左右。目前土耳其已成为继中国、美国、印度和巴西之后的全球第五大蔬菜和水果生产国、世界第七大农业国，其农业产值约占全球农业总产值的 2.04%，农产品出口额占该国出口总额的 25%。土耳其粮、棉、蔬菜、水果等基本实现自给自足，其中，棉花和甜菜是土耳其最主要的经济作物，是整个西亚地区仅有的两个粮食出口国之一。

在经济作物中棉花和甜菜的种植面积最大。2023 年棉花为 42 万公顷，总产量 73.5 万吨；甜菜 33 万公顷，总产量 850 万吨。棉花产区集中在爱琴海和地中海沿岸，甜菜产区则集中在阿菲永、阿玛西亚、科尼亚等省。小麦占全部播种面积的一半以上。小麦主要分布在安纳托利亚高原中部，玉米主要分布在温暖湿润的黑海沿岸，以及马尔马拉海和爱琴海沿岸。

7.2.2.3 沙特阿拉伯

沙特主要农产品有小麦、水稻、玉米、椰枣、柑橘、葡萄、石榴等。沙特谷物自给率较低，只有20%多，依靠大量进口才能满足国内需求，2021年进口谷物约550万吨。水果自给率达60%。畜牧业主要有绵羊、山羊、骆驼等。

2020年为670.5亿里亚尔，2022年沙特农业产值达1 000亿里亚尔（约合266亿美元），同比增长38%，创历史最高增长率。环水农部证实，农业产值增长迅速不仅归因于经济从新冠疫情危机中复苏，也得益于沙特实施"2030愿景"计划。2021年农业部门对GDP的贡献率达2.3%。农业产值对非石油GDP的贡献率达3.6%，较2020年的3.4%同比增长0.2个百分点。2021年农产品出口额为131.6亿里亚尔，较2020年上涨4.15亿里亚尔。农业贸易逆差由2020年的729.6亿里亚尔下降至2021年的645.9亿里亚尔。

7.2.2.4 阿联酋

根据环球印记投资管理有限公司阿联酋事业部发布的《2022—2026年阿联酋农业投资前景及风险分析报告》数据显示，畜牧业和林业的产值占国内生产总值的3%。全国可耕地面积32万公顷，已耕地面积27万公顷。主要农产品有椰枣、玉米、蔬菜、柠檬等。粮食依赖进口。阿联酋有捕鱼船4 589只，渔民12 856人。渔产品和椰枣可满足国内需求。畜牧业规模很小，主要肉类产品依赖进口。政府采取鼓励务农的政策，向农民免费提供种子、化肥和无息贷款，并对农产品全部实行包销，以确保农民的收入，农业得到迅速发展。

根据全球农业信息网2019年的报告，阿联酋有大量外国农业投资，用于生产直接面向阿联酋市场的粮食。沙特阿拉伯农业和畜牧业公司（SALIC）和阿联酋的Al-Dahra公司在2017年签署了13.3亿美元的协议，开发黑海地区的粮食生产用地。

7.2.2.5 以色列

以色列虽地缘环境恶劣，却是具有全球影响的"创业国度"和"智慧国度"。以色列1948年建国，全国土地近60%为沙漠，但农业产量几乎是每十年翻一番，用了三个十年基本实现了农业现代化。面对干旱、缺水、缺地的恶劣自然条件，仅占总人口的5%的农民可养活全国国民，且向世界60多个国家出口农产品、农资装备，传授农业生产技术。

以色列农业至今全面脱离了政府补贴，建立了营利型农业模式，成为联合国粮农组织指定的向发展国家技术推广的国家之一。根据以色列农业数据，1955年，一个以色列农民仅可养活15人；2000年，可以养活90人；2015年，一个以色列农民已经可供养400人。以色列每头奶牛年产奶高达10 500

千克；家禽年均产蛋 280 个；玫瑰花每公顷年产 300 余万枝；棉花亩产达 600 千克；柑橘每公顷年产 80 吨；番茄每公顷单产达 500 吨；每立方水域养鱼的产量也高于 500 千克；灯笼辣椒、黄瓜、茄子等蔬菜单产也均为世界最高。以色列农产品已占据了 40％的欧洲瓜果、蔬菜市场，并成为仅次于荷兰的第二大花卉供应国。

7.3　农业科技发展概况

7.3.1　中亚国家

中亚国家农业科技发展水平较低，部分农产品供给严重短缺。由于自然条件限制、传统作业习惯难以改变及当地经济发展水平不高，中亚国家的农业科技发展水平较低，仍处于广种薄收、"靠天吃饭"的粗放耕作状态，低投入和低产出导致农业单产水平普遍较低。在中亚部分国家，农用耕地和牧场的利用率较低，农业生产技术落后，农业劳动生产率较低。另外，由于工业化水平不高，中亚五国的农业机械、化肥、农药等物资供应严重不足，导致果蔬、农畜产品加工等技术密集型农产品生产非常落后。近年来，与农业相关的节水、农畜产品培育和生产等开始受到各国的重点关注。由于地处中亚干旱区，生态环境条件较为严酷，因此与生态环境相关的科学研究是各国普遍重视的方向。

7.3.1.1　哈萨克斯坦

苏联解体时，哈萨克斯坦国内农民和农业职工的收入大幅下降，只相当于工业工人的 30％，收入少、待遇差，大批年轻人和技术人员离开粮食产业，大批的农技推广站和农机修配站荒废。很多粮食研究人员离开研究部门，致使研究工作陷入停滞。独立后，对农业科研的投入极少，农业科研创新极少，主要依靠引进国外新工艺、新技术来改进本国的农业生产水平，特别是在粮食及食品加工技术、反季节蔬菜生产技术、仓储物流技术等方面的能力低，加工技术和设备落后。粮食加工企业规模小，发展水平不高，无法满足在特殊环境下的国内粮食及其制成品需求，粮食出口也以小麦和小麦粉等原材料产品为主。

7.3.1.2　土库曼斯坦

土库曼斯坦与中亚其他国家一样，科学技术（包括农业科技）不如俄罗斯、乌克兰、白俄罗斯等独联体欧洲地区国家发达。由于土地面积 80％是沙漠，该国科学院有著名的沙漠研究所，它在苏联是独一无二的，专门研究沙漠利用、治沙、沙土种植、沙土灌溉等方面农业技术。土库曼斯坦也设立了农业科学院，有专门培养农业科技人才的农学院和各类中等专业学校。该国在护田造林、排灌、耕作技术、土壤改良、防治土壤侵蚀以及农作物育种、除草灭虫、防治植物病害方面，都取得了许多研究成果。特别是该国所培育的高产、抗枯萎病的细纤维棉花品种，以纤维质地优良著称。

在畜牧研究方面，该国早在 20 世纪 40 年代就已采用人工授精技术，提高羔羊养殖业的繁殖力，该国著名的卡拉库尔绵羊生产发展很快。在农业机械化、电汽化和自动化方面，土库曼斯坦具有相当的规模和水平。独立前农业早就普遍实行机械化，1980 年拥有 3.71 万台拖拉机，9 300 台摘棉机，1 100 台联合收割机，1.75 万辆农用载重卡车。

7.3.1.3　乌兹别克斯坦

乌兹别克斯坦在农业科技方面的投入不断增长，比如设立土壤改良基金，以及采取一系列农业生产现代化措施的投资，改造和新建灌溉排水系统等，对部分农产品进行仓储及深加工，增加农产品附加值，以提高利润率，同时，乌兹别克斯坦已意识到科技在农业领域的重要性，开始对不同层面的农业基础设施进行改造，比如在育种领域有效组织投入和开发，与各国优势农业技术和项目进行合作、招商、引资等，培养了许多优良的棉花品种，2023 年，乌兹别克斯坦的籽棉产量达到了创纪录的 380 万吨。棉花专业化水平的不断提高，促进了全国农业科技（特别是棉花种植技术）的迅速发展。为了防止棉花病虫害的侵袭，农业科学家们不断培养出新的优质棉种，棉花的单产水平也得到提高。

7.3.1.4　吉尔吉斯斯坦

吉尔吉斯斯坦种植业发展势头较好，单产水平也在逐年上升，但还是有很大的增长空间。在农业生产上，土壤肥力保持度低，农药、化肥投入少，先进实用的农业技术措施不能得到广泛推广和应用。倘若在控制病虫害，保障土壤良性状态下实行科学轮作，合理使用化肥，再结合节水灌溉技术，即可实现耕地充分利用，产量再度提高，更好地保障粮食安全。

7.3.1.5　塔吉克斯坦

（1）灌溉技术。灌溉水利工程是塔吉克斯坦农业和国家经济发展的重要保障。塔吉克斯坦大型水利工程的发展始于 1931 年，在其南部的瓦赫什河谷建设了瓦赫什干渠。之后对该干渠进行了重建，使流量扩大至 200 立方米/秒，并延长干渠长度，使之能够灌溉阿克加孜高原。此后在瓦赫什河上修建了努列克水库和巴依帕兹水库。通过 13.7 千米的水渠引水灌溉达加尔地区，灌溉土地面积为 76 万公顷。同时，在瓦赫什河流域建有大型灌溉系统，该地区严重缺水，通过修建水渠从巴依帕兹水库引水灌溉土地。

（2）良种培育。马铃薯栽培业在塔吉克斯坦粮食安全保障方面具有特殊作用。2012 年塔吉克斯坦通过了关于发展马铃薯栽培的国家计划（2012—2016年）。塔吉克斯坦重视以无病毒化和建立种子认证市场为原则的山区马铃薯新品种培育。由于塔吉克斯坦山区的农业生态因素和远离病虫害发生源，马铃薯新品种的开发在这里具有长期的生物潜力。塔吉克斯坦已有学者通过传统育种方法与现代生物科技相结合的方法获得了马铃薯的新品种 Zarina、Dusti、Fayzabad、Tajikistan 和 Rasht，它们的产量和净利润远远高出标准品种 Kardinal。种植这些品种得到的净利润为 600～1 600 美元/公顷，远高于种植 Kardinal 所得的净利润。

7.3.2　西亚国家

西亚受气候影响，各国因地制宜在有水源的沿海、河谷地区发展灌溉农业，新建水利工程设施，采用喷灌和滴灌提高水源的利用率，同时防止水土流失；在有绿洲的地区发展绿洲农业，山地绿洲发展畜牧业。该地区各国更加注重农业科技的研发，在海水淡化、节水技术及灌溉技术等方面取得了较大的发展。

7.3.2.1　伊朗

伊朗农业最主要的挑战是缺水。伊朗土壤盐分非常高，目前正在通过一些项目来解决这些问题，努力提升土壤质量。还有一项挑战就是土壤结构差，导致农作物对营养吸收能力较低，一些微生物无法在土壤中存活。所以，需要激活土壤中的有益微生物，提高土壤养分含量，同时要抑制真菌生长，为植物提供良好的生长环境。未来，伊朗最需要的是能提升土壤有机质含量、保持土壤有益微生物和水分、帮助作物抵抗盐分的肥料。

伊朗一直进行作物抗旱研究，未来伊朗农业要对农户进行培训，提高施肥效率，同时施用有机质含量高的复合肥。此外，还要施用钙含量较高的肥料，以满足伊朗中部地区果园作物的需求。伊朗磷肥和钾肥非常缺乏，基本靠进口，有机肥料的需求量也非常大，进口的有机肥多是腐殖酸含量较高的肥料。

7.3.2.2　土耳其

土耳其比较注重现代农业的生产，在地中海沿岸到处可以看到蔬菜生产大棚。土耳其农业研究与政策理事会隶属于土耳其农林部，是该国国家级综合农业研究机构，其工作领域及研究范围覆盖了该国种养加全产业链，下辖 48 个研究所。多年来，作为土耳其国内唯一覆盖全国的系统性专业研究机构，其科研实力、持续创新能力、人才培养储备、国际合作等一直走在中东及东欧前列，土耳其推广应用的小麦、水稻、蔬菜品种基本都由土耳其农业研究与政策理事会选育。

7.3.2.3　沙特阿拉伯

沙特阿拉伯现在有了海水作用水来源（海水淡化水占全国总用水量的

8%)，同时也大量开采绿洲地下水来建设绿洲农业。抽出的地下水通过中枢灌溉系统，配合机械化设备，灌溉地面上的农场，地下水不能长时间可持续使用，沙特就学习以色列，利用海水淡化来解决农业用水问题。海水淡化是水来源最为丰富且持续的方式，然而由于能耗极高，所以海水淡化需要大量资金与技术，坐拥全世界最高石油产量的沙特凭借着充足的金钱与能源，不断提升海水淡化技术水平。

7.3.2.4 阿联酋

阿联酋 85%的粮食依赖进口，稀缺的水资源和严酷的自然环境使得阿联酋不得不选择走科技兴农道路，通过发展科技含量较高的智慧农业丰富农作物种植品种、提升粮食产量。2021 年 5 月，"迪拜食品科技谷"正式落地。该项目旨在通过发展垂直农业、孵化农业新科技，将阿联酋现有的粮食产量提高两倍以上，实现粮食供应自给自足及农业可持续发展。迪拜食品科技谷聚焦四大集群，即农业技术与工程、食品创新中心、研发中心、先进的智能食品物流中心，希望吸引全球最新的农业科技在阿联酋落地，建立一个可以为农业可持续发展不断提供技术支持的综合性平台。按照设计规划，迪拜食品科技谷将建设一座垂直农场，采用全球最新的种植技术培育各类农作物，同时推动生物工程、自动化、人工智能等先进技术融入农业生产。

迪拜的国际生物盐农业中心（ICBA）重点研究及推广适合在阿联酋严苛环境条件下种植的耐盐、耐旱、耐热作物。目前，藜麦、苋菜、盐角草等作物不仅在阿联酋广泛种植，还被引入埃及、摩洛哥等国。国际生物盐农业中心还与中国深圳华大基因股份有限公司共同成立了沙漠生命联合实验室，通过使用基因技术发现推广更具营养、更易种植、更适合阿联酋气候特点的作物。

7.3.2.5 以色列

以色列虽然是沙漠国家，也是世界上水资源和自然资源严重匮乏的国家，然而，该国却是世界上农业最先进、最发达的国家之一。以色列的农业产量几乎每 10 年就能够翻一番，在很多农产品的单产及其加工技术上也都是全球领先的。以色列不但创造了农业奇迹，而且成为世界农产品出口大国，成为仅次于荷兰的全球第二大花卉供应国，被誉为欧洲"冬季厨房""欧洲果园""欧洲菜篮"之美誉。以色列的农业成就来自科技的运用。以下总结出了以色列农业中的 10 大科技：

（1）以色列发达的育种技术。以色列发达的生物技术让以色列创造了全球最先进的育种技术。以色列人培育出的番茄色泽好看，便于贮藏，尤其是保鲜期很长，商品价值高。一个新品种从开发到实现商品化大约需 5 年。因此，在一种产品上市之前，下一个更新的产品的研究开发计划就已经展开了。以色列新品种技术始终处于全球领先水平。以色列通过植物工程、遗传工程、杂交和基因改造等科技不断改进种子的抗病性和作物的适应能力，让其适应气候、土壤和水等自然环境，以此生产出高附加值、高营养价值的绿色农产品。以色列还专门成立了世界第一个储存野生谷类的植物资源库，目前已拥有 8 万种不同基因的种子。

（2）精妙的杀虫技术。以色列曾经是全球生产普通农用化学品最多的国家。以色列大力投资研发生物杀虫技术，培育出了一种专吃草莓的小虫子的蜘蛛，这种蜘蛛已出口到美国的加利福尼亚州。以色列拥有全世界出类拔萃的生物杀虫技术，得益于以色列对于生物技术研发的大力支持。政府通过立法、设立专门机构、建立技术研发合作平台，尤其对生物技术项目采取减免税收的优惠政策等方式给予大力支持。以色列高素质的人力资源为其提供了最重要的保障。

（3）高超的节水技术。以色列作为沙漠之国，淡水严重匮乏，为节约用水，以色列做了大量努力。比如为收集雨水，以色列开发了一种工具，在地上开出小凹洞，下雨的雨水不至于流失，仅此一项，可使每公顷小麦产量提高500 千克。以色列还开发了可重复使用的塑料托盘，从空气中收集露水，将作物或树木所需的水用量高达 50%。为减少用水成本，以色列还大力发展微咸水灌溉等技术，发展节水农业。以色列的大型畜牧场几乎都采用完善的水循环系统，比如动物粪便会被集中运送到垃圾处理场进行水及粪便分离，净化后的水用来清洗奶牛、对牛棚降温，最后经过净化后再用于植被的灌溉。这些水循环再利用的政策措施不仅节水，还大大降低了生物污染风险，最大化地保护了生态环境。以色列的污水回收系统为国家提供了大量淡水资源。据统计，以色列污水回收利用率高居全球第一。以色列强大的污水回收处理能力每年都在为以色列提供大量灌溉用淡水资源。

（4）精细的灌溉技术。1962 年，以色列的一位农民偶然发现一个现象，在水管漏水处的庄稼长势非常旺盛，因此，研究人员认为水在同一点上渗透到土壤里是增加冷却、高效灌溉及控制水、肥、农药最有效的办法。这一颠覆性的灌溉方法立即获得了政府的大力支持，因此，闻名世界的耐特菲姆滴灌公司便于 1964 年诞生。滴灌发明之后，以色列农业用水总量 30 年来一直稳定在13 亿立方米左右，但农业生产量却提升了 5 倍以上。以色列的灌溉由太阳能驱动的计算机控制，利用塑料管道灌水系统密封输水，适时适量缓慢均匀地把含有肥、药的水送到植物根系或喷洒在茎叶上。应用该技术能够节水 90%，节能 50%，平均增产 30%。

（5）聪明的仓储技术。为保持粮食的新鲜度，以色列发明了谷仓，它是由国际食品技术顾问 Shlomo Navarro 教授发明的，一个巨大的袋子既能保持水分又能排出空气，其使用范围现已遍及世界。以色列对储粮害虫生物学、磷化氢的应用技术、物理杀虫等方面都有深入研究，成果明显，在仓储领域得到普遍应用，有效保障了国家的粮食安全。

（6）系统化的养殖技术。以色列的奶牛养殖技术享誉世界。特别是利用计算机技术养殖奶牛是以色列的一大科技特色。以色列的兽医中心、育种中心、饲料中心全部建立了全国性的信息网络系统，并且每一个牛场都安装配备了奶牛管理软件，从奶牛的出生到售出，实施了全程监控。值得一提的是，奶牛成长的每个阶段的技术数据都能及时被采集到，做到及时跟踪，及时发现问题。以色列的育种专家、兽医专家、营养专家通过对奶牛场的综合数据进行科学分析，并提出自己的观点及建议，做到数据共享。

（7）惊奇的"土壤"研发技术。以色列80%以上的土地都是沙漠，可耕地面积仅占1/5，国土十分贫瘠。为了弥补这个残酷的恶劣环境，以色列开发出一种新"土壤"，这种"土壤"在1 000℃高温下形成一种叫蛭石的物质，具有良好的通风和保持比自重大得多的湿气，用它来种植农作物，实现了产量的大幅增加。同时以色列特拉维夫大学地理系的艾亚尔·苯多尔教授研发了一种光学土壤监测仪，可帮助研究人员和农民了解土壤状况，监测气候变化对环境的影响。

（8）全球领先的温室技术。以色列的温室农业目前已经更新了3代。以色列温室结构十分坚固，可以抵御非常强的大风袭击。以色列利用电脑自动控制水、肥料，自动调温、调湿、调气、调光，包括自动控制窗帘和天窗，还有阳光的自动反射系统。比如柑橘种植，通过对其水分、肥药和光照的调节，结果期能够长达8个月，可分多批进行采摘，而且还不影响下一年度的柑橘挂果，没有大小年之分。

（9）令人赞叹的无土栽培技术。以色列农业在全球极为发达，无土栽培技术在世界处于领先水平，被誉为欧洲的"后花园"，以色列的瓜果蔬菜无添加剂、无防腐剂、无催化剂，品种繁多。以色列采用无土栽培技术，是将一些瓜果及蔬菜等作物种植在完全人为控制的"人工气候室"中，从而摆脱了栽培条件受地理和气候因素的限制。运用无土栽培技术，不仅避免了土壤作为植物生长介质引起的病虫害问题，也有利于控制灌溉和实现农业机械化。以色列"人工气候室"中的番茄创造了每公顷最高单产500吨的纪录。

（10）巧妙神奇的沙漠养鱼技术。以色列东北部的荒漠戈壁有70个大小不一的鱼塘，位于约旦河谷的提拉特采维基布兹养鱼场。提拉特采维基布兹地处茫茫荒漠，气候炎热，但以色列渔业从业者却突破了严酷的自然条件，建起成片人工鱼塘，令人称奇。

7.4　农业政策概况

7.4.1　中亚国家

中亚五国土地多属于国有性质，对外国投资者使用本国土地限制较多。哈萨克斯坦规定外国个人和企业只能租用土地，且期限不得超过 10 年。乌兹别克斯坦不允许外资获得农业耕地所有权和承包经营权。塔吉克斯坦规定外国投资者和外国投资企业依法可以在一定期限内使用（包括租赁）土地，使用期最长为 50 年。受特别保护的地区不向外资企业和外国公民提供。土库曼斯坦规定外国公民、法人、外国和国际组织只能租赁土地，且必须经土库曼斯坦总统批准，不允许外资获得农业耕地所有权和承包经营权。吉尔吉斯斯坦规定外国人可以取得土地使用权，在吉注册的外国法人可以按规定程序购买住宅，禁止向外国人提供或转移农业用地所有权。中亚五国劳动力资源丰富，属劳务输出国，对外籍劳工需求有限且限制严格，所需费用高。哈萨克斯坦规定了外籍劳工配额数量，且从受教育程度、专业水平、工作年限等方面提出了较高要求，获取签证困难。

7.4.1.1　哈萨克斯坦[①]

哈萨克斯坦一直致力于土地私有化改革，2015 年底通过了《土地法修正案》，但是民众对此法的部分内容表示不满，致使哈萨克斯坦政府做出冻结《土地法修正案》的决定。未来哈萨克斯坦土地改革仍会继续进行下去，农业政策将主要涉及土地改革两方面的内容：一是明确土地的主人，二是在土地流动性上做出明确法律规定。

哈萨克斯坦通过向食品加工从业者提供优惠信贷和机械设备优惠租赁，对涉及食品加工和粮食基础设施投资项目提供信贷补贴，来促进农产品加工业的发展。哈萨克斯坦农业企业享受六大重点营业税（土地税、物业税、社会税、增值税、企业所得税和车辆税）70% 的折扣。未来土地税收改革措施包括依据土地质量和市场价值重新评估农业用地，并以此为据征收土地税。哈萨克斯坦为农民提供强制保险。2003 年哈萨克斯坦政府制定了一部农业强制保险草案，该草案允许私人保险公司提供农业保险，并且政府承担 50% 的损失补偿。

7.4.1.2　土库曼斯坦

土库曼斯坦注意根据国情进行农业所有制改革，并且分阶段进行。首先是推行土地长期租赁承包制，将土地租赁给农民，时间不少于 10 年。强调推行新农村政策的核心和实质是"使农民成为土地的真正主人"。在对农产品进行价格改革时，注意发挥国家宏观调控作用。

加强薄弱部门，发展粮食生产。因为苏联时期的经济分工，土库曼斯坦农业长期畸形发展，粮棉比例严重失调，粮食和食品生产严重不足。苏联解体后，农业比例失调的弊病就格外明显，每年要耗费 5 亿美元购买谷物、面粉等食品。针对粮食生产落后的薄弱环节，国家开始注重农业的协调发展，制定粮

① 翟琳，麻吉亮，李国景. 中亚国家农业政策演变及展望［J］. 农业展望，2018（6）.

食发展纲要，调整粮棉生产结构，大力发展食品生产。1997年已使粮、油、肉、奶、蔬菜的自给率由独立初的30%提高到70%，成效显著。从过去长期忽视粮食生产到独立后重视粮食生产，这是该国农业发展中重要的经验教训。

加强对农业的投入。土库曼斯坦由于改革措施比较稳妥，经济相对稳定，财政状况较好。政府对农业的重视突出地表现在注重对农业和农业科技的投入，没有出现独联体其他国家农业科技经费不足、科技人才外流严重、科技实力显著萎缩的现象。其结果是：在俄罗斯等多数独联体国家近年来农业全面衰退的同时，土库曼斯坦的农业形势却保持相对稳定，并且实现了明显的增长。

重视水利建设。该国政府深知水利对于国家的重要性。针对本国水利基础薄弱的状况，大力增加投资，兴修水利，改造运河，特别是兴修了长达600千米的引水地沟，使国家的水资源增加到260亿立方米，取得明显成效。在农艺方面也采取了一系列有效措施，实行合理灌溉，推广滴灌等新工艺。

7.4.1.3 乌兹别克斯坦

自乌兹别克斯坦独立建国后，其农业发展主要按照3个方向进行有序、有效的改革。

（1）土地改革。乌兹别克斯坦独立后，农业方面进行了土地改革，将过去计划经济的国有农场和集体农庄分配给农民自己耕种。土地改革极大地调动了农民的积极性，使乌兹别克斯坦的农业生产冲破了独立后的低迷困境，得到大幅提高。

（2）解决粮食安全问题。乌兹别克斯坦是苏联的棉花种植地，棉花的产值一度占农业总产值的50%以上。独立后为解决粮食问题，乌兹别克斯坦调整了棉花和小麦的种植比重，减少了棉花种植，加大了小麦种植，使得其21世纪后从小麦进口国变成了出口国。

（3）优化农产品结构。虽然乌兹别克斯坦的种植业结构有所改变，但棉花产业所占比例依旧偏大。在土地改革获得成功且粮食安全问题得到解决后，近年来乌兹别克斯坦在农业经济发展方面一直努力尝试着新的改革。

7.4.1.4 吉尔吉斯斯坦

1991年吉尔吉斯斯坦政府通过了《非国有化、私有化和企业经营活动总则法》，并发布了《关于调整农业土地资源和其他关系的命令》，标志着开始对集体农庄和国营农场进行改革。改革方针是解散国营农场和集体农庄经济，实行土地和财产私有化，建立土地和农业生产的市场经济关系。1999年吉尔吉斯斯坦通过了《土地法典》，确定了土地私有制度，确定了土地私有者的基本权利和义务，巩固了土地私有者的地位；与此同时，通过了《农场法》和《合作社法》，规定合作社和农户（农场）经济活动的行动纲领。这一时期，也出台了一些与土地改革相关的法律或文件，1998年通过的《不动产权国家登记注册法》，规定任何土地交易必须登记注册后方能合法；1999 年通过的《抵押法》规定土地可作为抵押品；另外还有《牧场租赁和使用条例》《吉尔吉斯共和国土地登记簿条例》等。为了进一步支持农业用地自由市场的发展，2000年通过了《吉尔吉斯共和国土地法典修改法》，取消了农业用地买卖中的延期支付。2001 年通过了《农业用地管理法》，确定了土地在土地市场上交易的法律制度，对各类土地交易做出了规定。吉尔吉斯斯坦正朝着自己的农业发展目标不断前行，进一步发展、深化土地改革和农业改革。

7.4.1.5　塔吉克斯坦

农业政策是塔吉克斯坦农业快速发展的直接动力，主要的农业政策是土地经营权的转变。2007 年塔吉克斯坦的土地经营结构已经发生了巨大改变，由1991 年国有农场占农用地的 98%，转变到 2007 年私营土地占到了农用地的70%，并且土地经营私有化的趋势还在不断加大。土地私有化不但调动了塔吉克斯坦农民生产的积极性，而且使农业生产和市场更好地结合。

同时，塔吉克斯坦政府也在积极寻求国际援助来帮助农业发展，截至2023 年，世界银行和国际开发协会向塔吉克斯坦共捐助了 6.3 亿美元用来发展塔吉克斯坦的农业，自 1998 年至今，亚洲开发银行给塔提供的援助资金超过 19 亿美元，其中一大半是无偿援助。国外农业援助政策和国内农业政策对塔吉克斯坦农业快速发展起到了直接推动作用。

7.4.2　西亚国家

西亚各国注重农业发展，大部分国家采取了发放低息贷款、补贴农业生产、优价收购小麦等措施，鼓励人们务农，前往沙漠深处开荒种地，注重用经济手段和市场机制保护资源、环境。

7.4.2.1　伊朗

伊朗农业政策最为重要的目标之一是实现农业自给。为此，政府出台一系列政策，大力扶持农业生产者，保护国内食品（特别是小麦）生产能力，保证农业领域资金充裕。

政府长期以来对生产者提供支持的主要形式是，政府对肥料、杀虫剂、饲料、种子、农机以及基本投入（如水和能源）的价格提供补贴。近年来，政府扶持政策转向对生产者提供低息贷款，并且针对畜牧生产者特别扩大了农业保险的理赔范围，以减少直接投入补贴所导致的市场扭曲。此外，政府还为小麦、大米以及其他 18 种作物设定最低收购价，以确保国内生产者价格明显高于国际价格。

长期以来，政府一直对消费者提供粮食补贴，主要目的是：改善儿童营养和减少婴儿死亡率。政府的上述做法确实取得了明显成效，但是近年来全球原油价格下跌，导致政府收入大幅减少，从而无力继续提供一度占国内生产总值3％的高额食品补贴。目前，政府已经停止提供直接食品补贴，而开始对家庭提供现金转移补贴。

在贸易领域，政府一直对小麦和大米提供高关税保护，平均税率分别为50％和45％。然而，当国内生产不能满足需求之时，上述进口税率则取消。在2007—2008年发生的食品价格危机时期，政府就曾对小麦出口实施禁令，以确保国内消费者得到充足供应。目前，伊朗农产品出口税率平均为17％。

7.4.2.2　土耳其

土耳其从20世纪30年代开始，通过每年颁布法令，由政府制定收购农产品的维持价格政策。如30—40年代的法令，对粮食（包括小麦、大麦、黑麦、燕麦、大米、玉米等）实行维持价格政策；50年代的法令，对甜菜规定维持价格；60年代的法令，对棉花、葵花籽油等规定维持价格；70年代规定大豆、油菜籽、小扁豆等的维持价格。到70年代末，土耳其通过法令规定维持价格的农产品总值，占农业生产总值的90％以上。根据法令规定，确定和执行收购农产品的维持价格，可由政府的有关机构、国营公司及销售与信贷合作社参与实施。上述机构对农民出售的农产品不得拒收。进入80年代，政府颁布法令，调整维持价格政策，实行最低价格政策，减少政府补贴。

7.4.2.3　沙特阿拉伯

沙特政府在政策上也大力支持农业，由于沙特人民总体收入颇高，人口大多集中于城市，愿意主动到沙漠中从事农业的人少之又少。因此沙特政府采取了发放低息贷款、补贴农业生产、优价收购小麦等措施，鼓励人们务农，前往沙漠深处开荒种地。

7.4.2.4　阿联酋

为鼓励智慧农业发展，阿布扎比投资办公室（ADIO）提供1亿美元的资金支持，与多家农业科技公司合作，在阿布扎比建立全球最先进的农业技术研发中心，探索在沙漠干旱环境中如何更好地节省水资源。据测算，阿联酋目前大力推广的垂直农业项目将比传统农业节约90％的用水量。除大力发展国内科技农业外，阿联酋还高度重视与全球相关国家的合作，采取收购海外农业企业、签署农田购买或租赁协议、主导开发海外农业项目等方式丰富本国粮食进口来源，实现粮食安全。其中，阿布扎比控股集团旗下农业公司阿尔达赫拉在罗马尼亚、塞尔维亚、西班牙、摩洛哥、埃及、纳米比亚等国家和地区购买了12万公顷的高产农业用地，并在南非、印度、巴基斯坦及澳大利亚等国家和地区收购了大量农业资产。按照"2051国家粮食安全战略"，阿联酋希望到2051年实现其全球粮食安全指数排名第一的目标。

7.4.2.5　以色列

以色列把政策作为农业发展的重要因素，积极适时地改革和实施。一是经济手段和市场机制并用。以色列政府注重用经济手段和市场机制保护资源、环境，实行用水许可证、配额制及鼓励节水的有偿用水制，推广节水技术，农业用水执行配额奖惩，以色列污水利用率高达 90%。二是大量实行农业发展补贴。1980—1996 年政府补贴农业投资的水平在 20% 左右，2009—2014 年为了推动机械化生产，政府补贴了 6 200 万美元，对农民购买机器给予价格 40% 的补贴，对农业保险和其他意外灾害的补贴，政府承担 50% 的风险。政府补贴还包括支持科技开发与推广的经费、税收补贴等。三是适时修订农业发展政策。以色列政府与时俱进改革农业政策。为了推动以色列经济私有化、贸易自由化改革，提高农业竞争力，以色列在过去几十年里对相关法律进行修订，同时也陆续制定新的法律。1985—1990 年，随形势变化，以色列逐渐放松计划管理，推进产业结构调整和市场化经营，极大促进了农业的发展。

第8章　欧洲国家农业与农业政策

8.1　农业资源条件

东欧国家的地理位置大致位于北纬 40°～60°，约与中国的吉林、辽宁、黑龙江三省纬度相同。农业在大多数东欧国家中占有重要地位。东欧国家普遍拥有农业发展所需的自然条件，包括有利于作物生产的气候、可利用的农业土地以及悠久的农耕传统。但各国气候条件、土壤条件、水资源条件与人口条件具有多样化特点，农业生产与发展水平也各不相同。近年来，东欧国家大力发展有机农业、有机耕作，提高了东欧国家农业可持续发展的整体水平。

8.1.1　东欧国家

8.1.1.1　俄罗斯

在农业自然资源方面，俄罗斯具备得天独厚的条件。首先，俄罗斯幅员辽阔，横跨欧亚大陆北寒带、亚寒带、北温带和亚热带四个气候带，境内农业土地资源十分丰富，拥有全世界 10% 的可耕地，其中优质黑土地面积占世界黑土地总面积的 55%，人均可耕地面积约为 0.8 公顷，超出全球平均水平约 4 倍。据俄罗斯农业部相关数据，俄境内有 1.913 亿公顷农业用地，其中耕地为 1.155 亿公顷，饲料用地为 7 050 万公顷，常年耕种用地为 1 700 万公顷，摞荒地为 3 600 万公顷[①]。其次，水资源十分丰富。境内拥有 12 万条长度超过 10 千米的河流、200 多万个湖泊和约 5 亿公顷的各类湿地，淡水储量居世界第一位，鱼类资源也居世界首位。丰富的水资源为农业可持续发展提供了有力的保障。第三，农产区土地肥沃，分布广泛。主要集中在中央黑土区、伏尔加河沿岸地区、南方顿河流域、外高加索地区和西西伯利亚等地。畜牧业主要生产基地位于伏尔加河流域、西西伯利亚南部地区、乌拉尔联邦区、远东地区和北高加索地区。

农村人口总体呈下降趋势。1990 年俄罗斯农村人口为 3 890 万，占总人口的 26.3%，之后 5 年呈小幅增长，到 1995 年达 4 010 万。1996—2014 年，俄

---

① 资料来源：俄罗斯联邦农业部。

罗斯农村人口逐年减少。2015年农村人口出现明显增长，从3710万增至3800万，之后继续呈小幅下降趋势。截至2023年年底，俄罗斯联邦农村人口人数为3548.05万人，占24.67%，比上一年减少了39.7万人，下降1.11%；城镇人口数为10834.57万人，占75.33%，比上一年减少了1.37万人，下降0.01%。

在农业机械方面，着力推行农业机械化战略，大力提升农业机械化水平和产品市场竞争力。长期以来，俄罗斯农业机械设备陈旧是影响农业发展的重要因素之一。近年来，为了提高农业生产效率，俄罗斯着手提高大型农机设备的更新率，这也刺激了农机设备的市场需求。2012年俄罗斯提出拖拉机更新率为40%，粮食播种机的更新率则要求达到50%。随着旧农机设备不断淘汰，市场对农业机械的需求开始转向功能更强、生产效率更高的设备。随着政府对农业机械领域的投入，俄罗斯国产农机设备的保有量已从2013年的30%增至2018年的60%[①]，农机设备出口连续5年保持增长。2018年俄罗斯农业机械制造企业出口额增长40%，达110亿卢布。目前，俄产联合收割机占据15%左右的全球市场份额，大功率拖拉机占据全球25%左右的市场份额，俄罗斯已进入世界农业机械生产商前5位（蒋菁，2020）。

8.1.1.2 乌克兰

乌克兰耕地资源丰富，农业用地4150万公顷，占国土面积的70%，且土质肥沃，黑土面积2489.86万公顷，腐殖层60～80厘米，腐殖质含量为4.7%～6.1%，土壤溶液反应为中性。乌克兰水利资源充足，境内有大小河流2.3万条，湖泊2万多个，流长超过100千米的河流有100多条，因此灌溉便利，适宜开展农业生产。乌克兰植物资源丰富，森林覆盖率达15.9%。约有3万种低级和高级植物。

8.1.1.3 波兰

波兰属海洋性气候向大陆性气候过渡的温带阔叶林气候，1月平均气温−1℃，7月平均气温17～19℃，年降水量从中部450毫米递增到南部1500毫米，北部最多达700毫米。波兰农业土地资源丰富，约占全国总面积的60%，土壤肥沃，适宜于种植大麦、小麦、燕麦、土豆、油菜、苹果、草莓、黑加仑、葡萄、石竹花等农作物。

8.1.1.4 罗马尼亚

罗马尼亚是典型的温带大陆性气候，昼夜温差较大，土质肥沃，水系发达，不仅多瑙河下游共有1075千米河流流经境内，还有诸多内河湖泊。罗马尼亚的农用地面积约1470万公顷，占总面积的61.7%，其中耕地945万公

---

① 资料来源：俄罗斯联邦农业部。

顷，占总面积的 39%；森林面积 630 万公顷，占总面积的 26%。草原、牧场面积 465 万公顷，占总面积的 20%；葡萄园和果园面积 22 万公顷，占总面积的 1%。在平原和丘陵地带以黑土和黑钙土为主，土壤肥沃、土质优良，而且历来在农业生产中较少使用化肥和农药，全国绝大部分农田没有受到化学品滥施的危害（杨超等，2018）。罗马尼亚人以"优越的自然条件，肥沃的土地和丰富的产品"引以为自豪。罗马尼亚农用地的均价基本在 2 000～3 000 欧元/公顷，森林价格是 3 000～5 000 欧元/公顷。一般来讲，距离市中心较近的农业用地价格相对较高；远离首都的地区，如多瑙河下游平原，摩尔多瓦平原，特兰西瓦尼亚高地等区域的地价则极为便宜，而且罗马尼亚的农地价格比周边其他国家相对低廉。

8.1.1.5 捷克

捷克拥有 420 万公顷农业用地，其中 300 万公顷耕地，农业用地占土地面积的 45.2%，农产品可基本实现自给自足。捷克森林资源丰富，林地面积达 265.5 万公顷，森林面积占土地面积的 34.6%，森林覆盖率为 34%，在欧盟居第 12 位。主要树种有云杉、松树、冷杉、榉木和橡木等。森林木材储量 6.78 亿立方米，平均每公顷 264 立方米。从所有权看，60.32% 的森林归国家所有，地方州市及林业合作社拥有 17.63%，私人拥有 22.05%。从用途看，商业用材林占 75%，特种林占 22.3%，自然保护林占 2.7%。捷克河网稠密，水资源丰富，人均可再生内陆淡水资源 1 249.3 立方米。伏尔塔瓦河是捷克最大的河流，全长 440 千米，流域面积为 28 098 平方千米。拉贝河是发源于捷克本土的最大河流，全长 379 千米，流经德国并在汉堡汇入北海，捷克境内流域面积为 49 939 平方千米。同时，拉贝河还是重要的水上通道，将捷克和德国连接起来。除此之外，捷克还有丰富的矿泉资源，根据水温可分为 25℃ 以下的凉泉，25～50℃ 的温泉和 50℃ 以上的热泉。主要分布在卡罗维发利、特普利采和亚赫莫夫等地。

8.1.2 南欧国家

南欧地理优越，北依阿尔卑斯山脉，东濒黑海，南临地中海，西濒大西洋。南欧多山地和丘陵，平原少而分散，地表海拔较高，地形起伏较大，大多数地区为地中海气候，降雨较少，天气较为炎热。地中海典型的气候类型下形成了独特的地中海农业类型，此类型属于种植业和畜牧业并重的混合农业。南欧的植被为常绿灌木丛、山地落叶林，有落叶松、杉、山毛榉、橡树等。南欧是欧洲重要的经济作物产地，盛产柑橘、橄榄等。

8.1.2.1 意大利

意大利是一个以山地和丘陵为主的国家，平原面积约 700 万公顷，全国耕地面积约 910 万公顷，土地较分散，大农场较少，30 公顷以上的农场仅占总数的 2.74%，全国农场平均规模为 7 万公顷。农业劳动力约占全国总人口的 3.5%，农业产值占国内总产值的 5%。森林面积约占全国面积的 20%。意大利自然资源贫乏，水力资源为 380 万千瓦。作为地中海国家之一，意大利紧邻国际能源供应重要来源地——中东及北非地区，沿海能源储量具有较大的潜力，特别是亚德里亚海及西西里岛附近海域。[①]

意大利农业发展的自然条件优越，地中海气候区光照和热量充足，粮食作物能够进行很好的光合作用，从而保证产量的稳定。意大利水利设施发达，农业有很好的水利灌溉系统，能够保证农田的用水量，不会出现干旱的情况。意大利的土质营养丰富，适合农业发展而且大大降低了使用肥料的成本。

8.1.2.2　希腊

希腊属丘陵地区，农业是希腊的传统产业，可耕种面积占国土面积的 30%，其中灌溉农业面积占 37%，64% 的耕地面积种植粮食作物，得益于温和的气候及丰富的地形条件，希腊农产品种类繁多，品质优越。截至 2024 年 3 月，希腊共有 122 项农产品注册为欧盟地理标志产品，数量位居欧盟前列，其中"受保护的原产地名称"（PDO）82 项（如卡拉马塔橄榄、菲达奶酪、圣托里尼番茄等），"受保护的地理标志"（PGI）40 项（如拉科尼亚橄榄油、纳克索斯马铃薯、卡斯托里亚苹果等）。据欧盟统计局数据，2022 年希腊农业就业人口占就业总人口的 11%，比例在欧盟成员国中为第三高；农业产值 90.16 亿欧元，农产品出口额 65.4 亿欧元，占全国出口总额的 17.6%，其中近 70% 的农产品出口至欧盟国家。希腊具有特色和优势的农产品主要有橄榄油、乳制品、水果、烟草、香料和棉花等。森林覆盖率为 17%。

在农业经济资源方面，截至 2020 年底，希腊人口为 1 056.76 万人，其中 15 岁以上劳动力人口为 463 万人，大学学历以上劳动力人口为 211 万人。希腊人口主要集中在雅典和萨洛尼卡两大城市，雅典所在的阿提卡省和萨洛尼卡所在的中马其顿省人口合计占全国总人口的 53%。旅居希腊的华侨华人总数将近 2 万，主要集中在雅典和萨洛尼卡，华侨华人主要来自浙江和福建等地。2018 年，希腊农业劳动力为 41.69 万人，约占希腊就业人口总数的 10.6%。根据欧盟近几年的统计数据，希腊第一产业和食品饮料行业产品增加值占 GDP 比重平均为 6.5%，就业人口占总就业人口约 15%，均超过欧盟平均水平两倍之多。2013 年，希腊服务业总产值为 1 497.82 亿欧元，占国内生产总值的 82.3%，从业人口占全国劳动力的 70.5%。希腊大力发展智慧农业，希

---

① 资料来源：中华人民共和国商务部.《对外投资合作国别（地区）指南——意大利（2021 年版）》。

腊政府新的乡村发展规划主要围绕遵循碳排放和气候变化目标来实施，促进乡村经济向绿色化、低碳化和可持续化方向发展。目前来看，具体措施包括升级灌溉设备、智能监测温度、改造乡村基础设施、因地制宜进行规划等。

8.1.2.3 葡萄牙

葡萄牙跨亚热带和温带，农业资源条件较好。2019 年，葡萄牙农业土地面积为 400 万公顷，占国土面积的 43%，种植的主要农作物是谷物（小麦、大麦、玉米和大米）、马铃薯、葡萄、橄榄和番茄。葡萄牙是世界上最大的番茄酱出口国之一，也是葡萄酒和橄榄油的主要出口国。葡萄牙漫长的海岸线和周围水域为渔业发展提供了有利条件，2019 年，葡萄牙捕鱼量为 14.06 万吨，主要鱼类包括鲐鱼、竹荚鱼、沙丁鱼、鳀鱼、金枪鱼、鳕鱼，其产品远销世界各地。

葡萄牙是欧洲森林覆盖率较高的国家之一。2021 年葡萄牙大陆森林面积 333.86 万公顷，覆盖率 36.2%。其中松树最多（占森林面积的 30.1%），其次为桉树（25.4%）和软木树（21.2%）。葡萄牙是世界最大的软木生产和出口国，素有"软木王国"之称。

8.1.2.4 塞尔维亚

塞尔维亚土地肥沃，雨水充足，农业生产条件良好，化肥和杀虫剂的使用量为欧洲最低水平，是个农业宝地，因此农业也是其传统优势产业之一。塞尔维亚共有农业土地 509 万公顷，主要集中在北部伏伊伏丁那平原和塞尔维亚中部地区。其中耕地 330 万公顷，果园 24.2 万公顷，葡萄园 5.8 万公顷，草场 62.1 万公顷。

塞尔维亚肥沃的土壤、优良的气候、丰富的食品制作传统和专业制作手法，使当地食物拥有极好品质，如新鲜的覆盆子、苹果、全脂牛奶、小牛肉、辣椒、薄荷等。并且作为欧盟市场公认的出口国家，其有机生产潜力巨大。

塞尔维亚东部为人口稀少的山区，具备养殖奶牛、绵羊和山羊的自然优势。该地区草地和牧场覆盖有各种类型的草药和草植，这些草药和草植有助于生产高质量乳品。由于该地区具备天然优势、土地构成独特，而且市场对这类产品的需求巨大，因此，在广阔的开放地区建立大规模、自由放养的商业农场，用于生产有机牛奶，具有巨大的经济潜力。[①]

8.1.2.5 克罗地亚

在农业自然资源方面，克罗地亚森林和水力资源丰富，2018 年全国森林面积 250 万公顷，森林覆盖率 44%，全国农业可耕地面积为 154.6 万公顷。克罗地亚主要工业部门有食品加工、木材加工等。

---

① 资料来源：中华人民共和国商务部.《对外投资合作国别（地区）指南——塞尔维亚（2021年版）》。

据 2021 年克罗地亚农业部数据，全国农业耕地面积为 85.67 万公顷，占农业用地面积的 58.1%，播种面积为 106.1 万公顷，约占全部耕地面积的 80%，其余为草场、沼泽、鱼塘等。克罗地亚 84% 的耕地为私人所有，私人家庭农场有 23.08 万个。根据克罗地亚法律规定，国有耕地可以租借给农民种植，由农民独立经营，政府鼓励发展家庭农业经济。2022 年，克罗地亚农业产值占 GDP 比重为 2.5%，农业就业人数约占就业总数的 6%。克罗地亚主要农产品为小麦、玉米、黄豆、葵花籽、烟草、苹果、橄榄、葡萄等。主要农副产品为牛奶及乳制品、肉及肉制品、软饮料、矿泉水、啤酒、面包、蛋糕、烟草制品及糖类制品。[①]

8.1.3　西北欧国家

西北欧国家森林资源、水资源较为丰富，大部分国家地处温带，适宜农作物生长，但近年来农业部门就业人数下降，农业劳动力资源缺乏。

8.1.3.1　奥地利

奥地利森林、水力资源丰富。森林覆盖率 47.6%，有林场 400 万公顷，木材蓄积量约 11.35 亿立方米。[②] 奥地利可耕地资源丰富，其中 28% 为丘陵草地，人少地多，土地肥沃，气候温和，雨水均匀充足，有着得天独厚的发展条件。当地的农牧业比较发达，奥地利的农业以私营小农场为生产单位，因平均耕地面积较大，基本实现了农业机械化、产业化经营。奥地利农产品、畜产品自给有余，农产品有玉米、麦子、南瓜籽、油葵等，玉米是奥地利的主要农作物，南瓜籽油是有名的特产。

8.1.3.2　立陶宛

立陶宛的森林和水资源较为丰富。森林面积 219 万公顷，森林覆盖率为 33.5%，人均森林面积 0.8 公顷；木材蓄积量为 4.9 亿立方米，人均木材蓄积量为 186 立方米。面积较大的森林主要集中在南部和东南部，多为针叶林，主要为松树。阔叶林占国土面积的 2%，主要树种是橡树、桦树。森林中的蘑菇、浆果、草药资源比较丰富。自然保护区、国家公园及其他保护地面积为 115.1 万公顷。立陶宛共有 1 800 种植物。

立陶宛境内有 722 条河流，长度超过 100 千米的河流有 21 条，最长的涅穆纳斯河全长 937 千米，在立陶宛境内长度为 475 千米。立陶宛境内湖泊众

---

① 资料来源：中华人民共和国商务部．《对外投资合作国别（地区）指南——克罗地亚（2021年版）》。

② 资料来源：中华人民共和国商务部．《对外投资合作国别（地区）指南——奥地利（2021年版）》。

多，水域面积超过 880 平方千米，面积超过 0.5 公顷的湖泊有 2 834 个，其中最大的德鲁克夏伊湖面积 4 479 公顷（42.26 平方千米）。良好的生态环境为动物提供了较好的栖息地，立陶宛共有 70 多种哺乳动物，既有硕大的欧洲野牛，也有体重仅有 4 克的鼩鼱，有 13 种飞鼠，还有被列入保护名单的白兔、猞猁、水獭，有狼出没。其中数量较多的是野猪、狍子、马鹿、驼鹿、狐狸、獴等。河狸的数量近 4 万只。立陶宛有大约 330 种鸟类，99 种鱼类，其中 26 种为海鱼。

依靠大量河流湖泊，立陶宛建设了大量水利工程和灌溉设施，为农业生产提供了丰富的水资源。立陶宛加大对农业的投入，主要保障农业生产环节的投入，比如农机设施等，均采取了现代农业模式，注重农业机械的使用，减少人力的投入。

8.1.3.3　拉脱维亚

拉脱维亚全境有 3 000 多个湖泊，750 多条河流（较大的有道加瓦河、利耶卢佩河、高亚河、文塔河等），内陆水域面积达 2 419 平方千米，为水产业提供了良好的天然场所。波罗的海蕴有丰富的沙丁鱼、波罗地鲱、黍鲱、鲽、鳕、鲑鱼、马哈鱼等鱼类资源。可耕地面积为 2.39 万平方千米，土壤以灰化土为主。拉脱维亚森林资源丰富，森林面积达 3.26 万平方千米，占国土面积的 49%，森林覆盖率位居欧洲第四位，其中 1.47 万平方千米为国有林；阔叶林占 54.8%，主要树种为桦树、杞树、山杨；针叶林占 45.2%，主要树种为松树和云杉。拉脱维亚石油和天然气资源极少，完全依赖进口。

2020 年拉脱维亚农业部门就业人数为 4.6 万人。与欧盟农业部门就业人数的下降趋势一致，拉脱维亚农业部门就业人口下降 2.1%，欧盟下降 1.7%。过去十年中，农业从业人员工资增加了 4 个百分点。

8.2　农业生产概况

8.2.1　东欧国家

东欧国家具有悠久的农业生产历史，受益于地中海式气候，农产品种类多元化程度较高，长期向西欧国家供给粮食、蔬菜、水果、畜牧产品等优质农产品。罗马尼亚一直是欧洲主要的产粮国，享有"欧洲粮仓"的美誉，其谷物、蔬菜、水果等种植业的产值约占农业总产值的一半；波兰、罗马尼亚、匈牙利、保加利亚等国在农产品总量方面拥有显著优势，波兰的黑加仑和黑小麦产量位居世界第一，其苹果、黑麦、马铃薯、甜菜、牛奶的产量也属于欧盟前列，全球排名位居前十；保加利亚享有"玫瑰之国"的美誉，同时也是世界第二大葡萄酒出口国。捷克、乌克兰等后起之秀的农产品生产水平也不容小觑，捷克有机农业发展迅速，乌克兰是全球第一大葵花籽油出口国、葵粕出口国（郭茹，2022）。

8.2.1.1　俄罗斯

2021 年，俄罗斯农业增加值占 GDP 的 3.8%。据俄罗斯联邦国家统计局数据，2021 年 1—10 月农业产值同比下降 2.9% 至 6.5 万亿卢布（约合 881.4 亿美元）。

俄罗斯农业部统计显示，截至 2021 年 12 月 1 日，全国收获粮食毛重 1.26 亿吨，其中小麦 7 900 万吨、大麦 1 890 万吨、玉米 1 560 万吨。收获葵花籽 1 570 万吨，油菜籽 300 万吨，大豆 490 万吨，甜菜 4 060 万吨。另据俄罗斯联邦国家统计局数据，截至 2021 年 11 月 22 日，俄粮食产量下降 8.6%，葵花籽产量同比增长 16.5%，甜菜产量同比增长 20.8%。从单产来看，粮食单产同比下降 6.3% 至 2.9 吨/公顷，葵花籽单产增长 0.8% 至 1.6 吨/公顷，甜菜单产增长 12.6% 至 40.9 吨/公顷。

俄罗斯畜牧业产量也出现下降趋势。截至 2021 年 10 月底，牛存栏 1 830 万头，同比下降 1.9%，其中奶牛数量减少 1.9% 至 790 万头；猪存栏量增加 1.7% 至 2 720 万头。2021 年 1—10 月俄罗斯牛奶产量下降 0.1% 至 2 750 万吨；10 月牛奶产量与上年持平，为 260 万吨，环比下降 7.4%。同期，鸡蛋产量下降 0.2% 至 378 亿只，10 月同比下降 0.1% 至 37 亿只，环比下降 1.5%。

8.2.1.2　乌克兰

2021 年，乌克兰农业增加值占 GDP 的 10.6%。乌克兰主要种植的农作物包括谷类作物、油料作物、糖类作物和马铃薯等，农作物产量达到其国内需求量的 1.5～2 倍，因此也向欧盟、亚洲、北非地区出口。目前，乌克兰已是全球第一大葵花籽油出口国、葵粕出口国，第三大谷物出口国、第三大菜籽、核桃出口国，第四大大麦和玉米出口国和第六大大豆出口国。糖类制品在欧洲市场也有重要份额。受干旱天气影响，2020 年乌克兰农业产值 3 887 亿格里夫纳，同比下降 11.5%，占 GDP 的 9.3%；粮食及粮用豆类产量 6 450 万吨，同比下降 14.2%。2020—2021 营销年（截至 2021 年 4 月 5 日），乌克兰粮食出口 3 580 万吨，同比减少 1 100 万吨。其中，小麦出口 1 440 万吨，玉米 1 660 万吨，大麦 410 万吨，面粉 9.7 万吨。

畜牧业占乌克兰农业产值的比重约为 30%，但发展较为低迷。政府取消行业财政补贴后，生产成本增长，且饲料作物只占耕地面积的 7.1%，因此近 10 年行业亏损超过 70%。①

---

① 资料来源：中华人民共和国商务部．《对外投资合作国别（地区）指南——乌克兰（2021年版）》。

8.2.1.3 波兰

2021年，波兰农业增加值占GDP的2.22%。波兰是欧洲农业大国。2021年农业总产值1 348亿兹罗提增加值509亿兹罗提，约占GDP的5.1%。主要粮食农作物有小麦、黑麦、大麦、燕麦、甜菜、马铃薯、油菜籽等，主要出口的农副产品有肉、奶、蔬菜、水果、可可及其加工食品。肉制品、奶制品、苹果、洋葱、卷心菜和菜花等果蔬产量也居欧洲前列。据波兰中央统计局数据，2022年波兰农产品出口额472.0亿欧元，进口额325.9亿欧元，贸易顺差146.1亿欧元。农产品出口额在出口总额中占比14.2%，其中对欧盟出口额345.2亿欧元，占农产品出口总额的73.1%。

8.2.1.4 罗马尼亚

2021年，罗马尼亚农业增加值占GDP的4.35%。2022年罗马尼亚国内生产总值2 859亿欧元，增长率为4.7%。农业是罗马尼亚传统经济部门。长期以来，罗马尼亚一直是欧洲主要的粮食生产国和出口国，曾有"欧洲粮仓"的美誉。种植业是罗马尼亚农业中最重要的部分，种植业产值占整个农业产值的1/2以上。主要粮食作物为小麦、玉米、马铃薯等，主要经济作物为向日葵、油菜、葡萄、苹果等。罗马尼亚葡萄产量丰富，品种优质，全国各地遍布着众多的葡萄种植园，很多公路都通向知名种植园或酒窖。近年来，罗马尼亚政府还依托其有利的自然条件，通过农业补贴、示范区建设和鼓励科研等措施大力发展生态农业[①]。

罗马尼亚多种作物产量在全球排名前20位。其中，葵花籽的产量尤为突出，2016年总产量超过200万吨，占全球产量的4.29%，排名欧盟第一位、全球第五位。紧随其后的农作物为玉米，2016年的产量超过1 070万吨，2017年产量达1 450万吨，首次超过法国成为欧盟地区最大的玉米生产国。罗马尼亚是世界十大葡萄酒酿造国之一，葡萄酒品质上乘，产品知名度较高，是全球重要的葡萄酒生产国和消费大国（杨超、祁欣等，2018）

8.2.1.5 捷克

2021年，捷克农业增加值占GDP的1.85%。2020年粮食产值87 369百万克朗，畜牧业产值52 604百万克朗。农业用地面积352.3万公顷，其中耕地面积246.10万公顷。森林覆盖率34%。农业人口14.8万，占全国劳动人口的约3.0%。捷克的主要农作物有小麦、大麦、黑麦、玉米、甜菜、油菜、马铃薯、啤酒花和亚麻等（表8-1），蔬菜以黄瓜、花椰菜、胡萝卜为主，果树主要有苹果、梨、葡萄和少量桃、杏等，畜牧业以饲养牛、猪和羊为主（表8-2）。捷克种植业以谷物为主，谷物种植面积占耕地总面积的51.1%，

---

① 资料来源：农业农村部对外经济合作中心——罗马尼亚农业投资政策法律环境概况。

小麦种植面积占谷物种植面积的 53.5%，产量占 57.4%。捷克的小麦育种非常重视种质资源，保存的小麦品种有 1.3 万份，相当于我国小麦地方品种资源总和；捷克国家果树研究所拥有 2 000 多个品种资源，其中许多超矮化果树品质好，产量高，适应不同口感。捷克牛胚胎移植技术有其独到之处，操作简便，成功率高，实际效果好。此外，捷克粮库虫害防治技术也具有国际领先水平[①]。

表 8-1 捷克主要农牧产品产量情况

种类	2016 年	2017 年	2018 年
甜菜（万吨）	411.8	440	372.4
马铃薯（万吨）	70	63	57
牛肉（万吨）	17.3	16.6	17.3
猪肉（万吨）	31.1	29.4	30.2
禽肉（万吨）	23.9	25.4	25.7
奶（百万升）	2 984	2 998	3 078
蛋（百万个）	1 314	1 469	1 522

数据来源：捷克统计年鉴 2020.

表 8-2 2017—2019 年捷克主要农畜存栏数

单位：万头，万匹，万只

种类	2017 年	2018 年	2019 年
牛	142.1	141.6	141.8
猪	149	155.7	154.4
羊	21.7	21.9	21.3
马	3.5	3.5	3.7
家禽	2 149.4	2 357.3	2 297.9

数据来源：捷克统计年鉴 2020.

8.2.2 南欧国家

南欧各国农业生产水平差异较大，且受地中海式气候的影响，大部分南欧国家的主要农产品为蔬菜及水果。其中，葡萄牙的特色农业产品为油橄榄、葡萄，塞尔维亚盛产水果，如李子、覆盆子等，而马耳他由于自然条件受限，大

---

① 资料来源：中国—中东欧国家农业合作信息网。

部分农产品需要进口。

8.2.2.1 意大利

2021年，意大利农业增加值占GDP的1.93%。意大利为欧盟内第二大农业国，葡萄酒、橄榄油为意大利特色农产品，此外还盛产水果、谷物等。意大利统计局数据显示，2019年意大利农产品产值573亿欧元，同比下降0.8%，产业附加值316亿欧元，同比下降1.7%。意大利特色和优势食品有葡萄酒、橄榄油等。意大利葡萄种植面积超过70万公顷，2019年葡萄酒产量49.2亿升，占世界总产量的近20%，位居世界第一。2016—2019年意大利橄榄油年平均产量为28.8万吨，占世界总产量的12%，排名世界第二。按照欧盟对橄榄油分级，意大利现有46种地理标志橄榄油产品，高于希腊和西班牙的29种，为欧盟内第一。[①]

在2018年，大约有150万个经济单位从事农业活动。农业面积约为1 300万公顷，农场平均面积为8.8公顷。大多数农场集中在南部地区。阿普利亚、西西里岛、卡拉布里亚和坎帕尼亚是前四个地区，拥有68.8万多个农场（46.0%），但利用农业面积的平均规模低于该国其他地区。紧随其后的是拥有10多万农场的威尼托和拥有9.1万个农场的拉齐奥。

2019—2020年，意大利谷物产量增加了3.6%，马铃薯产量增加了7.2%，蔬菜产量减少了3.8%。葡萄（+4.2%）和橄榄（+0.6%）的产量有所增加，而柑橘类水果（-16.9%）和其他水果（-18.5%）的产量则有所下降。

2020年，牛奶产量略有上升（+3.6%），奶酪产量略有上升（+1.3%），黄油产量下降（-1.9%），鸡蛋产量下降（-1.0%）。同年，屠宰牛和牛犊（-1.3%和-6.4%）以及屠宰猪和猪崽（-7.6%和-12.2%）的数量减少。

在生产资料方面，2019年肥料的分配（-5.0%）和植物保护产品的分配（-3.0%）下降。产地名称保护认证（PDO）和地理标志保护认证（PGI）的生产商为8.2万个，比2018年下降2.1%。有4.2万个优质农场，下降5.6%。与2018年相比，旅游农场的数量增加了961个。[②]

8.2.2.2 希腊

2021年，希腊农业增加值占GDP的3.87%。农业是希腊的传统及特色产业。截至2020年底，希腊共有115项食品类产品注册为欧盟地理标志产品，另有147项葡萄酒和15项酒精饮料注册为欧盟地理标志产品，使得希腊拥有的欧盟地理标志产品数量达277项，占欧盟地理标志产品总数的8.3%。近年

---

① 资料来源：中华人民共和国商务部欧洲司.

② 资料来源：《意大利统计年鉴（2021年）》。

希腊农业增加值占 GDP 的比例虽然不高，但农业对就业（比重 11%）和出口（比重 20%）仍有较大影响。希腊具有特色和优势的农产品主要有橄榄油、乳制品、水果、烟草、香料、棉花、畜牧及水产品等。近年来，希腊政府大力拓展农产品海外市场，希望以此扩大出口，提振经济。

2019 年，希腊农业总产值为 118 亿欧元，其中种植业产值 82.61 亿欧元，养殖业产值 25.63 亿欧元，2019 年希腊农业对希腊 GDP 的贡献值是 61.41 亿元，占希腊 GDP 的比例仅为 3.1%。希腊农业行业容纳了 41.69 万就业岗位，约占希腊就业岗位总数的 10%。2019 年希腊农业的产值主要来自：水果、蔬菜、经济作物、牛奶和橄榄油，希腊农业在欧盟的优势领域是新鲜蔬菜和永久作物，前者产量占欧盟产量的 3.6%，后者产量占欧盟产量的 7.2%。2020 年希腊农业增加值为 78 亿美元，相比 2019 增长了 0.4 亿美元，占希腊 GDP 的 4.12%。[①]

8.2.2.3　葡萄牙

2021 年，葡萄牙农业增加值占 GDP 的 2.19%。葡萄牙主要作物包括：油橄榄、葡萄、玉米、燕麦等。年产葡萄酒 655.70 万升，产橄榄油 147 万升。2020 年捕鱼量为 11.04 万吨。88% 以上的水产品为海洋捕捞，以沙丁鱼、鲭鱼、竹荚鱼为主，淡水鱼主要为鳟鱼。注册渔民 1.60 万人。

橄榄油和葡萄酒是葡萄牙的重点和特色农产品。葡萄牙橄榄树种植面积 35.24 万公顷，主要集中在中南部、中部及北部地区。据欧盟委员会数据，葡萄牙是继西班牙、意大利、突尼斯、希腊、土耳其、摩洛哥之后世界第七大、欧洲第四大橄榄油生产国，以及欧洲第三大出口国（仅次于西班牙和意大利）。据隶属于葡萄牙农业、林业和农村发展部的葡萄牙葡萄与葡萄酒研究所（IVV）数据，葡萄牙全境葡萄种植面积约 19.5 万公顷，种类约 340 种。2022/2023 年产季葡萄酒产量为 6.8 亿升。葡萄酒产值约占整个葡萄业产值的 25%，从业人口近 20 万。葡萄牙目前是世界第十一大、欧洲第五大葡萄酒生产国[②]。

8.2.2.4　塞尔维亚

2021 年，塞尔维亚农业增加值占 GDP 的 6.29%。塞尔维亚的农业生产以种植业和畜牧业为主，种植业产值占 63.2%，畜牧业产值占 36.8%。其中，种植业主要种植玉米、小麦、谷物、大豆、油料作物、牧草、蔬菜和水果等，畜牧业主要养殖猪、牛、羊和家禽等。[③] 2019 年，塞尔维亚农业产值保持稳定，同比增长 0.1%；全年农产品出口 12 亿美元，同比增长 14.6%，占出口总额的 6.1%。虽然农业易受天气灾害影响产量和出口有所起伏，但一直是塞

---

①　资料来源：《欧盟农业、林业和渔业统计公报（2020 年版）》。

②　资料来源：驻葡萄牙共和国大使馆经济商务处。

③　资料来源：农业农村部对外经济合作中心《中国—塞尔维亚农业合作概述》。

尔维亚出口创汇的主要产业之一。

　　塞尔维亚拥有大量高品质水果基地（如苹果、李子、覆盆子、蓝莓、黑莓、樱桃和其他水果），可用于广泛的食品加工产业，生产各种水果浓缩物、无菌蔬果酱等。西部是塞尔维亚水果生产的中心，提供塞尔维亚96%的覆盆子（6万吨一级覆盆子，种类有维兰米和米克）、92%的黑莓（1.65万吨）、60%的李子（26万吨），该地区还是重要的苹果生产基地。东部盛产李子、杏、草莓各色水果，还有扩大水果种植面积的潜力。①

8.2.2.5　克罗地亚

　　2021年，克罗地亚农业增加值占GDP的2.91%。受不同气候、地形特点的影响，克罗地亚农产品种类丰富，从粮食作物到葡萄园经济作物，以及温带热带水果、蔬菜一应俱全。克罗地亚主要产粮区在北部的平原地区，中部山区和南部沿海地区适于发展畜牧业和种植水果，特别是葡萄的培育。克罗地亚农业污染程度很低，具有良好的发展绿色农业的条件。2022年，小麦耕种面积16.1万公顷，年产量为97万吨，每公顷产量为6吨；玉米耕种面积27.1公顷，年产量为165.6万吨，每公顷产量为6.1吨。家畜和家禽产量分别为42.2万头牛、94.5万头猪、64.3万只绵羊、8.2万只山羊、1091.8万只家禽。农业耕地面积为85.67万公顷，比上年减少3.6%。林地面积为276万公顷，约占国土面积的48.8%。其中，国有林地面积为208万公顷，占75.4%；私有林地面积为68万公顷，占24.6%。森林蓄积量为4.19亿立方米，以阔叶树种为主，生长面积居前五位的树种分别为山毛榉（约占森林面积的37.2%）、夏栎（占11.6%）、无梗花栎（占9.4%）、鹅耳枥（占8.4%）和银冷杉（占7.9%）。克罗地亚林木品质较高，90%为天然林，且拥有生态证书。薪材产量为260.4万立方米，同比增长22.3%；工业原木产量为273.9万立方米，同比下降4.1%。克罗地亚森林工业在国民经济占据重要位置，相关从业人员约5.3万人，林产品出口额占出口总额10%左右。木材出口中，制成品占比70%，主要有家具、地板、建筑用木材、木屋和门窗配件等。②

　　克罗地亚的农产品基本上自给自足，国家支出中只有2%用于补贴农业。克罗地亚曾是南斯拉夫的果树主产区，水果产业一直都向专业化、集约化发展。2013年加入欧盟以来，克罗地亚农业产值和就业人数连续下降。2023年，克罗地亚农业增加值为22.98亿欧元，同比增长0.4%。

　　克罗地亚食品加工业较发达，是克罗地亚加工业中就业人数最多的行业，

---

　　① 资料来源：农业农村部对外经济合作中心——塞尔维亚农业投资机会分析国别政策资讯。

　　② 资料来源：中华人民共和国商务部.《对外投资合作国别（地区）指南——克罗地亚（2021年版）》。

其总收入位列加工业第一位。克罗地亚主要出口烟草、调味品、汤料、糖果、鱼罐头、牛肉罐头、烈性酒和啤酒,克罗地亚"波斯图普"和"丁加奇"牌葡萄酒及部分火腿肉、奶酪、李子酒等产品享有欧洲原产地保护商标。

8.2.3　西北欧国家

西北欧国家的农业发展各具特色,如奥地利的农业以小规模经营为特色,卢森堡则以大农场经营为主。在西北欧国家中,奥地利和爱沙尼亚的农业生产发展情况较好。由于森林资源丰富,西北欧五国的林业生产在本国农业生产中都占据重要地位。

8.2.3.1　奥地利

2021 年,奥地利农业增加值占 GDP 的 1.21%。种植业在奥地利农业中占有举足轻重的地位。奥地利的种植作物主要有谷物、水果和蔬菜。奥地利人民高度重视林业,把林业看作是人民生活必不可少的一个重要组成部分,甚至把林业称之为"绿色的肺"。无论是种植业、畜牧业还是林业,奥地利无不以小规模经营为特色。奥地利的农场虽然规模小,但其经营管理已由粗放经营阶段进入集约经营阶段,其主要标志是农业已不再是劳动密集型的产业,而是资金和技术密集型的产业;农民已不再是传统意义上的农民,他们已成为农业"工人",而且是"技术工人"(陈吉元、刘玉满,1997)。据奥地利统计局的资料,2020 年奥地利农民收入比上年增长 5.4%,2019 年同比下降 5.9%。农业产值增长主要来源于植物产品,猪牛等畜牧业受疫情影响销路受阻且价格下跌。2020 年奥地利农业总产值为 77 亿欧元,增长 3.2%。主要粮食作物、蔬菜及饲料作物产量及价格走高使植物类总产值达 34 亿欧元,同比增长 7.6%。畜牧业产值为 36 亿欧元,同比下降 0.6%。2020 年农业要素收入比 2019 年增长 4.9%,达 26 亿欧元,农民收入增长主要得益于产业结构调整。2020 年用于增加农民收入的公共支出为 15 亿欧元,同比增长 0.3%,用于农业投入、折旧及产品销售的公共支出为 66 亿欧元,增长 1.9%。[①]

8.2.3.2　立陶宛

2021 年,立陶宛农业增加值占 GDP 的 3.31%。共有 6.75 万个农场,耕地面积 230.13 万公顷。全国 33% 的人口居住在农村,农业从业人口占总从业人口的 17%[②]。2021 年农业产值 32.3 亿欧元,同比增长 15.8%。立陶宛的木材加工业增长速度大大超过整个制造业的平均水平,立陶宛木材加工业主要包

---

① 资料来源:中华人民共和国商务部.《对外投资合作国别(地区)指南——奥地利(2021年版)》。

② 中国驻立陶宛大使馆经济商务参赞处　·对外投资合作国别(地区)指南。

括木材及制品业、家具业和造纸业，主要产品是锯木、胶合板、木质板材、家具、木箱、木制构件、瓦楞纸板、纸箱等。近年来立陶宛木材加工业形成了一些由木材加工、家具生产企业等组成的企业集团，如 SBA 集团、UBROS 集团、VAKARUMED 旧 NOS 集团、BALTIJOSBALDU 集团等。

食品加工业在立陶宛工业中占据举足轻重的地位，不仅提供了大量的就业机会，而且是立陶宛主要出口产业之一。立陶宛 BIOVELA 集团是波罗的海地区最大的肉食品加工企业之一，占立陶宛市场 30% 的份额。

8.2.3.3 拉脱维亚

2021 年，拉脱维亚农业增加值占 GDP 的 4.11%。拉脱维亚农业包括种植业、畜牧业、渔业等行业，1996 年拉脱维亚农业、畜牧业和森林业产值占国内生产总值的 8.7%。2018 年拉脱维亚农业生产总值 9.74 亿欧元，占国内生产总值的比重为 3.8%。2018 年拉脱维亚农业总产量 1 068 万吨，同比下降 11.6%[①]。2023 年拉脱维亚农业增加值为 18.18 亿欧元，比上年减少了 2.06 亿欧元，同比下降 10.18%，农业增加值占 GDP 的比重为 4.17%。

拉脱维亚的农业主要以种植业和畜牧业为主，人均拥有可耕地较多，但土地利用率不高，单位面积农作物产量较低。种植业以生产谷物、亚麻、甜菜、饲料和马铃薯为主。畜牧业主要是奶、肉两用的养畜业，主要饲养牛和猪，养蜂业发达，畜牧业在农业中占主导地位。拉脱维亚在农业和食品加工领域具有悠久历史和丰富经验，近年来已逐步摆脱独立之后农业生产不断下滑的困境，步入健康稳定的发展轨道。拉脱维亚的主要出口农产品以制成品为主，进口商品品种繁多。

8.3　农业科技发展概况

8.3.1　东欧国家

在农业科技方面，东欧国家将研究重点放在"数字农业"和"智慧农业"上，提倡互联网与农业结合，例如精准农业智能化装备、果蔬自动化分级系统等。中东欧国家盛产葡萄、橄榄、奶制品、肉类等农产品，各国在葡萄酒酿造技术、橄榄油加工技术以及功能性乳制品的开发上具有比较优势。东欧部分国家拥有先进、成熟的栽培技术，例如无病毒苗木繁殖栽培技术。匈牙利、捷克、波兰等国拥有较多的核心生物科技企业，转基因等生物技术方面有很大的优势，例如家畜胚胎冷冻移植技术、转基因技术领先于中国（申云、陈佳玉，2020）。

---

① 资料来源：拉脱维亚中央统计局。

8.3.1.1　俄罗斯

俄罗斯农业科学院有很强的农业科学研究实力。在作物育种方面，全国大约有 100 多个研究单位在从事育种工作，提供了 3 000 余个品种（和杂交种）在生产中推广应用。据测算，近 30 年农产品产量的增长一半是良种的作用。俄罗斯大部分地区易旱，尤其在一些谷物主产区经常出现干旱，因此，选育抗旱品种成为育种工作的重要任务。经过长期选育过程，已获得了一批世界上著名的抗旱和抗寒的冬小麦品种。全俄作物栽培研究所建立了世界上独一无二的作物种质基因库，为育种学家提供了大量珍贵的育种材料。目前，俄罗斯每年约有 250～300 个品种（和杂交种）投入区域性试验。2015—2018 年俄罗斯农业科研资金投入比例见表 8-3。

表 8-3　2015—2018 年俄罗斯农业科研资金比例

单位：%

年份	农业在国内研发支出总额中所占份额	农业国内研发成本与农业总产值之比	科研总支出与国内生产总值之比
2015	2.14	0.79	1.03
2016	2.12	0.69	1.07
2017	2.17	0.60	1.10
2018	2.10	0.55	1.10

数据来源：闫泓多. 俄罗斯农业科技创新政策研究 [J]. 农家参谋，2020 (13)：33-34.

在畜牧兽医研究方面，畜牧良种研究所为了保存大量的高产种畜资源建立了种公牛精液库，并进行生产中大量使用的黑花奶牛和丘陵山区牛品种的改良工作。养羊研究所培育成功两个新的工厂型生产的绵羊品种和北高加索肉毛兼用品种，其羊毛质量超过现在规定的国际标准。俄罗斯农业食品部育种委员会批准了 1995—2000 年保存和利用本国农畜基因储备的计划。该计划要求研究院继续改良现有畜牧品种，要建立 3 个地区型黑花奶牛品种（圣彼得堡、莫斯科和乌拉尔），泌乳期的生产潜力要达到 8 000～10 000 千克，牛奶含脂量要达 3.8%～3.9%，蛋白质含量要达 3.3%～3.4%。此外，要继续研究改良快速增重的 CM-1 猪品种，要求达到昼夜增重 800～900 克的国际先进水平，提高饲料报酬，要求每千克增重消耗不超过 3.5 个饲料单位，瘦肉率要达到 56%～60%。

俄罗斯制定了《2019—2027 年俄罗斯联邦遗传技术发展科学规划》，在该规划框架内计划建造 3 个世界级的遗传中心，并着重培养 3 000 名青年科学家，主要研究方向包括生物安全、生物独立、医学遗传技术、农业遗传技术和工业微生物遗传技术。俄罗斯农业部启动了"数字农业"国家项目，计划执行期到 2024 年，其主要目的是合理使用农业资源，将农业企业的劳动生产率提高 1 倍，同时将经营成本压缩 1/3，将单位农产品成本核算中的直接材料费降低 20% 以上。为此，俄罗斯将筹集 3 000 亿卢布的资金打造农业数字化国家管理平台，对相关的农业基础数据进行采集、处理和分析，便于政府及时掌握信息并采取措施，以确保有效提高农业生产效率。2017 年俄罗斯推出《2017—2025 年俄联邦农业科技发展规划》，旨在降低农业技术对外依赖度，增强农工综合体竞争力。该规划确定的农业科技主要方向为：培育种植业和畜牧业的育种能力，减少进口；利用先进技术增加优质饲料及饲料添加剂生产；研发植物病虫害防治技术和动物疫病防治技术；生产和引进生物农药和农用化学品生产技术；发展现代农产品加工和储存技术等。在农业物联网方面，由俄联邦邮电部、农业部、交通部和物联网协会联合组成专家委员会，发布"路线图"文件草案并筹备相关发展基金。农业物联网技术通过将传感器安装在田间或固定的机器上，对农业生产的相关指标和数据进行收集，通过汇总和分析，实时跟踪农业生产过程中各项指标的变化，农民通过信息系统中的指标分析结果，对生产进行调整优化，提高水肥利用效率，降低成本，从而提高生产效率。为促进农业物联网在农业工作中的推广，政府将减少企业在农业物联网技术方面的税率，分配无线电频率用于农业用的无人驾驶飞机。建立农业空间监测系统，为各项气象数据的监测和作物生长预测提供方便，制定相关教育方案，培育农业物联网人才。2018 年俄罗斯创新技术在农业上的应用情况见表 8-4。

表 8-4 2018 年俄罗斯创新技术在农业各领域的应用比例

单位：%

创新技术类别	大企业	小企业	农场
滴灌系统	5.9	4.3	3.7
农作物免受病虫害的生物方法	12.9	9.4	9.3
家畜个体喂养系统	11.5	7.0	4.7
家畜细胞游离法	3.4	0.9	1.6
畜牧场清理设备	10.1	3.1	1.2
工业废水处理系统	14.0	8.5	3.7
可再生能源技术	2.0	1.8	1.8
精密驱动系统和远程质量控制系统	15.6	4.3	0.8

8.3.1.2 乌克兰

乌克兰是苏联国家中科技实力仅次于俄罗斯的科技大国，其中包含农业科技在内的六项科技均在世界处于先进水平。乌克兰科研单位有三大体系：科学院系统、部门研究所和高校科研单位，科技人员约 30 万人，以乌克兰农科院为代表的农业科技具有很强的实力，在优良冬小麦育种、玉米、甜菜育种，优良牧草，高产高质的欧洲大甜樱桃的育种方面有独到之处。此外，乌克兰的土壤制剂研究与调理改良项目已引入其他国家，致力于打造未来农业高质量可持续发展的样板。土壤测土改良项目也已在其他国家进行试验，用于开展土质监测、土壤修复、测土配方等相关研究和推广，探索土壤改良的新模式，实现环境生态循环和农业品质提升，打造农业可持续发展的示范样板。①

8.3.1.3　波兰

波兰的农业科研体系归口分散，主要由三大系统的科研机构来承担。一是农业和农村发展部下属的 16 个研究所、6 个中央实验室和 1 个研究发展中心；二是国民教育部下属的 9 所农业大学；三是波兰科学院的 8 个农业科学研究机构。另外，还有卫生和社会福利部、环保部、自然资源和林业部以及工业与合作部下属的一些机构②。波兰在有机农业、育种技术、鱼类加工技术方面有优势。

波兰农业科研系统具有比较完善的机构体系，中国和波兰两国在农业技术、品种资源交换、农业机械等方面都进行过有效的合作，在作物、栽培、加工等方面都有着不错的合作成效。同时，两国农业部门还签署了农业和食品业的经济科技合作协议。进入 21 世纪以来，中国和波兰两国政府也在不断推进两国农业的科研合作，通过引进、吸收波兰农业的先进技术，中国也在不断地创新，使其更加适合于本国国情，促进农业发展。2023 年，科技对中国农业增长的贡献率超过了 63.2%。新的历史发展时期，中国与波兰农业在"一带一路"倡议的背景下，进行更加密切的联系，不断推进两国高精尖人才的流动，中资企业可以大力引导农业科研人才，积极与波兰农业科研机构开展合作（韦倩青、黄英嫚，2020）。

8.3.1.4　罗马尼亚

在农业科技领域，中国和罗马尼亚开展作物品种改良与繁育，共同挖掘罗马尼亚种质资源潜力，培育高产、高抗、广适的优良品种。合作建立种养技术示范基地，培训指导当地农业生产者推广应用田间管理、培肥、病虫害防治、动物疫病防控和资源高效利用等高产、高效配套技术。2019 年 3 月，包括罗马尼亚在内的 25 个欧洲国家签署了"欧洲农业和农村地区智能和可持续数字

---

① 资料来源：中华人民共和国商务部.《一带一路农业合作国别（地区）指南——乌克兰（2020 年版）》。

② 资料来源：农业农村部对外经济合作中心—波兰农业情况介绍。

未来"合作宣言，旨在促进欧洲农业和农村地区数字化。2020年新冠疫情和严重干旱给罗马尼亚农业带来了巨大挑战，也促进了罗马尼亚农业数字化的发展。例如，罗马尼亚数字化程度最高的农场之一Frizon Group通过精准农业，用20名员工管理了近4 000公顷的土地。但罗马尼亚农业企业中，90%以上为中小企业，农场规模也较小。对大部分农民来说，数字化改造初始资本较大以及对数字农业的认识有限是限制农业数字化、自动化发展的主要问题。

8.3.1.5 捷克

捷克的农业科技优势在于基因和生物技术。捷克生物研究所和南波黑米亚大学的生理学研究中心通过对藻类植物光生物学的深入研究，提升了捷克有关光合作用的研究水平和层次。

捷克农业科研体系主要由农业部、农业科学院和农业高等院校下属的科研机构组成，强调科研、教学与生产的密切结合，重视科研成果的推广应用。通过科研单位与生产部门签订科研合同和共同组织科研生产联合体的形式，将科研成果迅速应用于生产实践。农业部负责管理农业领域的应用性开发研究和社会公益性科学研究，并公布农业领域的高科技发展的国家级计划和纲要。农科院和农业院校的基础科研经费由国家预算拨款，可参加国家项目的招标，享受项目资助。

8.3.2 南欧国家

总体来看，南欧各国农业科技发展水平较高，重视本国农业科技水平的提升与创新。马耳他拥有较为先进的渔业技术；葡萄牙的酿酒技术颇负盛名；马其顿在培育优质高产香料烟方面有很大技术进步；塞尔维亚传统生物技术很强，且农业装备水平较高；意大利在农业机械和食品加工上的科技创新领先世界。

8.3.2.1 意大利

意大利在农业机械（高度机械化，擅长根据客户要求定制产品方案）和食品加工的科技创新（加工链、储藏、保鲜技术）领先世界。具体来看，一方面，意大利是农机制造大国，其种植业、畜牧业均已全部实现高水平机械化生产和工厂化饲养。目前，意大利共有农机生产企业2 000多家，已成为全球卷盘式喷灌机制造企业的集聚地。另一方面，农产品和食品加工业是排名仅次于机械制造业的意大利第二大产业部门，加工销售成为创造产值和就业市场的最重要环节，整个体系产值超过2 600亿欧元（胡依洁等，2020）。

20世纪70年代，意大利农业就已经全部实现机械化，小麦、大麦、玉米、水稻，从土地耕整到种植、除草、收获等全部实现了机械化。意大利农业机械化程度在20世纪90年代达到了很高的水平。其葡萄种植面积在100万公顷以上，从挖沟、种植、灌溉、剪枝、病虫害防治、施肥到采摘已实现了全程机械化。意大利收获机械方面，水果分拣机技术已基本成熟，将水果按大小、颜色、含糖量、重量、有无病虫害等要求直接分级，分拣速度达到每秒 10 个。除了种植业外，意大利的养马、养猪、奶牛和家禽饲养也全部实现了机械化与工厂化。

意大利农资生产企业强大，具有领先世界的绿色可持续发展理念以及拥有无可比拟的核心技术和强大的研发实力。欧洲食品安全中心设在意大利，产品拥有非常高的质量，比如农产品加工、储藏、保鲜技术与设备，食品安全技术（农产品与食品安全可追溯技术）等（胡依洁等，2020）。

8.3.2.2　希腊

在智慧农业方面，希腊政府正在制定《2021—2027 年共同农业政策战略规划》，以加快促进本国农业转型和改革。希腊政府新制定的 7 年乡村发展战略规划的主要关键词是智慧农业，希腊政府将借助 5G 技术，创造一个现代、有活力和可持续的乡村发展模式，包括向智能化和数字化转型，加强环境保护和气候行动，改善乡村地区社会经济结构等。多年来，希腊农业一直受困于耕地分散、机械化程度不高等问题，生产效率较低，农业生产每单位产值在欧盟排名倒数第四。为践行《巴黎协定》和联合国《2030 年可持续发展议程》，希腊政府新的乡村发展规划主要围绕遵循碳排放和气候变化目标来实施，促进乡村经济向绿色化、低碳化和可持续化方向发展。目前来看，具体措施包括升级灌溉设备、智能监测温度、改造乡村基础设施、因地制宜进行规划等。为更好地落实和执行乡村发展规划，希腊政府还推出了"国家乡村网络"。该网络涵盖了近 200 个与乡村发展相关的公共部门、经济和社会组织、教育和研究机构、民间组织等，以加强乡村各地区的统一协调和信息共享，促进乡村科技创新，保障乡村发展规划的实施。此外，希腊政府还设立了名为"乡村发展保障基金"的投资组合基金，帮助金融机构承担部分风险，支持其以优惠条件向农民、养殖户和加工企业等提供贷款。在有机认证方面，希腊并没有自己的有机认证标准，希腊在农业有机认证方面严格实施欧盟的标准，对农业投入品的管理较为严格，农资经营者必须持证上岗，有机蔬菜水果主要出口欧洲（如德国、瑞士）和美国等发达国家（曲俊澎，2021）。

在葡萄相关技术方面，来自希腊农业组织——DEMETER 亚热带作物和葡萄栽培研究所的研究人员研究了泡叶藻提取物对梅洛葡萄产量和浆果成分的影响。研究人员进行了为期两年的田间试验，以评估叶面喷施泡叶藻提取物对葡萄产量、冠层叶绿素含量、浆果成分及酚醛树脂含量的影响。结果表明，该提取物有可能提高酿酒用红葡萄酒葡萄园的产量并改善葡萄酒的品质（周洲，2019）。

在农膜技术方面。希腊 Plastika Kritis 集团成立于20世纪70年代，凭借其多年的经验和专业技能及对塑料在农业应用中的深厚知识，以及从自己的实验室和试验农场中所获得的实地经验，不断地研发和创新。"PEP 利得膜"品牌享誉中国，占有高档膜市场的领先地位。PEP 利得膜产品所有的配方均来自企业自有的专利技术和经验。从产品的设计、配方、母料、品管、助剂都是由希腊母厂所提供的最新技术。产品含有特殊的紫外线稳定剂和抗氧化剂，当长时间暴晒在紫外线下时，膜能起到较好的保护作用。①

8.3.2.3 葡萄牙

葡萄牙的酿酒技术在国际上久负盛名。葡萄牙是世界第一个建立葡萄酒分级制度的国家。葡萄牙葡萄酒行业的飞速发展得益于葡萄牙雄厚的教科实力。葡萄牙葡萄酒的教研团队来源广泛，包括葡萄牙国家生物资源研究院等国有研究机构、公办高等院校以及大型民企开办的葡萄酒学院。这些科研项目涉及葡萄栽培、旅游、品鉴与销售等。葡萄牙教育与科学部是葡萄牙酒前沿科学研究的重要支持力量。加入欧盟后，葡萄牙政府大力发展生态农业。自然动力法、永久农业等强调生态和谐平衡的有机耕种模式，进一步增强了葡萄牙土地与葡萄的活力。阿兰特茹产区在葡萄牙加入欧盟后引进了美国橡木、不锈钢储罐与温度控制发酵技术。踏浆机器人的应用使全天候榨取葡萄汁变为可能。近年来，葡萄牙在新酒开发、酿熟期长短测试、质量控制、卫生检验领域进展迅速（潘汾渠、邢金虎，2015）。

8.3.2.4 塞尔维亚

农业生产机械化水平较高。塞尔维亚农业装备水平很高，农业生产普遍实现了机械化。不论是农户或农场都使用拖拉机、（联合）收割机及各种播种机、脱粒机、包装机等自动化机械。畜牧养殖也实现了机械化和自动化；畜舍采用现代化设备，配有取暖和通风装置、自动饲喂器、清粪装置机械及自动挤奶机械等。随着农业生产的改革，拖拉机及其他农机具、肥料、杀菌剂的生产也在迅速发展。例如，塞尔维亚已拥有许多拖拉机制造厂，每个拖拉机制造厂的年生产能力为4万~6万台，这些拖拉机不仅满足了塞尔维亚市场的需求，同时还转销到其他国家。其他农机具及肥料、杀菌剂的生产情况与拖拉机的生产情况相似，这部分工业产值占全国工业产值的11%。拖拉机使用数量约为90万台。②

农业生产技术水平较高。塞尔维亚传统生物技术很强，而且不断地进行技

---

① 资料来源：南昌农达农资有限公司.40年经验农膜专业，希腊技术、品质保证［J］.农业工程技术，2015（22）：68.

② 资料来源：农业农村部对外经济合作中心《中国——塞尔维亚农业合作概述》。

术革新和改造。一方面，从发达国家引进良种和先进技术，并积极地消化、推广；另一方面，把自己的良种和先进技术向国外输出。塞尔维亚农业技术发展优势明显，一批农业科研单位运用转基因技术、遗传工程等现代生物技术培育农作物优良品种的工作十分突出。各研究所都有相当规模的种质基因库，广泛收集了国内外的种质资源，并具有很强的育种能力。一些专业育种研究所的研究处于国际先进水平。畜牧业研究是塞尔维亚较有实力的学科。塞尔维亚通过引进欧洲其他国家的牲畜良种进行杂交，培育了一批优质良种，并拥有较先进的养殖技术与肉类加工技术。塞尔维亚凭借自身的农业科技优势，使农业成为国家的经济支柱（辛岭，2008）。

有机农业发展趋势较好。2021 年，塞尔维亚农业部已编制一份带有原产地名称的农产品、食品名录和一份受地理标志保护的葡萄酒名录。编制两份名录旨在推动有机农产品领域的立法。推动农产品、食品质量监管政策的执行。2022 年，塞尔维亚正在运营的有机农业面积达 21 000 公顷，生产者近 7 000 名。近年来，塞尔维亚有机农业、生产者数量以及有机食品出口的增长趋势良好，这一趋势背后的关键因素之一是农业部提供的补贴，过去几年塞尔维亚政府对有机农业的补贴不断提高。

农业科研单位成果丰富，成果普及率较高。诺维萨德大田作物研究所已经取得了丰硕的科研成果，在农作物的良种培育领域成就尤为突出。到 2007 年，共培育成功各类农作物良种和高产杂交种 956 个，其中在本国内注册推广的有892 个，在国外注册推广的有 350 个。各类作物的良种的数量具体如下：麦类357 个，玉米 198 个，油料作物（主要是向日葵）57 个，大豆 85 个，甜菜 31个，牲畜饲料作物 51 个，各类蔬菜 64 个，啤酒花、高粱及药用植物 76 个。由该所培育的蔬菜良种的普及率达到蔬菜播种面积的 85%，玉米良种占到56%，向日葵良种占到 98%，大豆良种占到 80%，甜菜良种达到 50% 以上。[①]

8.3.2.5　克罗地亚

克罗地亚政府为发展和提高本国经济和科技水平，从政策、资金到人力、物力提供优惠条件，鼓励和支持国际科技合作。克罗地亚科技基础较好，属于中等发达国家，文化教育程度较高，全国有 4 个大学中心：萨格勒布、里耶卡、奥西耶克和斯普利克，共包括 52 所高等院校，教师近 6 000 人，科研力量主要分布在高等院校和独立的研究所，其他是在科学院所属的研究机构。中国和克罗地亚科技合作起步较晚，但双方对发展两国在科技领域的互利合作关系都有着强烈的愿望（辛岭、胡景丽，2008）。我国与克罗地亚现有的农业科

---

① 资料来源：中华人民共和国商务部驻塞尔维亚使馆经商处；塞尔维亚诺维萨德大田作物和蔬菜研究所。

技合作内容有：禽流感防控技术合作、水产养殖技术合作（申云、陈佳玉，2020）。

克罗地亚农业数字化转型已被纳入国家复苏和重振计划（NPOO）。国家复苏和重振计划中将有 7 700 万库纳（约 1 023 万欧元）用于农业部门数字化，包括公共服务数字化（1 400 万库纳）、智慧农业（5 000 万库纳）和启动田间到餐桌项目（1 300 万库纳）。武奇科维奇指出，家庭农场面临老龄化问题，需要激励年轻人接管家庭农场，同时数字化可以弥补某些领域的劳动力短缺（张云华等，2020）。①

8.3.3 西北欧国家

8.3.3.1 奥地利

奥地利约有 54.5 万公顷农业耕地种植有机农产品，63.1% 的土地为畜牧业牧场和人工草场。35.7% 的有机认证面积为农业耕作面积，1.2% 的有机认证面积为果树，包括葡萄、苹果和浆果类。尽管奥地利的耕地面积相对较少，但有机农田面积达 52 万公顷，位居欧盟第六位。

有机农业是奥地利农业走可持续发展道路的先锋。一方面，政府将继续保证种植有机农产品的农民、专业加工企业、中间商、有机农产品管理机构和消费者的利益；另一方面，政府的农业政策要通过多方位的、高效的资助来支持有机农业发展。此外，建立全面的消费者信息服务也将是推动有机农业发展的重要一环。

在奥地利，有机农产品拥有良好的信誉。有机农产品供应商必须持有欧盟的有机农产品认证。近年来，在奥地利有机农产品客户范围不断扩大，完全排斥有机农产品的消费者非常少。在奥地利市场上销售的有机农产品远远多于 5 年前，但总体供不应求的局面仍未改变。过去 5 年，奥地利市场对有机农产品的需求增长 30%，而供应只增长 12%。

奥地利有机农业的快速发展与其国际化战略密切相关。奥地利有机农业研究所发布的报告显示，全球有机农产品市场持续增长的趋势在欧洲和美国市场表现最为明显。目前，全世界有机农产品市场的 50% 在欧洲和北美，法国和英国，瑞士、奥地利有机农产品市场规模也位列前十。欧盟范围内，西班牙有机农产品种植面积最大，约 130 万公顷，意大利约 110 万公顷；德国约 95 万公顷。奥地利耕地面积相对较少，但有机农田面积约 52 万公顷，位居欧盟第 6 位。

在充分了解国际市场的前提下，奥地利有机农产品行业将拓展市场的重点

① 资料来源：驻克罗地亚共和国大使馆经济商务处。

瞄准欧洲。德国仍然是奥地利有机农产品最重要的出口市场。近年来，德国消费者对食品安全的重视不断增强使德国有机农产品市场需求快速增长，这也为奥地利有机农业提供了巨大商机。除了最重要的出口市场德国以外，重点开发的目标市场还包括斯洛文尼亚、波兰、捷克、斯洛伐克和法国（王宝锟，2011）。

8.3.3.2　立陶宛

立陶宛重视发展科学技术，政府采用建设高新技术园和集群的方式为科研创造条件，重点领域包括：生物技术，通信、激光和医疗设备等。在农业方面，自 2015 年以来，立陶宛根据 CAP 实施"绿色直接支付""青年农民直接支付""自愿挂钩支持"等一系列制度措施。立陶宛的直接支付由欧洲农业担保基金（EAGF）和转型期国家援助（TNA）款项进行支付。2015 年，EAGF 的份额占立陶宛直接支付的 92.5%。绿色直接支付的应用是为了保护环境，促进农业的可持续发展。立陶宛政府非常重视农业和农村的可持续发展，在教育部门推行有机食品消费，培养孩子健康饮食习惯，提高生态环境保护意识，对生产有机农产品的农民予以支持。为保护土壤肥力，国家将鼓励实施可持续性农业耕作方式，促进农业的可持续发展。

8.3.3.3　拉脱维亚

拉脱维亚农业科技的着力点主要是家畜育种和改进食品加工技术。研究机构以高校和科研院所为主。其中隶属于农业部的研究机构如下：拉脱维亚农业大学，拉脱维亚土地经济研究所，拉脱维亚国家水果种植研究所，国家斯登德谷物育种研究所，国家普瑞库伊田间作物育种研究所，拉脱维亚国家林业研究所，食品安全、动物健康和环境研究所。农业部的合作单位有拉特格尔农业研究中心、波尔园艺研究中心和拉脱维亚农林科学院。

8.4　农业政策概况

8.4.1　东欧国家

东欧各国都制定了农业土地、农业科技、财政与金融、农业可持续发展等方面的政策。其中，大部分东欧国家加入欧盟，实行欧盟共同农业政策。其特点为对内实行价格支持，对外实行贸易保护，主要措施包括：制定统一的农产品价格、市场干预、差别关税和出口补贴等。在价格制定方面，由共同体理事会制定统一的目标价格、门槛价格和干预价格，保证市场平衡，维护生产者和消费者的利益。在市场干预方面，主要是通过采取价格支持和生产配额等措施干预农产品购销，调节生产和流通。在贸易措施方面，主要是通过差别关税等措施限制共同体外部的廉价农产品进口，同时，利用出口补贴销售共同体剩余的农产品。2013 年年底，欧盟共同农业政策进行了新一轮改革并设定了 2014—2020 年欧盟农业政策的框架。相比过去，"2013 年改革"在绿色生态转型方面的措施更加丰富，因此也被称为"绿色"改革（张鹏、梅杰，2022）。

8.4.1.1 俄罗斯

俄罗斯 2012 年批准了基于 2006 年颁布的《俄罗斯联邦农业发展法》和《2020 年前俄罗斯联邦社会经济发展长期构想》原则而制定的新一轮农业发展规划，即《2013—2020 年农业发展与农产品、原料和食品市场调控的国家纲要》，其中包括 11 个子规划和 45 项具体措施，涵盖种植业、畜牧业、食品加工业、农业技术创新、农业培育技术发展、农业基础设施完善、土壤保护、农工综合体和小微农业企业的相关扶持等各个方面。此外，在这个规划框架内还设有两个联邦专项规划，分别是《2014—2017 年和 2020 年前农村地区稳定发展联邦专项规划》和《2014—2020 年俄罗斯农用土地复垦开发联邦专项纲要》。2019 年 2 月，俄罗斯对该规划进行了修订，将实施时间延至 2025 年，将规划分为两个阶段执行：2013—2017 年为规划阶段，2018—2025 年为实施阶段，预计总拨款 2.5 万亿卢布，其中 2.3 万亿卢布来自联邦财政预算（蒋菁，2020）。

（1）农业土地政策。为防止农业用地流失，俄罗斯制定了《2020 年前农用土地和用于农业发展的非农用地的国家监控和建立相关土地的国家信息资源构想》和《2014—2020 年俄联邦农用地复垦开发规划》，目标是使 1 000 万公顷土地回归农业生产用途。与此同时，俄罗斯还在酝酿通过三项法案。一是简化对农业用地闲置认定程序。一旦确定农业用地所有者 3 年内不使用土地，俄罗斯农业监督局就可以做事实认定。二是上调农用土地税率，从国家土地评估登记价格的 0.3% 提高到 10%，迫使闲置土地所有者出售或出租土地。三是简化程序，使无人认领"土地份额"尽快转归地方自治机构所有（高际香，2020）。为执行保证生态平衡、保护农业土地、提高其肥沃性的国家政策的实施，农业商品生产者通过明确的国家规划措施获得国家支持，其中包括根据俄联邦法律规定相关职能，利用俄联邦各层级预算体系的预算资金来鼓励化肥的使用。[①]

（2）农业财政与金融政策。调整统一农业税征收方法，不断完善农业保险制度。自 2019 年 1 月 1 日起，俄罗斯所有统一农业税的纳税人自动成为增值税纳税人，税率制定权交由地方，且允许设定免征税。俄罗斯现行的农业补贴政策为农产品价格支持政策以及出口补贴进口关税政策，农业生产资料、投入品适当补贴政策等。在农业保险方面，农业部出台《2018—2020

---

① 资料来源：中华人民共和国驻俄罗斯联邦大使馆经济商务处.《俄罗斯联邦农业发展法》。

年农业保险发展路线图》，提出了提高被保险农作物保障覆盖率的具体措施。新修订的《俄罗斯农业保险国家支持联邦法》2019 年 3 月 1 日生效，农业生产企业的参保范围将逐步扩大。按照农业部的估算，2018—2025 年，有农业保险的播种面积占比将从 0.7% 增至 12%～15%，而畜牧业保险补贴的覆盖率将从 14% 增至 30%。2019 年 11 月 30 日，俄罗斯政府签署了一项关于实施国家支持新机制的政策决议，将之前实施的所有农业补贴合并后改为补偿性补贴和刺激性补贴两种。农业部三年内将优先实施刺激性补贴，以帮助更多的地方农业生产者提高产量，增加出口。而国家优先支持的重点是温室蔬菜水果和浆果作物的生产、葡萄栽培、畜牧养殖以及油料作物的种植。

目前俄罗斯农业发展国家规划项下的支出主要包括：对农村可持续发展的补贴、对农业生产者的直接补贴和优惠贷款、对农业机械制造商的补贴、对俄罗斯铁路公司的粮食运输补贴、农产品出口支持资金和土地复垦资金等。为确保农业生产者盈利能力，政府正在改进国家支持机制和手段。一是各种补贴并轨，简化补贴申请程序，赋予地方政府补贴当地特色农业的自主权。二是增加农业优惠贷款，从 2017 年起，农业优惠贷款利率低于 5%。三是增加对农业生产者的直接补贴，支持资金向农场与个体经营者倾斜。四是加大农机购置折扣力度，从之前的 15%～20% 增大至 25%～30%。

（3）农产品贸易及价格政策。从 2014 年欧美对俄制裁开始以来，尤其受到欧美国家对俄农产品禁运政策延长的影响，俄联邦政府制定了新的战略目标，即从生产进口替代品到积极向外出口。俄大力推行农产品出口支持政策，为双边贸易额增长提供助力。2023 年俄罗斯农产品出口额达 435 亿美元，同比增长 5%。粮食出口占主要部分，出口量为 6 600 万吨。其中，小麦出口5 100 万吨，位居世界第一。[①]实施以农产品、原料和食品市场调节为目的的国家采购干预和商品干预。

第一，国家采购干预（以下称采购干预）。在农产品销售价格下降至低于最低的结算价格时而进行的采购，其中包括在交易所的交易，从自主进行农产品生产的农业商品生产者或以抵押产品方式进行农业产品生产的农业商品生产者的采购。

第二，国家商品干预（以下称商品干预）。在农产品销售价格上涨至高于最高的结算价格时而进行的所购买农产品的出售，其中包括在交易所交易。

第三，为稳定粮食市场，可以对食用小麦、饲料、饲料大麦、黑麦和玉米进行采购干预和商品干预。

---

① 资料来源：中华人民共和国驻俄罗斯联邦大使馆经济商务处.《俄罗斯联邦农业发展法》。

第四，实施采购干预和商品干预的粮食和其他农产品最高和最低限价由农工综合体和渔业领域行使制定国家政策和调整法律规范职能的联邦执行权力机构确定，上述联邦执行权力机构由俄联邦政府确定。农工综合体和渔业领域行使制定国家政策和调整法律规范职能的联邦执行权力机构，应不晚于当年3月，在媒体上公布设定的进行农产品采购干预的最低价格标准。

第五，在农工综合体和渔业领域行使制定国家政策和调整法律规范职能的联邦执行权力机构建议的基础上，俄联邦政府在进行商品干预和采购干预的同时，也可制定限制农产品进出口俄罗斯领土的措施。

第六，通过采购干预或抵押业务从农业商品生产者获取农产品的实施条件和方式由联邦政府确定。

（4）农业可持续发展政策。在农业可持续发展政策方面，俄罗斯推出《2030年前俄联邦农村地区稳定发展战略》，提出改善农村地区人口状况，为农村经济多元化发展创造条件，提高农村居民生活质量，提高农村居民对发展资源的获取权，合理利用自然资源，改善农村生态环境等战略优先方向。该战略注重因地施策、探索农村经济多元化发展路径，强调农业进口替代与出口导向并举，倡导积极利用信息技术促发展。在食品安全一般管制的基础上，鼓励食品部门的自我管理。一方面，食品安全管理部门制定一系列食品企业通用管理规范，作为强制性法规的补充或替代，如危害分析和关键控制点认证等；另一方面，食品企业自愿采纳一系列食品企业通用管理规范并将其纳入自己的管理系统，形成自己的食品安全计划。

8.4.1.2　乌克兰

乌克兰经贸农业部提出2021—2023年农业发展支持计划，具体政策内容包括：①推动畜牧业发展。设立专项预算补贴，用于养殖场的重建、改变生产结构、改善牲畜品种、支持生物多样性和生物安全。②促进种植业发展。通过苗木购买补偿方式支持园艺、酿酒葡萄栽培和啤酒花品种等主要种植业的健康发展。③支持农业及加工业设施投入，提供建造和安装灌溉系统及购置相关材料的补偿；为冷库建设与维修、农产品初加工、水果和浆果冷冻设施的建造、产品加工生产线、自动烘干设备提供补偿金。④实施农业生产保障政策。包括购买农机设备补偿，咨询服务补偿，新成立的农场国家预算补偿，奶牛养殖补偿，家庭农场单一社会税补偿，提供无息贷款；支持有机农业发展；继续对购买国产农机具提供资金支持或优惠贷款；继续为农民提供优惠贷款；提供农用地购买优惠贷款和农作物自然灾害的优惠保险等。[①]

---

① 资料来源：中华人民共和国商务部．《一带一路农业合作国别（地区）指南——乌克兰（2020年版）》。

8.4.1.3　波兰

（1）农业信贷与金融政策。信贷支持是波兰政府促进农业发展的一项重要政策。早在 1994 年，波兰政府就对农业信贷支持制定了法律法案，对向农民、农业企业进行贷款资助的条件、贷款的数量和规模作出了规定，明确了向农业提供贷款的金融机构和得到农业贷款的农民或企业各自所应当承担的责任。如 1994 年政府规定农业贷款最长期限为 20 年，一年内最高贷款额度可以达到 50 万兹罗提。此后，在实际执行中又将最高贷款额度提高到了 70 万兹罗提。如果有特殊情况，政府还可以提高额外的农业贷款。政府根据不同情况对农业贷款提供利息补贴。

对农业给予税收优惠。一是实行有利于农民降低生产成本的消费税返还政策。如农业使用的燃料可以部分返还消费税，平均每公顷每年可以返还 47.3 兹罗提。二是对农民实行农业税优惠政策。用于农业生产的建筑物不用交纳房地产税、农庄面积小于 1 公顷的交纳 100 兹罗提农业税，1 公顷以上的则不再算明细账，只交纳一个固定税收额度，总体计算要优惠于农庄面积小于 1 公顷的税负。三是对农民实行增值税和所得税优惠政策。农产品增值税税率为 3%～5%，优惠于工业产品生产。从事饲养业、温室生产的农户需交纳所得税，但耕地土质不好的农庄主可以免于交纳，甚至还可以享受到其他优惠政策。通过以上各项税收优惠后，波兰农民全年的各项税费支出只占全年总收入的 6%，农民在农业生产过程不再承担其他社会负担和摊派。

（2）农业可持续发展政策。波兰政府依据农场规模对有机耕作提供资助，并对相关的检测费用提供资金支持。加入欧盟后，波兰实施欧盟共同农业政策和乡村发展计划，并由此获得欧盟有机农业项目及其资助基金的大力支持。为鼓励广大农民发展有机农业的积极性，政府投入 1 875 万欧元的补贴，用于有机农业的监测、化验、辅导和科研费用等。

8.4.1.4　罗马尼亚

罗马尼亚于 2007 年 1 月 1 日加入欧盟，入盟后各项政策法律与欧盟接轨。为保障欧盟国家粮食安全、稳定欧洲农产品市场、保证农民收入，欧盟实行"共同农业政策"，遵循单一市场、共同体优先和共同财政的原则，建立起对外统一的农产品关税壁垒和对内统一的农产品价格体系，通过市场化的干预机制，确保农产品市场的有效运行。2014—2020 年，罗马尼亚共获得约 400 亿欧元的欧盟资金，其中 195 亿欧元为共同农业政策资金，主要通过大型基础设施、农业补贴、农村发展和渔业等计划实施。在罗马尼亚设立的本国和外国公司均可根据所在行业和地区情况申请使用相关资金[①]。

---

① 资料来源：农业农村部对外经济合作中心．罗马尼亚农业投资政策法律环境概况。

（1）农业土地政策。罗马尼亚实行的是土地私有化，土地所有者有权自由买卖土地。但是，土地所有者必须保证耕种土地，土地挪为他用须经批准。《土地法》对改变土地用途的审批权做了规定：1 公顷以下的农用土地改变用途由省农业及土地规划主管部门进行审批；1 公顷以上、100 公顷以下的农用土地改变用途由农业和乡村发展部审批；100 公顷以上的农用土地改变用途由罗马尼亚政府审批。

（2）农业用工政策。罗马尼亚实行的是以吸纳本地劳动者为主的用工政策。罗马尼亚约有 912 万劳动力，是欧洲的劳务输出大国，加入欧盟后，罗马尼亚的劳动力大量进入其他成员国，导致国内劳动力出现短缺。目前约有 300 万罗马尼亚人在西欧和以色列等国打工。罗马尼亚的劳动力大量外移与其低廉的劳动力价格有关。欧盟每小时劳动力成本约为 32 欧元，2022 年欧盟主要国家年平均时薪分别是瑞士（106.8 欧元）、冰岛（81.9 欧元）、卢森堡（79.9 欧元）、挪威（74.5 欧元）和比利时（70.3 欧元），而工资较低的国家是保加利亚（12.9 欧元）、罗马尼亚（14.5 欧元）、克罗地亚（17.8 欧元）、波兰（18.1 欧元）和匈牙利（18.3 欧元）。因此，为了刺激经济发展，努力维护国民经济体系的正常运转和提高就业率，罗马尼亚移民部门规定，劳动岗位优先面向本国劳动力市场，并削减外籍劳务指标。

（3）农业投资政策。2008 年罗马尼亚出台《投资促进法》，旨在对国内外投资实行无差别、非歧视性的待遇。《投资促进法》的实施对罗马尼亚吸引外资起到了很大的促进作用。主要投资优惠政策包括以下 3 个方面。

第一，在企业开办方面，"初始投资额超过 3 000 万欧元""创造至少 300 个新的工作岗位"和"投资在罗马尼亚境内"的外资企业可以获得 2 812.5 万欧元的国家资助资金，资助资金由经济财政部以"馈赠补贴"的形式给予。

第二，在投资补贴方面，对于购买土地、购置农产品加工设备和农机具等的投资，最高给予 3 000 万欧元的政府资助；而对在罗马尼亚首都以外的欠发达地区和失业率较高地区进行的投资，罗马尼亚政府的补贴支持力度会更大。

第三，在税收优惠方面，罗马尼亚政府会对经济特区或工业园区内的企业给予税收优惠。对工业园区内的投资者所减免征收的部分税种，主要指土地税和交通工具税等。除了向大额投资提供财政支持外，罗马尼亚还对新增工作岗位提供资金补贴、贷款贴息以及其他优惠措施以鼓励投资（康永兴等，2019）。

8.4.1.5　捷克

捷克农业政策主要可以归纳为以下四点[①]：

（1）农业稳定和发展。在欧盟共同农业政策范围内，制定稳定农畜数量的

---

① 资料来源：中华人民共和国驻捷克共和国大使馆经济商务处．捷克农业概况。

措施，与欧委会合作，解决农产品过剩问题。按照入盟协定农产品根据统一市场结构进行流通。制定农村发展规划，充分利用国家预算和欧盟补贴资金，特别是利用国内社会资金支持小型农业项目，为国内不同类型农业企业创造公平的市场环境，寻找实施国家支持农业保险的适当形式。

（2）环境。按照农村长期发展规划，继续实施支持农村发展措施，帮助落后地区发展，支持发展非农产业项目。加大农业企业环保投入。与卫生部和环境部合作在公共卫生和环境领域实施共同措施。

（3）农业企业现代化与转轨。继续通过技术改进、转制和经营多样化提高初级农产品加工企业竞争力，作为创造农村就业岗位的前提。支持以发展土地市场为目标的农用地收购。在初级农产品生产加工企业和农产品销售商的关系中，加大前者的法律保护力度，改善其市场地位。

（4）服务。在政府援助范围内，在研发、培训、信息、基因和咨询方面通过提供政府基础服务设施来提高农业企业的市场地位，增强其竞争力。

8.4.2　南欧国家

为了促进本国农业发展，南欧各国都制定了相关农业政策。其中，克罗地亚、希腊、马耳他、葡萄牙、斯洛文尼亚加入欧盟，实行欧盟共同农业政策。

8.4.2.1　意大利

意大利政府在食品安全监管体系和资金供给方面对农业发展予以极大支持。欧盟政策工具（如地理标志 GI）对意大利的农产品附加值和农村发展也产生了积极影响。意大利政府对农产品实行全程监控，统一由"竞争政策、农业食品质量及渔业"部门对生产、加工、流通到最终消费者等各个环节进行统筹管理。政府要求食品生产商建立内部监管系统，这一系统与国家应急管理部门联网互通，实时动态更新机制，能够第一时间启动紧急机制对存在风险作出应对。意大利的食品安全监管标准远高于欧盟。意大利公共部门对特定农产品领域提供充分的资金支持，公私伙伴关系模式的发展给中小农产品企业提供了发展机会。意大利政府实行鼓励出口政策，一般商品都可以自由出口并享受退税政策，政府仅对濒危动植物等少数产品实行出口管制。

（1）农产品补贴。意大利遵循欧盟共同农业政策，对农业进行补贴扶持，除对农业生产的直接补贴外，意大利企业在向第三国出口农副产品时可享受出口退税政策，具体退税率由欧盟委员会根据农业发展战略和产品类别制定，退税方式包括直接退税、提前退税和预先资金资助。

（2）出口退税政策。意大利对于生产企业出口货物采取免、抵、退方式。由生产企业生产出口的货物免征本企业生产出口环节的增值税；生产出口货物所耗用材料等货物的进项税额可与企业的应纳增值税额相抵（按年度结算），对上年未抵扣完的进项税额可以结转下年继续抵扣，也可申请办理退税。

8.4.2.2　希腊

《2021—2027 年共同农业政策战略规划》。希腊政府正在制定《2021—2027 年共同农业政策战略规划》，以加快促进本国农业转型和改革，全方位推动乡村发展。希腊实行欧盟共同农业政策。

欧共体共同农业政策。欧共体（欧盟前身）1962 年便开始实施共同农业政策，主要目标是提供稳定的食品供应，促进谷物、肉、蛋、奶、果蔬、葡萄酒等主要农产品的生产与内部市场贸易。对内统一农产品价格，增加官方储备，鼓励私人存储；对外统一农产品进口关税，设置门槛价格，征收差价税，采取严格的进口许可证和进口配额管理。2003 年，在进一步削减农业补贴的同时，不断优化补贴方式，推出了三大创新措施。一是脱钩直接补贴，支付给农民的金额不再和农产品产量或牲畜数量挂钩；二是强制性交叉遵从，所有获得直接补贴的农民必须遵守环境保护、食品安全、动物健康和福利标准等法律法规；三是强制性调整，削减用于稳定农民收入和农产品市场的财政资金，增加支持农村发展的资金。2013 年改革进一步降低市场支持资金，减少了公共干预和私人存储的产品品种，废除了食糖、乳品和红葡萄酒的产量限制，建立危机储备资金，加强对生产者合作的支持。

（1）支农基金统筹使用。最新共同农业政策规定，欧盟建立欧洲农业担保基金（EAGF）和欧洲农业农村发展基金（EAFRD），将所有支农资金集中到两大基金进行统筹使用，两项基金分别以增加农民收入（第一支柱）和促进农村发展（第二支柱）为目标。欧洲农业担保基金以增加农民收入为目标，为农民提供直接补贴。该项基金将补贴资金按不同的比例分配给各成员国，再由成员国根据既定的标准发放给农户，补贴标准约为每年 350 欧元/公顷；欧洲农业农村发展基金以提高农业环境质量、保护生物多样性以及改善农民生活质量为目标，主要用于投资支农项目。最新共同农业政策允许成员国把本国补贴资金在第一支柱和第二支柱间转换。按照规定，每个成员的可转换金额不得超过补贴资金总额的 15%；允许每公顷土地的直接补贴额低于欧盟平均水平 90%的国家把 25%的第二支柱资金转移到第一支柱。

（2）以"基本补贴"取代"单一农场补贴"。在最新共同农业政策规定出台之前，欧盟共同农业政策（CAP）主要采用"单一农场补贴"，这一补贴是以扶持农产品价格为主要目的。最新的共同农业政策规定废除基于"单一农业补贴"的补贴结构，新的补贴制度包括绿色补贴、年轻农民补贴和区域补贴的基本补贴。这一补贴方式不与生产挂钩，属于 WTO 框架下的"绿箱政策"。其中，基本补贴作为之前 CAP 中其他许多补贴形式的集合体，成为最新共同农业政策（2014—2020）规定的直接补贴的主要方式。

（3）引入与生产脱钩的"绿色补贴"。最新共同农业政策规定：农业支持政策应该根据农户在保护农业生产环境、保障食品安全方面做出的贡献进行差异化的设置。如果农户满足了保护永久性草地、保持作物多样性、保护生态重点区域3种类型的绿色生产要求，则对其给予"绿色补贴"奖励；相反，如果农民不符合绿色生产要求，对农民的直接补贴将根据实际情况按比例减少。德国政府规定：如果发现农户有违反绿色补贴获取条件的生产活动的情况，将扣除1%、3%或5%的绿色补贴资金，该情况再次出现，资金扣除率将达到初始比例的3倍；如果发现农民故意违反了获得绿色补贴的条件，将扣除超过20%的绿色补贴资金（魏腾达、张峭，2019）。

8.4.2.3　葡萄牙

葡萄牙十分关注国内有机农业的发展，在农村和农业发展规划方面，制定了一系列支持有机农业发展的政策。21世纪以来，葡萄牙重要的农业发展规划主要有以下几方面：

（1）农业和农村发展运营计划（AGRO）2000—2006。AGRO旨在鼓励在现代农业与农村地区的环境、经济、社会等方面的可持续发展之间构建强大联盟。该计划主要有两个具体措施：第一，通过努力提高生产效率，提升农业竞争力和农村发展的可持续性，更好地利用自然和人力资源的潜在竞争力。第二，通过技术发展、实验和培训，加强对农业和农村地区人力资源开发和服务。

（2）农村发展规划（PRODER）2007—2015。PRODER是一项重视农业生产方式的措施，支持在5年期间进行有机农业生产模式的生产者，并且为其他生产方式转换为有机农业生产方式提供支持。

（3）农村发展规划（PDR）2020。该规划有两项具体支持措施，一是其他生产模式向有机农业的转换，二是有机农业的保持（高静然、宋灏岩，2018）。

8.4.2.4　塞尔维亚

（1）农业土地政策。未经开发的土地不得有偿转让，外资租用建筑用地期限最长可达99年。农用土地又分可耕土地和未开垦土地（包括国有产权土地和私有产权土地）。土地的使用期限与建筑物同存。在获取私有产权土地条件下，可依法申请将农用土地转为建设用地。

（2）农业奖励措施。用于从事农业活动（生产牛奶、生产农作物、养牛等）的农业用地，以及登记注册的农业地产，有权申请农业激励。企业拥有超过100名的员工，投资额超过850万欧元（10亿第纳尔）的投资者可获得为期10年的企业所得税免税期[①]。塞尔维亚将加大对农业领域投资，在2020年

---

① 资料来源：农业农村部对外经济合作中心.《塞尔维亚食品业发展概况》。

财政预算中，农业领域将获得有史以来最多的资金和补贴达 581.5 亿第纳尔。农业部为农民购买原材料提供的补贴贷款，有一定的宽限期，并且利率仅为 1% 和 3%，大大低于农民从承包商获得的贷款利率。[①]

（3）农产品贸易政策。塞尔维亚与贸易相关的主要法规有《对外贸易经营法》《贸易法》《海关法》《商品原产地规则》《租赁法》等。根据塞尔维亚相关法律规定，农产品及其加工食品、畜产品以及烟酒进出口商应向塞尔维亚商品质量检验局申请质量鉴定。动物检疫应向塞尔维亚农业、林业和水资源部下属的动物检疫局、植物检疫局申办动植物进出口检验、检疫证明和进出口许可证[②]。2022 年，塞政府原则上同意批准小麦、玉米和食用油出口配额，并允许面粉无限制出口。小麦和玉米出口配额原则上限定为每月 35 万吨，但仅限于 2022 年 3 月 9 日前签订的合同。同时，小麦面粉、去壳小麦和玉米糁的出口将不受限制。该协会还要求允许在 2022 年 3 月 9 日之前签订合同的精炼和未精炼葵花籽油的出口，但配额仍有待塞尔维亚农业部根据生产商提交的合同确定。取消小麦和玉米的进口关税。HACCP 认证是塞尔维亚出口导向型食品加工企业的必备资质。塞尔维亚农业和环境保护部采取举措以促进这些标准得以执行。[③]

8.4.2.5 克罗地亚

（1）农业土地政策。克罗地亚的土地大部分为私人所有，政府征用土地须按照法律规定，根据土地性质及市场价格给予补偿。克罗地亚 2009 年修订的《所有权和其他物权法》规定，欧盟成员国的个人和法人可在克罗地亚购买除农业用地和自然保护区外的一切不动产，即享有国民待遇。除欧盟成员国外，其他与克罗地亚签有双边对等条约的国家公民和企业，亦可在克罗地亚购买不动产。目前，中国公民和企业不能在克罗地亚直接购买土地，但在克罗地亚注册的当地公司享有国民待遇，可购买土地等不动产（范丽萍等，2015）。

（2）关税和贸易政策。克罗地亚与贸易相关的主要法律有《贸易法》《海关法》《海关税率法》《外汇经营法》等。克罗地亚于 2013 年 7 月 1 日成为欧盟成员国，其对外贸易法规与欧盟贸易政策接轨。克罗地亚所有经济实体享有经营外贸的同等权利，除少数商品受许可证限制外，其余商品均放开经营。克罗地亚于 2000 年 1 月 1 日开始实施新的《关税法》，其基本特征为：商品进口纳税自由化；简便征税过程；进一步降低进口商品平均关税；降低关税税率；

---

① 资料来源：驻塞尔维亚共和国大使馆经济商务处。
② 资料来源：中华人民共和国商务部.《对外投资合作国别（地区）指南——塞尔维亚（2021年版）》。
③ 资料来源：农业农村部对外经济合作中心《塞尔维亚食品业发展概况》。

减少关税优惠。在海关审理过程中使用符合欧盟标准的统一的报关单。克罗地亚《关税法》规定，将以公共或私人仓库代替原先的寄售仓库，在进口商找到买主之前可免税将商品无限期地保存在这些仓库里。农产品和食品的关税2007年后降至16%。而某些农产品的最高关税将根据进口比例和数量确定；对季节性较强的产品，其关税将提前根据进口数量确定，以便进口商预先了解关税情况。克罗地亚政府每年11月根据向世贸组织承担的减税义务确定下一年的关税税率。2001年农产品和食品的关税为24.3%，2002年为20%。同时，根据世贸组织成员的要求，克罗地亚对某些农产品和食品，如牛肉、猪肉、小麦、糖、巧克力对世贸组织成员实行定量的优惠关税进口配额。[①]

克罗地亚海关管理由《海关法》规范。根据克罗地亚《海关税率法》规定，每年公布新的海关税则表，在税则表中分别列出普通关税和优惠关税两种不同的税率。克罗地亚加入欧盟后，根据欧盟法规952/2013，2016年5月1日起克罗地亚应实施新的《海关法》，但2014年4月29日欧盟委员会制定的《欧盟海关法》工作方案同意给予克罗地亚过渡期至2020年12月31日。其中，农产品的进口关税税率在0~26%，税率较高。克罗地亚境内销售商品、提供服务和进口产品，都需要按月缴纳增值税。克罗地亚增值税税率共分三档，分别为5%、13%和25%。税率为5%的商品和服务主要包括：面包、牛奶、药品、医疗器材、电影票、书籍和科学杂志等；税率为13%的商品和服务主要包括：旅馆服务业、食用油脂、儿童汽车座椅、婴儿尿布和食品、电力、废旧物资运输及处理、种子、农药、化肥、动物饲料（不含宠物食品）、新鲜的肉类、鱼、蔬菜、水果和鸡蛋等；其他类（绝大多数）商品和服务税率为25%。[②]

8.4.3　西北欧国家

西北欧五国均加入了欧盟，实行欧盟共同农业政策。在欧盟共同农业政策的基础上，也制定了一些有助于本国农业发展的相关政策。

8.4.3.1　奥地利

（1）农业补贴政策。奥地利政府对农业实行高额补贴政策。1995年1月1日奥地利被欧盟正式吸收为成员后，农民的农业补贴一部分来自联邦政府（约占40%），另一部分来自欧盟（约占60%），但来自欧盟的补贴到1997年底全部取消。农业补贴有四种：一是生态农业补贴，这种补贴用于补助那

---

①　资料来源：中华人民共和国商务部. 克罗地亚海关制度及税率。

②　资料来源：中华人民共和国商务部.《对外投资合作国别（地区）指南——克罗地亚（2021年版）》。

些不使用农药、少使用化肥（每公顷施化肥不超过130千克）的农场，每公顷的补贴额约为1 800先令。二是谷物生产补贴，凡是从事谷物生产的农场都能获得此种补贴，补贴额约为每公顷6 000先令。三是绿化补贴，这种补贴用于补助那些在农作物收获之后，又在耕地上种草的农场，补贴额为每公顷1 000先令。四是休闲补贴，这是政府为防止由于农产品生产过剩而造成农产品价格暴跌，对那些休闲土地的农场给予的补贴，补贴额约为每公顷5 000先令。

（2）土地管理政策。政府部门把土地区分为自然保护区和非自然保护区。位于自然保护区内的土地主要通过行政手段进行管理。奥地利各州对于购买农、林业用地的限制非常严格，如《蒂罗尔州土地流通法》规定，如对农、林业用地进行所有权变更，则购买人必须为农民，且须满足两大条件：一是买方必须自行运营该耕地或林地，二是买方必须居住在该耕地或林地附近。但欧洲法院认为奥地利各州对于购买农林用地的严格限制违反了欧盟基本法对于资本自由流通的规定，对两起购买农林用地的相关案件均做出了违反奥地利各州规定的判决。一是允许非农民在福拉尔贝格购买农林用地，二是宣布在奥地利东部购买农林用地的限制不适用于欧盟居民。尽管面临欧洲法院的反对，外资（尤其是欧盟以外居民）在奥购买农林用地依旧非常困难。

（3）农业贸易政策。奥地利采纳欧盟外贸法规体系。奥地利与贸易有关的法律主要有《对外经济法》及相关的《对外经济条例》。《对外经济法》主要内容包括奥地利对外出口的相关限制、欧盟内国防用品的流通限制以及对外国企业或个人（除欧盟、欧洲经济区和瑞士居民）收购奥地利企业的有关限制。欧盟与第三国签订的国际贸易协议直接适用于奥地利。欧盟理事会和欧盟委员会通过直接适用的条例确定贸易手段，欧盟委员会负责政策执行以及进行反倾销、反补贴和保障措施调查。根据成立欧洲共同体条约第36条，奥地利政府主要负责颁发进出口许可证，以及因经济以外的原因如保护人类和动物的健康，规定进出口的限制。奥地利与欧盟以外第三国的贸易适用欧盟对第三国共同贸易政策的所有措施和原则，包括《共同体海关法典》《共同体海关税则》，以及与非欧盟成员国缔结的双边协议体系。

8.4.3.2　立陶宛

立陶宛政府于2007年制定了2007—2013年国家农业发展计划（RDP），对本国农业予以支持，该计划的主要目标为：提高农业生产单位的生产效率，以提高其在国内和国际市场上的竞争力；推广先进的农业生产技术；改善农民及农业从业者的生产条件。立陶宛农业和农村事务由农业部主管。该部制定的农业发展战略目标为：改善农村地区行政管理水平，促进农村地区发展；改善法律环境和管理体制，为农业发展创造良好的外部条件；增强农业生产主体的竞争力；鼓励创新，改善农村地区生活条件；加强对土地、森林和水资源的保护。立陶宛农业部负责制定和实施农业产业政策，促进农业经济长期发展，推进农村地区各类经济活动的开展，促进可再生能源的开发，保护家庭农业的发展等。

加入欧盟后，立陶宛农业依靠欧盟统一市场，以欧盟共同农业政策为标准，在欧盟农业援助资金的支持下实现良好发展。立陶宛在农业发展方面接受欧盟援助资金的来源主要有：欧盟农业及农村发展特别援助基金（SAPARD）、欧盟结构基金（Structural Fund）、欧盟农村农业发展基金（EAFRD）等，此外立陶宛农业还可以获得欧盟直接支付政策的帮助。2014—2020 年，立陶宛获得欧洲结构和投资基金援助达 83.9 亿欧元，资金来源包括欧洲地区发展基金（ERDF）、欧洲社会基金（ESF）、团结基金（CF）、欧洲农业农村发展专项基金（EAFRD）以及欧洲海事和渔业基金（EMFF）。在欧委会 2014—2020 年欧盟预算中，立陶宛获得的拨款为 128.9 亿欧元。

8.4.3.3　拉脱维亚

（1）农业土地政策。根据欧盟共同农业政策，拉脱维亚实行"单一面积补贴"机制，统一每公顷标准，按面积实施补贴。2008 年申请补贴的土地面积占全部农业用地的 66.6%。在申请补贴的农业用地中，67% 已用于农业生产，33% 的土地状况良好，但处于闲置状态[①]。国家促进土地管理和提高生产力的战略已纳入国家发展计划和 2014—2020 年农村发展方案（草案）。拉脱维亚农业部旨在 2020 年之前，实现多达 200 万公顷的农业用地用于农业生产。为保持农业用地面积，确保农业土地的有效和可持续利用，减少以牟取暴利为目的获得农业用地的可能性，设立拉脱维亚土地基金，为拉脱维亚农民提供获得农业用地的机会，制定农用地收购信贷方案，完善非农用地征收机制，对向农民出售农用地的农用地主免征个人所得税，对农业用地不保持良好农业和环境条件的农用地所有者提高房地产税，对改变改种的农业用地执行严格程序。

（2）畜牧业发展政策。政府通过对合作社、生产团体或组织进行援助补贴，支持部分农业组织还清信贷利息。通过对农业和农村发展的补贴，促进畜牧业等部门的发展，支持畜牧业育种、动物产品加工、保护农场动物遗传资源；发展作物生产，确保中央植物基因库建设，支持土壤健康、种业发展和栽培技术；促进有机农业发展，提升粮食质量；加强农业职业培训和教育。

（3）农业可持续发展政策。拉脱维亚于 1996 年开始制定农业发展长期

---

① 中华人民共和国驻拉脱维亚经济商务处。

规划，逐渐加大对农村基础设施建设投资，发展可持续农业生产技术。优先发展奶类、粮食、猪肉生产和食品加工。大力建设永久牧场。2004年加入欧盟后，拉脱维亚根据欧盟农业领域的发展目标和基本原则修订了相关法律法规。未来拉脱维亚畜牧业发展的主要目标为，培育高品质品种，提高产量和品质稳定性，同时继续进行结构调整，促进集中化生产，改进食品加工技术。

在恢复、保护和促进生态系统以及有效利用自然资源方面，拉脱维亚政府通过支持经济适应气候变化，促进恢复与农业和林业有关的生态系统，以及有效利用资源，使农业、林业和食品工业的二氧化碳排放量水平降低，并通过财政支付向面临自然或其他具体限制的农场实施环境保护补贴，奖补有机农业，支持森林生态系统恢复等。

（4）合作社政策。在国家援助层面，对新建合作社，以每年一次性付款4 270欧元，但不超过5年的形式向符合条件的农林合作社提供资助。农业、渔业和农村发展担保方案为合作社提供了机会，这些支持措施与农业和林业发展相对应，最高可达350万欧元。向符合条件的农林合作社提供为期两年的流动资金贷款，最高贷款额可达285万欧元。

在税收优惠方面，根据《道路使用者收费法》《车辆经营税》《增值税法》的相关政策，可以减免道路使用税、农业车辆经营税和增值税。欧盟支持建立新的合作社，对符合条件的合作社投资援助在20%～40%。支持水果和蔬菜分部门的生产者组织，以促进其成员在市场上的集中和联合供应。促进农、林和农产品加工方面的合作，以满足这些部门的实际需要，使新产品、工艺、技术和方法得以开发和实施。

第3部分

中国与"一带一路"国家农业合作

第9章 中国与"一带一路"国家农业合作概述

9.1 中国与"一带一路"国家农业合作的潜力与机会

  "一带一路"沿线大多数国家是发展中国家,也有发达国家,这些国家不仅农业资源丰富,而且大多数依然处于传统农业向现代农业过渡阶段,亟须资本、技术、经验的支撑。其中的一些国家在农业技术、农业治理、农业制度改革等方面积累了丰富的经验,能够为共建国家农业转型和国际贸易合作提供支持,农业合作已经成为我国与"一带一路"国家经济合作的重要领域。自"一带一路"倡议启动以来,中国增加了与共建国家对话的平台,合作机制日益完善。共建国家抓住了发展的机遇,不断完善农业基础设施建设,增强农业合作优势,大大增加了中国与"一带一路"沿线其他国家农业合作的潜力与机会。

9.1.1 东北亚、东南亚与南亚国家

  东北亚农业较为发达,是世界水稻、玉米,小麦、大豆、温带和北亚水果、肉类、茶叶、棉花、蚕丝的重要产区,普遍精耕细作,农业产业化程度高。中国与东北亚各国在农业资源的开发上有极大的互补性,东北亚作为我国"一带一路"倡议的重要地区,畜牧业较为发达,其中最具代表性的国家便是蒙古。蒙古出口的主要商品是矿产品、纺织品、生皮、熟皮、畜毛等,我国向蒙古出口的农产品主要稻谷、麦芽、肉类、蔬菜、苹果、茶等。两国在农产品贸易种类上形成互补,有利于实现两国的利益诉求和两国人民的基本生活需求。

  东南亚国家对于我国"一带一路"倡议来说具有重要地位。我国与东南亚各国在地缘政治上也有深厚的基础,与东南亚各国的地理位置相邻或隔海相望,为农产品进出口提供了便利的条件。中国与东南亚各国的贸易种类主要包括稻谷、橡胶等其他热带植物等,东南亚各国有着得天独厚的自然地理优势。东南亚地处热带,中南半岛大部分地区为热带季风气候,一年中有旱季和雨季之分,农作物一般在雨季播种,旱季收获。中国作为一个有影响力的大国,在与东南亚各国贸易中占有重要地位。

南亚地区作为中国的近邻，与中国保持着长期的贸易往来与联系。中国主要向南亚地区出口苹果等水果和小麦等农产品，主要进口稻谷、大米等农产品，其中孟加拉国是中国出口小麦和苹果的第三大市场，巴基斯坦是中国进口稻谷、大米的第三大市场。借助"一带一路"倡议的实施，中国当积极寻求与南亚地区更广阔的合作领域，发挥两地贸易合作交流的巨大潜力（王仲辉、吴亚琴，2017）。

9.1.2 中亚与西亚国家

中国与中亚国家多为邻近国家，距离较近，条件便利，中国与中亚国家的农产品贸易拥有较大的开发空间与发展潜力，经济贸易关系持续稳定发展。大多数的中亚国家的农业与中国的农业有着较强的互补性。从农业生产方面看，中国的资本密集型和劳动密集型产业具有优势，乌兹别克斯坦在棉花、羊毛、畜产品等土地集约型农产品生产中具有较大优势；从农产品加工方面看，中国和乌兹别克斯坦可以实现产业互补；从粮食贸易方面看，哈萨克斯坦粮食生产稳定增长，急需开拓新的、稳定的国外出口市场，与此同时，"中美贸易摩擦"升级给我国粮食进口造成严重影响，我国要积极开辟粮食进口新渠道，与哈萨克斯坦建立稳定粮食贸易关系，有利于提高我国粮食进口多元化程度，降低粮食进口风险（白子明等，2021；刘鸣双，Hu Guoliang，2020）。

西亚作为我国"一带一路"政策的重要节点，在推进"丝绸之路经济带"和"21世纪海上丝绸之路"建设的新局面下，中国与西亚各国的农业合作面临着千载难逢的历史性机遇。继续深化两地的农业合作，取长补短，符合两国的根本利益，同时对中国与西亚国家的和平发展、"一带一路"国家的共同发展有着积极影响，为实现共同繁荣打下了坚实基础，对西亚经济、中国经济乃至全球经济发展都具有深远意义（韩永辉、邹建华，2014）。

但是，与中亚相比而言，虽然西亚许多国家的经济与中国的经济有着极强的互补性，但是西亚各国与中国的农业领域的合作和投资却很少，合作的前景非常广阔。沙特急需的蔬菜水果等食品是中国主要出口的产品，并且双方在此类农产品中贸易量很少。中国可以向沙特阿拉伯出口蔬菜等农产品来换取石油资源，互惠互利，达成双赢，双方在农产品贸易领域拥有广阔的合作空间以及合作潜力。虽然中国和土耳其在农产品上具有很强的互补性，但中土农产品的双边贸易规模较小。中国与土耳其都高度重视本国农业和农产品贸易的发展，且两国在生产要素禀赋和贸易结构上多有不同之处，各有优势农产品，也造就了两国在农产品贸易合作上互补的可能性，双方在农业贸易合作上具有重大潜力（丁世豪、布娲鹣，2015）。

9.1.3 中东欧及独联体国家

独联体作为苏联解体之后的产物，在一定程度上继承了苏联的产业，包括军工业、农业、服务业等。其中在农业方面，独联体国家一直与我国保持着良好的合作关系。

近年来，"一带一路"建设及"一带一盟"对接更是有力推动了我国与独联体国家贸易的发展。由于目前独联体主要组成国有俄罗斯、白俄罗斯、乌克兰等，其国土面积辽阔，农业资源丰富，再加之我国耕地面积远远不能满足农民耕种需求，因此双方开展农业合作互补性强，优势明显，前景广阔。从合作模式的角度来看，我国与独联体国家主要以资源开发型与加工基地型的合作模式为主，并且以中国建设境外合作开发区（产业园区）为主要的合作形式。

目前来看，中国—中东欧国家未来的农业合作呈现出合作主体、合作产品、合作方式、交流方式更加多元化的特点，并且在农业全链条中突出科技支撑的作用。尽管面临内外部各种挑战与压力，中国与中东欧国家农业贸易及投资合作仍在区位优势、合作机制和外部环境方面拥有较好的发展优势与机遇。

9.2 中国与"一带一路"国家农业合作的障碍与风险

9.2.1 东北亚、东南亚与南亚国家

东北亚作为我国"一带一路"倡议的重要地区，畜牧业较为发达，其中最具代表性的国家便是蒙古。我国与其农业合作障碍主要在于，蒙古国法律修订频繁，法律环境具有不稳定性与复杂性。并且，劳动力短缺，劳动水平低下，失业率较高，给中蒙劳务合作的进一步发展带来一定困难。最后，蒙古对于着装要求较为讲究，作为中国投资者，应该重视当地的习俗，避免产生误会。

东南亚与南亚国家由于都是发展中国家，在与我国农业合作的过程中所存在的问题具有一定的共性，主要突出的问题在于以下几个方面：投资风险、法律风险以及劳务合作风险。

从投资风险的角度来讲，东南亚和南亚国家一般都属于发展中国家，这些国家自身发展水平有限，工业发展水平低，交通、通信等基础设施较为落后，电力供应不足，燃料短缺等一系列问题都导致中国投资者的收益得不到保障。甚至有些国家的政治因素也会对投资产生一定的影响。比如泰国，近几年来，泰国政局持续动荡，各派政治斗争较为激烈，对其投资环境带来一定影响。首先，政局的动荡影响外国投资者信心，一些投资者选择观望或停止扩大投资规模。其次，由于政府高层经常变动致使其行政效率较低，投资项目审批程序复杂，周期较长。

从法律风险的角度来讲，有些国家的法规有待完善，政策稳定性不足，给投资者带来许多不确定性。例如，马来西亚在独立前，曾经是英国殖民地，因此其法律体系受英国影响很深，成文法与判例法在商业活动中都发挥作用。又比如老挝的法律、法规基本齐备，但在执行过程中有时存在有法不依、执法不严的问题，需注意法律风险。

从劳务合作的角度来说，有些国家严格控制外国劳务输入，积极实施技术人才本地化战略，千方百计地解决其国内劳动力大量过剩的问题，努力寻找国外就业市场。东南亚和南亚有些国家也属于人口大国，我国与这样的人口大国在很大程度上都是利用各自廉价劳动力和廉价的资源来参与国际市场竞争，这样所形成的竞争关系也会在很大程度上影响双边的农业合作。

9.2.2 中亚与西亚国家

作为古代丝绸之路的途经之地，中亚与西亚既是中国"一带一路"倡议的发轫之地，也是中国与其"一带一路"战略合作的新纽带，由此中国与中亚、西亚的命运被紧紧联系在了一起。既然是合作，就必定会有风险与障碍。中国与相关国家农业合作的风险主要突出在五个方面：政治风险、投资风险、政策风险、自然环境风险和技术风险。

从政治风险的角度来讲，受选举周期和政党轮流执政的影响，相关国家政策的连续性和稳定性会对其经济发展以及中国与其农业的合作产生影响。由于中亚和西亚国家都是多党执政，所以每届政府新成员上任后，会对上届未实施的决议重新审议，审议未通过就会停止执行。政策中断是投资遇到的不可抗力，一旦发生就难以克服。在投资运营过程中，我国许多企业都曾因蒙古政策的临时变动而被迫退出，造成了重大的经济损失。

从投资风险的角度讲，中亚与西亚各国都存在共性风险。比如：①土地租赁受限，制约投资扩大化。一些国家土地开发利用率过低，但其国内土地保护政策较繁杂，以及其他国内种种原因，使得一些土地优惠政策迟迟未能实施，使得投资者的土地租赁的权益无法得到保障。某些国家对农业的投资匮乏，外国直接投资对农业投入也较少。②两国农业合作领域狭窄。虽然两国已经建立了相对稳定的贸易关系，但仅仅只局限于低级农产品贸易以及劳动力输出领域，对两国的农业贸易发展具有较大的局限性。某些国家农业经济合作方式还是以政府援助为主。③投资环境较差，两国间贸易规模较小。

从政策风险的角度来讲，非关税贸易壁垒是我国与其他国家进行农业合作的重要的贸易障碍。农业产品作为国际贸易中的敏感领域，两国在农产品贸易领域中的限制性措施都比较多，因此，需要进一步消除非关税壁垒措施对农产品贸易的影响。此外，受到欧亚经济联盟的贸易创造效应的影响，使得我国农产品、农机具以及农业技术甚至是农业人才在国际上的竞争力有所下降。

从自然环境风险来看，中亚地处亚欧大陆腹地，距海远，降水稀少，气候干旱；西亚大部分地区降水稀少，气候干旱，水资源短缺，草原和沙漠广布。这些地区自然环境相对恶劣，时常发生旱灾，对农产品的收成不能有效保证。2020 年，除新冠疫情外，西亚、南亚受到了较大规模的蝗灾，对当地农业发展也造成了很大的影响。因此除人为因素外，自然环境也对两国之间的农业合作产生了较大的影响。

从技术风险的角度来说：①目前中国与中亚、西亚国家农业技术合作的范围和层次总体水平较低，尚处于起步阶段。②双边农产品贸易结构单一，口岸建设不完善，农产品贸易方式简单。③农业生产基础设施落后，对粮食的保存和运输能力较弱。④人才资源缺乏、农业机械设备老旧，机械化生产水平不高。

9.2.3　中东欧及独联体国家

对中东欧以及独联体国家而言，我国与其农业合作的障碍主要在于以下几个方面：政策风险，技术风险以及贸易风险。

从政策角度来讲，部分农产品遭遇绿色壁垒突出，严重制约了我国与其他国家农业合作。以俄罗斯为例，首先，中俄农产品贸易互补性强，前景广阔，但是农产品贸易关税壁垒现象的存在阻碍了中俄之间农产品贸易的发展。我国对俄罗斯出口的水海产品占比仅次于蔬菜水果类产品，但俄罗斯一直采取较为苛刻的水产品进出口标准，且其政策法规尚未同国际接轨，水产品进口政策法规、检测流程机制透明度较低，种种技术壁垒导致我国对俄罗斯的水产品出口存在很多的不确定性。再次，检验检疫制度差异阻碍我国农产品出口。由于我国与其他国家在农产品检验检疫制度与政策上所采用的标准不同，而且并未达成一致，因此，在此方面也存在着一定的合作风险与障碍。

从技术风险角度来讲，与大多数发展中国家一样，中东欧及独联体国家也存在着物流基础设施落后，农产品运输成本高，农业生产投入不足，农产品产出水平低、贸易便利化水平低，农产品市场准入难度大等技术风险。

从贸易风险的角度来说，信息资源不对称，农产品贸易联系松散，成为阻碍该地区的贸易风险之一。尽管在信息大爆炸时代，大数据、区块链和物联网等新技术已被广泛应用于制造业和服务业领域，但农业领域的信息化和智能化建设进程还处于起步阶段，两国之间会出现信息不对称，错失交易机会的可能。同时，有关国家还有清关时间长、费用高、商品认证成本高等问题。以俄罗斯为例，在商品认证方面，俄罗斯采取本国标准，其中有七成的强制认证规范标准与国际标准不同，农产品、食品必须通过强制认证，部分产品安全系数标准甚至超过西方发达国家,对不同细分商品还制定不同的认证标准,造成了农业合作的又一障碍。

总之,通过分析我国与"一带一路"国家农业合作中存在的风险与障碍,可以更好地改进双边或者多边的合作模式,挖掘更深层次的合作潜力与合作机会。更重要的是可以通过对存在问题的分析,制定出造福于两国人民的优惠政策,为世界农业的发展贡献出中国力量。

9.3 中国与"一带一路"国家农业合作的模式

随着中国与"一带一路"国家之间的农业合作不断推进,农业合作模式也在不断发展和延伸,出现了农业贸易合作、农业技术合作、农业投资合作等模式,为中国与"一带一路"国家农业合作的不断深化做出了贡献。

近年来,随着生产成本刚性上涨,中国粮棉油糖等主要农产品竞争力逐年下降,农产品价格大幅高于国际市场。中国与"一带一路"国家的农业贸易合作是改革国内农产品支持政策、优化生产布局,这也成为中国农业政策调整的核心以及当务之急(王仲辉、吴亚琴,2017)。

中国与"一带一路"国家农业技术合作能提升合作双方的农业技术与管理水平,实现农业共享式发展,实现农业发展经验共享,促进经济共荣;中国与"一带一路"国家农业技术合作将带动国家双边农产品贸易,建立稳固经贸关系,双边农业技术的革新与共享能够释放双方农业发展的潜力,加快农业产业发展,促进中国与东盟国家的农产品贸易;中国与"一带一路"国家农业技术合作将扩中国与"一带一路"国家双边的农业投资,提升资本利用效率(朱月季、胡晨、李佳莲,2018)。

中国与"一带一路"国家农业投资合作在规模、结构以及地域等方面发展潜力巨大。但是目前中国农业对外投资的地域分布更多依赖于地缘优势,寻求地缘接近带来的低交易成本,造成对"一带一路"国家资源利用不全面和不充分,降低投资合作收益。因此,中国对"一带一路"国家的农业投资合作需要深入和全面发掘各国农业生产要素优势、互补性和投资综合潜力,加大投资力度、优化投资布局、精准设计产业合作结构、创新合作模式,从而实现科学高效地推动中国农业"走出去",切实发挥国际市场上农业生产资源的利用效果(苏珊珊、霍学喜、黄梅波,2019)。

9.3.1 东北亚、东南亚与南亚国家

中国与东北亚国家的农业贸易主要是中蒙两国之间的农业贸易合作,中国是蒙古最大贸易伙伴国、最大出口市场和最大进口市场。蒙古对华出口农产品

主要包括动物毛皮原料及其制成品等，蒙古自华进口产品主要包括稻谷、麦芽、肉类、蔬菜、苹果、茶等。中国与东北亚国家的农业技术合作主要是中国与蒙古进行农业技术合作，鼓励和支持两国企业在乳制品和畜产品加工业等领域开展投资、技术和贸易合作。双方就相互关注的进出口食品、农产品检验检疫要求加强磋商。双方将加强中国政府援建的蒙古技术监督总局国家中心实验室能力建设，视情举办旨在提高蒙古检验检疫官员、专家专业水平的培训班。中国与东北亚国家的农业投资合作主要是中国对蒙古进行农业投资合作。据中国商务部发布的《2023 年度中国对外直接投资统计公报》，2023 年中国对蒙古国直接投资流量 17 亿美元，截至 2019 年末，中国对蒙古直接投资存量 34.31 亿美元。

　　中国与东南亚国家的农业贸易合作密切，中国从东南亚国家进口稻谷、大米、玉米、水果以及天然橡胶等，其中，越南、泰国是中国进口稻谷、大米、水果的第三大市场，泰国是中国进口天然橡胶的第一大市场。此外越南、泰国也是中国出口玉米、棉花、苹果的三大市场之一。由此可见，两地在"一带一路"倡议推动下，将拥有更加广阔的农业贸易与合作前景（王仲辉、吴亚琴，2017）。中国与东南亚国家在农业技术方面也展开了许多的合作，为了在菲律宾推广杂交水稻，袁隆平院士不仅多次亲自赴当地考察指导，还合作成立了中菲农业技术中心；袁隆平农业高科技股份有限公司与泰国建立了科技合作和文化交流关系，并建立了合作项目。中国与东南亚国家在农业投资合作方面交往关系密切，中国是菲权益资本流入第四大来源地，也是菲律宾净权益资本配置（权益资本流入与权益资本流出差额）第二大来源地；中资企业是越南第七大外资来源地。

　　南亚地区作为中国的近邻，与中国长期保持着农业贸易合作往来与联系。中国主要向南亚地区出口苹果等水果和小麦等农作物，主要进口稻谷、大米等农产品，其中孟加拉国是中国出口小麦和苹果的第三大市场，巴基斯坦是中国进口稻谷、大米的第三大市场（王仲辉、吴亚琴，2017）。中国是孟加拉国第一大贸易伙伴，孟加拉国是中国在南亚地区第三大贸易伙伴（李建军、张雨涛，2013）。中国是巴基斯坦第一大贸易伙伴，为巴基斯坦第一大进口来源地和第二大出口目的地（李慧玲、马海霞，2016）。中国与南亚国家的农业技术合作潜力大，印度农业发展的整体水平低于中国，特别是农业基础设施建设、机械化水平、农业生产资料投入等方面大大落后于中国，为中国与印度的农业技术合作提供了机遇和潜力。中国与南亚国家在农业投资方面的合作与交流逐步加深。随着中斯两国经贸合作水平不断提高，中国对斯里兰卡投资快速增长。近年来，中资企业对斯里兰卡投资取得跨越式发展，多个大型投资项目签约，中国民营企业赴斯里兰卡投资发展迅速，涉及农产品加工、渔业、家具制造、纺织、饲料多个领域；巴基斯坦是中国在南亚地区最大投资目的地（李慧玲、马海霞，2016），随着"中巴经济走廊"建设、两国互联互通的加强，中巴经贸投资合作必将进一步扩大。

9.3.2 中亚与西亚国家

中亚五国与中国西北部接壤，其优越的地缘优势为两地贸易的顺利发展创造了条件，且中亚五国普遍重视粮食生产，为农业贸易奠定了基础。中国与中亚各国的合作模式主要有技术联盟、跨国投资和农业园区等形式。我国同中亚各国可以利用国内的农业技术优势和资金优势，在农业方面开展合作；也可以通过降低产品交易成本，提高交易、通关效率，推进农产品贸易区域一体化建设进程，促进国家间的经济交流，吸引跨国公司前来投资；同时集中资金、技术、人才优势，在合作国设立农业高新区，为各国开展农业合作提供规模化支持，引领双边合作，促进区域农业实现跨越式发展。

西亚地区与中国的贸易往来自古代"丝绸之路"就已开始，21世纪以来，两地致力于共同建设更加广泛的农业合作基础，共同促进农业贸易发展。从中国与西亚地区的主要贸易农产品种类看，主要是小麦、大麦等。中国与西亚地区的农业技术合作较为多样，云南省农业科学院与土耳其农业研究与政策理事会在共同申报农业科研项目、技术培训、召开研讨会、人才交流、种质资源交换等方面开展合作；中国与以色列开展了多期农业培训项目；中国科学家受邀前往阿联酋开展海水稻种植项目；中国引进了多项以色列先进的农业技术以及农业设备。中国还和西亚国家进行了许多农业投资合作，中国与以色列关于氯化钾的投资合作、投资以色列食品公司、投资并购以色列农业公司等（陈谢晟，2017）。

9.3.3 中东欧及独联体国家

中东欧国家大部分是农业国，中国与中东欧国家的农业合作源远流长。近年来，中国与中东欧国家在农产品贸易、科技、投资等领域合作取得显著成效，农业合作是"17＋1合作"框架下最早确立的机制之一。2020年在"中国—中东欧国家农业多元合作年"主题下，中国与中东欧国家创新合作形式，开展"中国—中东欧国家特色农产品云上博览会"。随着中国与欧盟在贸易投资领域达成的各项协定落地实施，中国与中东欧国家农业合作将迎来更广阔的前景。[①]

独联体国家大部分都拥有丰富的农业土地资源，并且与中国保持着良好的

---

① 吉林省农业农村厅。

农业合作关系。中国与独联体国家的农业贸易、农业技术合作方式较为独特，中国通过在俄罗斯境内租赁土地开展资源开发型和加工基地型的合作模式；中国与乌克兰的农业合作方式主要是中国建设境外合作开发区（产业园区）（贾焰等，2016）；自"一带一路"倡议以来，白俄罗斯很多乳制品及肉制品加工企业获准进入中国市场，实现厂商直营模式，这大大丰富了白俄罗斯产品的海外市场多元化，中欧班列的开行也为白俄罗斯扩大对华出口提供了便利条件；中白工业园是中白两国科技合作的重要平台之一，白俄罗斯的农业机械化程度较高，并逐步向农业信息化发展，中白工业园的建立大大促进了两国的农业科技交流和贸易合作。

9.4 中国与"一带一路"国家农业合作的政策

中国与"一带一路"国家进行农业合作的过程中必然会出现种种障碍和风险，这既是机遇也是挑战。是机遇在于处理好出现的问题能够更好地合作，能够最大限度地发挥"一带一路"的作用；是挑战在于一旦放任风险和障碍，或者处理不当，就会对国家经济造成损失，甚至会影响两国关系。因此，双方所制定的农业合作政策就显得极为重要，这不仅是处理障碍和风险的有效措施，也是两国农业合作的保障。

9.4.1 东北亚、东南亚与南亚国家

东南亚国家对于我国"一带一路"倡议来说具有重要地位，我国与其农业合作政策的发力点主要在于关税贸易壁垒和土地政策。首先，从关税的角度来说，在对东南亚国家出口时仍存在很高的关税壁垒，政府应通过进一步谈判，争取尽快将中国具有比较优势的商品列入享受零关税政策的商品目录中。例如中国与马来西亚90％以上的产品实现了零关税。鼓励政策和优惠措施主要是以税费减免的形式出现的。除此之外，一些东南亚国家还存在非关税贸易壁垒，所以要求相关国家在贸易往来的过程中要调整农产品生产结构，适当减少竞争性产品的贸易，并借助农产品贸易零关税这一重大利好，进一步扩大出口规模。其次，从土地政策来讲，以越南为例，根据越南国内法律规定，外国投资者和企业不得直接从土地使用者处租赁土地，这使得外国投资者几乎不可能获得足够多的土地开展农业项目。诸如此类的政策在东南亚地区较为普遍，这就要求相关国家应该开放土地政策，让中国的农业企业能够更好地在当地安家落户。

南亚国家与我国的农业合作政策主要聚焦在关税方面。南亚各国在进出口贸易方面都存在较高的关税，从近几年的关税政策来看，虽然关税都有下降的

趋势，但整体的关税率还是普遍较高，这严重地阻碍了我国与其农业合作的发展。由于宗教以及生活习惯的原因，有些国家还对敏感的商品单独施加关税。综上所述，在农业政策制定方面，应该注意以下几点：削减关税、减少进出口限制、将多元化汇率系统改革为单一体制等。

9.4.2 中亚与西亚国家

中亚国家是中国"一带一路"倡议的发轫之地，中国与中亚国家紧密协作，围绕共建"一带一路"倡议，分别确立了同哈萨克斯坦的"光明之路新经济政策"、乌兹别克斯坦的"新乌兹别克斯坦规划"、塔吉克斯坦的"2030年前国家发展战略"、土库曼斯坦的"复兴古丝绸之路"等双边战略对接机制。但是中亚各个国家与我国的农业合作政策却存在着不小的差异。

与中国农业合作最为密切的哈萨克斯坦对外贸企业实行简化的海关检查制度，大大简化进出口业务的手续；进一步建立一体化海关检查系统，减少对外贸易的行政壁垒；在推行一体化海关检查系统的框架内，哈逐步实行"一个窗口"制度，即外贸人员可以通过居民服务中心办理所有必需的文件（夏咏等，2012）。中国则以增加投资和技术输出为切入点，带动哈农牧业优势产业转型升级，引导两国农业发展互利共赢。在2019年9月，哈萨克斯坦总统托卡耶夫访华期间，中哈两国元首一致决定，发展中哈永久全面战略伙伴关系，并签署《关于落实"丝绸之路经济带"建设与"光明之路"新经济政策对接合作规划的谅解备忘录》，其中特别提到：扩大双边贸易规模，加强农业合作和加强跨境电商合作，这将进一步推动中哈两国在农业方面的合作（刘鸣双，Hu Guoliang，2020）。

与此同时，吉尔吉斯斯坦高额的进口关税严重阻碍了中国商品的出口，导致中国商品在吉尔吉斯斯坦国内销售价格提升，损害了吉尔吉斯斯坦本国居民的利益，也影响了中国向吉尔吉斯斯坦出口的积极性。吉尔吉斯斯坦繁琐的通关手续也影响了双方对外经贸的开展。中国和吉尔吉斯斯坦需要进一步加强贸易便利化，依托世界贸易组织，消除两国的贸易壁垒，为中国和吉尔吉斯斯坦的双边贸易往来提供更加便利的条件，为两国更深层次的合作奠定基础（米琳、刘艳、高旭，2021）。

总体而言，中国与中西亚国家农产品贸易规模不断扩大，中国与中西亚国家在部分农产品上互补性较强，与西亚国家农产品贸易互补性高于与中亚国家农产品贸易互补性，但是中国与中亚国家农产品贸易关系较为密切，与西亚国家农产品贸易关系较为松散；中国出口中西亚国家农产品比较优势较弱；中国与中西亚国家农产品贸易潜力有待于进一步挖掘（丁存振、肖海峰，2018）。

以与中国主要的西亚农业合作国家沙特阿拉伯为例，目前中阿双方在农业合作方面没有太多的关税壁垒，但沙特对农业的贸易保护以及宗教信仰等问题对双方的农产品贸易产生了不利的影响，如果沙特能放宽检疫条件的话对于双方的经济来说都会产生正向影响。

在农业合作机制层面，中阿农业部级对话机制尚未建立。中阿双方已在农业经贸和农业科技两个领域构建了合作机制，但这两个机制是在商务部主导的中阿博览会框架下建立的，而非农业合作的主体部门农业农村部。双方需要尽快建立起农业合作对话机制，在国家层面建立起沟通协作的渠道，使得经验、成果可以互通互享。

在农业合作主体层面，地方参与失衡和农业企业相对缺位。地方政府是中阿农业合作的主体之一，但从整体来看，中国只有宁夏一个省份较深地参与了中阿合作，并且农企参与合作兴致不高。这就需要国家加大宣传力度、引领地方政府参与到中阿合作中，出台相关的优惠措施吸引企业参与其中（张帅，2020）。

9.4.3　中东欧及独联体国家

虽然良好的农业合作能够给我国与合作国家人民带来福祉，但是合作的障碍也是不容忽视的挑战，信息资源不对称，物流基础设施落后，农业生产投入不足，贸易便利化水平低，农产品市场准入难度大等一系列问题也严重阻碍着我国与中东欧及独联体国家的农业合作。因此各国也在积极制定相应的农业合作政策来解决上述问题。纵观国内外发展局势可以看出，中东欧及独联体国家在中国加快农业对外开放步伐、推进"一带一路"建设中的重要性明显提升，而中国已成为中东欧及独联体国家最重要的农产品贸易伙伴之一。①

俄罗斯是中国最大的邻国，中俄间的农业合作已经进行了 300 多年，合作的基础很深。2016 年俄罗斯总统普京提出"大欧亚伙伴关系"建设倡议，并积极推动其与中国提出的"一带一路"建设相连接，开辟"整个欧亚大陆的共同经济空间"；2018 年出台了《中俄在俄罗斯远东地区合作发展规划（2018—2024 年）》，这些文件为双边合作提供了制度保障（刘超男，2021）。纵观目前国内外发展局势可以看出，俄罗斯在中国加快农业对外开放步伐、推进"一带一路"建设中的重要性明显提升，而中国已成为俄罗斯最重要的农产品贸易伙伴之一。

乌克兰地处"一带一路"沿线，是首批参与"一带一路"建设的国家之一。2017 年 12 月，两国签署《实施"一带一路"倡议的行动计划》《农工

① 吉林省农业农村厅．http：//agri．jl．gov．cn．

综合体投资合作计划》和《中国—乌克兰农业投资合作规划》，旨在拓展两国在农业种植、农业技术、农业投资以及农产品加工、销售与物流等农业全产业链的合作，为增加双边农产品贸易体量及保障农产品供给带来新的发展契机。

第 10 章 中国与东北亚、东南亚和南亚国家的农业合作

2013 年 9 月和 10 月，中国国家主席习近平在出访中亚和东南亚国家期间，先后提出共建"丝绸之路经济带"和"21 世纪海上丝绸之路"的重大倡议，此后被简称为共建"一带一路"倡议。从 2013 年至今，"一带一路"已经贯穿东北亚、东南亚和南亚等地区。其中，东北亚的"一带一路"国家包括中国和蒙古。中国已经同蒙古签署了政府间"一带一路"合作谅解备忘录。东南亚国家包括菲律宾、柬埔寨、老挝、马来西亚、缅甸、泰国、文莱、新加坡、印度尼西亚和越南，均与中国签订了共建"一带一路"合作文件。南亚国家包括阿富汗、巴基斯坦、不丹、马尔代夫、孟加拉国、尼泊尔、印度和斯里兰卡。除印度外，其他七国与中国签订了"一带一路"合作文件。

农业合作有利于世界各国共同解决全球粮食安全问题。中国于 2013 年提出的"一带一路"倡议得到了世界各国的广泛认同。在"一带一路"倡议下开展对外农业合作是对"一带一路"建设的丰富和支撑，位于"一带一路"沿线的多为发展中国家，农业是各国产出与收入的主体构成，加强农业合作对这些国家民生改善与经济发展极其重要，农业发展也将成为中国与这些国家开展外交活动的重要议题。

为了进一步明晰中国与东北亚的蒙古、东南亚十国以及南亚八国农业合作的重点与机制，本章从合作潜力、合作机会与对外经贸状况分别分析各个国家的农业贸易基本情况。最后提供典型合作案例，以期对中国与东北亚、东南亚和南亚国家之间的农业合作提供参考。

10.1 合作潜力与合作机会

10.1.1 东北亚——蒙古

在地缘基础方面，中蒙两国地理位置相邻，且一直保持着友好的贸易合作关系（蔡振伟，2015）。蒙古地处东北亚，是世界第二大内陆国家，国土面积 156.65 万平方千米，北与俄罗斯，东、南、西与中国接壤，中蒙两国边境线

长达 4 710 千米。两国接壤使两国的贸易更加方便,有利于节约农产品运输成本。在政治基础方面,中蒙两国都经历过计划经济时期,发展历程和发展阶段相似,两国有较长的共同边界,同属于发展中国家,在国家形成、民族形成、游牧与农耕互动的历史发展进程中,有许多共享的人文历史资源,文化、习俗、语言、生态环境等方面具有较大的相似性(吴昊,2020),使两国的贸易合作有了坚实的政治基础。蒙古相较于中亚、南亚、东南亚等国政治环境更加安全稳定,受到恐怖主义、极端组织等的威胁更小。蒙古是最早承认中华人民共和国的国家之一,1989 年两国关系实现正常化,2011 年两国宣布建立战略伙伴关系,2014 年提升为全面战略伙伴关系。"丝绸之路经济带"倡议与"草原之路"倡议有效对接,双边合作的政治基础不断夯实。

中蒙两国在农业资源的开发上有极大的互补性。畜牧业是蒙古的传统产业,也是蒙古国加工业和生活必需品的主要原料来源。2022 年蒙古牲畜数量继续保持一定增长,截至 2022 年底,蒙古牲畜存栏量共计约 7 110 万头,同比增长 5.6%。农业(主要指种植业)不是蒙古国民经济的支柱产业,蒙古经济对外依存度较高,对外贸易是拉动蒙古整体经济增长的重要力量,蒙古国内除小麦、马铃薯等作物及牲畜乳制品、肉类、皮毛等畜牧业产品外,其他食品大部分依赖进口,其出口的主要商品是矿产品、纺织品、生皮、熟皮、畜毛等。我国向蒙古出口的农产品主要是稻谷、麦芽、肉类、蔬菜、苹果、茶等。两国在农产品贸易种类上形成互补,有利于实现两国的利益需求和两国人民的基本生活需求。

中蒙农业技术合作主要涵盖种植业、畜牧业和农业机械等领域,主要依托"南南合作"项目。蒙古是第一个利用中国政府信托基金支持的南南合作项目国家,一期项目历时 3 年半时间,19 名中国专家和技术员为蒙古 8 省 2 市的 29 个农业企业与私营部门提供技术服务,在饲料、畜牧、果蔬等领域提供技术示范与培训,"一带一路"二期合作项目将集中在饲料生产、牲畜品种改良、温室蔬菜、养鱼、养蜂、养鸡六大领域,同时由合作企业继续向外拓展,实现"由点到面"的辐射。2011 年中国向蒙古政府移交了"南南合作"项目下农用物资,主要包括中小型拖拉机、播种机、除草机等农业设备,并在饲料、畜牧、温室大棚、商品贸易等领域进行示范工程建设。

10.1.2 东南亚

10.1.2.1 菲律宾

菲律宾具有优越的地理位置。菲律宾位于亚洲东南部,北隔巴士海峡与中国台湾省遥遥相对,南和西南隔苏拉威西海、巴拉巴克海峡与印度尼西亚、马来西亚相望,西濒中国南海,东临太平洋。菲律宾与中国隔海相望,地理位置相邻，使中菲合作更加便利。

菲律宾政府鼓励对农业和渔业的投资。2017 年中国跃升为菲律宾第一大贸易伙伴，2021 年，菲对华农产品出口额为 8.3 亿美元，同比增长 2.3%，其中椰子产品出口 1.5 亿美元，增长 45.2%；鱼、虾等渔业产品，出口额 1.1 亿美元，增长 200.3%；林业产品，出口额 0.4 亿美元，增长 80.2%。中国是菲第一大贸易伙伴、第一大进口来源地和第三大出口目的地。菲律宾经济属于出口导向型经济，其第三产业地位突出，但农业所占比重也非常大。近年来政府实行增收节支，加大对农业和基础设施建设的投入、扩大内需和出口，国际收支得到改善，经济保持较快增长（赵李洁，2020）。菲律宾农业领域的"大建特建"构想将极大刺激国家农林渔业的发展，包括农业现代化、产业化、促进出口、整合中小型农场、路线图发展、基础设施发展、菲律宾农业的预算和投资增加、立法支持等 8 个方面，以改善农业部门。菲律宾拥有数量众多的农民和渔民，因此现代化和有效的科技战略是农村发展的主要驱动因素。同时，农业部正在考虑与私营部门建立更多的伙伴关系，特别是在建设灌溉系统方面，以覆盖所需的 100 万公顷土地。2021 年，中国仍为菲最大贸易伙伴和第一大进口来源地，菲第二大出口市场。该年度，中菲贸易总额达 383.4 亿美元，同比增长 24.9%，占菲对外贸易总额的比重提升至 19.9%。近年来，在双方政府的推动下，中菲双边贸量呈不断增长态势。

中国对产自菲律宾的热带水果需求旺盛，双方在热带水果贸易方面合作日益紧密。中国的巨大市场刺激了菲律宾热带水果行业的发展，中资企业可投资相关热带水果或农产品进出口领域。菲律宾是水果出口大国，中国每年从菲律宾进口最多的水果产品是香蕉和菠萝等，中国向菲律宾出口较多的是土豆、大蒜等农产品。双方在贸易的产品种类上形成了互补，有利于中菲两国农产品贸易快速增长。2018 年 7 月 17 日，菲律宾财政部部长卡洛斯·多明格斯表示，中国资助的基础设施项目不存在所谓债务陷阱的危险，并表示所有项目都具有"经济可行性"和积极性（余贵媛，2018）。

10.1.2.2　泰国

中泰两国的农业合作具有极大的互补性，中国需要大量的粮食。泰国成为全球第一大大米出口国。而中国将凭借 280 万吨大米的进口量成为亚洲第一大米进口国。随着泰国大米出口价格不断下滑，其对我国出口规模持续扩大。在当前泰国同品质大米价格已低于越南的情况下，预计后期泰国大米流入我国市场数量仍将呈增加趋势。中国每年需要进口大量的农业产品，泰国既盛产丰富的水果，又盛产大米，以及其他农产品。这样，中泰两国之间的经济合作就有了契合点，合作前景广阔。与此同时，泰国的跨国公司也进军中国市场，促进了中国农业的发展（陈梦瑶，2020）。

泰国具有得天独厚的天然海洋渔场。曼谷、宋卡、普吉等地是重要的渔业中心和渔产品集散地,泰国是世界市场主要鱼类产品供应国之一。而中国可以从泰国进口鱼类和其相关制品。

泰国是亚洲较早开展有机农业的发展中国家,有助于积极推动中国有机农业发展。经过20多年的不断摸索、规范和完善,泰国已经建立了较为完善的有机产业链,囊括政府主管部门、研究机构、生产者、销售者等各个环节,并建立了有机食品加工基地、销售网络以及质量保证体系,在有机农业生产、加工、销售、认证和监督等方面都积累了丰富经验。

泰国的农业生物技术较为先进,有利于中泰两国加强生物科技农业领域的合作。泰国农业技术占据全国生物技术市场份额约为51%,其主要的研发方向集中在水稻遗传种、稻米及木薯等出口产品品质改良、虾的疾病诊断控制以及农产品多样化和产量提升技术等方面。中国农业生物技术也保持着较快发展,在育种研究、培育高产和优势多抗的新品质、农药和除草剂的升级、动植物健康改进以及相应的疾病诊断技术等方面已走在世界前列。泰国政府多年来给予了生物技术产业强有力的支持,泰国投资促进委员会(BOI)为农业在内的6个研究领域提供了多项优惠政策,包括减免机器及原材料进口关税、减免企业所得税,给予外国企业土地所有权,允许引进外国专家与技术人员等,为中泰两国加强生物科技农业领域的研究、投资合作提供了良好环境。

10.1.2.3 越南

越中两国农水产品具有较强的互补性。越南的农业生产力水平较高,粮食总产量达到5 000万吨粮食,肉类产量达到500万吨,水产品产量达到800万吨,鸡蛋产量达到120亿个,牛奶产量达100万吨,人工林木材产量达2 000万立方米等。尤其是在经济作物方面,越南是世界第二大咖啡生产国,胡椒产量占世界胡椒产量的50%,橡胶产量达120万吨,腰果产量排名世界第一,达300万吨。越南境内农产品销量仅占上述数字的50%,其余用于出口。在农资方面,越南主要进口机械、肥料、农药、温带农产品等,中国是进口越南农产品的主要市场之一。

中越两国具有良好的农业科技合作基础。从2000年起,中国与越南共建"中越农业综合技术示范基地"。近年来,该示范基地从中国引进了8个蔬菜新品种、16个甜瓜新品种、16个西瓜新品种、45个杂交水稻组合作种植示范。试种结果表明,大部分的杂交水稻种子和瓜种具有很高的经济价值和推广潜力。在同一耕作区内,杂交稻比当地品种亩产高出100～200千克,亩产达437～601千克。特别是中国的无籽西瓜品种,口味好、平均亩产量高,改写了越南没有无籽西瓜种植的历史,使无籽西瓜迅速打入越南市场。据越南农业农村发展部的调查资料统计,2006年从中国口岸出口越南的杂交水稻种子37

批，共计 2 666 吨，总值 156 万多美元，经检验检疫报检出口的杂交水稻种子量位居全国口岸首位。除种子外，化工产品和农药也是中国出口越南的重要产品。越南是传统农业国家，农药工业发展比较滞后，农药主要依靠进口。中国出口的化肥种类主要有尿素、氮肥、氯化钾、硫酸钾。越南化工产品市场对农药有相当大的需求，市场比重约为国际市场的 0.5%，总销售量年增 5 万吨左右。在农药领域，越南将增加使用防治效果好、选择性强、生产及使用简便、易分解、毒性低的产品，而中国生产的农药正好具有这些优势，因而使用中国出口的农药成为越南当地农户的首选。

10.1.2.4　马来西亚

中国是马来西亚第二大出口目的地和第一大进口来源国，同时，马来西亚也是中国在东盟最大的贸易伙伴。中马两国气候条件差异大，主要农产品互补性较强，有利于两国开展农产品贸易与投资合作。

马来西亚国内政治稳定，政府清廉高效，能够为投资者提供稳定和安全的投资环境。马来西亚是新中国成立以来东盟国家中第一个与中国建交的国家，也是第一个邀请中国加入"10＋1"、参加东亚峰会的国家。建交以来，两国双边关系不断深化，高层往来频繁，给双方带来了实实在在的利益。近年来，两国建立了"全方位的睦邻友好合作关系"，合作领域进一步拓展，为中国"一带一路"倡议的实施奠定了坚实的基础。

中马两国往来交流历史悠久，如今华人在马来西亚约占 23%，已经融入马来西亚的政治、经济、文化等多个领域，可以大大降低文化与社会冲突风险。两国目前农业项目合作基础良好，"中马钦州产业园"与"马中关丹产业园"是首个中国支持的双边经贸合作项目。作为中国—东盟经贸合作的示范项目，这两个姊妹园区不仅有效利用中马双方的资源、技术和市场等互补优势，还可为后续其他产业和企业进行合作提供政策、模式与管理机制参考。

10.1.3　南亚

10.1.3.1　巴基斯坦

巴基斯坦作为中国的"全天候"战略伙伴和中国西出的重要节点，是"一带一路"倡议在南亚的重要支点和重要示范国家，战略地位举足轻重。中巴两国之间具有良好的合作基础。

自中巴建交以来，两国经贸往来发展迅速，贸易领域不断拓展，农产品贸易增长迅速（舒芹，2019）。2015—2019 年中国向巴基斯坦出口的农产品主要包括调味香料、葱属植物、大米、含油子仁及果实、坚果、肉桂、茶、果胶、种植用的种子果实和葵花子等。中国从巴基斯坦进口的农产品主要包括大米、冻鱼、甲壳动物、软体动物、果胶、熏鱼、骨及角柱、干豆、鱼片、其他含油子仁及果实等。

中巴经济走廊的建设，为双方农业科技领域的合作提供了坚实基础。2015年"中国—巴基斯坦雨养农业合作研究与技术开发"项目顺利开展，使巴基斯坦主粮作物产量与水分利用效率提高了110%～790%。且该项目下旱地垄沟覆盖栽培系统技术的运用，也有效改善了巴基斯坦地区的生态干旱问题。2017年3月开展的"一会两校"中，中方计划将成熟的旱地农业技术推广到巴基斯坦，促进双方农业投资合作的进一步深入。新疆天业集团积极引进巴国较为先进的节水灌溉系统，开发出一套引领世界的农业节水技术系统，使中国成为与以色列等节水灌溉强国强有力竞争的"输出国"。此外，2017年10月的"中巴杂交水稻培训班"，巴方第一次获得了中国杂交水稻培育方面的技术支持。

中国先进的农业技术为双方农业深入投资合作奠定了坚实的基础。就此，双方在农产品加工、农业经济园区与农业科研工作等方面的合作持续加深。例如，2014年7月，中国山东如意集团与巴基斯坦马苏德棉麻纺织服装工业园，达成初步合作意向。随后2016年7月召开的山东—旁遮普经贸合作推介会上，双方进一步就农产品原材料供应、棉麻布制品等农产品加工问题，进行了深层次的洽谈。据《商业记录报》显示，中巴双方合作设立的红其拉甫至卡拉奇农业经济产业园，每年可为巴带来120亿美元的收益。这一庞大收益，也坚定了巴基斯坦政府在各省份搭建农业经济产业园的战略设想，力图进一步加深中巴两国农产品加工领域的合作。2017年5月海南神农基因科技公司与巴基斯坦国家农业研究中心，就整合资源、优势互补的战略构想，共同建立了GAT联合育种实验室。中巴双方均期望，在建设更高级农业设施基础上，共同致力于农产品精深加工产业技术的革新，并尽快运用于农产品深加工方面的投资合作中。

中巴双方农业领域合作有着深厚的历史基础。据五谷新闻网统计，自"一带一路"倡议实施以来，在农业种植方面，中国与包括巴基斯坦在内的共建国家，至少存在5 000亿元的合作空间。在此情势下，中巴双方关于农产品种植业的合作空间进一步拓展。此外，由于巴基斯坦种植业85%仍采用传统人工耕作方式，致使本国农业产量逐渐减少。并且，巴基斯坦用于对外投资合作的小麦、玉米、水稻、棉花等作物亩产量仅分别为181、285、232、154千克，而我国小麦、玉米、水稻、棉花作物的对外投资亩产量则分别为333、397、449、291千克。基于巴基斯坦粗放式种植方式，我国同巴方在种植业技术方面存在广阔的合作空间。据中国农业农村部统计显示，截至2017年上半年，我国已有551家境内投资机构，对包括巴基斯坦在内的80多个国家和地区，开展了关于农产品种植业的投资合作。而我国作为种植业技术输出型国家，除对巴基斯坦进行育种、种植等技术的输出外，85%的大米进口量也来源于巴基斯坦,且随着巴基斯坦种植技术的不断引进,这一进口数量也会得到不断提高。

10.1.3.2　孟加拉国

孟加拉国是最不发达国家之一,经济发展水平较低,国民经济主要依靠农业。孟加拉国近两届政府均主张实行市场经济,推行私有化政策,改善投资环境,大力吸引外国投资,积极创建出口加工区,优先发展农业。

孟加拉国主要出口农产品为黄麻及黄麻产品、皮革及皮革制品、冷冻鱼虾等。近年来,中国向孟加拉国出口的农产品主要包括苹果、洋葱、葡萄、调味香料、冻鱼、羽绒、柑橘、肉桂及肉桂花、果胶、其他动物产品等。中国从孟加拉国进口的农产品主要包括甲壳动物、活鱼、冻鱼、其他含油子仁及果实、软体动物、其他动物产品、骨及角柱、羽绒、茶、珊瑚等。

10.1.3.3　印度

中国和印度地理位置相邻,发展水平相似,同为迅速崛起的发展中大国。近年来,中印两国经贸合作密切,农产品贸易也随之迅速发展。

中国是印度第一大进口贸易伙伴。近年来,中国向印度出口的农产品主要包括马铃薯、果胶、面筋、葡萄、肉桂、麦芽、茶叶、香料药料作物、杏、桃及其他动物产品等。中国从印度进口的农产品主要包括甲壳动物、胡椒、冻鱼、八角茴香、果胶、软体动物、茶、花生、马铃薯和其他植物等。

中国与印度同为农业大国,中印农产品贸易既有竞争关系更有互补合作关系,"一带一路"倡议为中印农产品贸易合作带来了难得机遇。中印应根据比较优势,优化两国农产品贸易结构;依据互补性,提高农产品质量及附加值;提高双边贸易效率、提升产业内贸易水平;加强政策沟通,实现共同发展。

10.2　合作障碍与合作风险

10.2.1　东北亚——蒙古

中蒙两国的地缘政治关系存在着不稳定性,蒙古虽然实行民主的政治体制,但是整个国家的民主政治体制还不够成熟,管理还不够完善。比如说蒙古法律修订频繁,中国企业到蒙古国投资,首先应该注意法律环境问题,就蒙古国的整体投资环境和相关行业法律法规进行深入调研和评估,切忌盲目从众。中蒙两国的贸易结构单一且不平衡,中国与蒙古的贸易往来更多的是矿产资源,在农产品贸易方面的合作较少。蒙古的基础设施建设较为落后,也阻碍了中国与蒙古的经贸往来。

中蒙农产品贸易总额占中国农产品贸易总额的比重仅为 0.2%,贸易规模较小,但增长较快,农产品贸易总额从 2005 年的 0.55 亿美元扩大到 2015 年的 2.99 亿美元，年均增长 18.48%。从进出口结构看，近年来我国对蒙农产品出口乏力，进口增长相对较快，农产品贸易逆差从 2009 年的 0.06 亿美元扩大到 2015 年的 1.25 亿美元。从产品结构看，中蒙农产品贸易具有较强的互补性，贸易产品结构单一，我国从蒙古主要进口产品为畜产品，占我国从蒙古进口农产品总额的 70% 左右，近年来从蒙古农产品的进口增量也主要来自畜产品。此外还进口少量的油籽、坚果和谷物，出口蒙古的农产品主要是粮食制品、谷物、畜产品、蔬菜和水果等。

中国是蒙古最大的贸易伙伴国和投资来源国，中国对蒙古投资占外国对蒙古投资总额的近 30%。矿业和农牧业是蒙古支柱产业，超过 80% 的外商投资集中在矿业领域，农牧业的投资则主要集中在畜产品加工领域。据商务部统计，2020 年中国对蒙古直接投资流量 7 000 万美元，截至 2020 年底，中国对蒙古直接投资存量 51.6 亿美元，投资主要分布在矿产、能源、建筑、金融、畜产品加工、餐饮服务等行业，对农业的投资占比较小。根据《对外投资合作国别（地区）指南》，2023 年在蒙主要中资企业 59 家，其中从事农牧产业相关企业为 6 家，分别从事农机（1 家）、羊绒（3 家）、运输（1 家）、羊绒驼绒加工（1 家）。

10.2.2 东南亚

10.2.2.1 菲律宾

从中国对菲律宾农产品出口现状上看，中国对菲律宾农产品出口的整体规模不断扩大，但是出口结构比较单一，在菲律宾农产品市场中的比较优势较弱。中国对菲律宾农产品的出口呈现波动性增长，整体呈现上升的趋势（张志斋，2019）。菲律宾商人进口中国商品看重的是价格低廉，但中国企业不应以牺牲产品质量为代价片面追求低价销售，特别是在关系到身体健康的食品、药品等特殊产品领域内，企业更应该始终视产品质量为生命。

菲律宾农业发展存在的长期挑战继续阻碍其生产力发展，具体表现为获得信贷和保险的机会有限；农场机械化程度低，采后设施不足；灌溉不足；对研发（R&D）支持不足；对于服务的推广执行不足；土地改革方案尚未完全实施；农民的老龄化问题。

菲律宾在供应链上存在生产与市场脱节的问题，不认真遵守产品标准使农业产品的竞争力低下。低效率的运输和物流系统使农产品在市场上的竞争力持续下降，从生产区域到市场的运输时间过长，运输过程中的质量也难以保证，大大增加了运输和处理的费用。由于供应链上的质量标准不合规，霉菌毒素、添加剂、细菌和其他污染物的存在，标签掺假或缺少文件要求，菲律宾经历了农业食品出口时被拒收的情况。

菲律宾取消对水稻进口数量限制的措施给目前缺乏竞争力的农业带来风险。取消水稻进口数量限制对小农户造成了不利影响，导致菲律宾全国各地的碾米厂关闭或停止市场上进口大米的碾磨。但是此项措施可以帮助降低大米价格，有利于包括农民在内的普通消费者。

10.2.2.2 泰国

从中泰农产品双边贸易额的分析可以看出，两国农产品贸易额上涨速度不断加快，而泰国对中国出口农产品增长速度明显高于中国对泰国农产品的出口增长速度，导致中国在中泰农产品贸易中的逆差不断扩大。

中泰农产品贸易中仍旧存在着关税和非关税壁垒，尤其是在初期的政策红利消退之后，泰国政府采取了一系列注册、检验检疫等技术壁垒来限制中国农产品进入泰国市场，使得中国农产品在对泰国出口的过程中产生了一系列贸易摩擦和问题。

中国农产品和农业机械质量不高，产品竞争力较弱。由于我国种植区域广，农产品质量安全标准推广难度较大，从而使得农产品质量安全标准体系建设不够完善，导致我国对贸易国设置的农产品质量安全检验措施等技术壁垒难以应对，安全农产品数量不能满足农产品出口国的需求，产品竞争力较弱。泰国长期以来从欧洲和日韩进口农机。近年随着中泰两国一系列贸易互惠协议的签订和泰国国内农机需求的增长，泰国从中国进口的农机数量日益增长，中国已成为仅次于日本的第二大农机输出国。2022 年泰国农机进口总值高达 17 亿美元，具有巨大的市场开发潜力。虽然近年来泰国向中国进口农机数量增长较快，但中国出口农机总体质量不高，产品故障频率高，使用寿命不长，品牌效应弱，是中国难以赶超日本成为泰国农机第一大出口国的主要原因。如何提升产品质量，建立民族品牌是中国农机企业应重点关注的问题。

受运输条件的限制，农产品出口成本较高。大部分农产品的存储时间较短，对保鲜的要求较高，而中国和泰国由于地域上不接壤、距离较远，且中泰两国之间适宜运输大宗商品的水陆运输并不发达，导致双方农产品出口成本上升。此外，由于长途运输导致农产品的新鲜程度受到影响，从而对竞争产生了消极影响。

中国和泰国的农业合作没有出现过大的障碍，两国关系整体和谐，贸易往来频繁，但是潜在政治风险不容忽视。一是泰国政治稳定性、连续性较差。泰国军政变动对政治影响很大，而泰国国内的军政变动又十分频繁，议会解体、选举提前、政党相争的现象屡见不鲜，不稳定的国内政治环境对中泰两国合作造成了一定影响。二是中泰两国的合作关系易受美国的影响。美国对泰国政策的倾斜将打破原有的亚太经济格局，尤其是美国拉拢泰国加入其主导的区域经济合作体制，将会削弱中国在亚太区域的经济影响力，势必会对中泰两国贸易产生深远影响。

10.2.2.3 越南

凭借热带农产品的优势，中国市场对越南产品的需求潜力巨大。目前，越南对中国农产品出口面临最大的障碍是该国边贸政策经常发生变化。越南农业领域吸引外资的最大障碍在于用于农业项目的土地资源近乎于零。根据越南国内法律规定，外国投资者和企业不得直接从土地使用者处租赁土地。许多地方政府优先考虑将土地规划为工业用地。此外，农业领域投资风险较高，受到气候、自然灾害和流行病的直接影响；越南国内相关的物流、仓储、配套服务、基础设施和劳动力素质水平较差，无法满足高科技农业企业的需求。由于越南农业基础设施不完善，中国与越南农业合作仍存掣肘。越南在农村地区交通运输、电力供应等方面基础设施薄弱，直接制约了农业发展，劳动力虽然丰富，但有技能的熟练工人缺乏。

越南热带、亚热带地区病虫害发生比较频繁，越南的不少热带水果在虫害、药物残留等方面存在严重的质量问题，农产品加工产品也存在质量问题。然而，由于相应的进出口产品检验检疫工作仍未到位，许多产品的不合格情况未能及时发现。

中国与越南农业合作的规模小、数量少、领域窄、层次低。合作的形式多限于政府、科研团体之间的互访、考察和无偿经济援助，企业之间的合作还很少，涉农涉外的企业寥寥无几，而且大多实力不强，很难形成规模化投资。目前中国与越南的农业合作主要集中在边境小额贸易，交易的主体多是边境的私营企业，交易对象主要是单一的大宗农产品，产品的附加值很低。

越南的农业科技水平较低，这一定程度上阻碍了双方的进一步合作。"早期收获"方案也给双方农业合作带来了一些负面影响。从2004年起，我国取消进口越南水果减半征税政策，越南也相应采取了不断提高计税基价、提高税率的办法限制我国商品出口。中国优势农产品如禽蛋、水果被越南列入"例外清单"。而与此同时，随着方案的实施，中国—东盟自由贸易区建成，中国动植物检疫和食品安全等方面有了很多新规定，越南产品在质量和标准化方面受到挑战，亟须优化产品结构。

中国和越南都在农业领域具有很强的优势，但是却很少有属于自己的特色品牌，双方交易品种杂，且农业生产在一定程度上未考虑到生态的可持续性，未形成生态友好型农业的发展模式。在农业的发展过程中，由于经济等方面的原因双方还是主要依赖于自己的资源优势，在农业生产过程中造成了资源的浪费。在开发资源的同时没有注意到保护生态资源，农业生产活动使水资源和土地资源等受到不同程度的污染，农业的可持续发展受到制约，建设新型生态友好型农业道路还需要很长一段时间。

双方农业领域的信息和人才交流不够密切，农产品流通渠道不畅及保鲜技术落后。目前中国与越南双方交流的主要方式局限于高层领导的交流考察，基层专业人才交流缺乏。虽然中国与越南山水相连，地理距离很近，具有发展农产品物流业、仓储业的有利条件，港口和陆路交通都很方便，但是目前还没有畅通的绿色通道足以保证水果蔬菜等产品快速进入市场。保鲜技术落后、果蔬保鲜效果较差，都严重地影响到农产品的市场价格。

10.2.2.4　马来西亚

马来西亚经济发展水平较高，农村剩余劳动力少，同时工资水平也较高，很多生产活动需要雇佣外来劳工。此外，马来西亚货币贬值，使得用马币结算的工资收入看起来更少，其工作机会对外籍工人的吸引力逐渐降低。因此，中国投资者对马来西亚投资过程中，需要关注劳动力短缺和用工成本高的问题。农业产业链条长、环节多、生产周期长、易受气候影响等农业本身特点增加了企业投资的风险。

马币持续贬值，汇率风险较大。2010 年以来，马来西亚林吉特持续贬值，资本加速外流。据中国人民银行统计，2010 年 8 月至 2021 年 12 月，人民币兑换林吉特价格从 0.46 上升至 0.65，林吉特贬值幅度超过 40%。林吉特的持续贬值不仅使国民的工资增长被贬值抵消，对海外投资者投资收益也产生负面影响。为了避免货币贬值造成收益损失，对马来西亚投资者应尽量选择美元、人民币等汇率相对稳定的货币进行替代。

法律与政策环境陌生，制度与政策风险增加。法律方面，马来西亚的法律体系比较复杂，受英国影响很深，成文法和判例法在商业活动中都发挥作用。中国企业需要聘请当地有经验、易于交流的律师作为法律顾问。政策方面，企业不仅要了解当地的税收补贴政策，同时还要了解相应的申请程序、条件及周期等，必要时还需要聘请专业人士协助申请。在申请过程中，可能存在审批时间长、政策内容调整等情况。此外，马来西亚宏观政策方向不断调整，对不同产业发展提出了新的目标要求。中国投资者需要紧扣马方宏观政策主体，降低政策风险。

贸易总量与地位逆势下滑，关联度日渐趋弱。2010 年 1 月 1 日中国与东盟宣布正式建成自贸区，贸易自由化与便利化程度大幅提升，中马两国政治关系全面改善与深化升级。近年来中国农产品总进口贸易持续增长，但中马双边农产品贸易合作却逆势下滑，占比连续"双降"，影响力与关联度日渐趋弱，2016 年马来西亚在中国农产品总进口贸易中占比仅为 1.95%。在中国与东盟区域合作中，中国与越南、泰国、印度尼西亚等双边农产品贸易合作"高歌猛进"，而马来西亚更多表现为"逆水行舟，不进则退"，2001—2011 年马来西亚曾一直作为中国与东盟农产品贸易合作的"领头羊"，但近年来陆续被东盟成员的泰国、印度尼西亚、越南赶超，跌至第四位，这显然有悖于两国政经关系和经济实力。诚然，中马两国国内自然条件差异大，但农业资源禀赋充裕，彼此国内市场消费规模庞大，双方农产品结构互补性强，巨大合作潜能尚未有效挖掘。

中马双边农产品贸易合作以原材料和初级产品为主，中国自马来西亚进口以棕油等大宗商品为主，对马方出口则以果蔬和渔业产品为主，精深加工不足，附加值偏低，经济效益不显著。传统"粗放型"贸易合作方式不具可持续性，需实施提质增效、走"集约型"增长之路。中马两国地理距离相对遥远，隔海相望，与越南、泰国等国家相比，农产品运时长、费用高、风险大，较大程度弱化了原有比较优势。如马来西亚水果出口首位为西瓜，该类水果对华贸易中显然不敌越南的近地优势。马来西亚国内农业资源丰富，盛产各类热带农作物，与中国自然禀赋差异大，鉴于农产品特殊性和两国地理距离比较远，要转变初级产品出口导向模式，推进农产品深精加工合作，扶持以农产品为原料的食品类加工企业，延伸产业链，提升附加值，塑造特色品牌，实现未来双边农产品贸易高质高效发展。

马来西亚盛产各类热带农作物，农副产品生产与加工优势较强。中国拥有丰富农耕经验，并在资金、技术、设备、研发和人才等方面具有较强综合实力，但马来西亚与中国在农业国际合作上进展滞缓、成效低迷，甚至远落后于泰国、印尼、越南等。2016 年 11 月 13 日中国农业部颁布《农业对外合作"两区"建设方案》，鼓励引导农业实施"走出去"战略。根据马方国情特征和农业优势，完善制度安排，明晰目标与路径，扶持国内优势农业集团"走进"马来西亚，共建"跨境农业合作示范园""区域性农产品物流配送中心""清真农产品贸易合作中心"项目，构筑产业集群与平台带动效应，利用两国资源互补性优势深化农业科技合作和农产品深加工，推进农业领域全方位合作，打造全产业链，提升农产品贸易合作层次和经济效益。

10.2.3 南亚

10.2.3.1 巴基斯坦

一是巴方逆差严重。在中巴商品贸易中，巴方始终处于逆差状态。近年来，中巴双边贸易总额的增长其实是由中国对巴基斯坦的出口带动的。虽然在最近十多年来中巴双边贸易额呈现出历史性的扩大，但是其中大部分都是由中国的出口组成，中国出口额占总贸易的 80% 左右，最近三年甚至达到了 90%。两国贸易总量在中巴经济走廊建设后实现了迅速增长，但其仅促进了中国的出口，巴国的出口不仅没有增长，近年来在中巴经济走廊建设中反而呈现下降趋势（华定，2020）。

二是巴基斯坦能向中国出口的商品种类不多。长期以来，巴基斯坦能够向中国出口的主要是棉花，早年还有黄麻。近些年来，除棉花外，还有谷物、生皮（毛皮除外）及皮革、食品残渣和废料等，但数量不大，价值有限。巴基斯坦能够出口中国的商品种类少，多数出口商品的出口量有限，对中方的商品进口依存度大，是造成在中巴商品贸易中巴方逆差严重的首要原因。

三是巴基斯坦有的企业的信用有待提高。巴基斯坦的某些企业信用欠佳，合同履约率较低，收到货物后不付款的问题时有发生，直接影响了两国贸易的顺利发展（殷永林，2015）。

四是巴基斯坦不稳定的政治环境不利于对外贸易发展。自20世纪70年代以来，巴基斯坦国内平均每10年便会发生一次军事政变，平均每3年发生一次不同党派间的政府更换。巴基斯坦政权更替频繁，为中巴农业合作带来了很多阻力，不利于中国在巴基斯坦进行农业投资合作。此外，巴基斯坦境内恐怖暴力事件频发，增大了中国农业企业在巴基斯坦的投资风险。总体而言，巴基斯坦境内政局动荡不安、恐怖事件频发、经济增长缓慢等原因，为我国与巴基斯坦农业合作带来了巨大风险与安全隐患。

10.2.3.2　孟加拉国

投资基础薄弱。孟加拉国存在基础设施差、水电气资源缺乏、政府部门办事效率低下、处理不好易发生劳资纠纷、当地商人信用度低等问题。

注重信用证结算。孟加拉国部分银行经常不遵守国际贸易惯例违规操作，即使受益人单证相符、单单一致，也常因进口商以货物质量原因等借口而延迟付款或拒付。为此，相关投资者应严格做好信用证的审证工作，要求对方开具即期信用证，审单审证时注意做到是否有不符之处。如出现开证行违规拖欠付款的情况，应据理力争，要求对方严格按照国际贸易有关信用证的统一规则按期付款（刘乐霞，2013）。

劳动力能力较低。孟加拉国当地劳动力供应充足，工资成本较低，但操作能力和学习能力较差，技能水平较低。所以，孟加拉国在经验丰富的管理人员、技术熟练的工程师等高级人才方面有需求。总体上，孟加拉国不鼓励劳务引进。企业应对员工加强管理，尤其是在建筑、煤炭、化工等高危行业，加强安全生产，避免出现安全事故。

农业合作协调机制尚不健全。中孟间政府层面的合作项目仅是高层互访形成共识，没有纳入国家间农业合作框架。相关部门在指导农业"走出去"工作中缺乏统筹协调，项目之间缺乏有机联系，统筹规划；财政对"走出去"专项支持不强，每年获得支持的农业企业较少，特别是州（市）在跨境农业合作中缺乏基本的工作经费保障。

政策对接有一定障碍。首先，孟加拉国实行的是土地私有、家庭分散经营制度，大部分土地集中在富人手中，小规模土地所有者拥有的资源有限，劳动力和土地资源难以组织；政府对于境外资本参与土地资源开发有一定的限制，不利于规模化生产。其次，中孟两国关税政策差异性大。2024年，孟加拉国平均最终约束关税高达24.6%，其中农产品平均最终约束关税更是高达62.5%，而中国分别为9.4%和15.3%。两国政治体制不同，相关的政策对接存在较大难度。

国际贸易便利化程度不高。目前，中孟农产品贸易在市场准入、通关管理、检验检疫、货币结算等运行管理中存在诸多不便利的问题，影响农产品贸易。同时，各国在劳务卡发放、投资比例和签证期限方面都有不相适应的严格规定和办理手续，不利于开展农业合作。另外，孟加拉国经济相对落后，支付能力较差，与孟进行合作成本较大，投资回报时间较长，降低了企业与孟合作的热情。从中国方面来看，中国企业在外生产的农产品输入国内市场存在进口配额小、下达时间与农产品收获时间脱节的问题，抑制了农业贸易扩大和中方资本到境外投资。

10.2.3.3 印度

双方的农业合作面临着激烈的国际竞争。印度扼守印度洋要冲，战略位置极为重要，美国主导的"印太战略"极力拉拢印度而排斥中国。发达国家对印度的拉拢以及对其市场的争夺，必然会蔓延到农业领域，影响中印之间的农业合作进程。

印度农业投资环境欠佳。虽然印度近些年来投资环境有所改善，但投资保护主义还较为突出。农业、基础设施建设、金融服务等领域原来是属于自动审批的范畴，但在《外商投资法》修改之后，只要是印度行政部门认为这些领域的投资对国家安全造成威胁，就可以将自动审批变更为政府强制审查。在实践操作中，中国企业在上述领域的投资经常从自动审批改为政府审查。印度的政府审查不仅程序复杂，而且耗时较长，加大了中国企业的投资风险。

反倾销严重。印度是世界上发起反倾销调查数量排名第二的国家，也是WTO成员中实施最终反倾销措施最多的国家。自1994年印度对华发起第一起反倾销调查以来，反倾销案件不断增加（李玉梅，2016）。

"一带一路"建设起步以来，中国与印度在"一带一路"框架下开展合作时仍面临很多制度性挑战，机制建设仍然落后。

首先，印度是"一带一路"面临的国际机制性挑战的主要来源。印度对"一带一路"的反对是公开的、坚定的。印度一方面奉行"邻国优先"的外交政策，试图通过增加援助和压力的双重手段，增强对其南亚邻国的控制，与中国进行争夺；另一方面，印度也积极提出自己的相关联通倡议，从"孟加拉国—不丹—印度—尼泊尔"（BBIN）倡议到与日本联合提出的"亚洲—非洲增长走廊"（AAGC）倡议，基本上是出于与中国竞争的目的。针对中国与尼泊尔在边境上建立的"跨喜马拉雅多维走廊"，印度提出了自己的喜马拉雅山地区互联互通计划，快速推进边境地区的铁路项目，加强与不丹和尼泊尔的联系。在海上，尽管中印的互动较为有限，印度与马尔代夫、斯里兰卡进行了更为密切的安全合作，并与日本一道致力于孟加拉湾的联通建设。印度还加大了开发伊朗恰巴哈尔港的力度，被普遍认为这是对抗中国在瓜达尔存在的举措。

10.3　合作模式

10.3.1　东北亚—蒙古

1951 年中国与蒙古国建立贸易关系，曾长期采取记账贸易方式开展贸易活动。1991 年两国政府签订了新的贸易协定，以现汇贸易取代了政府间记账贸易。1991 年 8 月，中、蒙签订了《关于鼓励和相互保护投资协定》和《关于对所得避免双重征税和防止偷漏税的协定》，并均于 1993 年 1 月 1 日生效实施。2008 年 6 月签署了《中国与蒙古国经济贸易合作中期发展纲要》，规划了未来五年的中蒙经贸合作。2014 年 8 月，中国商务部同蒙古国经济发展部共同签署了新的《中国与蒙古国经济贸易合作中期发展纲要》。2021 年 12 月 23 日，蒙古国家大呼拉尔（议会）批准中蒙经济合作区政府间协议，此次中蒙商定力争早日将两国贸易额提升至 200 亿美元。中蒙 2021 年贸易额已经突破 100 亿美元。为实现这一目标，中蒙将落实新修订的《中蒙经贸合作中期发展纲要》，制定《中华人民共和国政府与蒙古国政府投资合作发展纲要》。

中蒙两国进行农业贸易合作方面，2019 年中国继续保持蒙古最大贸易伙伴国、最大出口市场和最大进口市场地位。蒙古对华出口农产品主要包括动物毛皮原料及其制成品等，蒙古自华进口产品主要包括稻谷、麦芽、肉类、蔬菜、苹果和茶等。中国对蒙古进行农业投资合作方面，据中国商务部统计，2021 年中国对蒙古直接投资流量 0.247 亿美元；截至 2021 年末，中国对蒙古直接投资存量 15.79 亿美元。中国与蒙古进行农业技术合作方面，双方鼓励和支持两国企业在乳制品和畜产品加工业等领域开展投资、技术和贸易合作。双方就相互关注的进出口食品、农产品检验检疫要求加强磋商。

10.3.2　东南亚

10.3.2.1　菲律宾

在农业贸易合作方面，近年来，两国贸易保持了持续快速增长势头。据中国海关统计数据，2021 年，中菲双边货物贸易额达到 384.3 亿美元，同比增长 24.9%。其中，中国对菲律宾出口 267.9 亿美元，同比增长 28.4%；中国自菲律宾进口 115.5 亿美元，同比增长 17.5%。

在农业技术合作方面，为了在菲律宾推广杂交水稻，袁隆平院士不仅多次亲自赴菲实地考察指导，还派中国专家带着技术和种子来到菲律宾，一驻扎就是十八年。中国和菲律宾政府还合作成立了中菲农业技术中心，共同开展了两期农业技术合作项目，涵盖杂交水稻、农业机械和沼气技术等领域。

在农业投资合作方面，据中国商务部统计，2021 年中国对菲律宾直接投资流量 1.53 亿美元；截至 2021 年末，中国对菲律宾直接投资存量 8.84 亿美元。根据菲中央银行统计，2019 年前 11 个月，中国是菲权益资本流入第四大来源地，也是菲律宾净权益资本配置（权益资本流入与权益资本流出的差额）第二大来源地，金额达 1.04 亿美元，占比达 12.3%。

10.3.2.2 泰国

在农业贸易合作方面，2021 年 1—10 月，泰国对华出口水果超过 200 万吨，出口值 1 480 亿铢，超过 2020 年中泰水果进出口值。泰国自华进口蔬菜 80 亿铢，泰国对华出口新鲜蔬菜、速冻蔬菜、蔬菜干和薯类产品 300 亿铢，其中对华出口蔬菜 10 亿铢，泰国对华蔬菜进出口贸易逆差 70 亿铢。2021 年泰国对华水果进出口贸易顺差超过 700 亿铢。

在农业技术合作方面，2016 年 6 月 25 日，中国援助泰国的国王山地开发项目二期实施协议正式签订，这是两国在农业领域合作的典型示范项目。受中国商务部委托，袁隆平农业高科技股份有限公司举办"国际杂交水稻技术培训班"，与泰国建立了科技合作和文化交流关系，并建立了合作项目。为了加强两国跨境农业科技合作的广度和深度，政府履职的具体措施涵盖以下内容：①加强两国战略互信，积极落实合作备忘录的各项协议；建立双边政府会晤机制，定期针对时下农业发展重点进行磋商，为农业科技交流和跨境合作提供一个宽松的政策环境。②完善国际农业科技合作中心、国际农业科技培训中心和国际农业技术转移中心等平台建设，建立系统化、规范化的科技交流和共享体系，提升科技资源使用效率。③支持和鼓励各地区科研机构的相关研究工作，如在中国、云南等具有地缘优势的省区建立东盟研究中心或泰国研究分中心，针对地方特色和优势农产品设立专项科研资金。④规范中泰跨境合作项目的申请报批程序和企业运作行为，在种质资源引进与交流、境外农作物品种试验与示范推广、专利申请与保护等方面提供与国际接轨的法律和政策指引，保护中国农业科研成果在境外的实施和转化。⑤追踪泰方农业科技需求，为中国先进农业技术输出和成果转化提供市场信息和其他必要的帮助。

在农业投资合作方面，据中国商务部统计，2020 年中国企业对泰国直接投资流量 18.8 亿美元，同比增长 37.2%；截至 2020 年末，中国对泰国直接投资存量 88.3 亿美元。2020 年，泰国企业对中国投资流量 1.1 亿美元；截至

2020 年末，泰国企业累计对华直接投资 44.84 亿美元。据中国商务部统计，2017—2021 年，中国对泰投资总体保持上升趋势，占泰国外资的比重从第 4 位上升到第 2 位。在中国对外直接投资流量的前 20 名国家中，泰国的排名从 2016 年的第 19 位上升至 2020 年的第 9 位。

10.3.2.3　越南

据中国商务部统计，2010—2020 年十年间，中越农产品贸易额从 21.2 亿美元增至 94.8 亿美元，增加了 3.5 倍；中国从越南进口农产品由 7.7 亿美元增至 39.9 亿美元；对越南出口农产品从 13.5 亿美元增至 54.9 亿美元。目前，中国现已成为越南农产品第二大出口国和第一大进口国。但是随着中国—东盟自由贸易区建成，双方农业面对的市场竞争愈加激烈，如果政府不对农业进行引导和支持，极易出现恶性竞争状况；反之加大政府的引导和支持有利于形成规模化合作，同时政府扶持可以促进企业成长，使企业变得强大。实行开放的农业经济政策有利于双方进入彼此的市场，扩展合作领域，进行分层次的合作。因此，政府应组织开展定期或不定期的双边和多边农产品展销（洽谈）会、农业技术与合作论坛或农业领域高层次研讨会，以增进双方的了解和沟通。同时，实施"请进来、走出去"战略，互派研究人员以及建立长久的农业人才培养合作机制。

在农业投资合作方面，在 2023 年，中国对越南直接投资达到 44.7 亿美元，比上一年的 25.2 亿美元增长了 77.4%。这项投资包括 707 个新项目和 179 个扩展项目。在 2024 年上半年，中国对越南投资约为 15.2 亿美元，其中包括了 1 227 个新项目和 55 个扩展项目，显示出中国投资的增长趋势。

10.3.2.4　马来西亚

农业贸易合作方面，马来西亚外贸发展局公布的数据显示，2020 年，马来西亚和中国的双边货物贸易额为 3 298 亿马币，增长 4.6%。其中，马来西亚对中国出口额为 1 586 亿马币，增长 13.6%；马来西亚自中国进口额为 1 712 亿马币，下降 2.5%，占马来西亚进口总金额的 21.5%。马方贸易逆差 126 亿马币，较 2019 年缩小 233.8 亿马币。据中国商务部统计，2021 年中马双边贸易额 1 768 亿美元，同比增长 34.5%，其中中国对马来西亚出口 787.4 亿美元，同比增长 39.9%，进口 980.6 亿美元，同比增长 30.4%。

农业技术合作与交流逐步加深。近年来，中国先后建立了农业对外合作部际联席会议制度，印发了《关于促进农业对外合作的若干意见》，编制完成了《农业对外合作规划（2016—2020 年）》，签署了《农业合作谅解备忘录》，这些体制机制和规章制度的设立为中马农业技术合作交流提供了重要政治保障和政策支持。在此背景下，中马两国通过农民培训、农业技术转移与推广、农产品贸易等途径不断加强农业合作交流。我国农业企业在多重因素推动下，也加快了对马农业投资与合作的进程。

农业投资合作方面,据中国商务部统计,2023 年,马来西亚对华新增投资达到 1 707 亿马来西亚令吉(约合 386.4 亿美元),这是双方历史上最大的单笔投资承诺。在投资领域,马来西亚是中国对外投资的重要国别。截至 2021 年底,中国对马来西亚直接投资累计超过 100 亿美元,马来西亚累计对华直接投资近 80 亿美元。马来西亚继续支持"一带一路"倡议的立场,主动与非洲、南美洲、中东等国家签订更多贸易协定。马来西亚希望中国继续"一带一路"倡议所强调的共赢原则,坚持和扩大对马来西亚乃至其他东盟国家的自贸决定,通过消除投资和贸易障碍、提升自贸区、加强海关合作、跨国电子商务的发展、开发服务业等,鼓励双边投资者建设基础设施,使投资和贸易便利化。

10.3.3 南亚

10.3.3.1 巴基斯坦

中巴经贸合作发展良好。据巴方统计,中国是巴基斯坦第一大贸易伙伴,并在 2015/2016 财年首次成为巴基斯坦第一大进口来源地,同时还是其第二大出口目的地。巴基斯坦是中国在南亚地区最大投资目的地。主要发展模式如下:

转口贸易。随着"中巴经济走廊"建设、两国互联互通的加强,中巴经贸投资合作必将进一步扩大。特别是瓜达尔港口建成投入运营后,不仅能满足中巴两国贸易需求,还将服务于南亚、西亚、中东地区乃至欧洲地区,将成为一个重要的地区商业中心。由此巴可成为连接中国与南亚、西亚、中东地区乃至欧洲的物流中心和商品集散地。

产业承接。"中巴经济走廊"建设既有利于深化中巴贸易潜力,又有利于通过产业转移从外部改善巴基斯坦产业现状。中国目前正面临新一轮产业转移和结构升级,同时巴基斯坦基础设施的升级改造、轻工业商品市场需求的增加、对中国投资的进一步开放、充裕的劳动力资源、与中国产业的梯度差等为巴承接中国产业转移提供基础和条件。产业转移会使比较优势在产业移出国(中国)和产业移入国(巴基斯坦)之间产生动态变化,进而促进双方各自产业结构调整和优化升级。

中国与巴基斯坦农业投资合作,可创新两国企业投资合作方式,提高双方农业投资回报率。其一,企业可创新农业投资的立项,使两国农业投资与实际生产相匹配。其二,企业可在原有农业投资、验收项目的基础上,强化投资成果检验与基地建设,注重农业产前、产中与产后配套技术的组装,进一步创新两国农业投资合作方式。其三,两国农业投资企业也可通过整合现有资源,优化产品配置,加大农业产品的研发力度,如在小型农机、农药、有机食品、生物技术等优势领域中加大研发力度,将双方的优势结合起来,进而提高两国农业投资回报率。

推进中巴农业投资合作,应建立农业投资示范区,进一步深化两国农业投资合作。首先,两国应选择适宜的地区,作为农业投资合作示范区的主要根据地。然后,两国互派访问人员对该区域进行核查,确定是否适用于两国农业投资合作,为两国农业商品贸易奠定良好的基础。其次,两国应在示范区中建立农业投资联合实验室,例如,中巴农作物联合育种实验室、中巴生物经济多样性产业基地等,以农业投资项目为主要载体,联合开展农业商品研发与合作,深化两国农业投资合作。最后,基于建立的示范区,两国应以企业牵头,成立中巴农业开发公司、中巴农业联合公司、中巴农业股份制公司、中巴农业合作社等多种类型的企业组织,进一步深化两国农业投资合作。

10.3.3.2　孟加拉国

自 1975 年中孟建交以来,中孟经贸关系取得长足发展,两国间投资合作稳定增长,双边贸易额稳步攀升。中国是孟第一大贸易伙伴,孟是中国在南亚地区第三大贸易伙伴(李建军,2013)。2022 年,中孟贸易额 277.9 亿美元,同比增长 10.7%。其中,中国对孟出口 268.1 亿美元,同比增长 11.4%;自孟进口 9.8 亿美元,同比下降 6.2%。

中孟两国重视相互之间的农业科技合作。自 2012 年起,云南省农村科技服务中心先后与孟加拉国国家农业科学院、孟加拉国农业大学、绿色孟加拉国发展基金等科研机构、高校及企业签署了一系列农业科技合作协议。云南省通过向孟方提供粮食作物(水稻、旱稻)、蔬菜、马铃薯、花卉、亚麻等作物的良种开展境外试验示范,促成云南金瑞种业有限公司与孟加拉国马里达农业公司在孟加拉国联合建立农业新品种公司,推动云南粮食作物新品种出口孟加拉国以及在孟加拉国开展制种的实质性合作,目前已完成品种试验示范的场地选址工作。

孟加拉国国家农科院、孟加拉国农业大学、孟加拉国 Shere Bangla 农业大学等科研机构及高校的领导及农业技术专家、学者先后到云南省进行了考察交流;云南省通过举办援外技术培训班,先后培训孟加拉国农业技术人员 7 名。通过参加交流和培训活动,以上人员为进一步拓展滇孟科技交流与合作渠道,推动农业领域的科技合作奠定了基础。

10.3.3.3　印度

农业投资。中国是对印投资较多的国家,在双边经贸合作的推动下,2019年中国企业对印度农业投资总额达到 5.96 亿美元,比 2018 年增长了 52.6%。中国企业对印投资领域主要集中于种植业、畜牧业,2019 年在这两个领域的投资额为 3.12 亿美元，另外，在渔业、农业生产资料加工业领域的投资额也比较大。新希望集团 2019 年在加尔各答建立了南亚地区第一家饲料加工厂，投资额为 980 万美元，是中国近些年最大的单笔投资。

农业技术合作。印度农业发展的整体水平低于中国，特别是农业基础设施建设、机械化水平、农业生产资料投入等方面大大落后于中国。中国在农田水利建设、新品种培育、农业技术创新等方面处于世界领先水平，尤其是在杀虫剂研制与生产、新型航天育种技术优势极为明显。近几年，中印两国农业技术合作力度在不断加深。在中印两国政府政策的推动下，两国农业技术合作前景广阔（刘彬凤，2020）。

印度对"一带一路"倡议的态度在南亚比较独特。印度不仅没有与中国签署任何"一带一路"合作协议，而且还以国家安全和地缘政治为由对"一带一路"倡议提出疑问甚至反对。但与此同时，中印经贸合作和人文交流并没有受到印度对"一带一路"倡议抵制心态的太多干扰，基本可以维持稳定发展的态势。

10.4　合作政策

10.4.1　东北亚—蒙古

关税壁垒方面。2021 年 1 月 1 日，我国与蒙古相互实施在《亚太贸易协定》项下的关税减让安排。根据安排，蒙古对 366 个税目削减关税，主要涉及水产品、蔬菜水果、动植物油、矿产品、化学制品、木材、棉纱、化学纤维、机械产品、运输设备等，平均降税幅度 24.2%。同时，蒙古可享受中国等其他成员现有关税减让安排。土地政策方面，蒙古允许外资企业投资农业领域，对外资企业和蒙古本土企业给予相同待遇。蒙古土地资源丰富，大部分土地处于待开发阶段，土地价格非常低廉。蒙古水资源分布较不平均，西部和南部地区气候干燥、降水量少，因此农业种植主要分布在北部和东部等区域。近两三年，赴蒙古国投资农业的中资企业数量快速增长，在蒙古从事小麦、油菜籽、牧草、温室蔬菜种植等。外资企业在蒙古经营农业，主要以租赁方式获取土地，同蒙古私有土地所有者签订长期土地租赁合同。

中国与蒙古签署双边投资保护协定。1991 年 8 月 26 日，中蒙两国签署了《中华人民共和国政府和蒙古人民共和国政府关于鼓励和相互保护投资协定》。1991 年 8 月 26 日，中蒙两国签署了《中华人民共和国政府和蒙古人民共和国政府关于对所得避免双重征税和防止偷漏税的协定》。此外，中蒙两国还签署了多项其他投资贸易协定，如 1985 年的《中蒙边境贸易议定书》、1991 年的《中蒙政府贸易协定》、2014 年的《中华人民共和国政府与蒙古国政府经贸合作中期发展纲要》和《中华人民共和国与蒙古国经济技术合作协定》等。

10.4.2　东南亚

10.4.2.1　菲律宾

中国具有比较优势的大蒜、马铃薯、洋葱等产品，在对东南亚国家出口时仍存在很高的关税壁垒，政府应通过进一步谈判，争取尽快将中国这些具有比较优势的商品列入享受零关税政策的商品目录中。中国与菲律宾还达成了货币直接兑换的协议。直接将比索与人民币兑换，不仅精简了兑换过程，也避免了美元的风险。

中菲两国政府 1993 年签署了《经济技术合作协议》，同年两国农业部长签署了两国政府间《关于加强农业及有关领域合作协议》。2004 年，两国签署《渔业合作谅解备忘录》。2005 年，中菲两国政府在马尼拉签署《关于促进贸易和投资合作的谅解备忘录》。2006 年，中菲签署《关于建立中菲经济合作伙伴关系的谅解备忘录》。2007 年，中菲签署《关于扩大和深化双边经济贸易合作的框架协议》。2009 年，中菲签署《中华人民共和国和菲律宾共和国领事协定》。2017 年，中菲签署《中菲经贸合作六年发展规划》（2017—2022）。2018 年 11 月，中菲签署《中华人民共和国政府与菲律宾共和国政府关于共同推进"一带一路"建设的谅解备忘录》。

10.4.2.2　泰国

区域全面经济伙伴关系协定（RCEP）于 2020 年 11 月 15 日正式签署，中国和泰国均为 RCEP 成员，两国积极推动协定成功签署，并率先完成国内批准程序。两国地理位置相邻，农业资源互补，互为重要农业贸易伙伴，泰国承诺对中国 895 个税目下的农产品维持零关税或立即降零，占农产品总体的 53.4%，主要品类有畜产品、番茄、莴苣、葡萄、苹果等。经 10 年、15 年或 20 年降零的农产品共 461 个类目，占 27.5%，主要是鱼类、水果、坚果、植物油、蜂蜜、酒类等。此外，泰国对其 87 个较为敏感的农产品采用部分降税或维持基准税率，占 5.1%，主要是部分特殊税目下的牛、羊、马及其食用杂碎等。相对应的，中国对泰国 960 个类目下的农产品维持零关税或立即降零，占全部农产品的 65.3%，主要是水产品、热带水果等。经 10 年、15 年或 20 年降零的农产品有 404 项，占全部类目的 27.5%，主要是畜产品、水果、蔬菜等。部分降税及例外产品只有 106 项，占 7.2%，主要是粮食、食糖、棉花类产品。

10.4.2.3　越南

从关税角度看，越南已形成了相对庞大且成熟的自由贸易体系，中国企业为规避贸易壁垒加大对越投资已经渐成趋势。特别是在 2019 年之后，越南多项新的对外贸易协定生效，越南对外贸易出口关税优势正在进一步凸显。

除了低关税外，越南本土的税收优惠政策也不容小觑。位于越南南部隆安省的华孚（越南）实业有限公司，就在享受越南给予的"四免九减半"税收优惠。按照越南政策，对于投资额达到3亿美元，或者年销售额达到5亿美元，或者提供就业岗位3 000个以上的企业，实行"四免九减半"的特殊优惠政策。

从土地政策来看，根据越南国内法律规定，外国投资者和企业不得直接从土地使用者处租赁土地，这使得外国投资者几乎不可能获得足够多的土地开展农业项目。这就要求越南应该开放土地政策，让中国的农业企业能够更好地在越南安家落户。

1995年5月，中国与越南签署了《关于对所得避免双重征税和防止偷漏税的协定》。1991年中越关系正常化以来，两国政府签署的其他经贸合作协定包括：《贸易协定》（1991年11月）、《经济合作协定》（1992年2月）、《中国人民银行与越南国家银行关于结算与合作协定》（1993年5月）、《关于货物过境的协定》（1994年4月）、《关于保证进出口商品质量和相互认证的合作协定》（1994年11月）、《关于成立经济贸易合作委员会的协定》（1995年11月）、《边贸协定》（1998年10月）、《北部湾渔业合作协定》（2000年12月）、《关于扩大和深化双边经贸合作的协定》（2006年11月）、《2012—2016年阶段中越经贸合作五年发展规划》（2011年10月）、《中越经贸合作五年发展规划重点合作项目清单》（2013年5月）、《边贸协定》（修订版）（2016年9月）、《2012—2016年阶段中越经贸合作五年发展规划延期和补充协议》（2016年9月）、《关于确定2017—2021年中越经贸合作五年发展规划重点合作项目清单的谅解备忘录》（2017年11月）、《关于推动"两廊一圈"框架和"一带一路"倡议对接的谅解备忘录》（2017年11月）等。

10.4.2.4 马来西亚

2010年1月1日起，中国与马来西亚90%以上的产品实现了零关税。鼓励政策和优惠措施主要是以税收减免的形式出现的，分为直接税激励和间接税激励两种。直接税激励是指对一定时期内的所得税进行部分或全部减免；间接税激励则以免除进口税、销售税或国内税的形式出现。

马来西亚的农业企业与合作社/社团除了遵守农业《促进行动及产品列表》外，也可申请新兴工业地位或投资税务补贴的优惠。《1967年所得税法》规定，投资者在土地开垦、农作物种植、农用道路开辟及农用建筑等项目的支出均可申请资本补贴和建筑补贴。考虑到农业投资计划开始到农产品加工的自然时间间隔，大型综合农业投资项目在农产品加工或制造过程中的资本支出还可单独享受为期5年的投资税务补贴。

2017 年 5 月，中马双方签署了《中马"一带一路"合作谅解备忘录》《"一带一路"融资指导原则》《中马水资源领域谅解备忘录》和《关于马来西亚菠萝输华植物检疫要求的议定书》。2018 年 8 月，中马双方签署了《中华人民共和国海关总署与马来西亚农业与农基产业部关于马来西亚冷冻榴莲输华检验检疫要求的议定书》，并续签《中国人民银行与马来西亚国家银行双边本币互换协议》。

10.4.3　南亚

10.4.3.1　巴基斯坦

中巴两国为推进双边经贸关系发展，先后制定、采取了一系列政策措施。

2006 年 11 月 24 日，中国与巴基斯坦签署了《中华人民共和国政府和巴基斯坦伊斯兰共和国政府自由贸易协定》，该协定于 2007 年 7 月 1 日起生效实施。按照协定规定，协定生效后，中巴将对全部货物产品分两个阶段实施降税。第一阶段在协定生效后 5 年内，双方对占各自税目总数 85％的产品按照不同的降税幅度实施降税，其中 36％的产品关税在 3 年内降至零。第二阶段从协定生效第六年开始，双方将在对以往情况进行审评的基础上，对各自产品进一步实施降税。

中国与巴基斯坦于 1989 年签订税收协定，截至 2016 年底中国与巴基斯坦共签署了三次议定书，对中巴税收协定进行了进一步的修订。中巴税收协定主要就所得税领域避免双重征税和防止跨国逃避税等方面进行了规定。1989 年 11 月 15 日，双方签署《中华人民共和国政府和巴基斯坦伊斯兰共和国政府关于对所得避免双重征税和防止偷漏税的协定》。2000 年 6 月 19 日，双方签署《中华人民共和国政府和巴基斯坦伊斯兰共和国政府关于对所得避免双重征税和防止偷漏税的协定的议定书》。2007 年 4 月 17 日，双方签署《中华人民共和国政府和巴基斯坦伊斯兰共和国政府关于对所得避免双重征税和防止偷漏税的协定第二议定书》。2016 年 12 月 8 日，双方签署《中华人民共和国政府和巴基斯坦伊斯兰共和国政府关于对所得避免双重征税和防止偷漏税的协定第三议定书》。根据该议定书，中国有关银行和丝路基金为《中巴经济走廊能源项目合作的协议》所列项目提供贷款取得的利息在巴基斯坦免征所得税。

10.4.3.2　孟加拉国

为进一步加速贸易自由化进程，孟加拉国政府于 20 世纪 90 年代进行了一些卓有成效的改革，包括减少进出口限制、削减关税、将多元化汇率系统改革为单一体制等。

进出口商品检疫制度。孟加拉国自 2000 年 2 月 15 日开始实施进口商品"船前检验制度"（PSI），对输往孟加拉国的货物在装船前实施货值评估及散

装状态检验（CKD 或 SKD 检验）。PSI 属强制性进口管理规范，在无特殊规
定前提下，该制度适应于世界各国和地区所有向孟加拉国输入的货物。PSI 制
度旨在防止进口商低报发票金额或错报 H. S. 编码，但它对孟加拉国进口贸易
造成较多的问题，如 PSI 公司签发清洁报告不及时导致进口商无法及时报关，
PSI 公司高估货物价值导致进口商多付关税等。

关税制度。孟加拉国现行的关税结构为 4 层制。资本机械类产品关税税率
为 3%，基础原材料关税率为 7%，半成品关税率为 12%，成品关税率为
25%。出于鼓励进出口的目的，孟加拉国对医药原料、家禽及饲料机械、皮革
用化学制品、国防设备、私人发电设备、纺织用原料和机械、太阳能设备等产
品免收关税。

行业鼓励政策。孟加拉国鼓励以出口为导向的企业赴孟加拉国投资，以拉
动本国经济并扩大就业。为鼓励投资并刺激出口，孟加拉国政府对部分行业实
行现金补贴。

10.4.3.3 印度

基本关税制度。基本关税按从价税形式征收，以进口货物的到岸价为基数
计算。附加税又称抵消税，在进口货物到岸价和基本关税的基础上征收，附加
税税率大致为 8%、16% 和 24%，附加税的税率相当于印度本国生产的相同或
相似的产品征收消费税的税率；特殊附加税税率为 4%。教育税以进口货物的
关税总值为基数计算而得，统一按 2% 的税率征收。印度对于履行了国际承诺
且已经征收约束关税的商品免征附加税和教育税，因此，绝大多数农产品仅征
收基本关税，只对麦芽、淀粉、甘油、蔬菜蜡、蜂蜡、糖和糖食、可可制品、
矿泉水、酒类及烟草等农产品征收附加税。

尽管印度平均税率在下降，但饮料、酒、咖啡、茶等部分产品却一直维持
高税率，甚至存在着明显的关税高峰。印度对酒精饮料普遍征收高关税，对威
士忌、白兰地等征收 150% 的进口关税，部分烟草、谷物及制品的关税也高达
150%，一些动物产品、水果、蔬菜和植物、咖啡和茶、油籽和油脂的最高税
率也达 100%。

约束关税。2005 年印度乌拉圭回合谈判关税减让义务履行完毕后，75%
的税目实行约束税率。其中，农产品全部有约束税率，非农产品税目中
71.6% 有约束税率。印度政府可以根据国际市场和外部环境的变化，在约束关
税水平的范围内灵活调整农产品关税水平，形成对国内农产品强有力的保护
（袁祥州，2019）。

印度平均约束税率为 46.4%，远高于平均实施税率（12%）。农产品平均
约束税率为 118.3%，约束税率与实施税率之间的差距为印度政府提高实施税
率提供了空间。如果印度国内农产品价格上涨，政府会降低关税税率，以增加

农产品进口，压低国内农产品价格，减少对消费者的影响。印度各个类别的农产品约束税率均远远高于其实际实施的关税水平，这是印度农产品关税结构最显著的特征。

关税配额。在关税配额方面，印度关税配额产品共涉及 19 个 8 位税目，由印度外贸总局统一管理配额发放，其下属的进出口促进委员会决定批准数量并进行分配。印度将进口产品分为自由进口品、禁止进口品、限制进口品和专属单位进口品 4 种。一部分动植物和种子产品属于限制进口产品，需要获得印度外贸总局签发的特别许可证方可进口；油及种子、谷类属于专属单位进口产品，油及种子由国营贸易公司与印度斯坦植物油公司管理，谷类由印度粮食公司办理，通过进口禁令保护本国农业。配额内外的关税水平差异较大。

市场准入约束。除本土不能生产的农产品外，印度对其余农产品进口依然采用关税或非关税壁垒限制。印度把约束关税率普遍定在 $100\%\sim300\%$ 的上限水平，对一些重要农产品的进口都规定了关税约束范围。印度还推出了一项特殊农产品计划，以促进水果、蔬菜、花卉、小型林产品及其增值产品的出口。根据该计划规定，出口这些相应的农产品就能获得免税信贷额度（占出口价格的 5%）的资格，这个免税信贷额度可用于进口商品但必须是国家允许范围内的商品。

10.5　典型合作案例

10.5.1　东北亚—蒙古

中蒙农业技术合作主要涵盖种植业、畜牧业和农业机械等领域，主要依托"南南合作"项目。蒙古是第一个利用中国政府信托基金支持的南南合作项目国家，一期项目历时 3 年半，19 名中国专家和技术员为蒙古 8 省 2 市的 29 个农业企业与私营部门提供技术服务，在饲料、畜牧、果蔬等领域提供技术示范与培训，二期合作项目集中在饲料生产、牲畜品种改良、温室蔬菜、养鱼、养蜂、养鸡六大领域，同时由合作企业继续向外拓展，实现"由点到面"的辐射。2011 年中国向蒙古政府移交了"南南合作"项目下农用物资，主要包括中小型拖拉机、播种机、除草机等农业设备，并在饲料、畜牧、温室大棚、商品贸易等领域进行示范工程建设。

10.5.2　东南亚

10.5.2.1　菲律宾

菲律宾位于"21 世纪海上丝绸之路"沿线，是中国进行农业外交合作的重点国家之一。自中菲两国签署了《中国农业部与菲律宾农业部农业合作行动计划（2017—2019）》以来，中菲两国企业交流合作机会增多，许多中国企业抓住此次机遇进入菲律宾市场，两国部分企业也已签署了相关农业领域合作协议和投资合作意向，在两国的共同努力下，双方在能力建设、水产养殖、水稻玉米种植、农渔产品加工和农机合作等领域都取得了积极进展。同时，自2010年就已暂停的中菲农业联委会会议也于2017年重新召开，会议提出中菲两国要在加强中菲农业技术中心建设、加强农业科技交流及产学研一体化合作、提高菲律宾桑蚕业发展水平、加强菲律宾产后处理和机械化开发能力、扩大农业投资与农产品贸易、开展能力建设合作、橡胶研究推广能力建设合作7个领域进行深入合作。国际水稻研究所（IRRI）位于菲律宾马尼拉，IRRI与大多数水稻生产和消费国、国际性、地区性和地方性组织以及各国农业科研推广系统紧密合作。加强中菲两国农业合作不仅能促进两国合作共赢，也有利于我国与世界农业科研推广系统深入交流，保持良好关系，掌握农业前沿消息。

10.5.2.2　泰国

2016年12月6日，中国铁建国际集团东南亚公司与泰国双赢地产开发有限公司在泰国曼谷正式签订泰国生态农业工厂项目施工总承包（EPC）合同，该项目为东南亚最大的生态农业工程项目基地，合同金额193.563亿泰铢，约合37.3亿元人民币。8个服务业项目投资金额达23 292万美元，合同内容主要包括设计和建造预制装配式钢结构种植养殖厂房300栋，总建筑面积约270万平方米。按照规划，该项目每栋厂房室内封闭，采用最新的发电和空调技术以及中国制造的LED，底层养殖家禽、水产，2~4层种植蔬菜、水果、花卉；屋面开放、透明，自然采光，种植水稻。该项目的实施，有利于提高泰国农业生产科技含量和现代化水平，增强泰国农业的多样性，提高泰国农产品的经济效益和附加值。

10.5.2.3　越南

中国在越南进行农业投资时应注意以下方面。

（1）需通过正规中介进行。目前一些非法中介以收费较低为诱饵，擅自招收劳务并输往越南，不与劳务人员签署劳动合同，也不协助办理当地劳动许可证，导致劳务纠纷频频发生，给劳务人员造成较大损失。根据商务部、外交部等相关部委规定，只有获得外派劳务人员资格的公司才可对外派出劳务。

（2）在当地办理劳动许可证。越南法律规定，不允许外籍人员持旅游签证在越南务工。在越南工作3个月以上的外籍劳务人员须办理劳动许可证。中国劳务人员办理许可证时，需提供省级以上或国家级医院开具的健康证明、所在地派出所出具的无犯罪记录证明、技术能力证明等文件，并经国内公证机关公证、中国外交部和越南驻华使馆认证。整套手续办下来约需2个月时间（含国内公证和认证时间）。

（3）在聘用中方劳务人员时，一定要检查其是否为合法入境，是否持有合法证件；在给中方工人支付工资时，争取直接交给工人，避免出现工人工资被克扣或者中介恶意欠薪等劳资纠纷事件发生。

10.5.2.4 马来西亚

中国开展与"一带一路"东盟国家的合作中，马来西亚是最先响应并积极参与的国家之一。当前两国双边贸易稳定发展，共同推进互联互通建设，金融合作不断加深，马来西亚现已成为东南亚地区最主要的人民币清算中心。同时中国有大量金融企业进入马来西亚，未来两国在"一带一路"合作中将取得更多的丰硕成果。

（1）支付宝在马来西亚推动当地移动支付的发展。为了吸引中国游客赴马来西亚旅游，马来西亚政府放宽签证措施，将中国游客来马免签政策延长到2017 年 12 月 31 日后。支付宝支付系统在马的正式启用，能使中国游客无须携带现金就能在马来西亚店内消费购物。2017 年 7 月蚂蚁金服与马来西亚联昌国际银行旗下的 Touch'nGo 公司宣布联合打造"马来版支付宝"，复制中国支付宝金融模式为当地用户提供便捷、安全的支付服务。Touch'nGo 电子钱包将深刻影响当地人民的支付方式，目前已有 1 700 万人持有 Touch'nGo 卡，每天有数百万马来西亚人使用该卡在零售店、停车场和公共交通系统上进行电子支付，未来新的电子钱包将在手机上以更加方便、快捷的支付方式为持卡人服务。

（2）首个海外 eWTP 试验区落户马来西亚。2017 年，阿里巴巴将与马来西亚一起在该国打造中国以外的第一个世界电子贸易平台（Electronic World Trade Platform，简称 eWTP），致力于帮助马来西亚乃至全球的年轻人和中小企业参与全球贸易。在阿里巴巴的帮助下，马来西亚将打造一个国际数字中枢包括物流、支付、通关等，并成为马来西亚中小企业走向世界的桥梁。未来由阿里巴巴旗下的物流平台菜鸟网络和东南亚地区最大的在线购物平台 Lazada 共同合作，在吉隆坡国际机场建设一个国际超级物流枢纽，为马来西亚中小企业跨境贸易提供物流、仓储、通关、贸易、金融等一系列供应链设施和商业服务。阿里巴巴还将在马来西亚探索跨境电子商务贸易新规则，不仅为马来西亚中小企业和年轻人提供"一站式"服务，还将以马来西亚 eWTP 为基础辐射整个东南亚国家甚至全球，让每一个中小企业甚至每一个人都可以通过世界电子贸易平台实现买全球、卖全球。

10.5.3 南亚

10.5.3.1 巴基斯坦

中巴两国政府分别于 2006 年、2008 年和 2010 年发表了《中华人民共和国和巴基斯坦伊斯兰共和国联合声明》。

根据 2006 年的《中华人民共和国和巴基斯坦伊斯兰共和国联合声明》，两国一致同意进一步深化农业领域的全面合作，加强农业技术，尤其是农产品加工、农药、滴灌和渔业等方面的技术交流与合作，推动中国农产品加工和农业科技企业到巴投资。并在《中华人民共和国和巴基斯坦伊斯兰共和国经贸合作5 年（2007—2011 年）发展规划》中商定了 61 个重点推动的合作项目，其中，农业类项目包括：农业节水灌溉产业合作及技术培训项目、种业技术转让和生产基地建设项目、农药项目、农业技术培训项目、果蔬加工项目、FATIMA公司化肥建设项目、ALNOOR 公司化肥建设项目。

2010 年的《联合声明》中指出，中方将重点支持巴灾区国道公路网修复工程，承担粮食加工、调气和冷藏仓库、农作物遥感卫星测控等农业项目。中方将拨出 1 000 万美元现汇支持巴"灾民补偿计划"，并提供 1 亿美元优惠贷款和 3 亿美元优惠出口买方信贷用于巴方急需的项目。双方同意尽快启动设立中巴农业示范园工作等。2011 年中巴经济合作组第二次会议确定的规划新增农业项目包括：农业中心建设项目、海洋渔业研究和开发中心、印度河渔业研究和开发中心、农业技术示范中心、大米加工项目、调气和冷藏仓储项目。两国农业部门签署了多项合作协定和谅解备忘录，在农业信息交流与培训、农产品加工、动植物检疫、农机生产和维修、农药管理、农产品贸易等领域进行合作。

其他有关部门也在与巴农业合作方面开展了很多工作。如 2008 年中国农业科学院与巴农业研究理事会签署了《中国农业科学院与巴基斯坦农业研究理事会农业科技合作谅解备忘录》，在水资源管理、杂交棉花、玉米、园艺及其他转基因作物等领域开展合作；2009 年湖北省种子集团有限公司分别与巴信德省和巴农业发展研究委员会签署了《"杂交水稻技术合作"和"油料作物技术合作"谅解备忘录》；2009 年巴农业研究理事会与新疆天业节水灌溉股份有限公司、新疆生产建设兵团农八师 149 团签署合作谅解备忘录，中国将向巴方介绍先进农业技术，并提供节水灌溉领域及 Bt 杂交棉、彩色棉方面的咨询及技术服务；2010 年中国国家粮食局与巴驻华大使签署了《中华人民共和国国家粮食局与巴基斯坦伊斯兰共和国食品、农业和畜牧部合作谅解备忘录》，在建立粮食储备、建立长期稳定的粮食流通合作交流机制方面开展合作；2010年陕西杨凌农业高新技术产业示范区与巴信德省农业部签署了《中国陕西省杨凌农业高新技术产业示范区与巴基斯坦信德省农业部关于合作建设信德省农业示范基地的谅解备忘录》，共同在巴信德省建立中国杨凌模式的农业示范基地。

10.5.3.2　孟加拉国

2012 年 10 月，中国国务院批准将南亚国家商品展升格为中国—南亚博览会，增加了展厅及展位数，展出内容包括农产品、纺织品等其他商品，成为滇孟农业交流的一个重要平台。2014 年 6 月 7 日，云南省委书记在第二届中国—南亚博览会暨第 22 届昆交会同孟加拉国总理就加强农业、能源、矿产等方面的合作交换了意见。滇孟农业合作得到了两地领导人的重视。中孟共同签署了《中孟关于深化更加紧密的全面合作伙伴关系的联合声明》，声明指出，在平等互利的基础上，进一步加强两国贸易、农业等领域合作。在两国领导人的倡导下，中孟农业合作将作为重点开发的领域，而云南作为中孟合作的前沿，滇孟农业合作将迎来全新的快速发展阶段。

第11章　中国与中亚、西亚国家农业合作

当世界拥有了开放与合作，距离不再遥远。2013 年秋，中国国家主席习近平西行哈萨克斯坦、南下印度尼西亚，先后提出建设"丝绸之路经济带"和"21 世纪海上丝绸之路"重大倡议。

自此，这个根植于历史厚土、被誉为 21 世纪伟大新故事的"一带一路"就迎风生长，成为推动构建人类命运共同体的重要实践平台。

11.1　合作潜力与合作机会

11.1.1　中亚国家

中亚国家是中国"一带一路"倡议的发轫之地，2013 年 9 月习近平主席在访问哈萨克斯坦期间，在纳扎尔巴耶夫大学发表演讲时首次提出了"丝绸之路经济带"倡议；一个月后，习近平主席出访东南亚，又提出共建"21 世纪海上丝绸之路"的重大倡议。"一带一路"倡议由此成为中国与中亚五国合作的新纽带，彼此的命运被紧紧联系在一起。近年来，中国与中亚国家紧密协作，围绕共建"一带一路"，分别确立了同哈萨克斯坦的"光明之路新经济政策"、乌兹别克斯坦的"新乌兹别克斯坦规划"、塔吉克斯坦的"2030 年前国家发展战略"、土库曼斯坦的"复兴古丝绸之路"等双边战略对接机制[1]。

中国与中亚国家在农业资源、资金、技术、市场等方面都具有明显的互补性和良好的互通性。在农业资源和市场供给等方面存在着较大的差异，因此农业经济的互补性比较强，农业经贸合作具有极为广阔的发展前景，且与中亚五国近邻，在思想文化等方面具有很多相似之处，相似的文化会促进经济合作，故国家贸易有较大的开发空间与发展潜力。

但是，中国与中亚国家的农产品贸易过程中也存贸易、投资和技术方面的障碍与风险。首先，农产品作为国际贸易中的敏感领域，中亚各国在农产品贸

---

① 对外投资合作国别（地区）指南，2020.

易领域中的限制性措施都比较多，非关税贸易壁垒是国家间贸易往来的重要障碍，且存在贸易结构单一和口岸建设不完善等问题。其次，中亚各国在农业园区的投资和基础设施建设等方面的投入不足，导致道路交通与物流总体发展水平较低，运营效率不高，在一定程度上影响了国家间的对外贸易往来。最后，中国与中亚各国之间在技术方面也存在诸如技术合作服务平台尚不成熟、技术合作的经济效益与社会效益难以平衡、技术合作缺乏切实可行的项目等问题，导致在合作过程中存在对接方面的问题。

中国与中亚各国的合作模式主要有技术联盟、跨国投资和农业园区等形式。中国同中亚各国可以利用国内的农业技术优势和资金优势，在农业方面开展合作；也可以通过降低产品交易成本，提高交易、通关效率，推进农产品贸易区域一体化建设进程，促进国家间的经济交流，吸引跨国公司前来投资；同时集中资金、技术、人才优势，在合作国设立农业高新区，为各国开展农业合作提供规模化支持，引领双边合作，促进区域农业实现跨越式发展。

中国与中亚国家对外贸易体制相对开放且十分重视农产品贸易，各国不断加大农业发展扶持力度，拓宽农产品出口渠道，但在农产品贸易的制度和政策上仍存在着不可忽视的问题。

高额的进口关税严重阻碍了商品的进口，影响了出口的积极性；繁琐的通关手续也影响了双方对外经贸的开展；贸易保护主义仍在继续，贸易自由化趋向区域化，各种非关税壁垒层出不穷。因此，中国与中亚各国的农产品贸易仍面临较大挑战，需要各国政府不断调整贸易政策，促进农产品贸易自由化。

11.1.1.1　中国与哈萨克斯坦

中国加入世界贸易组织以后，融入世界的速度越来越快，中国的农产品开始在世界范围内崭露头角。作为拥有丰富往来的历史邻邦，中哈两国农产品贸易关系不断深化，"一带一路"倡议的提出更是为中哈两国不断深入农业合作创下新的契机，中哈双边农产品贸易规模不断扩大。

潜在耕地的空间可利用性高，农地投资合作潜力巨大。哈国耕地资源丰富，同时哈国粮食生产成本低，产出高，但是机械化、精细化、产业化水平低，这些因素已成为哈国农业发展的重要瓶颈。我国农业技术先进，所以应该加强与哈国在农业领域的技术合作，加大在农业贸易与投资方面的合作。中哈两国可以在土地资源利用、有机农业发展、合作社经营、农产品加工与销售、节水灌溉和农民生活水平提升等方面开展合作研究。这样可以加深两国之间的农业技术合作，推动哈国在农业耕地技术等方面升级，提高哈国的农业资源利用率，扩大哈国农产品生产和加工水平，进而改变哈国出口产品单一的现状。

两国农产品贸易潜力巨大。中国是世界重要的农产品贸易大国，当前中国出口的农产品主要以劳动密集型农产品为主，进出口集中的农产品贸易会增加中国农产品贸易的市场风险，对中国产生不利影响。哈萨克斯坦是重要的农产品贸易国，中哈两国在农业方面加深合作，不仅能提升中哈两国的农产品贸易规模，还可以降低我国在国际农产品贸易市场中的风险。

哈萨克斯坦是世界上粮食生产和出口大国，土地资源丰富，人均耕地面积较多，农业生产技术落后、机械化水平低、灌溉水平较差、农业劳动力匮乏等问题制约着哈国农业的持续性发展，而中国相对哈国来说具有较强的农业发展基础，在农业基础设施、农业设备与科技水平方面可以给予哈国帮助，有利于哈国解决农业生产问题。虽然哈萨克斯坦小麦、谷物、油料作物产量较高，但是国内蔬菜瓜果产量由于灌溉技术落后、天气等因素无法满足哈国全部居民的需求，尤其是冬季还需要从周边中亚国家及中国进口蔬菜和水果，而我国正是世界出口蔬菜、水果最多的国家。近年来，由于国际原油价格下降，哈萨克斯坦作为矿产油气资源出口大国，国内经济受到冲击，开始谋求多元化发展路径，希望依靠农业科技创新、提高农业产量，使农业出口发挥经济发展中的支柱性作用。同时，中国农产品消费结构性短缺问题不断扩大，我国与哈国在农业资源禀赋、农业生产与育种技术等多方面均有较强的互补性，互有需求，有利于中哈两国开展农产品贸易与农业产能合作。

11.1.1.2　中国与土库曼斯坦

中国与土库曼斯坦皆为农业大国，均以农业贸易为主体，贸易额在双方贸易中占比稳定，没有大幅改变，增长不多，所以双方贸易有较大的开发空间与发展潜力。中国与土库曼斯坦农产品结构差距不大，中国农产品出口以纺织、纤维、水果和蔬菜等为主，土库曼斯坦则是以棉花和小麦等为主。中国与土库曼斯坦有近20类农产品具有较大的竞争性，其他农产品竞争相对较弱。

中国与土库曼斯坦经济贸易关系持续稳定发展。2011年以来，中国连续13年保持土库曼斯坦最大贸易伙伴地位。2023年，中土的双边贸易总额达到了73.59亿美元，同比增长13%。其中，中国向土库曼斯坦的出口额为47.64亿美元，同比增长19.5%；中国自土库曼斯坦的进口额为50.76亿美元，同比增长11.7%。

中土两国在农业科技方面也应当互相学习，加大力度培养农业人才。双方在科研领域应当加大投资力度，通过科学技术的发展，提升农产品科技量。发展中土农业技术合作，尤其是在农产品生产加工、灌溉技术和存储技术方面应当加强交流合作，加强农业信息的交流。重点在农业教育方面改革教育政策，培养农业专业人才，使农业科研成为热点项目，将农业科技发展的潜力充分挖掘，推进农业快速发展（张颖，2018）。

11.1.1.3　中国与乌兹别克斯坦

近几年来，中国与乌兹别克斯坦之间的贸易合作甚是频繁，促进双边农产品贸易提升尤为明显。双边农产品贸易的额度发展迅猛，但相比较于我国与其他国家农产品贸易规模，中乌发展水平不是很高，有待于双方去推动贸易规模的扩大。

中国与乌兹别克斯坦双边农产品贸易结构较为集中，无论是中国对乌兹别克斯坦出口前五种农产品还是进口前的五种农产品，所占据农产品进出口总额的比重较高，大约是 90％以上，可以说这样的进出口模式是不合理的。

中国与乌兹别克斯坦双边农产品贸易具有较强的优势补充能力，具有这种能力的产品同时也集中了资本和先进的技艺，如食糖、蜂蜜、茶叶、烟草等。而乌兹别克斯坦出口相对于中国进口，存在互补性的农产品主要是土地和资源密集型的初级农产品，如皮革、棉花、羊毛等。

11.1.1.4　中国与吉尔吉斯斯坦

农业是吉尔吉斯斯坦经济的主要支柱产业。吉尔吉斯斯坦土地资源丰富，天然牧场面积大，农牧业生产在国民经济中占有举足轻重的地位。在发展国内经济的同时，吉尔吉斯斯坦坚持对外开放，积极寻求国际合作，是中亚地区最早加入世界贸易组织（WTO）的国家，也是中亚地区经济开放度最高，贸易政策和关税最为宽松、透明的国家之一。作为邻国，中国于 1979 年 1 月与吉尔吉斯斯坦建交。40 多年来，中吉关系健康稳定发展，各领域合作成果丰硕。其中，在农产品贸易上双方不断拓展合作领域，双方贸易额稳步增长（苗红萍，2019）。

吉尔吉斯斯坦的设施农业处于起步阶段，新疆地区日光温室符合当地需求，通过帮助吉尔吉斯斯坦开展园区规划和设施标准化建设、配套装备、设施作物高效栽培、水肥调控、品牌建设等设施农业综合技术体系的应用与示范，可促进其设施农业装备技术、栽培技术的发展。吉尔吉斯斯坦国内以简陋拱棚数量为多，有少量连栋温室，分别来自韩国、俄罗斯、中国，新疆型日光温室很少见到。种植品种属于俄罗斯、中亚传统品种，设施蔬菜主要种植番茄、彩椒、黄瓜，小茴香等。吉尔吉斯斯坦菜市场上能看到大量来自中国的果蔬，部分果蔬经吉尔吉斯斯坦出口到俄罗斯。吉尔吉斯斯坦是我国新疆南疆地区水果蔬菜等农产品出口最主要的国家及出口增长最快的新兴市场之一，出口水果涉及柑橘、苹果、梨、番茄、辣椒等多个品种。在出口果蔬的品种中，主要以鲜苹果为主、其次为柑橘、鲜番茄等，吉尔吉斯斯坦冬季蔬菜主要依赖进口。经过多年努力，新疆已经形成粮食、棉花、瓜果和畜牧四大基地。从新疆出口的农产品不仅品质优良，而且深受中亚国家消费者喜爱，在这些国家已经形成固定的消费市场。农产品出口作为新疆外贸增长的一个新亮点，有很大的培育成长空间（穆晓路，2018）。中国从吉尔吉斯斯坦进口农产品以畜产品和林果产品为主，其中畜产品主要包括活驴、盐湿牛皮、脱脂羊毛、蜂蜜、饲料产品等；林果产品主要包括杏干和去壳核桃（苗红萍，2019）。

当前，在上海合作组织务实合作不断升级和"一带一路"倡议助推区域农业一体化深入发展的大背景下，中国与吉尔吉斯斯坦的农业合作发展正处于重要的战略机遇期，两国在农业资源、资金、技术、市场等方面都具有明显的互补性和良好的互通性，为区域农业合作提供了巨大潜力和空间（苗红萍，2019）。

11.1.1.5 中国与塔吉克斯坦

塔吉克斯坦是中亚五国中国土面积最小的一个国家，也是经济发展水平较低的一个国家，其农业产值只相当于工业产值的一半，种植业和畜牧业结构都很单一，种植业以植棉业为主，畜牧业以养牛业为主。塔吉克斯坦农业发展的总体特点是整体水平较低，基础差，自然条件差，需要全国规划，重点发展。该国自己生产出来的农产品满足不了国内需求，只能靠进口来满足国内农产品市场的需求。中国是农业大国，生产农产品大量出口。中塔两国在农业资源和市场供给等方面存在着较大的差异，农业经济的互补性比较强，农业经贸合作具有极为广阔的发展前景（买买提热夏提·肉孜等，2013）。

一是塔吉克斯坦的农产品大量靠从外国进口，中国是农业大国，生产出来的农产品不断出口，两国具有一定的供求关系；二是近几年中塔两国农产品贸易关系虽然得到迅速发展，但仍有较大潜力，两国农产品贸易联系紧密；三是随着我国农业和对外贸易的快速发展，塔吉克斯坦对我国农产品的需求将会不断增加；四是中国在出口塔吉克斯坦中的有些农产品具有优势和潜力（买买提热夏提·肉孜等，2013）。

中国和塔吉克斯坦两国都是上海合作组织的成员国，而且是相互接壤的国家，今后具有发展农产品贸易及农业合作的潜力。我国应鼓励农业企业到塔吉克斯坦投资，扩大中塔农产品贸易及农业合作领域。由于塔国经济结构单一，农业体系不完整，大部分耕地用于种植棉花，粮食种植面积仅为 40 多万公顷，且种子质量差，生产出来的粮食作物满足不了国内需求。粮食缺口主要依赖从外国进口解决，对进口面粉档次要求不高，对中档面粉需求量很大。同时，塔吉克斯坦农业基础设施较落后，现有可用农业机械设备数量少，无法满足农业生产的需要。此外，塔吉克斯坦农业正面临着化肥短缺的问题。而中国农产品质量价格和农业生产技术具有明显优势，市场竞争力较强。可见，塔吉克斯坦市场发展潜力巨大，中国企业应瞅准时机进入该国发展（张慧，2015）。

11.1.2 西亚国家

11.1.2.1 中国与伊朗

作为亚洲东部和西部两个发展中国家，伊朗经济与中国经济有着极大的互补性，中国是世界重要的工业品生产国；而拥有丰富的农矿资源的伊朗是世界重要的农产品和矿产品出口大国。

尽管近年来两国经贸合作取得了很大的进展，但从双边经贸合作的行业来看，农业领域的合作与投资很少。农业在伊朗国民经济中占有重要地位，伊朗就业人口的 33％ 从事农业，但其主要农作物产量较低、品种多未经过改良，农业生产投资少，机械化程度低，农业工业基础薄弱，农业机械和农机具大量从国外进口，除现有的土地未充分利用外，还有数千万公顷贫瘠的土地尚待开垦。

中国是一个农业大国，农业发展历史悠久，在农作物耕作、田间管理、农业研究、品种改良及土地综合治理等方面积累了丰富的经验。改革开放多年来，我国的工业基础力量大大增强，制造业发展迅速，农业机械化程度有较大幅度提高。我国在农业领域有一大批专家和技术队伍，有一批懂经营、善管理的人才，还有丰富的劳动力资源（张超阳，杨兴礼，2005）。中国较丰富的资金、技术和劳动力一定能够为伊朗农业的发展注入新的生机。而伊朗较丰富的土地资源、广阔的农副产品、农机具市场有助于促进中国企业开展对伊朗农业合作。因此，我国和伊朗农业领域的合作的前景非常广阔（张超阳，2006）。

11.1.2.2　中国与土耳其

农业是土耳其经济的核心部门，农产品出口占出口总额的 25％。土耳其地区之间多样化的气候使土地能生产多种农产品，农作物包括小麦、大麦、玉米、甜菜、棉花、烟草等，畜牧业和渔业也较发达。优势农产品包括榛果、无花果、杏仁等，出口农产品包含了谷类、豆类、糖、坚果、干果等，主要出口市场为欧盟、美国及中东国家。

土耳其国内食品价格高昂，国内 20％ 的食品来自进口，中国多项产品在土耳其很受欢迎，热销的中国产品包括食用蔬菜、根及块茎；含油子仁及果实；杂项子仁及果实；烟草等。虽然中土双方在农产品上具有很强的互补性，但中土农产品的双边贸易额仅占中国农产品总体贸易额的 0.2％，占土耳其农产品总体贸易额的 0.8％，中土农产品贸易的潜力巨大。

中国与土耳其都处于经济快速发展的阶段，都高度重视本国农业和农产品贸易的发展，且两国在生产要素禀赋和贸易结构上多有不同之处，有各自的优势农产品，也造就了两国在农产品贸易上互补的可能性，双方在农业贸易合作上具有很大空间（丁世豪，布娲鹣·阿布拉，2015）。

11.1.2.3　中国与沙特阿拉伯

中国现阶段处于社会快速发展期、产业科技提升期，对于资源的需求量与日俱增，而沙特阿拉伯刚好是一个石油大国，但其耕地资源不足、水资源短缺等自然因素和人口持续膨胀、冲突频发、贫困率居高不下、技术水平有限等社会经济因素的叠加，导致沙特阿拉伯粮食供需矛盾尖锐，粮食安全问题日益严峻。

2018 年，沙特阿拉伯出口农产品 33 亿美元，进口农产品 195 亿美元，进出口逆差极大，其中大米、动物制品、蔬菜水果以及食品饮料逆差明显，表明沙特对于此类农产品具有极大的进口需求（国家统计局，2013）。2019 年，沙特阿拉伯主要的谷物进口地为印度，占其总进口额的 40%，第二大进口地为阿根廷，占其总进口额的 20%，美国与巴西分别排 3、4 名。在肉类进口中，巴西占据沙特的进口总量超过了 50%，澳大利亚和印度排名 2、3 名。美国是沙特第一大水果进口国，但只占进口的 14%，南非和埃及各占 11% 和 10%。

通过计算 2000—2017 年中国出口农产品的平均值，发现中国出口的农产品出口额前五名分别是鱼及其他水生动物、肉及其他水生无脊椎动物的制品、食用蔬菜、水果和坚果，以劳动密集型农产品为主，也表明中国农产品出口遵循了要素禀赋原理（陈容，2020）。通过对比分析发现沙特急需的蔬菜水果等食品是中国主要出口的产品，并且双方此类农产品贸易量很少。中国可以向沙特阿拉伯出口蔬菜等农产品来换取石油资源，互惠互利，达成双赢，双方在农产品贸易领域拥有广阔的合作空间以及合作潜力。

11.1.2.4 中国与阿联酋

阿联酋农业不发达，2001 年阿联酋农业、畜牧业和林业的产值占国内生产总值的 3%。全国可耕地面积 32 万公顷，已耕地面积 27 万公顷。主要农产品有椰枣、玉米、蔬菜、柠檬等，粮食依赖进口，渔产品和椰枣可满足国内需求，畜牧业规模很小，主要肉类产品依靠进口（李睿恒，2017）。

2019 年，巴西是阿联酋第一大肉类进口国，占比超过了 50%，美国是阿联酋第一大水果进口国，占比 23%。中国每年从阿联酋进口的农产品总量很少，在 HS 两位编码下，2012 年中国从阿联酋进口前三位的商品是"动物或植物油脂""虫和树胶、树脂及其他植物的汁液""鱼类、甲壳虫、软体动物"，而阿联酋从中国进口的农产品主要集中在蔬菜类，并且需求量也在逐步减少。

综上所述，中国与阿联酋在双方优势农产品上并没有太多的贸易往来，如阿联酋的椰枣产业并没有大量向中国出口。张双双通过分析中国与阿拉伯国家的货物贸易往来数据，运用贸易引力模型测算了各国的贸易潜力，结果表明中国对阿拉伯国家存在较大出口潜力，双方具有广阔的农业合作空间（张双双，2015）。

11.1.2.5 中国与以色列

以色列沙漠占国土面积的 60%，年降水量不足 200 毫米，土壤条件恶劣，在传统上被认为是一种边缘性自然资源，不适宜发展农业（万翔，Raanan Katzir，2020）。出于克服自然资源稀缺的需要，以色列深入研究了农业灌溉系统，发明了滴灌技术。依靠高科技使农业生产扩大了 16 倍，农业不仅能够做到自给自足，还能向国外出口大量新鲜的或经过加工的农产品，使以色列成为农业强国。先进的农业技术弥补了自然环境的不足，以色列决定走以市场为导向的外向型农业发展道路，但在出口时国际市场成了影响农业发展的新因素。为了应对国际市场这一限制因素，以色列提出了对外培训这一新路径。通过对外培训证明了以色列在灌溉技术、农业科技等领域的经验对发展中国家（地区）是适用的，这样就大大增加了对这些国家（地区）出口相关农业设备和技术的机会。同时，出口的动力反过来又大大地促进了以色列农业技术的不断更新和进一步发展（鲁启，2010）。

当前，我国农业发展面临着资源环境约束趋紧、发展方式粗放、生产成本持续攀升、大而不强、多而不优等问题。党的十九大报告提出，要坚持新发展理念，推动我国社会"四化同步"发展，农业现代化是其中重要一项（沈云亭，2019）。中国是一个农业大国，农业是整个国民经济的基础。改革开放后，中国开始大力开展以农田水利为重点的农业基础设施建设，大力推进农业机械化和生物化学技术，农业开始由传统农业向现代农业迈进。同时，随着中国改革开放的不断深化，中国农业和世界的交往越来越密切，农业的出口和进口都开始迅速增加。由于中国农业生产规模小、出口所面临的技术性贸易壁垒增多等各种因素，导致中国农产品总体上竞争力不强，出口的增长速度远低于进口增长的速度。随着中国加入 WTO，农产品进口快速增加，中国农产品平均关税不足世界平均的 1/4，是世界农产品市场开放程度最高的国家之一。中国已成为继美国、欧盟和日本之后的第四大农业进口国（鲁启，2010）。

综上所述，中国需要以色列先进的农业技术和经验，以色列需要中国巨大的农业市场，双方在农业合作上拥有不可限量的潜力与机会。

11.2　合作障碍与合作风险

11.2.1　中亚国家

11.2.1.1　中国与哈萨克斯坦

首先，非关税贸易壁垒是两国重要的贸易障碍。农产品作为国际贸易中敏感领域，两国在农产品贸易领域中的限制性措施都比较多，急需进一步消除非关税壁垒措施对农产品贸易的影响。例如中国和哈萨克斯坦自 2007 年起，哈对中国畜牧产品实施限制进口的措施。虽然中哈双方正积极商讨逐步取消进口限制问题，但受欧亚经济联盟共同技术标准和技术性壁垒的影响，技术性贸易措施和动植物卫生检疫政策依然是制约两国贸易规模扩大的主要因素。中哈双方应本着共商共建共享的理念，进一步加强沟通，在互利共赢的前提下，尝试通过协商机制予以解决。

其次，是投资合作领域的主要障碍。其一，土地租赁受限，制约投资扩大化。目前中国对哈萨克斯坦投资中蔬菜和粮食种植占比较高，尽管哈国土地开发利用率过低，但其国内土地保护政策较繁杂，目前哈《土地法》修正案由于国内种种原因，迟迟未能实施，使得投资者的土地租赁的权益无法得到保障。未来即使《土地法》修正案执行，土地租赁依旧是一个敏感而有风险的投资行为，哈国政府如果不能及时进行法治宣传，获得民众理解和支持，外国投资者风险依旧非常大，不但阻碍中方企业在哈扩展种植面积，而且会对中方的全产业链投资产生阻碍和风险，影响农产品产能合作的规模及贸易效应。其二，中哈农产品深加工投资和农业园区建设仍在起步阶段。中国对哈萨克斯坦投资在农业全产业链上都有较大的合作空间，包括小麦、油料作物的种植和深加工，牛羊等牲畜规模化养殖、动物疫病防控及疫苗生产，农业生产资料、设施农业出口，以及农产品加工、仓储、物流、农业机械生产制造和运营等领域。但从目前的投资和产业园区建设的现状来看，整体数量和规模偏小，涉足的行业领域及市场潜能的扩展和挖掘都受制于哈萨克斯坦土地使用权不确定以及政策频繁变动的风险，急需加大投资支持力度。

最后，是技术合作领域的障碍。目前中哈农业技术合作的范围和层次总体水平较低，尚处于起步阶段。双方技术合作的障碍主要体现在：一是技术合作服务平台尚不成熟，受语言因素制约，双方在信息获取、学术交流和科研合作对接上面临困难；二是技术合作的经济效益与社会效益难以平衡，两国政府在技术合作领域中的促进政策和发展目标契合点并不一致，科研单位参与度不够，科研合作的前期投入资金来源难以保障；三是技术合作缺乏切实可行的项目，优势发挥有限，在哈方急需的种子培育、农机生产、病虫害防治和动物疫情预防等领域，尚未发挥中方的技术优势。

11.2.1.2 中国与土库曼斯坦

土库曼斯坦耕地面积有限，气候条件恶劣，水资源供应紧张，农业传统的发展方式空间有限。如何立足于该国的资源现状，把自然条件劣势转为发展优势，成为土库曼斯坦农业发展的关键所在。此外，中国与土库曼斯坦不接壤，产品运输需要经过哈萨克斯坦和吉尔吉斯斯坦，贸易成本较高，鲜活农产品的贸易扩大更加困难，大大阻碍了中土贸易的发展。随着"一带一路"倡议的实施与推进，中国—哈萨克斯坦—土库曼斯坦—伊朗货运班列的开通，贸易条件将会发生一定的改变。

土库曼斯坦 2015 年提出了振兴民族工业、生产进口替代产品、扩大民族产品出口的号召，并制定和出台了 2015—2016 年国家进口替代产品计划、2016—2017 年扩大民族产品出口计划等相关政策法规，成立若干私营企业，建立一系列新厂。2015 年 12 月仅阿哈尔州就有 7 家私营企业大型项目上马，经营粮畜产品生产和加工、食品工业等领域。其中，巴哈尔雷区大型畜牧业综合体主要生产肉奶制品，最新技术装备年产能 2 万吨奶、100 吨肉；阿克布格达区 2 个现代农作物大棚，每个大棚年产 50 吨农产品，可满足阿什哈巴德市和阿哈尔州居民需求；阿克布格达区大型巧克力生产厂，计划年产 3 000 吨进口替代产品。土库曼斯坦的进口替代产品计划，在一定程度上制约了中国农产品出口贸易的开展。

与日本的竞争。日本与土库曼斯坦先后开展了一系列合作项目的建设，如土库曼斯坦和日本建立了定期交流的商务论坛。日本企业与土库曼斯坦积极开展化工项目的合作，在马雷市建设化肥和化工产品生产综合体等。土库曼斯坦邀请日本企业参与土库曼纳巴特化工厂浓缩磷肥生产等。日本还与土库曼斯坦制作用于探矿和农业领域电子地图方面的合作。

与美国的竞争。2015 年 11 月美国与中亚 5 国在撒马尔罕会晤，决定向中亚国家提供一揽子援助新计划，旨在提高美国在中亚地区的综合竞争力。根据计划安排，美国向土库曼斯坦引进新技术和加强人员技能培训，以生产出符合国际市场需求的产品，并优先扩大向中亚的蔬菜出口。美国的援助计划还包括与气候变化相关的计划和改善供水问题等。

与欧盟的竞争。2014 年 8 月，欧盟通过"发展合作工具"下的中亚地区 2014—2020 年项目援助计划，用于可持续农业和农村发展以及能力建设，援助资金大约 10 亿欧元。2014—2017 年，该项目的援助资金为 3 700 万欧元，如果 2018—2020 年仍享有该援助，则另有 2 800 万欧元。2014—2017 年，3 620 万欧元用于人力资源开发，剩余的 2% 用于项目支持。

11.2.1.3　中国与乌兹别克斯坦

近年来，随着中乌农业合作的持续加强，中国已成为乌兹别克斯坦的第一大投资来源国和第二大贸易伙伴。目前，中乌两国之间开展农业科技交流与合作的平台日益增多，为促进双方的合作交流提供了有利条件。乌兹别克斯坦的农业以畜牧业和种植业为主，农业现代化水平较低，主要存在 4 个问题：乌兹别克斯坦人才资源缺乏、农业机械设备老旧，机械化生产水平不高，导致粮食产量较低；乌兹别克斯坦农产品结构单一，需从国外进口来满足本国国民的需要；受经济发展水平的影响，导致对农业的投入相对不足；乌兹别克斯坦属于严重干旱的大陆性气候，受此影响，农产品供应期较短，而且农业生产基础设施落后，对粮食的保存和运输能力较弱。

经济政策多变。乌兹别克斯坦的经济政策主要以总统命令的形式发布，但频繁的总统命令往往以否定自己此前的经济政策的形式出现。多变的经济政策削弱了乌兹别克斯坦投资环境，从而影响了外国投资者的投资决心。

投资环境较差。以往，中国企业在乌兹别克斯坦投资过程中会遇到许多问题，如投资利润较低，具有一定的投资风险，导致中国企业家对乌兹别克斯坦的投资持观望态度。此外，乌兹别克斯坦有拒绝正常货币兑换的情况，存在部分执法人员不依法办事的问题。乌兹别克斯坦对中国企业的发展还有各种特殊障碍，如海关限制、环境保护监测等。

两国间贸易规模较小。在中乌合作中，相似的产业结构也是长期制约两国贸易发展的棘手问题。乌兹别克斯坦和中国新疆的纬度和自然条件比较相似，导致两地的支柱产业也相似。因此，两国之间的贸易规模虽逐年提升，但总体来看相对较小。

交通不畅。中乌铁路运输路线需穿过吉尔吉斯斯坦，吉尔吉斯斯坦、乌兹别克斯坦的铁路宽度为 1 520 毫米，但中国的轨道宽度一般为 1 435 毫米，导致两国之间的贸易过程非常烦琐。虽然中吉乌公路于 2018 年正式开通，但是公路运输成本高，不能运输大量物资，不适合长距离货物和大宗货物的运输。所以，交通问题依然是两国进行贸易的棘手问题。

11.2.1.4 中国与吉尔吉斯斯坦

贸易产品种类单一，附加值低。目前，从吉尔吉斯斯坦和中国的贸易现状来看，两国间进行贸易的产品主要是矿产资源、金属制品及农副产品等，产品种类较为单一，且产品多为原材料和初级产品，产品的附加值低，缺少科技含量；高新技术、医疗器械等贸易额相对较小，占贸易总量的比重不超过 5%。在两国的贸易发展过程中，没有充分体现出吉尔吉斯斯坦的资源优势。另外，从贸易主体来看，吉尔吉斯斯坦与中国的贸易中，企业的总体数量较少，贸易主体相对薄弱，参与两国贸易的企业中，中国和吉尔吉斯斯坦合作的企业所占比重较小，贸易主体相对单一且失衡。

贸易结构相对不平衡。在吉尔吉斯斯坦与中国的双边贸易中，长期为贸易逆差状态，中国对吉尔吉斯斯坦的出口额大于吉尔吉斯斯坦对中国的出口额，贸易结构不平衡，没有充分利用吉尔吉斯斯坦丰富的资源优势，制约着两国贸易的长期可持续发展。

海关通关手续繁琐。不同国家的海关通关标准存在一定的差异，在中国和吉尔吉斯斯坦的双边贸易中，吉尔吉斯斯坦的海关通关手续较为繁琐，程序较多，通关所需时间较长，为两国的贸易往来增加了时间成本和经济成本，从而减少了两国的经济收益，增加了一些不必要的支出，降低了两国进行贸易往来的积极性。吉尔吉斯斯坦的通关审批时间通常需要 3～5 天，效率相对较低，而对于农产品等商品的检验检疫标准也与中国存在一定的差异，其中一些农产品的保鲜日期较短，过长的海关通关时间会导致产品的损耗，对中国和吉尔吉斯斯坦造成损失，影响两国的贸易和经济效益，同时也在一定程度上损害了吉尔吉斯斯坦国民的食品供给。为此，中国和吉尔吉斯斯坦的海关部门应当进一步加强合作，制定更加合理、更加有利于两国贸易往来的海关通关政策，为两国的双边贸易往来提供有利条件。

交通基础设施不完善。交通基础设施建设是影响中国和吉尔吉斯斯坦贸易往来的重要因素，物品的流通速度、信息的传播速度以及两国基础设施的互联互通程度都会对两国的贸易往来产生重要影响，其中物流速度是衡量两国贸易的重要指标。由于吉尔吉斯斯坦是亚洲的一个内陆国家，在发展的过程中会受到地理位置的制约，另外由于吉尔吉斯斯坦的经济发展水平与中国相比存在较大差距，资金有限，导致吉尔吉斯斯坦对基础设施建设的投入力度不足，道路基础设施落后，公路、铁路线路较少，道路交通与物流总体发展水平较低，运营效率不足，在一定程度上影响了两国的互联互通和经贸往来。

存在贸易壁垒的制约。由于吉尔吉斯斯坦的生产加工能力较为薄弱，依靠自身生产的产品难以满足本国居民的生产生活需要，因此吉尔吉斯斯坦大多依靠从中国进口商品，而吉尔吉斯斯坦的关税壁垒严重阻碍着中国对吉尔吉斯斯坦的出口，高额的关税导致中国出口的商品在吉尔吉斯斯坦销售时价格较高，由于吉尔吉斯斯坦居民的经济收入水平相对较低，难以承担较高的产品费用，将会减少对中国商品的需求，导致中国出口的产品难以满足吉尔吉斯斯坦居民的需要，不利于吉尔吉斯斯坦与中国双边贸易的进一步推进。

11.2.1.5　中国与塔吉克斯坦

双边农产品贸易结构单一。在中国对塔吉克斯坦的农产品出口中，谷物、果蔬、咖啡和杂项食品等农产品所占比重较高，这 4 大类产品出口占中国对塔吉克斯坦农产品出口总额的 90% 以上。而进口上，主要是皮革和纺织纤维，这两种农产品占到中国从塔吉克斯坦进口农产品总额的 85% 左右，中塔两国的双边农产品贸易总额比较少。此外，中国向塔吉克斯坦出口的农产品绝大部分为初级产品，品种少、附加值低，技术含量也不高，而从塔吉克斯坦进口的也是如此。从总体上看，中国的农业资源及农产品贸易潜力和优势在中塔双边贸易中并没有发挥出来。

口岸建设不完善。虽然中塔两国之间的双边农产品贸易规模不断扩大，但实际上两国之间的农产品贸易在塔吉克斯坦农产品对外贸易中所占的比重还是很低的，其中的主要原因就是两国之间的口岸建设不完善。尽管中国与塔吉克斯坦为邻国，但目前开通的边境口岸仅有 1 个——卡拉苏口岸，由于气候和地理环境原因，尤其是塔吉克斯坦境内严峻的高山地形和堪忧的公路状况，该口岸每年的过货数量较少，所以塔吉克斯坦目前的进口渠道主要是绕行哈萨克斯坦、乌兹别克斯坦等国家，需支付过境费，导致商品成本提高。

农产品贸易方式简单。双边农产品贸易只包括一般贸易和边境贸易等简单的贸易方式，而农产品加工贸易和口岸贸易很少，基本上没有。现代贸易中加工贸易起着重要的作用，但中塔两国农产品贸易中没有加工贸易，而且塔吉克斯坦经济水平并不高，没有先进技术，生产出来的大部分农产品直接出口。由于有地缘上的优势，中国新疆与中亚国家有十几类口岸，因此口岸贸易是中国与中亚国家贸易中最常见的贸易方式，但中国与塔吉克斯坦之间开通的卡拉苏口岸没有被充分地利用起来，而且通关成本高、交通运输不便等不利因素一直制约着两国之间口岸贸易的发展。

中塔两国农业合作领域狭窄。尽管中国与塔吉克斯坦农业经贸合作关系稳定，双方对外合作结构不断完善，但农业合作领域还很狭窄，除了双方农产品贸易外，两国的农业合作主要集中在农业劳动力的输出和农业科技交流等领域，合作形式主要集中在政府层面，企业之间的农业科技合作、开办合资企业及农业融资等方面还有待拓展。中塔两国之间农业投资很少，援助主要针对的是公共设施、交通及电力等方面。今后双方要加强农业合作关系，必须考虑扩大合作领域，尤其是塔吉克斯坦作为接受援助的一方，应为中国提供更好的投资环境及援助项目。

塔吉克斯坦体制机制不健全且多变。塔吉克斯坦于 2013 年正式成为 WTO 成员，目前正处在市场经济转型时期，法律、政策等方面缺乏连贯性，政府政策制定随意性比较大。塔吉克斯坦在贸易立法、投资环境、金融服务、法律保障等领域与 WTO 的要求还相差甚远。由于地缘政治的关系，到目前为止，塔吉克斯坦并没有将中国视为其最佳贸易合作伙伴，也没有制定对中国贸易的优惠政策，致使中国的很多企业不愿意去塔吉克斯坦投资，这严重影响了两国之间农业经贸合作的发展。此外，加之两国之间的交通不便，运输成本较高，局部地区的局势不稳定等因素，给双边贸易增加了成本与风险。

农业经济合作方式以政府援助为主。塔吉克斯坦农业生产方式比较传统，机械化程度不高，国内经济发展也较慢，需要大量的援助，吸引国外投资。而中国目前是世界第二大经济体，农业发展比较快，与包括塔吉克斯坦在内的中亚国家相比有一定的优势。中塔两国之间农业经济合作以援助为主，合作方式也以政府之间合作为主，以民间及企业参与的合作方式极少，甚至有些企业不愿意参与中塔两国之间的合作。然而，两国之间合作只靠政府是不行的，需要鼓励更多企业参与，为它们提供机会和有利环境，通过多方参与的合作方式加强两国之间的农业经济合作关系。

11.2.2　西亚国家

11.2.2.1　中国与伊朗

1. 错综复杂的国际关系是影响中伊农业合作的关键

伊朗特殊的地理位置和丰富的能源，使其成为国际上的"是非之地"。一方面，伊朗和美国的关系长期纠缠不清；另一方面，中伊两国之间的农业合作面临着其他国家的竞争。例如，伊朗的小麦主要从加拿大、澳大利亚、阿根廷进口，稻米从越南、泰国进口，拖拉机主要从西方国家进口等。

2. 中伊农产品贸易规模小、地位低

尽管近年来两国贸易发展速度较快，但至今农产品贸易仍未形成较大的规模。贸易方式单一，贸易量和时间均不平衡。中国农产品标准化程度低，产品质量不高，农药化肥残留超标是影响中国蔬菜水果等农产品质量的主要原因，兽药残留及其他有害物质超标影响畜产品质量。中国虽然是农业大国，农产品品种多、产量大，但在对伊出口的农产品中名优水产品不多，比重较低。农产品出口企业总体实力不强，中小企业占大多数，这些企业进入农产品出口市场时间短、经营规模小、抗风险能力弱、信息渠道不畅通。此外，中国农业服务体系建设滞后，行业组织发展滞后（谷秋锋，2011）。

3. 贸易壁垒

伊朗由于大米进口实行零关税，使本国大米无法与国际米价竞争，直接导致了伊朗水稻生产面积和产量的大幅度下降，政府必须每年进口 80 万吨以上的大米才能满足基本的需要。为促进伊朗传统的水稻种植，提高大米的自给能力，鼓励农民多种水稻，应对复杂的国际环境，政府除了提供农业贷款和机械设备外，决定从 2010 年起对大米的进口征收 45％的关税。不仅如此，伊朗规定经营商品进出口业务，必须持有由伊朗商会发放的、并经商业部认可的商业许可证，伊朗的这些农产品贸易政策，总的来说不利于中伊两国农产品贸易。

11.2.2.2　中国与土耳其

土耳其贸易壁垒限制了中土两国贸易规模的扩张。在全球贸易市场中，土耳其贸易从各个方面和领域综合来看逆差十分严重，但其农产品对外贸易为顺差。然而土耳其在与中国的农产品贸易中却一反常态、持续逆差。在此现状下，土耳其一方面致力于寻求解决逆差的方法办法，另一方面对进口我国农产品针对性地增加了一系列贸易限制条件，即贸易壁垒，用以减少对我国农产品的进口，从而扩大自身农产品的出口规模。目前比较典型方法有：反倾销调查、关税高峰、进口禁令。

产品类型鲜有互补性，土耳其对中国出口优势颇低。近些年，土耳其虽是亚洲地区脱颖而出的新兴经济体，自身优势明显，但土耳其地缘位置却更接近欧洲，近些年土耳其一直试图加入欧盟的新闻也不绝于耳，故在经济发展上实际走的是欧美发达国家的模式。我国虽然现在是发展中国家，并是世界上最大的发展中国家，但近年来随着经济的快速发展和国内各项改革如经济体制改革、政治体制改革、法治改革等不断深化，经济结构在一定程度上得到迅速优化。从表面上看，经济结构的互补在两国的贸易往来上有着很大的可能性。由于中国与土耳其的国民经济在现阶段都还在发展中，距离发达国家的差距仍然明显，决定了眼下乃至未来很长时间内两国在农业贸易投入上依旧差别不大，缺少明显的互补性。从长远来看，中国在世界范围内的人口红利仍未消失，我国在人口红利和资源密集型方面仍具有较强的优势，在此形势下导致土耳其农产品无论是在产品类型还是消费者最关心的产品价格方面都很难进入中国市场，很难让中国广大消费者接受，导致进入我国市场的农产品贸易量较小，根本上决定了在当下乃至未来很长的一段时间内，土耳其对我国的逆差地位仍然无法得到根本性的改变（吴刚，2021）。

11.2.2.3　中国与沙特阿拉伯

中国与沙特贸易往来虽有许多互补之处，但在农业合作上也存在着诸多障碍与风险。

（1）农业合作是投资长、见效慢的领域，沙特阿拉伯国家政策的延续性和政局的稳定性对中阿农业项目的有效实施极为重要，但冲突动荡已成为阿拉伯地区的常态，不利于为中国农企在沙特阿拉伯开展农业项目营造良好的社会氛围（游赛夫，2021）。

（2）宗教信仰阻碍。在沙特阿拉伯，一些商品的进口因宗教信仰、食品卫生安全等因素而被禁止或有所限制，如禁止进口不符合伊斯兰教规定的产品以及酒精类饮料、猪肉、酿酒设备等（粟若杨、郭静利，2016）。

（3）贸易保护政策阻碍。沙特向国外输出的主要产品就是石油和石油制品，除此之外其他产业的输出较为薄弱，导致沙特阿拉伯外贸长期单一化，所以国内产业的发展需要通过国家政策进行调控，经过贸易保护得以实现。2020年6月，沙特阿拉伯政府宣布对进口蔬菜征收15%的关税，此前进口蔬菜税率为0，影响的产品包括橄榄、黄瓜、胡萝卜、番茄、辣椒、西葫芦、秋葵、欧芹、茄子、香菜和甜瓜等。

11.2.2.4　中国与阿联酋

1. 严格的检验检疫制度

在食品进口方面，阿联酋实行严格的检验检疫制度。一旦世界卫生组织宣布哪个国家有某种疫病，或海湾合作委员会总秘书处宣布禁令，阿联酋便宣布禁止从该国进口相关产品。此外，阿联酋各酋长国政府均有权视具体情况对当地口岸的进口产品实施进口禁令。所有进口食品需提供相关单证，符合联邦有关法律对有效期、标签等方面的规定，在确认单证无误、标签与日期符合规定且实地检验合格后方可入关。清真食品必须符合伊斯兰教对屠夫、被宰杀动物、宰杀工具及方法等方面的要求，并获得阿联酋驻出口国使领馆或其授权机构、阿联酋有关机关认可的伊斯兰组织颁发的认证。阿联酋进口食品监管部门有：气候变化与环境部、阿联酋标准计量局、各酋长国市政厅。

2. 阿联酋对中国缺乏了解

一是阿联酋方面对中国仍缺乏了解，国内民众还存在诸如"中国当前使用何种语言""中国民众生活现状如何"等问题。二是阿联酋方面对中国的中东政策存在误解。三是阿联酋方面对"一带一路"倡议认知不足（王金岩，2017）。

11.2.2.5　中国与以色列

1. 大额投资频现

针对以色列食品类行业的并购，一度让中国企业站上舆论的风口浪尖。以色列经济体量有限，经过中国企业的几轮并购之后已经出现了一定程度的"资产荒"。其中，以色列农药化工企业巨头 ADAMA，食品乳业巨头 TNUVA 已经被中国企业全资控股或绝对控股。一方面，这些大手笔的并购展现了中国企业的雄厚实力；另一方面也给以色列人造成了一定的危机感。伴随着这些动辄数十亿美元的收购，"中国威胁论"开始抬头，以色列媒体一度惊呼"中国将买下整个以色列"，中国企业被推上舆论的风口浪尖，呼吁管理甚至限制中国企业在以色列并购的声音一时间甚嚣尘上，这既不利于中国企业并购的顺利进行，也不利于并购后的经营和管理。

2. 中东局势震荡

以色列地处中东乱局的中心，形势错综复杂。与以色列投资合作应全面评估政治、经济和商业风险，统筹考虑多方面因素再做出决策（陈谢晟，2017）。

11.3　合作模式

11.3.1　中亚国家

11.3.1.1　中国与哈萨克斯坦

在中哈农业产能合作过程中，建立"投资＋生产＋贸易"这种综合合作模式，进行农业投资与产业结构转移与升级，与传统的农业合作模式相比更具产能合作的特征。

两国通过开展农业合作园区合作模式，建立先进的基础设施，吸引优秀农产品生产企业入驻园区，并为入驻企业提供特殊的经济优惠政策，包括免税、提供免费的土地等，发挥境外农业合作园区的产业集群效应，为两国开展农业合作提供规模化支持。引导和支持企业参与农业合作园区建设和运营，围绕种植、养殖、农产品深加工、农产品物流等领域加强基础设施建设，优化农业产业链条，为实现经济走廊和海上通道互联互通提供支撑。同时中哈共建一批农业产能合作示范园区，也为"一带一路"国家开展农业产能合作提供了新载体和新样板。比如杨凌农业示范区与新疆乌尔姆特公司合作在哈萨克斯坦阿斯塔纳建立的蔬菜种植技术推广基地，开展蔬菜种植技术合作，为哈方进行蔬菜种植示范提供了宝贵经验。还有杨凌农业高新技术产业示范区与哈萨克斯坦国际一体化基金会建立的中哈农业合作创新园区等。境外农业合作园项目的建设，将会为中国"一带一路"倡议与哈萨克斯坦"光明之路"计划的有效融合起到积极推动作用，为双方探索现代农业产能合作的发展模式奠定了良好基础。

跨境电子商务合作模式是指买卖双方等交易主体通过电商平台对农产品相关信息进行磋商，由物流企业进行配送，达成交易的一种模式。两国应积极搭建农产品跨境电商综合服务平台，鼓励企业经营农产品跨境电子商务贸易，倡导、支持龙头企业带头建设跨境电子商务平台，运用"互联网＋"等信息化手段创新平台发展模式，集聚、吸引农产品国际贸易企业和综合型人才，推动全球优势特色农产品"走出去"。充分挖掘连云港中哈物流基地、中哈霍尔果斯国际边境合作中心的平台潜力。发挥"杨凌农科"农产品跨境电商交易平台的带头作用，立足农产品电子口岸和博览会等平台，通过中国新疆的多个边境合作口岸向哈萨克斯坦等中亚国家开展农产品贸易，带动新疆及中国其他地区的农产品贸易以及中哈农业产能合作的发展。

口岸农产品贸易加工区模式是指卖方将农产品加工基地建设在两国口岸连接地区，根据买方国内市场需求，并结合区位优势出口本地具有比较优势的农产品的一种合作模式。新疆地处中国西北边陲，作为中国向西开放的"桥头堡"，与哈萨克斯坦进行农产品贸易有着得天独厚的地缘优势。新疆应充分利用与哈萨克斯坦接壤的中哈霍尔果斯口岸边境合作中心与阿拉木图口岸等七个边境合作口岸，结合西北地区与本地农产品生产情况与哈萨克斯坦国内市场需求，建设口岸型农产品生产加工基地，政府应利用免土地租金、减税等各种优惠政策吸引两国优秀农产品加工企业投资建厂，提高农产品加工效率与附加值，将边境口岸布局与当地优势产业相结合，构建新的农产品加工与贸易模式。如新疆伊宁与塔城在独特的口岸优势下，着重发展农产品进出口加工等产业，带动了畜产品、蔬菜、水果等优势产业的发展。

11.3.1.2 中国与土库曼斯坦

中土双方十分重视农业合作，于 2014 年签署中土农业合作谅解备忘录，为两国农业合作搭建了新的平台，推动了两国在农业种植、棉花、马业、农机、节水灌溉和农产品贸易等领域的合作。土库曼斯坦对中国农业生产领域的先进技术和管理经验很感兴趣，中国和土库曼斯坦的农业领域合作重点应集中在以下 3 方面：

（1）在农业政策领域开展广泛交流。土库曼斯坦独立后提出了"改革应循序渐进，符合国情，平稳向市场过渡"的政策思路，实行指令性和指导性相结合的管理体制，国家对战略性商品（如粮棉）进行管制，对其他农产品由私营部门组织生产。延续了国家行政命令和规定农产品价格等政策措施，有条件地鼓励私营部门发展。目前土库曼斯坦私营部门主要生产水果蔬菜和一些畜产品等副食产品。中国可以与土库曼斯坦在农业政策领域开展充分的交流与合作，取长补短，共同进步。

（2）建立农业全产业链的分工合作机制。中国与土库曼斯坦开展全产业链的农业合作，充分发挥中国在某个环节上的传统优势。合作产业主要包括葵花籽、棉花、蚕业等。如在种子产业上，可以引入中国具有比较优势的 3 年可采摘桑叶的新品桑苗，也可以将中国棉种脱绒和包衣处理技术引入土库曼斯坦等。在生产领域，可以发挥中国的比较优势，在向日葵种植方面开展合作。在加工领域，土库曼斯坦棉花和蚕丝出口量居世界前列，但棉花深加工和丝绸加工工艺滞后。中国可以在纺织和丝绸行业与土库曼斯坦开展合作。在"互联网＋"现代农业建设方面，可以推广中国的市场销售模式，帮助土库曼斯坦加强网络基础设施建设，推动休闲农业和乡村旅游业的发展，实现一二三产业的深度融合。

（3）帮助土库曼斯坦加强农业技术推广体系建设。在国家层面，与土库曼斯坦政府有关部门合作，建立完善农业技术推广体系，形成系统化的职业培训网络。一是发挥中国蚕产业技术方面的传统优势。与土库曼斯坦相比，中国在纺织和丝绸行业技术领先，可以与土库曼斯坦合作开办纺织企业，带动纺织设备的出口。如列巴普州州府——土库曼纳巴特市建成了一个最现代化的缫丝厂，其中安装了 5 条来自中国的缫丝生产线，借助中国提供的设备和优质蚕种，生产出高品质蚕丝和精美的纯天然丝绸。二是在水产养殖方面，利用中国的独特优势，与土库曼斯坦合作开展对当地养殖环境的考察，在环境可承载范围内，推广中国的成功经验，推动该国里海沿岸海水养殖和水库湖泊等淡水养殖的发展。以南南合作框架下的渔业技术培训项目为契机，深化中国与土库曼斯坦在该方面的合作。三是开展农业可持续技术和有机农业方面的合作研究。

11.3.1.3　中国与乌兹别克斯坦

中乌两国农业领域合作前景十分广阔。农业是乌兹别克斯坦的经济命脉和支柱产业，由于资金缺乏、农业技术落后，农产品加工程度较低，在农产品深加工、中高端补品、医药产品等领域尚未形成完整的产业体系，具有较大的开发空间。

中国企业可以用国内的农业技术优势和资金优势，在农业方面开展合作。例如，加强棉花生产与深加工合作，加强小麦、杂交水稻等粮食作物种植合作，加强牛羊养殖合作，加强两国农业机械生产合作，加强果蔬生产和保鲜合作，加强农业技术人员技术交流。

仿照中国—东盟自贸区等模式，逐步建立中乌自由贸易区、中国—中亚自由贸易区，通过农牧业专项互惠协议等方式，降低中乌、中国与中亚各国之间的农牧业产品交易成本，提高交易、通关效率，推进农牧业产品贸易区域一体化建设进程，促进两地之间经济交流，吸引跨国公司前来投资。

以重点突破、辐射全局为战略步骤，集中资金、技术、人才优势，在乌兹别克斯坦设立农业高新区，逐步发挥示范、辐射、带动效应，引领双边合作，促进区域农业实现跨越式发展。在具体模式上，可根据合作需求不同，采用海外园区建设模式和"两国双园"模式。海外园区建设模式，即在合作国优选适合区位，由两国共同建设农业高科技开发园区；"两国双园"模式是我国近年来深化国际合作的一项新模式，两个主权国家在对方互设产业园区、联袂发展。

2016年，习近平主席对乌兹别克斯坦进行了国事访问并出席了在塔什干举办的上海合作组织第十六次会议，指出要想确保"一带一路"倡议顺利进行，中乌两国的关系尤为重要，希望能全面提升中乌友好合作关系水平，为日后中乌全面合作开启新的篇章。这次访问对于推动中乌友好合作伙伴关系全面发展、进一步深化两国立法领域交流与合作具有重大意义，有利于促进地区安全稳定和各国共同发展，推动建设持久和平、共同繁荣的和谐地区，引领双边合作，促进区域农业实现跨越式发展。

11.3.1.4 中国与吉尔吉斯斯坦

中国和吉尔吉斯斯坦之间有着悠久而紧密的历史关系。作为中亚地区的一部分，吉尔吉斯斯坦承载着汉、唐和元朝时期的繁荣版图，是古代丝绸之路的重要节点。在历史的长河中，吉尔吉斯斯坦曾被誉为中国的一部分，双方的文化、经济和人文交流一直保持着密切的联系，吉尔吉斯斯坦是一个地理位置优越的国家，与哈萨克斯坦、塔吉克斯坦、乌兹别克斯坦和中国相邻。这个国家拥有丰富的矿产和水电资源，山峦高耸入云，自然风光壮丽。然而，由于历史原因和政治因素的影响，吉尔吉斯斯坦的经济一度停滞不前，人民生活困难。

在这样的背景下，中国的崛起给吉尔吉斯斯坦带来了巨大的机遇。中国作为世界第二大经济体，拥有庞大的市场需求和投资实力。中国企业与吉尔吉斯斯坦企业积极探索"公司＋海外基地＋农户"合作模式，公司组织产品生产，通过建立海外基地与农民签订生产协议，通报生产和销售计划，实行订单生产，确保农户的产品销售顺畅；中方公司通过建立健全全球销售网络，设立直销点直接面向全球消费者，通过整合吉尔吉斯斯坦优质产品和服务，实现当地优质产品的出口，为当地创造就业机会、增加税收、提高人民生活水平。两国之间的贸易额持续增长，已经超过了155亿美元，合作潜力巨大。这种贸易合作不仅仅体现在商品贸易上，还包括投资、科技、人员交流等多个领域。

11.3.1.5　中国与塔吉克斯坦

塔吉克斯坦是上海合作组织的成员国之一，与中国直接接壤的中亚国家，两国农业经贸合作关系也不断扩大，其中农产品贸易是双方农业经贸合作的重要组成部分。塔吉克斯坦是以农牧业和劳务经济为主的国家，资本积累规模小、速度慢，国民经济基础薄弱、资金短缺。对农业领域的投资严重不足，农机设备和基础设施迫切需要恢复和重建；良种、农药、化肥等高效农资的采用率迫切需要提高；农业生产技术研发投资和推广的力度迫切需要强化。塔吉克斯坦国内投资资金短缺，对农业投资能力弱，对外国投资的需求较为旺盛。中国农业企业在塔吉克斯坦投资已经有良好的基础条件，且塔吉克斯坦对我国农机、农资需求旺盛，投资合作潜力较大。

中国与塔吉克斯坦主要以技术合作模式为主：中方企业提供设备、技术、管理等方面的支持，塔吉克斯坦企业提供土地、劳动力等资源共同开展种植项目。以在塔吉克斯坦国家喻户晓的中泰新丝路塔吉克斯坦农业纺织产业园为例，由于光热条件良好，哈特隆州一直是塔吉克斯坦长绒棉的重要产区。在共建"一带一路"推动下，中国企业在当地投资成立了中泰（哈特隆）农业公司和中泰（丹加拉）纺织公司，并建成中亚地区规模最大、产业部门最全的示范性园区——中泰新丝路塔吉克斯坦农业纺织产业园。从棉花种植、皮面加工，到纺纱、织布、印染、成衣，产业园不仅带动了塔吉克斯坦棉花种植技术的提高和产业模式的发展，还助力塔吉克斯坦工业化发展。

11.3.2　西亚国家

11.3.2.1　中国与伊朗

伊朗自古以农业立国，农业在国民经济中占据举足轻重的地位，伊朗农业投入资金不足始终是其农业发展的瓶颈。伊朗约有 3 800 万公顷的可耕地未开发利用。伊朗农业技术落后，其具体表现为种子质量低劣、种植技术落后等，这些都有待于进一步改进。农业生产要素包括土地、劳动力、资金、技术。我国有劳动能力的农业劳动力达 2.7 亿人左右，根据土地与劳动力的正常比例，中国农业只需 1 亿左右的劳动力即能满足需要，剩余农业劳动力达 1 亿之多。我国有着 3.13 万亿美元（2022 年）的外汇储备。

中国政府积极鼓励有创业能力的企业"走出去"，探索"政府搭平台、企业带项目、项目换资源、贸易增效益"的农业综合开发国际合作新途径。宁夏回族自治区阿慕尔国际文化发展集团有限公司与伊朗渔业出口发展基金会签署了《中伊农业合作意向书》，在伊朗赞詹省的加兹温市联合建设"中伊农业综合发展示范园区"，充分发挥国家高标准农田标杆示范作用，持续加大农业新技术、种植管理新模式的示范推广应用力度，提高农业生产效率，实现农业提质增效，确保粮食安全，提高种植水平，促进农产品深加工，促进劳动力就业，以创新思维探索国际农业合作综合开发高质量发展新模式。

11.3.2.2 中国与土耳其

土耳其是食品加工和农业领域发展领先的国家之一，就国内农业生产总值而言，土耳其是世界第七大生产国。樱桃、榅桲、无花果干、榛子、无核葡萄干和杏干的生产处于世界领先地位，蔬菜和水果生产方面也是世界前五名国家之一，土耳其每年出口约250亿美元的食品。

当前，在发展绿色农业、实现药肥"双减"等国家政策引导下，土耳其化肥、农药的使用愈发受到限制，而以"绿色环保、高效安全"为主要特征的农业微生物产品的需求稳步增长。全球的生物制剂市场正在蓬勃发展，预计2025年将达到140亿美元。中国与土耳其双方紧密合作，共同针对土壤健康、作物保护及作物营养等领域提供微生物解决方案，中国企业在微生物多样性资源开发、功能微生物菌株筛选、微生物发酵及生物制剂产业化应用等领域具有明显优势，全力推动土耳其绿色农业可持续发展。

11.3.2.3 中国与沙特阿拉伯

1. 种植领域的合作

沙特阿拉伯属干燥沙漠性气候，降水量少，但其地下水储量丰富，在其南部和西部一些地区，依靠灌溉设施建立了多个农业种植区。中国企业可与当地企业合作扩大种植面积，提高生产能力，也可将我国耐旱、喜温节水的优良作物引入沙特阿拉伯，根据沙特阿拉伯当地的消费偏好，将中国特色水果、蔬菜进行沙特阿拉伯本地化种植。同时，中沙可在种植技术方面开展深度合作，如中沙两国科研机构进行的椰枣基因组研究计划，并成功绘制出椰枣基因组图谱等，这对椰枣产量、品种改良、病虫害防治等产生了重大影响。此外，沙特阿拉伯发展设施农业有比较好的前景，如无土栽培、鱼菜共生等，同时，在农业装备材料方面也具有较大发展空间，比如喷灌、微喷和滴灌设备等在沙特阿拉伯需求量很大，投资建厂具有较好的前景。沙特阿拉伯农机设备及备件供应不足、服务水平较低，维护和保养能力建设尚待进一步提高。此外，沙特阿拉伯对地膜、输水管线等农用塑料制品的需求较大，有较好的市场发展潜力。

2. 海水养殖领域的合作

沙特阿拉伯东临波斯湾，西临红海，拥有相当长的海岸线；自然条件好、日照足、水温高、灾害少、无污染，非常有利于水产养殖。沙特阿拉伯对水产品需求量大，养殖前景好，政府也鼓励民间投资大力发展水产养殖。海水养殖业是沙特阿拉伯发展最快的行业，在其2016年的农业计划中，未来15年内将有300亿里亚尔投入该产业，2026年前将在红海和波斯湾建设42个渔港，目前已经有一些沙特阿拉伯企业与中国企业开展合作。

11.3.2.4 中国与阿联酋

中国与阿联酋的农业合作广泛,主要以"技术转移型""项目建设型"为主。技术转移型合作是指中国以技术投入为主,阿联酋以资金投入为主,旨在通过阿联酋的资金支持提升中国技术的海外创新力,从而解决制约阿联酋农业生产的"资源贫困"。技术转移型合作主要以中国和阿联酋的农业合作为中心,重点包括中国海水稻技术走进阿联酋和中国节水设备技术走进阿联酋等,其中海水稻已成为中国与阿联酋农业合作的亮丽名片。项目建设型合作分为项目援建和项目共建两种类型,通常包括示范中心、养殖中心、农场等实体的建造,种苗栽培试验,技术培训三方面。其中项目援建是指项目建设所需生产资料以中国投入为主,阿联酋给予政策支持和人员配合,重点包括中国援阿联酋的对虾养殖中心、粮库等。

11.3.2.5 中国与以色列

1. 中国—以色列"马沙夫"农业培训

马沙夫是以色列外交部的一个部门,主要负责发动和执行以色列的全球发展合作项目,将以色列优势领域的先进成果如农业、高科技、农村发展等领域的经验介绍给其他国家。1992 年中以建交后马沙夫随即进入中国,并与中国国际人才交流协会签署合作协议开展合作与交流项目。此后,中国农业领域的管理和技术人员开始赴以色列参加国际培训班进行学习与交流,收到了很好的成效,以色列专家也通过在中国开展专题培训班的方式向中国学员直接传授先进的专业知识与技艺。

2. 中国—以色列国际农业培训中心

以色列时任外交部长西蒙·佩雷斯 1993 年访华期间,向中国政府提出在中国建立一个由以色列专家积极参加的农业培训中心,研究先进方法和新技术,通过以色列的合作与参与,培训高水平人才。这些人才随后在中国各地培训其他人员从而产生"连锁效应"。项目先由外事部门直接开发,最后发展成由中国农业部、以色列外交部、农业部共同资助的国际合作项目。

3. 农业生产示范项目

(1)中国—以色列示范农场。1993 年两国政府签订了农业合作协议,双方决定在北京建立示范农场。中以示范农场的独特之处在于引进了全套的以色列先进农业技术,每个温室里不仅有节水型的水肥配送系统和室内小气候控制系统,而且还有害虫监测、管理系统,从而大大减少了对水和天气变化的依赖。在以色列专家的指导下,农场播种了以色列培育的多种蔬菜种子,还采用无土栽培的方法种植了不同品种的玫瑰和康乃馨。

(2)中国—以色列示范奶牛场。2001 年 2 月两国政府就此项目签署技术合作协议。项目的目的在于充分展示以色列奶牛的饲养工艺、技术及经验,并在中国得到迅速消化、吸收和发展，从而使中国奶牛业尽快赶上或超过世界发达国家的先进水平。

（3）中国—以色列旱区农业示范培训中心。继中以示范农场、中以示范奶牛场项目成功实施后，以色列马沙夫又和中国进行了第三个农业项目的合作——"中以旱作农业示范培训中心"。该中心集农业示范、培训、研发和商业化农业生产为一体，引进、消化和吸收以色列先进的农业技术和管理经验，在新疆开展试验和示范，并在干旱地区推广先进节水灌溉技术、旱作农业新技术，开展国内、国际农业人员培训，研究适合中国特点的旱作农业发展模式，促进新疆和其他西北部地区的农业发展。

11.4 合作政策

11.4.1 中亚国家

11.4.1.1 中国与哈萨克斯坦

自 2009 年 1 月 1 日起，哈对外贸企业实行简化的海关检查制度，大大简化进出口业务的手续；进一步建立一体化海关检查系统，减少对外贸易的行政壁垒；减少办理进出口业务所需的文件数量（办理进口业务所需文件从 18 种减少到 11～12 种，办理出口业务所需文件从 14 种减少到 10 种），并将办理手续的时间限制在 10 日以内。在推行一体化海关检查系统的框架内，哈逐步实行"一个窗口"制度，即外贸人员可以通过居民服务中心办理所有必需的文件。实施一体化海关检查系统意味着从事运输、动植物检疫、卫生防疫等检查工作的国家机关人员将从边境海关撤出，相关职能将全部转交哈财政部下属的海关监察委员会行使（夏咏，2012）。

哈政府制定了以发展农业为主要方向的《哈萨克斯坦—2050 年战略》和《农业经济—2020》方案，以加大对农业发展扶持力度，不断拓宽农产品出口渠道。中国则以增加投资和技术输出为切入点，带动哈萨克斯坦农牧业优势产业转型升级，引导两国农业发展互利共赢。在 2019 年 9 月，哈萨克斯坦总统托卡耶夫访华期间，中哈两国元首一致决定，发展中哈永久全面战略伙伴关系，并签署《关于落实"丝绸之路经济带"建设与"光明之路"新经济政策对接合作规划的谅解备忘录》，其中特别提到：扩大双边贸易规模，加强农业合作和加强跨境电商合作，这将进一步推动中哈两国在农业方面的合作（刘鸣双，2020）。

11.4.1.2 中国与土库曼斯坦

中方与土库曼斯坦在制度和政策上都存在不可忽视的问题。中方对出口产品的控制力度不够严格。目前在土库曼斯坦大部分老百姓不愿意使用中国制造的产品。原因是在于中国制造的产品质量的确是参差不齐，而且生意人更注重利润，对于商人来说成本越低其利润越高。而中国的市场正好是这种低成本产品的发源地。这种现象毁坏了"中国制造"的名誉。为了多赚钱，追求更大的利润，土库曼斯坦的商人进口价格低质量也相当低的产品，再以高价销售，老百姓经过一段时间发现这种中国制造的产品并非价廉物美，从而对中国的产品失去了信心。这是中土贸易初期存在的严重问题，而且该问题所带来的负面影响至今没有消除。中土贸易虽然不断发展，贸易额逐年递增，但是土方尚未有一个完善的进口政策，由此导致在大批量进口商品时，相关手续相当复杂，所需文件繁多。

外贸企业办理手续需要很长时间，诸如此类的问题导致了在港口或者边境压货的现象。因为没有上述文件进口的货物不许入境。这样也导致了一些没有道德的竞争，很多商户为打压竞争对手，通过不正当的渠道将对方的货物堵在港口或者边境，而在自己的同类产品销售完了才释放其他商户的货物。不正规的通关手段也跟上述的问题密切相关。就是因为手续非常复杂而且需要花很长的时间好多商人选择灰色清关。这种清关方式是不正规的，虽然政府默认但是法律不认可。

11.4.1.3　中国与乌兹别克斯坦

乌兹别克斯坦对外贸易体制相对开放，主要是关税进行管理调节，其平均进口税率为 14.8%，进口税率统一分为 4 个档次，即：0、5%、10% 和 30%。乌兹别克斯坦执行新的海关关税，关税按照商品附加值确定，附加值越高，税率越高。乌兹别克斯坦取消了所有商品（服务）的出口关税，并规定对以外汇结算的出口商品（包括对独联体国家）增值税为 0，并免缴消费税。而与中亚其他国家相比较我们可以看到，哈萨克斯坦平均税率大约为 6.8%。塔吉克斯坦平均税率为 7.7%。吉尔吉斯斯坦平均税率为 5.2%。从以上的对比可以明显发现，在中亚国家里乌兹别克斯坦属于高关税国家。

乌兹别克斯坦存在明显的关税高峰，在进口税中关税为 30% 的产品大致为：肉及食用油、果蔬、糖、粮食类等。对于部分商品免征进口关税：①从与乌兹别克斯坦建立自由贸易国家进口的、原产于该国的商品；②根据以乌兹别克斯坦政府的名义签订或担保的政府间协议和贷款协议进口的商品；③为实施由政府担保的外国贷款提供融资的投资项目进口的商品；④外国投资者进口的用于自身生产所需的财产；⑤外商投资企业作为注册资本的投资；⑥工艺设备及其配件和备件；⑦用于建设计算机数据传输网的设备、计算机设备、配件、程序材料；⑧小企业设备；⑨原木和木材；⑩履带式拖拉机及其他；⑪吸泥机及其他；⑫牛用育种材料；⑬兽用疫苗、杜氏瓶、保温袋；⑭根据 2006 年乌兹别克斯坦总统《本地化纲要决议》实施项目的企业，在进行本地化生产时所需的、国内不能生产的材料等。

乌兹别克斯坦的非关税调节手段主要有：禁止进口、进口许可证，外汇管制。乌兹别克斯坦在早期实行严格的外汇管制，所有外汇用项须经乌兹别克斯坦中央银行及货币信贷委员会批准，并且只有调汇权的单位才能在调汇额度内调剂外汇，如数额较大，则由乌兹别克斯坦内阁批准。入境均须填写海关申报单，否则离境时随身携带外汇将被没收。乌兹别克斯坦严格规定，每人每次可携入外汇现钞 10 000 美元，超过 10 000 美元，超出部分应缴纳 1% 的海关手续费。在非关税政策方面，乌兹别克斯坦逐步放开管制，为自由贸易打开格局。但目前新型的贸易保护主义仍在继续，贸易自由化趋向区域化，各种非关税壁垒层出不穷。这些非关税政策都将不同程度地影响贸易发展。

11.4.1.4 中国与吉尔吉斯斯坦

吉尔吉斯斯坦高额的进口关税严重阻碍了中国商品的进口，导致中国商品在吉尔吉斯斯坦国内销售价格提升，损害了吉尔吉斯斯坦本国居民的利益，也影响了中国向吉尔吉斯斯坦出口的积极性。吉尔吉斯斯坦繁琐的通关手续也影响了双方对外经贸的开展。中国和吉尔吉斯斯坦需要进一步加强贸易便利化，依托世界贸易组织，消除两国的贸易壁垒，为中国和吉尔吉斯斯坦的双边贸易往来提供更加便利的条件，为两国更深层次的合作奠定基础（米琳等，2018）。中国与吉尔吉斯斯坦签署了多项农业合作协议，在防治蝗虫、马业合作等方面建立了富有特色的合作关系。在科技交流方面，中国农业科学院等中方科研院所与吉尔吉斯斯坦国家农业科研机构形成了长期的、稳定的合作关系，建立了农业联合实验室，在畜牧兽医、棉花栽培与品种审定、旱作农业等方面取得了丰硕而富有成效的成果。

11.4.1.5 中国与塔吉克斯坦

塔方将数字经济作为未来发展的重要方向之一。塔方已建立了 5 个自由经济区，并采取优惠政策，加强经济发展，欢迎中方企业入驻。塔方近年来在改善营商环境方面取得了很大进步，制定了诸多法律法规，加入了多个双多边投资协议吸引外来投资。同时，在电子签证方面优化举措，投资合作可以采取特许权经营、PPP 等模式。塔吉克斯坦国内主要有 7 种税，包括增值税、利润税、社会税、自然资源税等都有税收优惠待遇，列入塔方税收优惠名单的农业创新技术企业可以免征关税、增值税。

中国农业科学院西部农业研究中心推进中国—塔吉克斯坦农业科技合作，双方以此次中国—中亚农业科技创新与合作国际研讨会为契机，发挥各自优势，通过共同实施科研项目、加强国际人才交流与研究生联合培养、共建"一带一路"联合实验室、"产学研"联动发展等方式开展务实合作，并建立长期、有效、共赢的工作机制，确保各项工作落到实处。

11.4.2　西亚国家

11.4.2.1　中国与伊朗

农业是中伊经贸合作的拓展点。作为传统农牧业国家，伊朗是世界 14 种农产品的最大产地，农业约占其国内生产总值的 12%，创造了全国 20% 的就业机会。2016 年以来，中伊两国在渔业、农药、农产品贸易等方面的合作取得了重要进展。伊朗农业部与中国农业农村部签订了中伊农业合作备忘录，根据备忘录双方加强在蔬菜、水果、其他农产品、农业机械化和种植新技术等领域的合作。莱希访华期间，伊朗农业部部长赛义德·内贾德与中国农业农村部部长，就农产品贸易、农技合作等问题展开深入会谈。中方表示将进口更多伊朗优质农产品，未来藏红花、开心果等伊朗特色农产品有望进入我国寻常百姓家。

11.4.2.2　中国与土耳其

土耳其与中国的农产品贸易中一直存在逆差，所以对从我国进口的农产品针对性地设置了贸易壁垒。具体内容如下：

（1）进口限制。2013 年 1 月 19 日，土耳其发布了多项产品的一系列进口管制措施，其中包括森林培育用材料。此外，还发布了关于进口产品的 CE 标志、进口产品的标准与合格评定、技术法规制度的草案。

（2）通关环节壁垒。土耳其除对农产品和水产品关税税率进行修订外，还对进口产品的原产地规则、配额及许可证等方面作出了很多限制。如若中土双方想在农业方面有更深入的合作，减少贸易壁垒是首要工作。土耳其不能因为单方面的贸易逆差大就设置贸易壁垒，双方应该拓宽农业合作领域，加强农业合作交流，加强优势农产品出口工作，打造高品质农业合作平台。

11.4.2.3　中国与沙特阿拉伯

目前中沙合作政策有中沙合作论坛。"中国—阿拉伯国家合作论坛"于 2004 年 1 月成立，12 年多来已建立起涵盖政治、经济、文化等诸领域的 18 余项合作机制，成为中国同阿拉伯国家开展集体对话与务实合作的重要平台。

目前中沙双方在农业合作方面没有太多的关税壁垒，但沙特对农业的贸易保护以及宗教信仰等问题对双方的农产品贸易产生了不利的影响，如果沙特能放宽检疫条件的话，对于双方的经济来说都会产生正向影响。

在农业合作机制层面，中沙农业部级对话机制尚未建立。中沙双方已在农业经贸和农业科技两个领域构建了合作机制，但这两个机制是在商务部主导的中沙博览会框架下建立的，而非农业合作的主体部门农业农村部。双方需要尽快建立起农业合作对话机制，在国家层面建立起沟通协作的渠道，使得经验、成果可以互通互享。

在农业合作主体层面，地方参与失衡和农业企业相对缺位。地方政府是中沙农业合作的主体之一，但从整体来看，中国只有宁夏一个省份较深地参与了中沙合作，并且农企参与合作兴致不高。这就需要国家加大宣传力度、引领地方省份参与到中沙合作中，出台相关的优惠措施吸引企业参与其中（张帅，2020）。

11.4.2.4　中国与阿联酋

中阿双方应加强在农业领域的沟通合作，具体措施如下：

一是中阿双方应该增加了解程度和信任程度。事实上，中国和阿联酋在多个方面有相似之处，这些应该成为双方增进互信的理由。这需要从官方到民间增进交流和探讨，将两国发展道路和发展经验转化为相互信任的基石。

二是以"一带一路"为引领，推进双方经贸合作。通过"一带一路"建设，提升中阿经济相互依赖程度，在提高阿联酋经济抵御风险能力的基础上，进一步增强我国对阿拉伯国家的影响力。重点鼓励品牌影响力大、国际竞争力强、综合收益高，且对阿联酋具有比较优势的中资企业赴阿开展国际产能合作，将阿联酋作为进入中东、阿拉伯国家市场的重要"跳板"（张滔、范鹏辉，2020）。

三是提升我国企业"本地化"水平，增强适应阿联酋发展环境的能力。尊重当地法律、尊重当地人的风俗习惯和宗教信仰，尤其是在像阿联酋这样的政教合一的国家，对宗教的尊重，需要放在非常重要的位置上。

11.4.2.5　中国与以色列

现有的政策有：2014 年 6 月，中国农业部与以色列农业部签署了合作纪要，将双方的农业合作纳入"一带一路"战略合作框架。时任中国国务院副总理汪洋 2014 年 11 月访问以色列时也强调，中以农业合作潜力巨大，要发挥互补优势，深化双方的农业合作（肖宪，2016）。

中国—以色列自贸协定第七轮谈判于 2019 年 11 月在以色列举行。中以双方就货物贸易、原产地规则、海关程序与贸易便利化、卫生与植物卫生措施、贸易救济、环境、知识产权、竞争政策、政府采购、法律与机制条款等议题展开磋商，取得了积极进展。

以色列是一个媒体高度发达的国家。近年来以色列媒体对中国企业在以投资并购给予了极大的关注，中国企业大手笔收购以色列公司的报道时常见诸报端，给以色列人造成了一定的不安全感。这既不利于中国企业今后的并购，也不利于对已投资企业的管理。因此，中以双方在农业合作中要加大交流力度，坦诚相待，制定一系列投资合作条约，增强以色列在投资合作中的安全感，提高投资稳定性。

中以双方在农业投资方面来往密切，双方可以在互惠互利的前提下，打造更加开放的金融市场，对两国企业制定一系列更为优惠的融资政策，降低跨国投资难度以及成本，提高投资效益率。

11.5　典型合作案例

11.5.1　中亚国家

11.5.1.1　中国与哈萨克斯坦

霍尔果斯位于中国新疆和哈萨克斯坦的交界处，同时也处于"双西公路"（中国西部至欧洲西部）中国、哈萨克斯坦段的交接点上，有着优越的区位优势。其蒙语意为"驼队经过的地方"，哈萨克语意为"积累财富的地方"。霍尔果斯口岸随着"一带一路"倡议的深入推进，正焕发出新的生机。

霍尔果斯作为中国向西开放的窗口，充分借助亚欧大陆桥这个平台，加强与中亚五国及俄罗斯的交流，对外贸易红红火火。在霍尔果斯金亿货场，只见来来往往的大货车络绎不绝，工人们在监管库前忙着装卸货物。从事果蔬出口生意的霍尔果斯金亿国际贸易（集团）有限公司总经理于成忠称，金亿公司自2010 年成立以来，短短 9 年时间，已发展成为年出口 8 万吨以上规模的农产品物流基地，贸易额达到 2.3 亿美元，并开办了装卸、仓储、通关、信息咨询等一系列服务。"我们公司现在每天出口水果大概 400 吨，主要为苹果、葡萄和橘子，特别是'绿色通道'开通以后，运送果蔬的车辆大大缩短了通关时间，一般早上出关，下午就能到哈萨克斯坦阿拉木图的市场上，通关的速度加快使我们的果蔬更加新鲜。"

据了解，以前霍尔果斯口岸果蔬的通关时间在 4 小时左右；2018 年霍尔果斯海关采取多项措施压缩至 2 小时左右。2019 年 9 月 28 日，霍尔果斯（中）—努尔饶尔（哈）农副产品快速通关"绿色通道"开通后，基本上 30 分钟即可快速通关。针对农产品时效性、鲜活性较高的特点，霍尔果斯海关在公路口岸通关业务现场设置了农产品车辆业务办理专用窗口，在出入境通道设置农产品专用通道，悬挂"绿色通道"专用标识，集合"专用窗口、专用通道、专用标志"等多项服务举措，采取"提前预约、即来即办"的原则，全力确保出口农副产品车辆第一时间办理通关手续、第一时间优先验放出境。

据霍尔果斯海关监管一科一级行政执法员陈明翔介绍，农副产品快速通关"绿色通道"开通后，将以往试运行期间的蔬菜、水果类商品扩大至农副产品，范围更广，除了水果、蔬菜外，只要是列在中哈双方所提交清单上的农副产品，如干果、花生等特色产品，都可以享受"绿色通道"政策，实现快速通关。

农副产品快速通关"绿色通道"，提升了中哈两国农副产品贸易便利化水平，同时也促进了霍尔果斯口岸经济发展，有效服务了"一带一路"建设，使霍尔果斯成为中国出口果蔬产品"走西口"的重要集散地。

11.5.1.2　中国与吉尔吉斯斯坦

面积 5.67 平方千米的吉尔吉斯斯坦养殖场"亚洲之星"在苏联解体后逐渐没落，最终濒临破产。2011 年，河南贵友集团全资收购了这家企业，将其打造成为一个中吉农业产业合作区，目前已有多家中国农企入驻。贵友集团副总经理刘俊永称，他们进驻"亚洲之星"时，这个农场几乎处于废弃状态。他们首先对土地、功能区、道路进行了规划，然后对水网、道路、热力、电信、厂房、污水处理等基础设施进行了改造提升。经过多年持续的投入和改造，贵友集团在"亚洲之星"建成了集种植、育种、养殖、屠宰加工、饲料加工、国际贸易于一体的全产业链条。

刘俊永说，"一带一路"倡议提出后，越来越多的中国农企想到中亚地区投资，但却缺乏信息和平台，于是公司成立了帮助中国农企投资吉尔吉斯斯坦的合作平台，目前已有超过 8 家企业入驻。"'一带一路'倡议就像催化剂一样推动着中国企业到中亚寻觅合作机会。"目前，"亚洲之星"的种植作物以玉米为主，主要用来育种并销售给当地农户。养殖业主要是养鸡和牛，也以在当地销售为主。2019 年，吉尔吉斯斯坦投资促进和保护署与"亚洲之星"农业产业合作区签署《合作框架协议》，同意将合作区作为重点推动项目，给予更多优惠措施和政策支持。双方同意共同推广和升级吉中"亚洲之星"自由贸易区项目。除了在当地推广先进的农业技术外，贵友集团还邀请农场雇用的当地工人到中国考察学习。2018 年 11 月，时年 39 岁的马里克获得了这一机会。他们一行 30 人在河南濮阳市的农村党支部书记学院学习农业技术，参观"互联网＋农产品"电商园以及位于河南商丘市的贵友集团。"合作区引进了优良的种子和先进的技术、机械，玉米的产量提升了一倍；还雇用了大量工人，为当地的就业作出贡献。"马里克说。同样参加了此次培训的一名吉尔吉斯斯坦官员说，该国大部分地区都是山地，农田稀少，因此更需要中国精耕细作的理念和技术，比如大棚和滴灌技术以及深加工技术，希望在这些方面能与中国加深合作。吉尔吉斯斯坦农业专家扎兹古尔说，感谢中国邀请他们来学习，他们考察了农业种植、农产品加工、木材加工等产业，感到很有帮助（参考新闻，2022）。

11.5.1.3　中国与塔吉克斯坦

在被称为"高山之国"的塔吉克斯坦，距离首都杜尚别 70 多千米的塔中农业合作示范区内，200 多公顷小麦即将迎来丰收。这是老牌国有农场河南黄泛区农场在异国租种的第一块土地。塔中农业开发公司总经理楚文杰说，他们在这里租种了 867 公顷土地，均为灌溉土地，主要种植棉花、小麦和玉米。"我们小麦产量是每公顷 5 700 千克以上，普遍高于当地农民种植的小麦产量。

这些小麦都被加工成种子，销售到塔吉克斯坦各地。"

河南黄泛区农场地处 20 世纪三四十年代黄河因战争决堤、泛滥造成的大面积区域。在三代农垦人的努力下，10 万亩盐碱地已变成沃土良田。随着机械化程度不断提高，黄泛区土地不需要那么多人来耕种了。黄泛区农场境外投资部主任翟金中说，农场现有的 10 万亩耕地难以负担 3 万多职工的生活，急需寻找新的增长点。十几年前，农场开始瞄准海外市场，先后赴非洲的纳米比亚、乌干达和东南亚的柬埔寨、缅甸等国家考察。最后，2013 年，农场在塔吉克斯坦找到了适宜投资的土地，开始建设塔中农业合作示范区。

日前，黄泛区农场已在塔吉克斯坦投资 2.6 亿元，并一直把农业科研作为重点，持续加大农作物品种研发、繁育和农业技术推广应用工作，已研发繁育推广小麦、棉花、玉米新品种 20 个，为塔吉克斯坦农业技术水平的提升作出了显著贡献。塔中农业开发公司通过推广优良品种、合理密植、配方施肥、膜下滴灌、农机农艺等农业新技术，在塔种植的农作物平均产量均大幅高于当地水平，还创造了当地农业生产的最高纪录。"我们刚来这里时，当地农民基本上都是一年种一季小麦或棉花，小麦种完就不再种了，因为再种玉米的话，产量特别低，投入不划算。根本原因还是种植技术和基础设施不行。"楚文杰说，"我们引进了滴灌等先进农业技术，实现了播种、打药和收割的全程机械化，再加上种子质量好和田间管理水平高，所以产量就高，能实现'一年两熟'。"

现在，示范区"一年两熟"的种植模式已非常成熟，带动了当地部分农民和示范区合作，使用中国种子、技术以及大型机械进行农业生产，推动了当地农业生产技术水平的提高。除了种植和育种，公司还建起了中亚地区最大的棉花加工厂，生产的棉花主要出口到伊朗和土耳其。示范区除了十几名中方管理人员外，其他工作人员均为当地居民，其中长期工 50 多人，短期工每年数千人，仅棉花采摘季就需要 1 000 多人，促进了当地就业。此外，示范区还安排部分长期工到黄泛区农场考察和参加培训，现在他们已成为示范区的骨干力量。

示范区所在地的塔吉克亚湾区政府为表彰其在农业发展方面作出的突出贡献，授予塔中农业开发公司"国家独立日"奖状以及经济发展贡献奖（参考新闻，2022）。

11.5.2　西亚国家

11.5.2.1　中国与土耳其

"一带一路"倡议合作项目造福土耳其农民：增加就业，缓解农业用水难。

苏格祖村位于土耳其南部阿达纳省，紧靠地中海。村里的农民主要种植向日葵、橄榄、西瓜、大麦等农作物，收入来源比较单一。与不少土耳其农村地区一样，当地每逢夏季干旱少雨，农业灌溉用水严重短缺。但如今中土重要合作项目——胡努特鲁电厂项目不仅给当地人带来了就业机会，还帮助缓解了用水难题。胡努特鲁电厂是中土两国建交以来中国在土最大的直接投资项目，是中国"一带一路"倡议和土耳其"中间走廊"计划对接的重点项目。项目投产后，每年可向土耳其供应电力 90 亿千瓦时，约占土耳其年发电量的 3%。由于采取先进发电技术，这里还是土耳其首个无烟囱电厂，有效兼顾节能环保。苏格祖村最先享受到这个项目带来的双重利好——创造就业，洁净水源。苏格祖村村长阿里·多安称，电厂建设项目自 2019 年 9 月开工以来，很多村民获得就业机会，不仅能养活自己，"每天把面包带回家"，还学习了新技能。"有了这个项目，我们这里的年轻人可以憧憬一个光明的未来。"与此同时，中国施工企业重视环境保护，同步建设工业和生活污水处理设施及地下水污染防治工程，一举两得为当地村民提供安全洁净的再生水来浇灌农作物（新华社，2021）。

11.5.2.2　中国与沙特阿拉伯

中国电建是目前世界上最大的海水淡化工程总承包商。中国电建成功签约沙特阿拉伯的朱拜勒三期海水淡化项目工程总承包合同。在此前，中国电建已经先后在沙特阿拉伯等国家和地区开展了阿曼塞拉莱海水淡化项目和朱拜勒的二期海水淡化项目。可以说，中国电建在承包海水淡化项目工程方面有着丰富的经验和技术。海水淡化是利用去除海水中的盐分和其他杂质的方式来产生淡水。目前，反渗透和热蒸馏技术在海水淡化中的应用是市场的主流。沙特阿拉伯的朱拜勒第三阶段独立海水淡化项目采用海水反渗透技术，日产量能达到 57 万吨。它将承担向沙特阿拉伯首都利雅得供水的重要任务，这对缓解利雅得日益增长的水需求具有重要意义。

在朱拜勒三期独立海水淡化项目建设期间，中国电建为当地人民创造了 3 500 多个就业机会，项目对当地设备和材料的采购占其总量的 40%，直接为当地 GDP 贡献了约 2 亿美元，从而推动了沙特阿拉伯的经济增长。此项目还荣获了沙特麦加省 2021 年度经济卓越奖和建设创新奖提名，可以说深得当地居民的爱戴和当地政府的赞誉。如今，虽然中国电建在国际海水淡化市场发展较晚，但凭借着先进的技术水平和负责任的态度，一跃成为全球最大的海水淡化项目承包商，已完成的项目产能合计 66.8 万立方米/天，在建产能合计 277.5 万立方米/天，拥有强大的市场竞争力。中国电建将继续发挥行业领先优势，加强和各国政府及企业的合作，为解决水资源紧缺问题、促进国家和地区的社会经济发展作出贡献。

11.5.2.3　中国与以色列

中国以色列农业科技合作园的春耕尽显"科技范"。年还没有过完，杨凌雨露节水绿化工程有限公司（以下简称杨凌雨露）投资建设的中国—以色列农业科技合作园示范基地已是一派繁忙景象——智能水肥、风、光、雨水回收等系统有条不紊地作业，几名技术人员在控制室认真观察记录各项数据。杨凌雨露总经理吉建璋介绍，该基地采用先进的设施农业工程技术，实现了对温室内部的温度、光照、水、肥、二氧化碳等生产要素的智能化调控。两年多的生产实践证明，新技术实现单位面积产值、产量翻两番以上；与传统灌溉方式相比节约水资源 60%以上；节约化肥 50%，节省农药 70%，降低劳动强度 80%以上。中国—以色列农业科技合作园示范基地建成于 2019 年，投资 2 000 万元，占地 20 余公顷。该基地已经建成适合我国北方气候特点、拥有自主知识产权的高标准"新型智能风光薄膜连栋温室"1.5 万平方米，新型节能组装式日光温室、日光温室移动果园 3 000 平方米。该基地还建成一座 60 平方米的现代化物联网控制中心、1 600 平方米的雨水回收系统、12 公顷大田全自动智能化灌溉系统，实现了整个园区智能水肥一体化灌溉。吉建璋介绍："我们已经全面掌握无土栽培技术，采用以色列无土栽培技术、欧盟安全生产标准种植，可以实现反季节和全年设施蔬菜生产。"基地采用无土栽培技术种植的小番茄年产量每平方米 30 千克、大番茄每平方米 45 千克。西北农林科技大学教授邹志荣表示"这些科技创新对探索我国北方气候条件下，蔬菜的反季节高产稳产具有重要作用。希望这些新技术能加快推广，为农业现代化建设和乡村振兴作出更多贡献。"（新华社，2021）。

第 *12* 章　中国与欧洲国家农业合作

自中国国家主席习近平 2013 年提出"一带一路"倡议以来，得到了越来越多共建国家的响应，我国与欧洲"一带一路"国家的贸易往来也有了很大的进展，贸易规模、贸易结构都发生了积极的变化。

12.1　合作潜力与合作机会

12.1.1　东欧国家

12.1.1.1　中国与俄罗斯

中国和俄罗斯互为重要的贸易伙伴，其中农产品贸易在两国的贸易中占据着重要地位。近年来，"一带一路"建设及"一带一盟"对接更是有力推动了两国贸易发展，中俄双边农产品贸易迅速增长，成为双边贸易新的增长点，双方进一步深化农业合作的意愿比较强烈。俄罗斯农业资源丰富，双方开展农业合作互补性强，优势明显，前景广阔（胡国良、王岩冰，2021）。从中俄两国农产品贸易潜力测算得出，中国与俄罗斯农产品贸易出口拓展空间和进口拓展空间分别平均达到了 224.01% 和 272.32%（表 12-1）。由此可见，虽然近年来中俄两国经贸往来频繁，但两国间农产品实际贸易值远未达到贸易潜在值，有着巨大的贸易潜力和贸易拓展空间。

表 12-1　2007—2018 年中国与俄罗斯农产品贸易潜力

年份	中国对俄罗斯出口农产品				中国从俄罗斯进口农产品			
	贸易效率	实际值（亿美元）	潜在值（亿美元）	拓展空间（%）	贸易效率	实际值（亿美元）	潜在值（亿美元）	拓展空间（%）
2007	0.32	12.82	40.06	212.50	0.52	14.40	27.69	92.31
2008	0.30	14.46	48.20	233.33	0.39	13.23	33.92	156.41
2009	0.25	11.87	47.48	300.00	0.37	12.87	34.78	170.27
2010	0.30	15.81	52.70	233.33	0.27	13.87	51.37	270.37
2011	0.33	20.44	61.94	203.03	0.25	16.92	67.68	300.00
2012	0.31	20.63	66.55	222.58	0.23	15.53	67.52	34.78

（续）

年份	中国对俄罗斯出口农产品				中国从俄罗斯进口农产品			
	贸易效率	实际值（亿美元）	潜在值（亿美元）	拓展空间（%）	贸易效率	实际值（亿美元）	潜在值（亿美元）	拓展空间（%）
2013	0.32	22.19	69.34	212.50	0.21	15.69	74.71	376.19
2014	0.35	24.04	68.69	185.71	0.18	15.53	86.28	455.56
2015	0.28	18.31	65.39	257.14	0.19	17.19	90.47	426.32
2016	0.33	20.02	60.67	203.03	0.27	19.92	73.78	270.37
2017	0.32	20.47	63.97	212.50	0.29	21.32	73.52	244.83
2018	0.32	21.26	66.44	212.50	0.37	32.10	86.76	170.27

数据来源：根据 UN Comtrade 数据库相关数据整理计算所得。

注：拓展空间＝（潜在值/实际值－1）×100%

　　当前，我国耕地面积远远不能满足农民耕种需求，而俄罗斯耕地面积相对应的劳动力明显不足，特别是西伯利亚地区更为严重。随着俄罗斯农业经济复苏，劳动力不足的问题会越来越突出。对俄罗斯进行劳务输出能够为我国农村富余劳动力提供就业岗位，为农民就业拓宽了一条途径（汪晓波、朱英丽，2009）。俄罗斯土地资源丰富，中国人均土地资源较少；俄出现人口危机，农业劳动力资源匮乏，而中国农业劳动力资源丰富；俄罗斯是中国传统的茶叶市场、是中国园艺产品的长期市场；俄罗斯蔬菜水果产品品种不多，产量不高，难以满足居民生活需要，每年均需从国外大量进口。莫斯科、圣彼得堡、车里亚宾斯克市、布拉戈维申斯克市等果蔬市场的商品大多数是进口的，蔬菜大都来自中国和韩国（司思，2006）。

12.1.1.2　中国与乌克兰

　　乌克兰农业资源丰富，2023 年农产品出口额占出口贸易额的 62%。种植业主要以小麦、玉米、大麦、大豆、向日葵、油菜、马铃薯等农作物为主，粮食作物和油料作物年产量近 1 万吨，玉米、小麦、大麦、大豆、葵花籽油和食品工业残渣及废料出口额合计占农产品出口总额的近 60%，这些农产品在国际市场都具有很强竞争力。2023 年，自乌克兰进口玉米 552 万吨，同比增长4.9%，占中国玉米进口总量的 20.3%。未来乌克兰玉米产量还有很大的增长空间，乌克兰将继续保持中国玉米主要进口来源国地位。自 2014 年以来，中国一直是乌克兰葵花籽油第二大出口对象国，且出口额由 2014 年的 2.1 亿美元增长到 2019 年的 5.9 亿美元，增幅达 1.8 倍，乌克兰葵花籽油出口份额占比由 6% 上升至 13.9%。与此同时，中国在 2015 年和 2016 年成为乌克兰大豆油第一大出口目的地，分别占乌克兰大豆油出口额的 53.5% 和 34.9%，2019

年乌克兰大豆油对中国出口额 0.74 亿美元,占乌克兰大豆油出口额的 30.7%,是乌克兰大豆油第二大出口目的地。预计今后中国对乌的玉米、葵花籽油、大豆油的需求将会进一步增长,中乌的农产品贸易合作还有很大的增长空间(赵鑫、孙致陆,2021)。

乌克兰投资环境的优势主要包括:第一,人口较多,消费潜力大;第二,劳动力素质较高,IT 专业人才总数排名世界第五;第三,地理位置优越,市场辐射独联体、欧盟、北非;第四,交通便利,拥有 4 条通往欧洲的交通走廊及黑海周边优良海港;第五,土地资源丰富,拥有世界 1/4 的黑土地,农业较发达;第六,矿产资源丰富,铁矿、煤炭等储量居世界前列。世界经济论坛《2019 年全球竞争力报告》显示,乌克兰在全球 140 个国家和地区中,排第 83 位。世界银行《2020 年营商环境报告》显示,乌克兰在全球 190 个经济体中排名第 64 位。

12.1.1.3 中国与波兰

中国与波兰的农业合作潜力与机会主要体现在以下几个方面:

1. 双边贸易规模不断增长

中波农产品贸易合作历史悠久,自 20 世纪 50 年代以来,中国和波兰两国就已经在小麦、大豆、果树、蔬菜、甜菜、养蜂和畜牧等方面开展有效合作。随着"一带一路"倡议的提出,两国农业部不断开展积极的交流,加强双边农业合作。2022 年,两国贸易额超过 432 亿美元,创历史新高,波兰是中国在中东欧最大的伙伴国。两国农产品贸易规模不断增长,主要进口农产品有动物制品、乳、蛋、可可及可可制品、谷物、酒和饮料、水果及油菜籽等,而波兰从中国进口的农产品主要为鱼类、果蔬制品、棉花、烟草、水果、蔬菜及香料等。据中国商务部统计,2022 年,中国对波兰直接投资流量约为 1.27 亿美元,中国对波兰直接投资存量约为 6.45 亿美元。中国企业在波兰投资涉及新能源、制造、交通物流、生物医药、信息通信、金融服务等多个领域。

2. 中波农业合作区位优势突出

波兰地理位置优越,是连接中国通往西欧市场的重要交通要地,门户作用凸显。波兰在欧盟中是经济发展水平中等靠后的国家,但其农产品具有优秀的品质和良好的竞争价格,约有八成的农产品和食品销往欧盟,通过波兰可以更好地进入欧盟市场。而且波兰在加入欧盟后,获得了欧盟多方面的支持和鼓励,国内市场尚未完全被开发,商机多,门槛较低。目前,已经有 20 多条中国通往欧洲的中欧班列抵达波兰或者路过波兰,自 2013 年"蓉欧快铁"开通后,中国和波兰等中东欧国家的交流迅速增多,四川省和罗兹省、成都市与罗兹市分别结成友好省市。

3. 双边农业资源具有互补性

波兰农业资源丰富，农业发展历史悠久，是欧洲的传统农业大国。农业用地占全部国土面积的 61.2%，其中耕地占 73.8%，人均耕地面积是中国的 3 倍，波兰的农业在国民经济中占有重要地位，农产品生产达到世界顶尖水平，具有极高的知名度和比较优势。与之相比，中国是全球最大的农产品进口国，农产品进口主要来自美国、澳大利亚等地区，农产品出口在国际上处于相对劣势，与波兰农业有极强的互补性。波兰的农业生产以传统家庭散户为主，往往是小型的个体户，劳动生产效率较低，企业以中小企业为主，缺乏优秀的品牌，中国企业在农产品贸易上具有良好的经营管理经验，中国企业可以将良好的经验根据波兰本土特点运用在双边农业投资合作方面。波兰畜牧业发达，但过分依赖欧盟市场，且加工工业附加值较低。目前，波兰的家禽、猪肉、海鲜已经登陆中国市场，71 家波兰奶业公司向中国出口奶制品。2004 年，波兰加入欧盟，颁布新的农业生态法，使农产品更好地适应欧盟生产的标准，同时波兰农业部致力于发展有机农业和加大力度支持生态农场的建设，对中国发展生态农业很有借鉴意义。

12.1.1.4　中国与罗马尼亚

"一带一路"倡议是在国际形势发生深刻变化，中国经济社会发展步入新常态的大背景下提出的具有全球意义的发展构想和合作倡议，得到了包括罗马尼亚在内的沿线 60 多个国家/地区的积极响应。2015 年，中罗两国在经济联委会框架下签署了推进"一带一路"建设的谅解备忘录，罗马尼亚成为首批与中国签署类似协议的国家。随着"一带一路"建设的持续推进，中国与罗马尼亚各项合作将更加深入（杨超等，2018）。随着经济全球化和中国农业发展步入新的阶段，如何抓住世界发展的机遇，加快中国农业"走出去"和"引进来"的步伐，已成为当前社会关注的热点。通过在罗马尼亚开展科技合作、产业示范与技术推广，将中国具有明显优势的高效节能设施园艺技术输送出去，不仅可以带动和加强中国与中东欧国家及"一带一路"国家合作，解决当地园艺产品的有效供给与"菜篮子"工程难题，还可以共同研发当前设施园艺领域面临的关键技术问题，大幅提高中罗农业科技研发能力，为实现中国与"一带一路"国家科技与经济的融合双赢，以及为中国经济社会的持续发展提供强有力的动能（仝宇欣，2021）。

中国与罗马尼亚在农业领域的合作历史悠久、基础深厚，特别是自 2009 年中罗《农业合作协议》签署以来，中罗两国在农产品贸易、农业科技等领域的合作快速发展，当前中国—中东欧友好合作的大环境又为两国的农业合作提供了新的机遇。中国与罗马尼亚农业合作开发要找准双方最佳结合点，基于双方的互补需求，真正体现互惠互利、合作共赢（康永兴等，2019）。中罗在农业领域合作具备一定的基础，具体包括：

（1）在种植业领域，中方除直接投资建设标准化示范基地外，可考虑以技术支持和工程承包等方式，支持罗方推进基础设施和高标准农田建设；探索开展葡萄种植与葡萄酒加工、油菜籽与向日葵等油料作物的种植与高端食用植物油加工等领域的合作；开展一批面向中国及国际市场高端健康消费市场的饮品与油料全产业链合作项目。

（2）在粮油作物加工领域，加强双方在主食工业化生产技术、副产物综合利用技术、节能环保油脂加工新技术等方面的合作开发与交流，推进双方在主食产品加工、功能性粮油食品加工、粮食加工副产物增值转化等领域的深度合作。

（3）在机械装备领域，可发挥中国农机设备性价比高、品类全的优势，改进罗马尼亚粮食收获、储藏、运输、加工方式，引进中方先进适用的粮食收获机械、储存设施、运输工具、加工设备，重点推广烘干、除杂设施装备，提高粮食烘干等处理能力，降低粮食产后损耗。在农业科技领域，开展作物品种改良与繁育，共同挖掘罗马尼亚种质资源潜力，培育高产、高抗、广适的优良品种；合作建立种养技术示范基地，培训指导当地农业生产者推广应用田间管理、培肥、病虫害防治、动物疫病防控和资源高效利用等高产、高效配套技术（杨超等，2018）。

12.1.1.5 中国与捷克

农业在捷克的经济中扮演着重要的角色，不仅能够满足国内需求，而且还能够出口到其他国家，中国与捷克的农产品贸易额从 2002 年的 0.34 亿美元，扩大到 2019 年的 1.33 亿美元。中国与捷克的合作潜力和机会主要体现在：

1. 捷克具备良好的营商环境

捷克经济发展水平在中东欧 16 国排名第一，2023 年捷克人均 GDP 达到 3.04 万美元。捷克工业发达、政治稳定，且地处欧洲中心、与其他西欧国家地理相近，与德国等欧盟国家经济关系紧密，捷克劳动力受过良好教育且劳动力成本低于西欧各国。捷克是欧盟成员，可以帮助在捷克投资的中资企业绕过贸易壁垒顺利进入欧盟市场。捷克企业建立了与欧盟国家良好的市场连接网络，高度融入国际产业链，这能有效地帮助中国投资者把产品销往西欧国家。并且欧盟与美国、加拿大签有自由贸易协议，这使得中国企业可以通过捷克方便地进入美国、加拿大市场。

2. 捷克对中国投资有强烈需求

捷克的对外贸易和引进外资高度依赖德国等欧盟大国，与欧盟经济的充分融合带动了捷克经济的发展，但也正是由于对欧盟高度依赖，在 2008 年金融危机以及随后的欧债危机打击下，捷克经济陷入近 6 年的困境，直到 2014 年经济才走出困境，因此捷克等中东欧国家都希望外商直接投资能更加多元化以增强自身的经济安全性。捷克接受欧盟的援助和补贴需要遵守欧盟的相关规则，而来自中国的资金不存在附加的政治条件，因此中东欧各国欢迎来自中国的关注和投资，各国视中国为一个重要的经济伙伴，乐意加入"一带一路"合作框架。

3. 捷克改善对华关系，积极引进中国投资

政府的推动和支持对中国企业的经济活动有很大的引导和影响，对外直接投资也是如此。在中东欧贸易及投资伙伴的选择上，中国倾向于选择对华友好、与欧盟联系密切、政治稳定、经济发展健康的国家，捷克在这些方面具备良好条件。捷克总统泽曼在 2014 年、2015 年和 2017 年三次正式访华，2016 年习近平主席率大型商贸代表团正式访问了捷克，双方首脑互访极大地推动了双方的政治互信，这对促进中国企业赴捷克投资是极其重要的。

4. 捷克投资吸引力

捷克是欧盟成员国，主张自由贸易政策，对外资持欢迎态度。从投资环境角度看，捷克的投资吸引力主要体现在以下多个方面：捷克地处欧洲中心，铁路、公路、航空和水路交通便利，基础设施良好，有利于市场布局；捷克实行议会政治体制和市场经济体制，法制健全，透明度较高，政局稳定；捷克族居民占捷克人口的绝大多数，且宗教信仰单一，民族和宗教冲突小，社会秩序良好；捷克政府主张自由的贸易政策，鼓励外国投资，税收体系比较透明；捷克人口受教育水平和素质普遍较高，劳动成本相对较低；捷克是欧盟统一大市场的一部分，市场可延伸到欧盟全境；捷克经济发展较快，市场还在整合和发展的过程中，机会较多。根据瑞士洛桑国际管理学院（IMD）公布的 2022 年最新世界竞争力排名，捷克排名第 26 位。世界银行发布的《2020 年营商环境报告》中，捷克在全球 190 个经济体中营商环境排名第 41 位。世界知识产权组织发布的《2023 年度全球创新指数》显示，在 132 个国家和地区中捷克综合指数排名第 31 位。

12.1.2　南欧国家

12.1.2.1　中国与意大利

中国与意大利两国在地中海和东亚地区农产品的产量、品类等方面各有优势，中国消费者日益增长的对高质量食品的追求和意大利消费者对中国农产品批量和特色农产品体验的需求，使得两国的农产品贸易有较大的合作空间。中国出口意大利的番茄酱罐头达 2.50 万吨、1 891.30 万美元，位列中国出口前三。除对中国农产品的批量化需求外，意大利消费者也对充满神秘色彩的东方食物具有很强的体验欲望和需求，豆腐、生姜、柚子、茶叶和花椒等产品已经融入意大利人民的生活。而在经济全球化的背景下，意大利奶酪、橄榄油、葡萄酒等优质产品迎合了中国消费升级的需求。中意农业合作互补性强，潜力巨大，前景广阔。中国已成为全球最大的农产品消费市场和重要的农业对外投资国。目前中国正在大力实施乡村振兴战略，深入推进"一带一路"建设、深化农业供给侧结构性改革，推动农业现代化和高质量发展，这些都为推动中意农业进一步合作带来了前所未有的新机遇。

从地缘上看，意大利位于地中海的中心地带，既是古代丝绸之路的终点，也是新时期"丝绸之路经济带"与"21世纪海上丝绸之路"的交会点，对于"一带一路"倡议在地中海地区的推进具有特殊意义。意大利拥有众多优良港口，如何通过港口合作共建"一带一路"一直为中意两国所关注。从经济上看，与其他地中海国家相比，意大利参与"一带一路"建设还具有其独特优势。其一，意大利是欧盟第二制造业大国（制造业增加值仅次于德国），工业与科技实力雄厚，拥有大量富有活力与创新能力的中小企业。当前中意两国都在推进产业结构升级。2015年，中国政府发布"中国制造2025"战略规划。2016年，意大利政府出台"工业4.0国家计划"。鉴于中意双方在技术、资金、市场等方面存在较大互补性，通过合作促进工业发展战略对接的空间巨大。2017年2月马塔雷拉总统访华期间，中意双方签署了《中意面向2020年的科技创新合作战略规划》，预计未来两国依托"一带一路"建设深化工业合作的前景将更为广阔。其二，意大利与北非、中亚和中东欧国家有着密切的经济联系，这为中意两国在"一带一路"框架下开展第三方市场合作创造了机遇。例如，裕信银行和联合圣保罗银行等意大利大型银行集团均在中东欧国家广泛开展业务，近两年也非常关注在中东欧地区与中国进行投资合作的可能性。其三，预计英国脱欧后意大利在欧盟中的地位会有所提升，在欧盟对外经济合作领域的影响力也将相应提高。因此，中意经济合作朝着更紧密的方向发展，有望形成良好的示范效应，带动更多的欧洲国家参与"一带一路"建设中来。

总之，无论从地缘还是经济上看，意大利参与"一带一路"建设都具备较为坚实的基础和独特的优势。欧盟委员会前主席、意大利前总理普罗迪在2019年3月接受采访时强调，意大利具备雄厚的工业基础、良好的港口条件和毗邻非洲以及中欧的地理区位优势，不仅"能够"，而且"应当"在"一带一路"合作中扮演重要角色。而中国国务委员兼外交部长王毅在2019年1月访问意大利期间也明确表示，意大利是共建"一带一路"的天然伙伴。

12.1.2.2　中国与希腊

希腊地理条件独特，处于陆海相连、欧亚非相通的重要地点，是"一带一路"倡议、打造亚欧海陆联运新通道的关键节点，海运业及相关产业非常发达，也是进入欧盟及东南欧市场的良好门户。希腊是巴尔干地区最为发达的经济体，区域辐射能力较强。长期以来，中国与希腊一直维持友好外交关系，当前两国全面战略伙伴关系发展势头良好。近年来，希腊提倡改革，积极发展外向型经济，关注长期、可持续性的经济增长模式。与其他欧元区国家相比，希腊劳动力成本较为低廉，生活成本也相对较低。根据中国海关数据，继 2021 年中国与希腊双边货物贸易总额首次突破百亿美元后，2022 年双边货物贸易额增长 14% 至 138.2 亿美元，再创历史新高。其中，中国对希腊出口额 129.9 亿美元，增长 16.5%；自希腊进口额 8.3 亿美元，下降 14.4%（表 12-2）。

表 12-2　2016—2022 年中希双边贸易情况

单位：百万美元

年份	总额	同比增长（%）	出口额	同比增长（%）	进口额	同比增长（%）
2016	4 578	15.9	4 295	17.2	283	−0.9
2017	5 180	15.5	4 751	13.0	429	51.7
2018	7 064	36.3	6 500	36.8	564	31.2
2019	8 464	19.9	7 739	19.1	725	28.9
2020	7 810	−7.7	7 036	−9.1	773	6.6
2021	12 130	55.3	11 160	58.6	970	25.7
2022	13 820	14.0	12 990	16.5	830	−14.4

资料来源：中国海关总署、对外投资合作国别（地区）指南希腊（2021 年版）。

农业作为希腊的传统及特色产业，其农产品品质优越，种类繁多。2020 年希腊农业产值约 118 亿欧元，在欧盟名列第八。希腊具有特色和优势的农产品主要有橄榄油、乳制品、水果、烟草香料、棉花、畜牧及水产品等。近年来，希腊政府大力拓展农产品海外市场。中国与希腊两国合作广泛，经济贸易往来历史悠久，自 1972 年建交以来，中希双方先后签署多项有关经贸合作方面的协定。经贸协定的签署进一步推进了两国的贸易往来，加强了两国的交流联系。根据中国海关数据，2022 年，希腊是中国在欧盟 27 国中第 13 大贸易伙伴、第 9 大出口目的地和第 19 大进口来源地，也是中国在中东欧国家中第 4 大贸易伙伴、第 3 大出口目的地和第 8 大进口来源地。2019 年 9 月，希腊政府宣布全面取消长达 4 年多的资本管制，这标志着希腊向经济正常化又迈出了重要一步。在金融环境方面，当前，希腊政府对外国法人征收的股息、利息及特许权使用费的预扣税税率分别为5％、15％和20％。中希两国签订了《所得避免双重征税和防止偷漏税的协定》等协议，中国在希腊设立的企业可参照相关协议执行纳税义务。

12.1.2.3 中国与葡萄牙

中国和葡萄牙建交以来，两国保持着长期密切的经济贸易关系，近几年更呈现突飞猛进的态势。葡萄牙是中国在欧盟的重要合作伙伴，而中国已成为葡萄牙的第十大出口市场和第七大进口来源地，双方开展贸易合作硕果累累（徐曼，2015）。两国之间的投资合作以开放、透明、互惠互利和共同收益为特征，取得良好经济社会效益。葡萄牙总理科斯塔曾表示，中国在葡萄牙的投资是非常正面的，中国完全尊重葡萄牙的法律和市场规则。在葡萄牙的中国公司遵守法律法规，坚持本地化管理，积极承担社会责任，展现出良好的中国公司形象，为经济发展作出了巨大贡献，改善了该地区的就业能力和社会稳定性，并被认为是具有可持续性、信誉和长期性的战略合作伙伴，赢得了葡萄牙社会的一致好评。根据中国商务部统计，截至2022年，中葡农产品贸易额已达到3.22亿美元，其中中国对葡萄牙的出口达到2.3亿美元，从葡萄牙进口农产品达到0.92亿美元，其主要商品为水产、葡萄及其他蔬果。由此可以看出，葡萄牙对中国的农产品贸易一直处于逆差。然而随着葡萄牙城镇化进程的进一步发展，农村人口锐减，目前葡萄牙农业产值占国内生产总值已不足3％，对农产品进口的需求量不断增大，这也为作为农业大国的中国带来了极大的机会。

葡萄牙与中国的有机农业均处在快速发展时期，中葡两国不但可以利用澳门中葡论坛这个平台加强有机农产品的进出口贸易，而且还可进行优势互补：葡萄牙的产品以"欧盟有机认证"的食品安全标准吸引中国消费者购买，而中国农业企业可以利用葡萄牙农业人口骤减的机遇进入葡萄牙农业领域，大力发展有机农业。中葡两国可以充分用好互补性和比较优势，扩大合作领域。葡萄牙的农业独具特色和优势，葡萄牙主要向世界各地出口葡萄酒、橄榄油、软木产品、汽车零部件等商品，具有一定比较优势，未来可以进一步推动这些产品向中国出口。中国的机电产品和轻工产品在世界具有较强的竞争力，可以转型升级，向葡萄牙出口更多相关领域的高质量产品。总之，在"一带一路"倡议下，中葡双方应发挥各自优势，携手开拓第三方市场，推动中葡经贸关系再上新台阶。

12.1.2.4 中国与塞尔维亚

塞尔维亚为农业综合企业提供了大量的投资机会，为国外投资者提供了很多财政支持和激励措施。据英国《金融时报》2017年发布的数据，塞尔维亚绿地外国直接投资指数居欧洲第一、世界第二，塞尔维亚"吸引的外国绿地直接投资总额几乎是其国内生产总值的 13 倍"。该指数是根据绿地投资项目的数量和规模相对于该国国内生产总值（GDP）而确定的。

　　塞尔维亚是农业宝地，化肥和杀虫剂的使用量为欧洲最低。肥沃的土壤、优良的气候、丰富的食品制作传统和专业制作手法，使当地食物拥有极好品质，如新鲜的覆盆子、苹果、全脂牛奶、小牛肉、辣椒、薄荷等。塞尔维亚是欧盟市场公认的出口国，有机生产潜力巨大，国际龙头公司已经认识到当地农产品生产潜力堪与美国"百事可乐"、德国"German Nord Zucker"、奥地利"Rauch"、英国"Salford 和 Ashmore"、丹麦"Carlsberg"和比利时"ABInBev、Crop's"比肩。这些公司已在塞尔维亚投资建厂，以供应不断增长的欧亚地区市场。中国在淀粉行业、东部农场投资、有机生产投资、绿地投资—水果加工厂、绿地投资—蔬菜加工厂等领域有投资的优势。①

　　塞尔维亚农业、林业和水管理部长内迪莫维奇曾表示，加强与中国在农业领域的合作是塞尔维亚促进农产品出口的一个重要方向，塞方正积极向中国市场推销农产品。塞方与中方协商，在塞尔维亚建立一个集散中心，集中塞尔维亚和周边国家的农产品一同出口至中国。目前，塞尔维亚向中国出口的农副产品主要有牛肉、羊肉和红酒等（石中玉，2020）。

12.1.2.5　中国与克罗地亚

　　中国与克罗地亚的农产品贸易发展前景广阔。据中国海关统计，2022年，中国与克罗地亚双边贸易额为 24.2 亿美元，同比增长 4.8%。其中，中方出口额为 22.6 亿美元，同比增长 14.8%；中方进口额为 1.6 亿美元，同比下降 53.3%（表 12-3）。2006 年中国与克罗地亚的农产品贸易总额达 1 238 万美元，中国对克罗地亚出口从 1996 年的 5 万美元增加到 2006 年的 1 385 万美元，进口发展相对较慢，到 2006 年达 4.3 万美元。中国出口优势明显，呈贸易顺差态势。从产品结构看，克罗地亚主要出口产品主要为蔬菜、马铃薯、水产品、水果、食用油籽、坚果等，粮食也有一定数量出口，畜产品和蔬菜为传统出口产品，2001 年后出口势头增长明显，坚果出口在最近两年获得惊人增长。双方在比较优势方面呈现多样性和互补性。中国在禽肉、蔬菜、水产等劳动密集型农产品贸易方面具有比较优势。两国农业部可积极组织开展有关农产品贸易的活动，包括组织相关研讨会、产品推介会、展览会、贸易博览会、经济技术洽谈会等，加强信息交流，推动农产品贸易的进一步发展。

---

　　①　农业农村部对外经济合作中心.《塞尔维亚农业投资机会分析》。

表 12-3 2016—2022 年中克双边贸易情况

单位：亿美元

年份	进出口额	中国出口额	中国进口额	比上年同期增减（±%）		
				进出口额	出口额	进口额
2016	11.8	10.2	1.6	7.4	3.2	44.4
2017	13.4	11.6	1.8	13.9	14	13.4
2018	15.4	13.3	2.1	14.6	14.4	15.8
2019	15.4	14.0	1.5	0.2	5.2	−31.6
2020	17.1	15.7	1.4	10.6	12.2	−4.2
2021	23.2	19.8	3.4	35.9	26.2	147.0
2022	24.2	22.6	1.6	4.8	14.8	−53.3

2019 年 8 月 28 日，由农业农村部对外经济合作中心承办的"2019 年克罗地亚农业合作研修班"在京正式开班。同年 6 月，韩长赋部长访问克罗地亚期间，同克罗地亚副总理兼农业部长托卢西奇就深化农业经贸合作、科技合作、加强人员交流和农产品质量安全领域合作提出务实举措。2020 年，在第三届中国国际进口博览会举行前夕，克罗地亚驻华大使达里欧·米海林表示："克罗地亚将持续致力于将本国优质的农产品带到中国市场"（郭艳，2020）。

12.1.3 西北欧国家

12.1.3.1 中国与奥地利

中国与奥地利在"一带一路"框架下合作潜力巨大。在"一带一路"框架下，运输、能源、电信、智能城市和可再生能源、农村发展、金融服务和电子商务等领域的合作非常具有吸引力。此外，"一带一路"为中国和奥地利在第三方市场开展合作提供了机会。奥地利和中国已经建立良好和密切的关系，在很多领域还有更多合作潜力，如可持续基础设施项目、环境、文化、旅游和科学领域。

在农业领域，中国虽然属于农业大国，但中国农业技术在一些方面发展相对落后，农业在中国依然是一个劳动密集型的产业。奥地利拥有非常先进的农业知识和农业设备，并注重创新，致力于发展生态农业和科技农业，是欧洲范围内生态农业的领导者，农业在奥地利属于技术密集型产业。奥地利国土的33%属于农业用地，2/3 以上的农产品和农业机械设备都用于出口到其他国家，农业是奥地利的优势产业。中国可以与奥地利在农业领域建立更深的经贸合作，通过购买、学习奥地利先进的农业知识及设备用以解决中国的"三农"

问题，使得中国的农业从劳动密集型产业转型为技术密集型产业（余宗敏，2018）。①

12.1.3.2　中国与立陶宛

位于波罗的海沿岸的立陶宛是一个欧洲小国。通过与中国的双边合作，立陶宛已成为中国在北欧波罗的海三国中的最大贸易伙伴。在过去的几年里，立陶宛对中国的出口翻了两番，中国已成为立陶宛的优先出口市场。中国与立陶宛的贸易合作商品主要体现在农业上。2017 年开始，中立两国先后签署了向中国出口冻牛肉、青贮饲料、水产品以及小麦等农产品的议定书。2019 年底立陶宛牛肉和小麦首次实现对华出口。立陶宛农业商会表示，随着中国对有机食品的关注和重视，中国农业产业已逐渐向有机农业转变，并将发展绿色有机农业作为未来 30 年的目标。要达到此目标，不仅要在农业领域投入新技术，也要大量进口外国农产品。中国对高质量农产品的需求是立陶宛农产品进入中国市场的大好机会。立陶宛与中国的合作潜力和优势主要体现在以下两个方面：

1. 区位优势明显，市场辐射能力强

立陶宛位于欧洲地理中心，濒临波罗的海，连接斯堪的纳维亚半岛、西欧各国、俄罗斯等独联体国家，是欧洲地区重要的交通枢纽。立陶宛境内拥有发达的公路网和铁路网、波罗的海东岸最北端的不冻港（克莱佩达港）、4 个国际机场（维尔纽斯、考纳斯、首莱、帕兰加）、4 个多式联运物流中心（克莱佩达、考纳斯、维尔纽斯、首莱）。两条主要泛欧交通走廊均从立陶宛通过。立陶宛曾是苏联加盟共和国之一，与俄罗斯等独联体国家有着传统经济联系。立陶宛于 20 世纪 90 年代初获得独立后，于 2004 年 5 月加入欧盟，执行欧盟统一的对外贸易政策，立陶宛境内生产的产品属于欧盟原产地产品，可以自由进入欧盟大市场。

2. 基础设施完善，诸多投资便利

立陶宛给予外国投资者国民待遇，除涉及国家安全、国防之外，外国投资者可以进入立陶宛各个经济领域。立陶宛在全国建有 6 个自由经济区、4 个工业园、5 个科技园区、1 个技术中心，通过提供平整的土地、建成的基础设施、完善的法律基础、优良的服务、一系列税收激励措施等软硬件条件，吸引企业投资创业。为鼓励外国企业投资高新技术产业，生产出口导向型产品和服务，立陶宛政府向有意在立陶宛投资或扩大在立陶宛投资的外国企业提供资金支持，每个投资项目最高可获得 350 万欧元的资助，主要用于人员培训、基础设施建设、工资成本等。

---

① 余宗敏 . 中国奥地利加深经贸合作可行性研究 [D]. 北京：对外经济贸易大学，2018.

12.1.3.3 中国与拉脱维亚

中拉两国建交以来，双边贸易发展总体顺利，合作不断深入，2011—2013年双边贸易较快增长，2014年和2015年出现下滑，2016年恢复增长。中国是拉脱维亚第12大贸易伙伴，第10大进口来源国和第20大出口市场。据中国海关数据，2021年双边贸易额为13.9亿美元，同比上升10.6%，其中，中国向拉脱维亚出口额为11.5亿美元，同比增长9.0%，进口额为2.4亿美元，同比增长19.3%（表12-4）。两国建交以来，中国和拉脱维亚贸易发展总体顺利。中国向拉脱维亚出口主要产品为电机、电气、音像设备、锅炉、家具、寝具、灯具、橡胶及其制品等。进口商品有木材、木炭、矿物燃料、矿物油、沥青、铜及其制品等。据拉脱维亚央行统计，2015年中国对拉直接投资新增247万欧元，增长74.62%，截至2015年末，存量达578万欧元。中国对拉脱维亚主要投资领域为通信行业、木材加工、房地产、餐饮、零售。

表12-4　2016—2020年中拉双边贸易情况

单位：亿美元

年份	进出口额	中国出口额	中国进口额	累计比去年同期（±%）		
				进出口额	中国出口额	中国进口额
2016	11.94	10.62	1.32	2.3	3.9	−8.6
2017	13.25	11.48	1.77	10.9	8	34
2018	13.80	11.67	2.13	4.1	1.7	20.2
2019	12.89	10.93	1.96	−6.5	−6.2	−8.2
2020	12.53	10.52	2.00	−2.8	−3.8	2.4

数据来源：中国海关总署。

中国与拉脱维亚的合作潜力和机会主要体现在以下三个方面：

1. 中拉两国政府高度重视双边农业合作

2009年8月回良玉副总理访问拉脱维亚期间，双方签订农业合作协议。2010年5月中国农业部举办"中国—波罗的海三国农业合作研讨会"，拉脱维亚农业部和农业企业参会，同年11月中国农业部代表团访拉，考察果蔬种植与加工情况。近年来，"16+1合作"为中拉合作提供了新引擎2022年，希腊是中国在欧盟27国中第13大贸易伙伴、第9大出口目的地和第19大进口来源地，也是中国在中东欧国家中第4大贸易伙伴、第3大出口目的地和第8大进口来源地。"丝绸之路经济带"成为连接中拉农业合作的友谊带。中拉双方迄今已签署了经贸合作协定、投资保护协定、避免双重征税协定、科技合作协定、民用航空运输协定、商检协定等经贸领域法律文件。拉脱维亚已加入欧元区。

2. 欧亚交通枢纽地位

拉脱维亚位于西欧与北欧的十字路口，特别是位于"丝绸之路经济带"重要节点，良好的基础设施建设使其成为波罗的海及整个东欧运输体系的重要中转站。拉脱维亚内河航线全长 350 千米，共有 10 个港口。三大港口为里加、文茨皮尔斯和利耶帕亚，其中，里加港冬季冰冻，但对海运影响不大，其他两港为冬季不冻港。在陆路交通方面，拉脱维亚公路总长 58 926 千米，其中干线公路 1 674 千米，一级公路 5 388 千米；二级公路 13 031 千米。2015 年，拉脱维亚公路货运量 6 220 万吨，与上年持平，其中，国内货运 4 820 万吨，下降 4.7%，国际货运 1 400 万吨，增长 19.5%。全国铁路总长 2 161 千米，与独联体国家使用相同铁路轨距，其中电汽化铁路 254 千米、复线铁路 300 千米，共有 152 个火车站（包括 75 个货运站）。2015 年，拉脱维亚全国铁路货运量 5 560 万吨，较上年下降 2.4%，其中国内货运 170 万吨，增长 33%，国际货运 5 390 万吨，下降 3.2%。2015 年，拉脱维亚铁路客运 1 707 万人次。在水运方面，拉脱维亚内河航线全长 350 千米，共有 10 个港口。3 大港口为里加、文茨皮尔斯和利耶帕亚，均为全年不冻港。2021 年，拉脱维亚港口货物流通量 4 170 万吨。在航运方面，拉脱维亚现有里加、文茨皮尔斯、利耶帕亚 3 个国际机场。里加机场是波罗的海三国最大的机场，是拉脱维亚国营机场。波罗的海航空、汉莎航空、挪威航空、波兰航空、土耳其航空、芬兰航空等 13 家航空公司在夏季和冬季为拉脱维亚分别提供了 100 和 70 条航线。在里加机场办理货运的航空公司有 RAF‑Avia、AG Handling、Profi Logistiks、UPS、DHL、TNT 等。根据拉脱维亚中央统计局数据，2021 年，拉脱维亚里加国际机场共承运乘客 235 万人次，同比增长 17%，货运量 2.78 万吨，同比增长 19.9%。

3. 农业资源互补性强

由于中国与拉脱维亚农业合作尚处于起步阶段，双边农业资源合作互补性强。拉脱维亚地处北欧，气候寒冷，冬季漫长，果树种植成本较高，对进口依赖度大，目前我国对拉农业出口以干食用菌、冻草莓、大蒜等为主，出口额存在较大提升空间。拉脱维亚食品加工业发达，产品以欧盟和独联体国家为主，劳动力资本和土地成本在欧盟处于较低水平，有较大的开拓空间。拉脱维亚森林资源丰富，森林覆盖率高达 49.9%，木材储量达 6.31 亿立方米。林业经济发达，原木和木制品出口量大。畜牧业和乳制品产业历史悠久，生产结构调整和集中化改革后发展速度快，在作物和家畜育种方面可以深化合作。

12.2　合作障碍与合作风险

12.2.1　东欧国家

12.2.1.1　中国与俄罗斯

中国与俄罗斯的农业合作障碍与风险主要体现在：

1. 部分农产品遭遇绿色壁垒

当前中俄农产品贸易互补性强，前景广阔，但是农产品贸易关税壁垒现象的存在阻碍了中俄之间农产品贸易的发展。我国对俄罗斯出口的水海产品占比仅次于蔬菜水果类产品，根据 2017 年的数据，俄罗斯农产品平均税率为 11%，最高税率达到 233%。其中种植产品关税偏低，而畜产品偏高。且俄罗斯对食用酒精、伏特加酒、原糖等农产品还实行进口配额管理。值得一提的是，虽然俄罗斯每年从中国大量进口蔬菜，但俄罗斯农业部建议自 2020 年起将进口蔬菜的关税由 15% 上调到 25%。另外还有一些非关税壁垒，比如俄罗斯联邦动植物卫生监督局 2019 年夏季以来对多种中国食品实施了一系列限制进口措施。自 2019 年 8 月起，中国仁果类和核果类水果被禁止进入俄罗斯市场；自 2020 年 1 月起，中国柑橘类水果和几类水海产品的进口额在俄罗斯受限（叶霄，2021）。我国对俄罗斯出口的水海产品占比仅次于蔬菜水果类产品，排名第二，但俄罗斯一直采取较为苛刻的水海产品进出口标准，且其政策法规尚未同国际接轨，水海产品进口政策法规、检测流程机制透明度较低，种种技术壁垒导致我国对俄罗斯的水海产品出口存在很多的不确定性。

2. 检验检疫制度差异阻碍我国农产品出口

目前，我国农产品检验检疫按照《中华人民共和国畜牧法》《中华人民共和国农产品质量安全法》《中华人民共和国进出境动植物检疫法》等法律法规执行，而俄罗斯农产品的检验检疫标准与我国的检验检疫标准存在较大差异。俄罗斯负责农产品检验检疫的机构是俄罗斯联邦兽医与植物卫生监督局，其制定的涉及农产品和食品领域进口商品的法律条款较多，如《食品质量与安全法》《消费者权益保护法》《联邦居民卫生防疫安全法》《植物检疫法》《植物检疫法条例》等，我国企业对俄出口农产品需应俄检疫方要求进行较为复杂的检疫，而出口检疫证书的时效性通常为 1~5 个月，这意味着出口企业需要不断地更新出口检疫证书，极大地增加了企业农产品出口的时间成本和检验成本。

3. 俄罗斯清关时间长、费用高

出口货物到俄罗斯清关，一般是由清关公司代理。清关公司将报关的商品信息整理好，并备好货物报关单、海关价值申报单、许可证、商检证书等 9 类必需的报关单进行报关并缴纳关税。根据俄罗斯口岸通关指南，办理海关手续需收取双倍手续费，且俄国家海关委员会有权决定某些种类的商品和交通工具只能在指定的海关机关办理海关手续，某些商品只有办完动植物检疫、生态及其他检验后方可办理海关手续。通常俄罗斯进口产品清关平均时间为 12 天，如遇其他情况还需延长 20 天左右，这无疑增加了仓储费用，并且不利于易腐农产品的保存。

4. 商品认证成本高

在商品认证方面，俄罗斯采取本国标准，其中有七成的强制认证规范标准与国际标准不同，农产品、食品必须通过强制认证，部分产品安全系数标准甚至超过其他发达国家，对不同细分商品还制定不同的认证标准。中俄经贸网数据显示，2015—2019 年我国对俄农产品出口企业花费在商品认证方面的费用每年增加 3% 左右，世界银行发布的 2020 年《营商环境报告》显示，俄罗斯在进出口单证方面的费用几乎是我国的两倍。较高的商品认证成本，不仅增加了企业的负担，也降低了他们出口的积极性（朱长明，2021）。

12.2.1.2　中国与乌克兰

在中乌双边农产品贸易中，非关税壁垒是阻碍两国农产品贸易规模扩大的重要因素。在检验检疫标准方面，由于中国与乌克兰卫生检疫标准不统一，乌克兰牛肉直至 2017 年 5 月才正式获得进入中国市场的资格。中国与乌克兰进口贸易通关耗时长、成本高，不仅严重削弱了两国农产品的国际竞争力，而且也不利于两国农产品贸易规模的增长。

受信息资源不对称等因素的影响，中国与乌克兰农产品贸易联系有待进一步加强。尽管在信息大爆炸时代，大数据、区块链和物联网等新技术已被广泛应用于制造业和服务业领域，但农业领域的信息化和智能化建设进程还处于起步阶段，以粮食产品贸易为例，乌克兰粮食产品价廉质优，但 2000—2012 年中国自乌方粮食进口贸易额基本为零（2010 年除外），2013 年之后，中国从乌克兰进口粮食的规模才逐年扩增。

物流基础设施落后，农产品运输成本高也是制约中乌农产品贸易增长的重要因素。长期以来，乌克兰港口和铁路运输设施落后。在港口方面，乌克兰粮食港口装载能力小，粮食出口数量受限；在铁路方面，乌克兰铁路运力不足，粮食出口缺乏连续性。乌克兰港口和铁路设施的落后，不仅损害了乌克兰农产品外贸企业的商业信誉，而且也限制了乌克兰对华粮食出口的增长。此外，乌克兰农业生产投入不足，农产品产出水平低也是影响中乌合作的一大障碍。乌克兰在经济转轨之后，一方面，国内农业生产的投入要素逐渐减少，另一方面，政府对农业生产补贴力度明显不足。

12.2.1.3　中国与波兰

中波经贸关系始于 1950 年，先后经历了不同的发展阶段。中国是波兰第二大进口来源国，占比 11% 左右，而在波兰的出口贸易伙伴排名中，中国位居第 21 位，仅占比 1%，从双方未来合作的潜力来看，存在着贸易总量偏小，双方贸易不平衡，两国间相互投资规模较小，大型合作项目少等问题。中国企业在波兰农业投资合作将面临基础设施相对落后，企业注册困难，纳税合规性风险大，劳工保障要求高及劳工引入风险大等问题。

1. 基础设施相对落后，运输成本高

与老欧盟成员相比，波兰的基础设施相对落后。公路方面，高速和快速路建设落后，低等级公路比例较高；铁路方面，由于技术等各方面的原因，约有三分之一的铁路线须限速或者停运，另外有三分之一需要加大维修力度；海运方面，波兰北濒波罗的海，拥有较长的海岸线，港口较多，但港口基础设施条件较差，轮船进出港时间较长，效率低，服务成本高，难以满足经济发展的需要和吸引外商投资。目前波兰的电厂及电网线路严重老化，波兰经济的发展过度依赖煤炭资源的使用，加剧了环境的负担，需要政府追加新的投资建造电站和对电网进行现代化改造，以保证电力的供应。从波兰公布的《2020 年交通发展战略及 2030 年展望》来看，政府将投入大量的资金在上述的领域进行现代化改造，目前仍处于规划起步阶段。蓉欧快线虽然已于 2013 年开通，但是运价较高、冷藏集装箱设施相对落后等，使得农产品运输很难获得便利。由于波兰与中国市场距离较远，采用海路运输，其运价更高，且到达中国后，进口检疫时间长，加上运输时间，到达中国市场的成本增加。

2. 法律环境复杂，企业注册困难

波兰自成为欧盟成员后，不断对本国法律、税收等进行改革，以适应欧盟内部机制，中国企业不仅要严格按照波兰法律法规办事，还要遵循欧盟法律。中国企业赴波兰投资建立公司，遇到最大的困难是公司注册文件繁多，程序相对复杂，且审批时间长，注册相对困难。波兰税收体系的主要问题在于税收体系的复杂及规定的模糊，同一个问题不同的财税部门会给出不同解释，税务手续繁杂耗时，且税务检查过多。波兰自成为欧盟成员国后，其税收体系也进行了相应的改革，税收核心体系主要是所得税和增值税。劳动法律法规严格，用工制度和劳动保障要求较高。波兰对中国等亚洲国家仍实行严格、复杂的工作许可审批制度和签证管理制度，中波两国尚未签署关于双边劳务合作中避免双重征收社会保险、医疗保障等费用的相关协议，波兰本土失业率较高，外籍劳务市场规模较小。近年来，波兰本国劳动力大量赴西欧发达国家打工，导致在农业、食品业、建筑业和某些专门领域劳动力短缺，对外籍劳务需求增加。同时，波兰环保方面要求很高，新开展的绿地投资往往因为当地环保组织抗议而被迫停止，因此，中国企业与波兰农业合作时，一定要注意环境的保护工作。

3. 农业项目不确定性强

农业属于国民经济中的弱势产业，受自然条件影响较大，波兰纬度较高，属于大陆性气候，受波罗的海的影响，气候多变，土壤总体贫瘠，优良土地只占 11.5%，差与极差土地超过可耕地的 34%，优良草地只占 1.5%，差及极差草地超过 42%。总体而言，波兰的气候和土壤条件对于种植业来说并不理想。根据波兰农业普查，波兰约有 158 万个小型农场（平均面积不超过 5 公顷），约占波兰所有农场的 70%，小型农场在实现就业和促进农业经济发展上有着十分重要的作用。然而小农的生活状况和经济活动很难与经济可持续发展相适应。首先，农场的过时技术设备，较低的自有资金水平等都限制了这些小型农场的现代化发展，影响波兰农业生产水平的提高，大多数小型农场面临着机器燃料、化肥、农药成本上涨以及农产品市场价格低迷、竞争激烈等困境，使得投资波兰农业具有一定的不确定性。其次，波兰与中国相距数千公里，地理和人文环境差异甚大，易受农业技术适应性、海外市场价格波动等因素影响，加之海外投资农业项目周期长，对波兰开展农业投资合作的风险进一步加大。

4. 中波双方关系易受第三方因素影响

波兰先后加入北约、欧盟和申根协定，主张欧盟、北约继续东扩。政治和经济上立足欧盟，安全和防务上依靠北约和美国，对俄罗斯态度强硬。波兰对中俄新时代全面战略协作伙伴关系持有一定的戒心，波兰和中国的战略关系不可避免地会受到波兰和俄罗斯之间关系的影响。加之，中美间贸易摩擦不断，欧盟成员国内部对"一带一路"倡议多有质疑，波兰作为欧盟成员国在与中国农业合作中将会受到一定影响。

12.2.1.4 中国与罗马尼亚

中国与罗马尼亚的合作障碍与合作风险主要体现在以下三个方面：

1. 政策连续性风险

罗马尼亚政治斗争较为激烈，也存在一定的腐败问题。近两年政府多次组阁，可能对相关改革政策的连续性造成一定影响。为此建议跟踪罗马尼亚执政联盟与国家自由党之间的政治斗争情况，及时了解税收等影响营商环境的相关政策变化，以做出相应调整。

2. 法律执行与变更风险

一方面，在经济领域，欧盟法律制度已基本取代罗马尼亚原有国内立法，但往往执行力度不够，且罗马尼亚法律常有相互冲突的规定。另一方面，由于未来欧盟任何一个成员国发起的动议如果在欧盟层面上升为法律，都将自动在所有成员国适用，这将使在罗马尼亚的企业经营环境发生改变。因此开展贸易投资活动前需要加强对欧盟法律和罗马尼亚国内法律的了解。

3. 汇率风险

罗马尼亚在市场机制建设尚不完善的情况下放开资本市场，对汇率体系以及宏观经济的影响将是复杂且长期的。应密切关注金融环境变化，应对汇率变化带来的投资风险。罗马尼亚国家风险评级 5（5/9）级，国家风险展望正面；主权信用风险评级 BBB（4/9）级，主权信用风险展望稳定。

12.2.1.5 中国与捷克

中国与捷克的合作障碍与合作风险主要体现在以下几个方面：

1. 文化和语言障碍

中捷两国相距遥远，文化差异很大，语言文化上的差异必然会影响到两国人民在合作过程中的相互理解。比如，中国企业更强调效率和集体利益，捷克企业更强调公平和个人权利。在中国，企业为了赶交货期，员工加班是很自然的事情，但捷克工人认为法律规定了工作时间，加班需要征得工人或工会的同意，更强调个人的权利。

2. 捷克人口少、市场小，劳动力不足

捷克总人口不到上海市总人口的一半，消费市场狭小，捷克的人口出生率处在欧洲最低之列，2023 年捷克的人口老龄化率（65 岁以上人口占比）已经达到 20.79%。劳动力的短缺已经成为捷克经济发展的瓶颈。对于外国投资者而言，人口老龄化也意味着捷克的国内消费力下降，消费市场萎缩。截至 2023 年，捷克的失业率只有 2.6%，低于自然失业率，在欧盟国家中最低。而劳动力的短缺以及低失业率导致了捷克劳动力成本的上升，从而提升了企业的经营成本。据统计，按照目前的人口出生率，到 2030 年捷克将有 40 万技术工人的缺口。

3. 捷克不是欧元区国家，采用自己的货币克朗

目前中国人民币与捷克克朗不可以直接结算，需要通过第三方货币如欧元或美元才能完成结算，这给中国企业的投资和贸易结算带来了不便，并带来了额外的汇兑成本。

4. 捷克政策不稳定的风险

自从泽曼总统上台，捷克和中国的双边关系有了显著的提升，但捷克政府内部还是存在一些不稳定因素，可能影响双边关系进而阻碍经贸合作。捷克国内存在对中国投资的一些杂音，认为中国的投资带有政治目的，拉拢中东欧各国而分裂欧盟，中方的投资承诺没有兑现，等等。捷克领导人对中捷经贸合作成效态度谨慎。捷克与中国建立战略伙伴关系，支持"17＋1"合作和"一带一路"倡议，以及泽曼总统五次出访中国，主要是为了实现两个目的：吸引中国投资和减少对华贸易逆差。泽曼总统曾明确表示捷克愿意成为中国投资进入中东欧和欧盟的"安全港"。2016 年中国国家主席习近平访问捷克期间，泽曼总统声称，五年后中国在捷克的投资额将达到 2 300 亿捷克克朗。近一年来，泽曼总统依然坚定维护华为技术有限公司的利益，欢迎中国企业参与捷克 PPP 项目，但随着捷克政界、媒体和学术界部分人士不断批评中国在捷克的投资额远远落后于泽曼总统的许诺，泽曼总统希望中国加大对捷克的投资力度。巴比什在 2014—2017 年担任财政部长期间曾质疑中国投资对捷克经济发展的意义。随着美国加强与中东欧国家的合作，以及中国在捷克的投资低于预期和捷克对华贸易赤字不断扩大，巴比什总理在华为技术有限公司 5G 技术问题上态度不清晰。

5. 捷克对华贸易逆差问题

近年来，在两国双边贸易额快速增长的同时，捷克对华贸易逆差不断扩大，引起了捷方的高度重视。捷克对华贸易逆差不断扩大的原因主要有以下三方面：第一，同类商品中中国商品的价格更低；第二，中捷双向投资规模不大，需要在发展中缩小对华贸易逆差问题；第三，捷克对华出口贸易的潜力有待挖掘，需要加大捷克产品在中国的宣传和推介力度。尽管如此，捷克一些人士坚持认为，中国采取贸易保护措施，导致捷克产品很难进入中国市场。中国重视捷克的利益和关切，与捷方共同采取措施，以推动双边贸易发展和减少捷克对华贸易逆差。2016 年 3 月，中国国家开发银行与捷克出口银行签署金融合作发展协议，增加捷克产品直接出口中国的机会，从而明显改善中捷贸易不平衡状态。如果捷克对华贸易逆差问题长期得不到妥善的解决，势必会削弱捷克政界和企业界发展中捷经贸合作的积极性。

6. 中国对捷克的投资方式问题

随着中捷经贸合作逐渐从以贸易为主转变为贸易和投资并重，双方相互投资规模逐渐扩大，尤其是中国对捷克的投资愈益成为两国经贸合作的亮点。随着中国一些企业于 2015 年 9 月和 2016 年 3 月在捷克掀起了两轮投资浪潮，捷克吸引的中国直接投资分别占其吸引外国直接投资总额的 3.5%，而捷克吸引的来自韩国和日本的直接投资占其吸引的外国直接投资总额的 7% 和 14%。尽管中国在捷克的投资规模依然不大，但在捷克引起了较为强烈的反响，讨论主要围绕中国投资方式问题。捷克经济界人士认为，中国对捷克的投资方式主要是并购当地企业和知名品牌，以获得先进的技术、工艺、品牌、销售渠道和进入欧盟市场的可能性，而不是绿地投资；改变企业或品牌的所有权本身不会创造新的就业岗位，中国投资对捷克经济的贡献将主要取决于并购后是否还会有新的投资跟进以扩大生产规模。捷方期待，随着时间的推移，中国的投资方式会逐渐转向扩大现有的生产规模、帮助创造新的就业机会。一旦捷方的期望落空，其对中国投资的态度就有可能明显改变。

7. 欧盟和美国的影响

捷克是欧盟和北约成员国，奉行经济上依靠欧盟、安全上依靠北约的对外政策。欧盟不仅是捷克的主要贸易市场和外资来源地，而且通过结构性基金给予捷克财政援助。欧盟对中国加强与中东欧国家的合作持有疑虑，担心"17+1合作"影响欧盟对华政策的统一。2019年3月，欧洲理事会通过了在欧盟层面设立外国直接投资审查框架的立法。这是欧盟首次出台统一的外资审查规范，覆盖八成以上的中国投资，从2020年10月起正式执行，这可能会影响中国在捷克的投资。美国是北约的领导国，也是捷克在欧盟外最大的出口目的国。随着中美贸易摩擦持续发酵，美国加强了与中东欧国家的联系与合作。2018年12月，捷克网络与信息安全局发布针对中国通信产品的安全警告，引起美国关注。2019年3月，捷克总理巴比什应美国总统特朗普的邀请访问美国，双方计划在网络安全、研究和创新、能源、防务和贸易等领域加强合作。2019年5月，由捷克外交部主办、巴比什总理主持的5G国际安全会议在布拉格召开，来自美国、加拿大和日本等32个国家的代表参会，中国没有受到邀请。

12.2.2 南欧国家

12.2.2.1 中国与意大利

中意两国分处亚欧大陆两端，在自然环境和文化环境等多方面都存在着客观差异。第一，由于自然环境的差异性，植株在移植和引进的过程中存在水土不服的问题。第二，由于日常饮食习惯差异，意大利出口的奶酪、意面、橄榄油等产品在进入中国市场出现困难，且大部分绿色有机商品不具备价格优势，中国普通消费者并非目标市场主体。意大利严格的食品安全监管体系领跑全球，中国农业的发展则得益于宏观调控和惠农政策的支持，两国共同面临环境污染、资源短缺和气候变化等世界性难题，亟须合作实现全球治理。

中意国际贸易存在壁垒。中意在加深农业贸易合作的路途上面临国际贸易壁垒，尤其是绿色壁垒和技术壁垒。一方面，中国农产品的质量与发达国家存在一定差距，尤其是农产品往往因为达不到意大利严苛的质量标准和环保要求而无法出口，给意大利消费者留下了关于中国厂商和中国产品的负面印象。另一方面，国际贸易保护主义重新抬头，以技术壁垒、反倾销和知识产权保护等为主的新贸易壁垒不断冲击着中国的对外贸易。意大利作为欧盟成员国之一，在对外贸易政策上长期与欧盟保持一致，倘若意大利在具有一定对抗性思维的对华政策上与欧盟亦步亦趋，将不利于中意两国经贸互信的建立。

中意合作意愿不足。尽管"一带一路"倡议提升了双方的合作热情，但意方企业和个人对华合作的意愿依然不高，暂未深度进入中国市场。换言之，尽管意大利仅次于英国和德国，是欧洲吸引中国投资第三位的国家，但意大利对与中国投资合作、购置中方农产品的热情并不高涨。

12.2.2.2　中国与希腊

希腊人口少，国内市场相对狭小，受主权债务危机影响，政府负债率和银行不良贷款率高企，融资较为困难。希腊于 2001 年正式加入欧元区，成为欧元区第 12 个成员，次年希腊的法定货币德拉克马被欧元正式取代。美元、英镑等外币可在当地银行或兑换所自由兑换，人民币不可自由结算。

希腊农产品关税整体较高，且多为从量税，根据世界贸易组织（WTO）数据，2020 年欧盟对盟外进口商品征收关税的平均税率为 5.1%，其中非农产品平均税率为 4.1%，农产品平均税率为 11.2%。由于欧盟部分产品进口税率处于经常性变动状态，因此需要及时关注。在进出口商品检验检疫方面，欧盟动植物产品检验检疫措施主要体现在一般食品法（178/2002 号法规）以及与食品卫生相关的 852/2004 号、853/2004 号和 854/2004 号法规中。欧盟成员国进口商只能从预先经过批准的国家和地区进口动植物以及相关产品。值得关注的是，根据欧盟要求，希腊对进口农产品包装标识和标记要求严格，进口农产品包装上须用英语或希腊语标明产地、生产商及其联络地址、电话、包装产品的详细描述及重量（或内包装数量及其单位重量）等内容。

在政治风险方面，自 2009 年末希腊暴发主权债务危机到 2019 年现任政府上台，希腊政府三次更迭，历经了六任总理。不同党派的吸引投资政策和私有化目标并不一致，政府推进改革仍存在一定困难。反对紧缩、私有化和改革的游行、罢工时有发生。

在政策风险方面，第一，在希腊建立企业环节较多，耗时较长。在世界银行《2020 年营商环境报告》"经商难易度"排名中，希腊仅位列第 79 名，与欧盟其他国家相比处于较低水平。希腊政府投资管理职能分散，缺乏有效的协调机制，繁杂的审批许可流程使企业无形成本上升。第二，希腊投资政策存在缺乏连续性问题，影响到企业正常发展。第三，社保政策。目前，中资企业派驻希腊人员，既需要在希腊缴纳社会保险，也需按规定在国内缴纳医疗、失业、养老等社会保险，且绝大部分中方人员将在几年后回到中国，并不能享受到在希腊缴纳社会保险，特别是养老保险所带来的福利，这加重了中资企业和员工的负担。

在其他风险方面，第一，难民问题。2015 年起，作为欧洲面向中东的大门，希腊政府和社会承受了难民潮带来的压力，使得希腊处于债务危机和难民危机双重叠加的困境之中。第二，用工问题。希腊劳动力市场用工制度较为严格，在工时、工资、解雇条件、用工合同等方面的规定灵活性不足，雇佣隐性成本较高。希腊传统的工会势力较强，罢工示威等劳资冲突发生频率较高。第三，征地问题。希腊没有全国性土地使用规划，新增投资建设用地需要经过中央和地方两级审批，环节过多，手续繁杂，耗时长，成本高。

12.2.2.3 中国与葡萄牙

濒临大西洋东岸的葡萄牙地理位置优越、自然资源丰厚，农业及渔业一直是葡萄牙的传统产业，然而，其农业现代化进程却落后于德国、法国等农业强国。近年来有机农业成为葡萄牙政府主推的农业现代化项目，但是在发展过程中仍存在很多不足，影响了与中国的农业贸易往来。例如，由于有机牧场的牲畜在未成熟的时候就被卖出、有机屠宰能力不足，没有形成完整的有机畜牧业产业链。关于有机农业教育，目前合格的专业人员数量仍然不足，不同级别教育培训资源不足。另外，有机农产品价格对于消费者来说偏高，有机农产品的生产者和消费者仍是少数，目前缺乏有效的市场协调、营销管理机制，有机农业及产品的大众化仍有很长的路要走（高静然、宋灏岩，2018）。

葡萄酒是葡萄牙的主要出口产品，据葡萄牙葡萄酒推广协会的数据，2022年葡萄牙的葡萄酒出口额为9.14亿欧元，同比增长8.11%。其主要出口目的地为法国、美国、英国、巴西和加拿大。葡萄牙的葡萄酒出口额居世界第九位，居欧洲第五位（仅次于法国、意大利、西班牙和德国）。据葡萄牙葡萄与葡萄酒研究所的数据，2020年葡萄牙的葡萄酒出口量为3.12亿升，同比增长5.3%；平均每升出口价格为2.71欧元，同比下降1.9%。但是葡萄牙的葡萄酒尚未进入中国主流市场，只占中国进口葡萄酒市场的0.96%。究其原因，中国消费者对其了解不多，对葡萄牙葡萄酒文化认知度不足，中国人喜欢听产品背后的故事与情怀，要想真正地打开中国市场就要讲好属于葡萄牙葡萄酒的独特故事。而且葡萄牙葡萄酒在中国的市场竞争力相对较弱，中国酒类市场产品丰富多样，进口葡萄酒价格偏高，葡萄酒并不具有核心竞争力。中国人更喜欢也更习惯喝白酒，具有悠久的白酒文化。白酒的受众广，既有相对时尚的年轻品牌，也有适合广大消费者的性价比很高的品牌，更有适合高级聚会、送礼的高端品牌，因此消费者更喜欢购买白酒。而葡萄酒在中国的受众群体有限，一是精英阶层，二是年轻人。但是对他们来说葡萄酒也只是白酒的一种临时替代品（董盈希等，2022）。

在中葡双方贸易中，语言沟通是一个重要且十分现实的问题，无法沟通就无法进行贸易往来。然而，据2018年对中国大陆地区开设葡萄牙语专业的高校进行统计发现，只有24所高校开设葡萄牙语专业，每年前往葡萄牙进行深造的学生人数更是寥寥无几，葡语人才可谓少之又少，市场缺口大。语言不仅仅是一门技能还是能够拉近两个国家之间距离的重要桥梁，在"一带一路"倡议的大环境下，多语种人才显得至关重要。

12.2.2.4 中国与塞尔维亚

塞尔维亚政治风险一般，经济与市场风险较大，社会风险一般，行业风险一般。有学者指出，塞尔维亚经济状况令人担忧，存在着严峻的"双高"问题，即高财政赤字与高失业率。而这样的经济状况，不仅会在相当程度上影响当地企业与中资企业的经贸合作，而且大量失业人员的存在会造成社会的不稳定因素，给中方企业与人员的生命财产造成威胁（王鹏，2015）。

受能源短缺、化肥价格骤然上涨的影响，塞尔维亚农田耕种成本上涨。在全球能源和粮食价格变化不确定性的背景下，塞尔维亚政府采取了拓宽氮肥进口来源、减免氮肥进口税等措施，同时有选择地限制部分关键农产品出口，限定农用燃油价格，以稳定市场。当前，塞尔维亚整体经济形势呈恢复性增长态势，但制约经济发展的因素比较突出，经贸风险依然不容小觑。例如，2016年塞尔维亚负债率和失业率指标分别达到 72.9% 和 15.3% 的水平。公共外债中，中长期债务占 99.4%，短期债务占 0.6%。由于公共债务远超该国预算法上限和国际公认警戒线，为缩减公共债务，塞尔维亚宣布不再通过政府借贷和主权担保支持基础设施建设，紧缩财政政策将对塞尔维亚经济产生负面影响。同时，由于自身创汇能力偏弱，再加上对欧洲经济过度依赖，导致塞尔维亚经济受外部经济影响较大。塞尔维亚经济对外贸依存度较高，内贸市场发展和企业原料设备供应严重依赖进口，贸易国别结构极不平衡。根据世界银行数据，2023年塞尔维亚出口依存度为 58.8%，进口依存度为 56.5%，欧盟是塞尔维亚最大贸易伙伴。而这样的经济状况，会给中方企业与人员的生命财产造成一定威胁。

12.2.2.5 中国与克罗地亚

中国与克罗地亚的合作障碍与风险主要体现在以下三个方面：

1. 克罗地亚经济发展低迷

克罗地亚从 2015 年到 2019 年保持了低速增长，2019 年经济增长率为 2.9%，人均 GDP 接近 1.5 万美元，各项宏观经济指标持续改善。但 2020 年克罗地亚受到三波新冠疫情的反复冲击，首都及邻近地区又遭受两次强地震，经济遭受多年未见的重创，GDP 萎缩 8.0% 以上，2020 年平均失业率为 7.5%，12 月失业率达 9.3%，许多经济指标倒退到几年前水平。因此，维护社会稳定、恢复经济成为政府施政重点。由于农产品的消费情况受宏观经济发展的影响，因而克罗地亚经济发展低迷对于我国农产品出口产生较大影响，产生合作障碍。

2. 克罗地亚税率较高

克罗地亚农产品的进口关税税率在 0～26%。克罗地亚境内销售商品、提供服务和进口产品，都需要按月缴纳增值税。克罗地亚增值税税率共分三档，

分别为 5％、13％和 25％，而部分农产品的税率较高。税率为 5％的农产品及
其衍生物为面包、牛奶；食用油脂、食品、种子、农药、化肥、动物饲料（不
含宠物食品）、新鲜的肉类、鱼、蔬菜、水果和鸡蛋等税率为 13％；其他类
（绝大多数）商品和服务税率为 25％。故向克方出口农产品需要缴纳较大的进
口关税，同时还需要缴纳一定数量的增值税，这对于向克罗地亚出口会产生较
大的障碍。

3. 克罗地亚法律较不稳定

首先，由于新加入欧盟，克罗地亚的相关法律法规调整较为频繁。2012—
2015 年，克罗地亚涉及税收的法规调整共计 17 次。其次，克罗地亚的一些地
方政府对法律解释与中央政府存在差异，主要涉及对外商享受投资优惠政策措
施的解释。最后，克罗地亚的司法部门效率较低，司法程序漫长。因此中国与
克罗地亚进行农业贸易合作时，可能会遇到克方法律变动以及法律条文解释变
动的影响，产生合作障碍与风险。

12.2.3 西北欧国家

12.2.3.1 中国与奥地利

奥地利是欧盟成员国，也是欧元区国家，与欧盟关系密切，欧盟市场是奥
地利的主要依赖市场。近来欧盟市场动荡，民粹主义盛行，贸易保护主义泛
滥。欧盟还同时受到难民危机、乌克兰危机、英国脱欧的困扰，大环境整体上
不佳，也势必影响到中国与奥地利合作的大环境。中欧之间持续不断的贸易纷
争（尤其欧盟频频对中国产品实行"双反"措施）也会波及中奥合作。

在奥地利开展农业相关的投资、贸易、承包工程和劳务合作的过程中，要
特别注意事前调查、分析、评估相关风险，经营时做好风险规避和管理工作，
切实保障自身利益，包括对项目或贸易客户及相关方的资信调查和评估，分析
和规避项目所在地的政治风险和商业风险，分析项目本身实施的可行性等。建
议企业积极利用保险、担保、银行等金融机构和其他专业风险管理机构的相关
业务保障自身利益，包括贸易、投资、承包工程和劳务类信用保险、财产保
险、人身安全保险，以及银行的保理业务和福费廷业务，各类担保业务（政府
担保、商业担保、保函）等。建议企业在开展对外投资合作过程中使用中国政
策性保险机构——中国出口信用保险公司提供的包括政治风险、商业风险在内
的信用风险保障产品；也可使用中国进出口银行等政策性银行提供的商业担保
服务。

12.2.3.2 中国与立陶宛

中国与立陶宛农业的合作障碍与风险主要体现在政治、经济、商业环境、
法律四个方面：

1. 政治风险

立陶宛受国际形势影响，自身具备一定的不确定因素。立陶宛是新兴经济体中的一员，是发展中国家中的一个小国，但背靠欧盟，同时与美国长期保持着良好的联系。在国际浪潮面前立陶宛为确保自身利益，外交动向具有摇摆性。同时，立陶宛的国内社会形势也具有不稳定性。贫富差距逐渐加大，导致立陶宛社会难以稳固发展。

2. 经济风险

立陶宛经济发展受外部环境变化影响较大。鉴于地缘政治的不确定性，立陶宛居民对国内消费、海外企业在立陶宛投资较为谨慎。此外，经济发展严重依赖能源进口的局面在短期内也难以改变。立陶宛政府采取的财政紧缩政策使经济很快走出衰退，财政赤字和外债也处于可控范围。但是由于经济对外依存度高，存在劳动力短缺等结构性问题，立陶宛未来经济增长还存在脆弱性和不确定性。

3. 商业环境风险

立陶宛商业环境良好，曾被西方国家评价为"中欧地区最自由的市场经济国家"，甚至认为其经济自由开放程度已经超过了捷克、波兰和匈牙利，由此可见，立陶宛所实行的经济政策多元开放，与时俱进。立陶宛经济属于高度外向型经济，长期以来与各国往来密切，中立双边贸易也长期稳健发展着。立陶宛政府积极吸引外资，促进国内经济发展，所以对立陶宛未来的商业环境风险展望为正面。

4. 法律风险

因历史原因，立陶宛法律体系受苏联法律体系影响较大。启动加入欧盟进程后，立陶宛按照欧盟的要求进行了重大结构性改革，国内法律日益完备，已基本与欧盟法律接轨。近年政府加强本国执法人员对欧盟法律的学习与运用。但在执法过程中仍存在有缺陷，主要是缺乏透明度以及存在执行力不足的情况。总体来说，立陶宛法律制度相对完善，法律体系长期平稳，未来法律风险展望为正面。

12.2.3.3　中国与拉脱维亚

2004 年 5 月 1 日，拉脱维亚加入欧盟。自加入之日起，它便开始执行欧盟的共同政策，导致其原有税率和配额的变化，即进口关税税率提高，对一定种类商品采取关税配额限制（例如从中国进口的纺织品、鞋和陶瓷餐具）等，对我国贸易产生了不利影响。拉脱维亚属于东北欧中小经济体，农业方面合作受到自然条件、政治因素等方面干扰。

在自然条件方面，因为纬度高，受海洋性气候影响，一部分地区遭受干旱，一部分地区还面临洪水的危害，危及农林生产，间接影响国民经济的其他部门，甚至人民的安全。影响土壤生产力的最重要因素之一是土壤湿度的调节。拉脱维亚位于潮湿的大陆气候区域，降水量超过年平均总蒸发量。因此，在拉脱维亚，大约 90％的农田遭受有 2/3 农田采取土壤湿润调节措施——建设排水和排水系统。

受地缘政治、俄罗斯经济下滑、美国等对俄罗斯经济封锁等因素影响，拉脱维亚经济不稳定，对拉脱维亚的运输物流、货物出口等支撑行业造成持续性不利影响。近年来，俄乌冲突等对过境运输造成抑制，特别是对港口货运和旅游业影响较大。2022 年 8 月 11 日，在评估了拉脱维亚外交政策和贸易政策后，拉脱维亚外交部决定跟随立陶宛、爱沙尼亚，不再参与中国—中东欧合作机制（"16＋1"合作机制）。此外，劳动力短缺、影子经济比重高等结构性问题也将影响拉脱维亚发展潜力。

12.3 合作模式

12.3.1 东欧国家

12.3.1.1 中国与俄罗斯

在农业贸易合作方面，中俄农业合作起步较早，但合作规模不大、合作水平较低。中俄农业合作主要集中在农产品贸易、农业境外开发、农业劳务合作、农业技术交流等领域。2023 年，中俄农产品贸易创新高，总额达 113.03亿美元，其中中国对俄罗斯出口 25.06 亿美元，进口 87.98 亿美元。目前，中国公司和其他法人租用俄罗斯土地，主要用于种植马铃薯、玉米、水稻等作物，合作区域大多分布在远东和西伯利亚地区。

在农业科技合作方面，近年来中国农业科研机构先后与俄罗斯多家农业高校科研单位建立了合作关系。比如黑龙江省科学院与俄罗斯伊尔库茨克科学中心展开了一系列的包括农业在内的科研合作，签署了包括《抗低温水生植物基因的搜集》《高效杀虫剂》等多个项目的合作协议；四川省农业科学院与俄罗斯的高校及科研机构合作，通过引进俄罗斯的特色药用植物和设施农业绿色植保产品，以提高四川中药材产业与农产品安全的竞争力。虽然中俄两国农业科技合作逐渐增多，但仍处于较低水平，并且大部分局限在理论研究上，未转化为实用型的科学技术。从中国方面来看，政府专项扶持资金较少，信息交流平台建设不够完善，缺乏同时精通俄语与专业技术的复合型人才；从俄罗斯方面来看，其国内科技创新机制严重不健全，国家整体技术聚拢于国防和军用，农业相关科技从业者数量不多。这些都是阻碍两国进行深入科技交流的不利因素。

在农业投资合作方面，根据世界银行《2019 营商环境报告》，俄罗斯在全球 190 个经济体中营商便利度排名第 31 位，营商环境较好。中俄投资合作的广度和深度不断延伸，2018 年中国对俄罗斯直接投资流量 7.25 亿美，存量为142.08 亿美元。目前，中国对俄罗斯投资有近 400 家企业，主要分布在采矿业、农林牧渔业、批发零售业等领域，农业投资成为中国对俄投资的重点产业。在两国共同努力下，2018 年中俄确定了 70 个重大合作项目，其中包括在滨海边疆区建立农业产业集群等，部分项目已进入落实阶段。此外，中俄两国农业合作由原来单一的贸易型，逐渐向生产加工等领域拓展，合作的广度和深度得到延伸，投资规模和领域不断扩大。中国对俄农业投资不仅有种植业，还包括农产品加工以及仓储、贸易等，基本实现了农业全产业链的投资（龙盾等，2019）。中国以民营企业为主，非农企业参与积极性提高，有效消除了俄罗斯对中方投资农业领域的顾虑，且民营企业凭借独特优势、灵活决策，通过订单式农业种植合作的方式，提高当地农业生产技术水平，土地生产能力得到改善，为农产品出口奠定了基础（胡国良、赵凯路，2021）。具体而言，有以下两种合作模式：

1. 资源开发型农业合作模式

资源开发型农业合作模式是指中国企业通过在俄罗斯境内通过租赁土地，进行农业种植、养殖等活动，销售初级农产品获利的农业经济行为。目前资源开发型的投资主体以小型民营企业为主，由于地缘优势的原因，目前这类企业主要集中在中国的东北地区。

2. 加工基地型合作模式

加工基地型合作模式就是在俄罗斯境内建立合作园区，对农产品进行深加工。目前比较有代表性的三个合作园区分别是：黑龙江省东宁华信经济贸易有限责任公司投资建设的中俄（滨海边疆区）现代农业产业合作区；牡丹江龙跃经贸发展有限公司投资建设的俄罗斯龙跃林业经贸合作区；中航林业有限公司在俄罗斯托木斯克州建立的经贸合作区。

12.3.1.2　中国与乌克兰

2002—2019 年，中乌农产品贸易额由 1 600 万美元升至 21 亿美元，增长了约 130 倍，整体呈上升趋势。其中自 2013 年起贸易额大幅攀升并于 2015 年首次突破 10 亿美元。农产品在中乌商品贸易中的地位也在持续上升，2002 年双边农产品贸易额仅占商品贸易总额的 1.7%，且 2013 年以前占比一直徘徊在 2%～3%，此后快速提升，2019 年占比达 16%，农产品已经成为两国商品贸易的重要组成部分。即使在 2013—2015 年乌克兰危机期间，乌克兰对中国的其他商品出口额都呈现出下降或大幅下降趋势，但对中国农产品出口额不但没有下降反而激增，这说明两国的农业贸易合作，一方面有刚性需求，另一方面有稳定供给，基本不受外界情况变化影响（赵鑫、孙致陆，2021）。

在农业科技合作方面，自我国"一带一路"倡议提出以后，乌克兰予以了积极响应，黑龙江省与乌克兰农业合作促进了两地农业机械和劳动力等劳务输出业的发展。近年来，随着我国农业生产和农业机械水平的不断提升，农业机械的自动化、现代化和多样化都在不断提高，一批批国际领先的农业机械受到了多个国家的欢迎。在黑龙江省和乌克兰农业合作不断深入的背景下，黑龙江省向乌克兰输出的农业机械种类、规模、产值不断增加，劳务输出的覆盖面和收益也在不断提升（梁雪秋，2019）。

在农业投资合作方面，中国与乌克兰的农业合作方式主要是中国建设境外合作开发区（产业园区），中国境外经贸合作区是由政府支持、企业主导搭建的平台，是对外投资领域的创新模式，也是中国推动企业"走出去"的一条快速、有效的可行路径。当前中国在境外推动建设的农业合作开发区尚处在起步阶段，中国—乌克兰农业合作园区正在推进当中（贾焰等，2016）。

12.3.1.3 中国与波兰

在农业贸易合作方面，中波贸易保持平稳发展态势。据中国海关统计，2020年双边贸易额310.6亿美元，同比增长11.6%。其中，中国对波兰出口267.4亿美元，同比上升12%；中国自波兰进口43.2亿美元，同比增长9.6%。近年，波兰一直为中国在中东欧地区最大的贸易伙伴。据波方统计，2020年中国是波兰在亚洲地区最大贸易伙伴，第二大进口来源地，波兰自中国进口额占其进口总额的14.6%。

在农业科技合作方面，双方成立中波农业科技中心，旨在建立中波农业科研与经贸合作平台，促进双方在农业科技、推广教育以及农产品贸易等领域的务实合作。自中波农业科技中心成立以来，两国的农业科技合作得到大大加强，先后多次受到两国农业部领导的充分肯定。原农业部副部长、党组成员，现任中国常驻联合国粮农机构代表牛盾曾批示："中波农业科技中心的建立和工作开展是农业国际合作理念的创新，并取得了实效，应给予充分肯定。"

在农业投资合作方面，据波方统计，截至2017年底，中国大陆在波兰注册实体524个，其中442个实体雇佣人数9人以下，82个实体雇佣人数在10人及以上，投资额在100万美元以上的实体14个。中国与波兰具体的合作模式包括政府搭建合作平台，签订科技合作协议，建立工作机制等。

12.3.1.4 中国与罗马尼亚

中罗两国之间的农业合作可以分为农产品贸易合作和农业技术合作两个方面。在贸易合作方面，中国的农产品消费需求量庞大，而罗马尼亚的种植业和养殖业也具有较高的竞争力，两国可以在农产品进口和出口方面进行合作，使农业贸易合作达到互利共赢的局面。在技术合作方面，中国具有世界领先的技术，中方可以利用自身优势向罗马尼亚提供农业机械、农业技术等方面的协助，同时也可以推进技术转让和人员培训，使中罗两国在农业技术领域达到合作共赢的效果。

在具体合作开发路径选择上，按照从简到繁、分步实施、全面介入的原则，可着重考虑以下两种方式。

一是生产加工型合作投资。推动拥有较强竞争力的中国农产品加工企业到罗马尼亚投资农产品加工项目，加强与当地企业的合作，发展从种植、加工到仓储、贸易的全产业链，巩固中国在欧洲市场的农业产业化开发实力。

二是技术服务型合作投资。考虑以技术入股或与当地企业合资建立农业生产服务型企业的方式，开展农机具租赁和维修、农业科技咨询、农业技术培训等业务，推进政府间合作建立示范农场、联合实验室、农业科技研发推广中心等，以技术服务带动投资合作。[①]

12.3.1.5　中国与捷克

中国与捷克的农业合作模式主要是政府搭建国际科技合作平台，民间促进国际科技合作发展，共建产业园区带动国际科技合作。具体有：技术联盟合作模式、跨国投资模式、农业园区合作模式和国际会展模式。

在农业科技合作方面，为应对现代农业发展大潮，强化科技支撑，中捷友谊农场有效发挥自身优势，全力实施品牌战略，多维度提升品牌影响力，全力打造自主农业品牌。加强农业科技研发创新，投资 3 000 万元对原农场农业科学研究所进行提档升级，建成了集农业研究、旱碱地农作物种子生产与加工、引进、推广、服务于一体的农科中心。农科中心与全国众多大型科研单位、种子公司保持密切合作关系，承担着国家小麦综合试验站等多项试验工作。该中心自主培育的"冀麦 32""捷麦 19"已获河北省级认定，在全省推广。农科中心与中国农业科学院北京畜牧兽医研究所联合研发并在中捷友谊农场推广的首蓿推广应用项目，历经 3 年，成功培育出根系发达、早熟、耐盐碱性好、产草量较高的"中首 2 号"新品种，荣获农业农村部颁发的"全国农牧渔业丰收奖（农业技术推广成果奖）一等奖"。

12.3.2　南欧国家

12.3.2.1　中国与意大利

在农业贸易合作方面，2018 年意大利对华农副产品出口额达 4.39 亿欧元，较过去十年增长了 2 倍多（254%），葡萄酒、奶酪是出口中国市场的第一和第二大消费品。一直以来，意大利农产品在中国进口商品中占据着重要部

---

① 商务部国际贸易经济合作研究院．罗马尼亚产业投资环境与合作潜力［J］．国际经济合作．2018（7）：72-76.

分，其农业食品在质量和品质上得到越来越多中国消费者的认可，可以说，更加开放的中国市场和中国的消费升级需求吸引了越来越多意大利农业企业家的目光。在首届中国国际进口博览会上，意大利组织了大量农业企业来华参展，其经营范围涵盖了农业全产业链，而首届中国—意大利农业食品合作论坛也应运而生。

在农业技术合作方面，中国农业目前面临的挑战是如何以可持续的方式生产粮食，并通过提高资源利用率和劳动力效率提升整体农业生产效率。意大利瓦拉格罗公司的生物刺激物技术可以为此提供助力，意得昂产品是基于GeaPower 技术平台的创新配方组合，源自植物和藻类提取物，应用于大田作物生产可以实现产量、品质和可持续性相结合，满足中国农民获得更高投资回报的需求。

在农业投资合作方面，根据中国商务部统计数据，2022 年中国对意大利直接投资 2.8 亿美元。截至 2022 年底，中国对意大利直接投资存量 24.8 亿美元。2022 年意大利对中国实际投资 1.48 亿美元，累计实际投资 80.4 亿美元。

12.3.2.2　中国与希腊

在农业科技合作方面，2013 年，希腊雅典农业大学与中国农业大学、沈阳农业大学等高校专家合作开展日光温室智能化升级与改造，2015 年，来自希腊的农业考察团，以及福建省农业厅、福建省农科院、福建农林大学、福建相关农业企业的代表参加"中国·福建—希腊现代农业技术合作洽谈会"，加强了农业技术的交流。2018 年，天翔航空科技有限公司与华南农业大学合作进行的"一带一路"科技创新国际合作项目，正式与希腊雅典农业大学、希腊佩特雷大学达成战略合作，四方拟共同建立"中国—希腊农用无人机精准农业示范推广基地"。在农业科技方面两国的合作不断加强，农业技术发展与交流迈向新阶段。

在农业投资合作方面，据中国商务部统计，2021 年中国对希腊直接投资流量为 656 万美元，2022 年中国对希腊直接投资流量为－137 万美元；截至2022 年底，中国对希腊直接投资存量为 1.25 亿美元。据希腊中央银行统计数据，2010—2022 年希腊共吸引来自中国（包括中国香港地区）的直接投资流量累计约 25.3 亿欧元，希腊对中国（包括中国香港地区）的直接投资流量累计约 11.6 亿欧元。目前，中资企业在希腊开展经营并设立公司、分公司、代表处等机构近 20 家，主要分布在交通、能源、信息通信和金融等领域。截至2021 年 8 月，希腊对华直接投资项目累计 213 个，实际投资额 1.05 亿美元；我国对希腊全行业直接投资存量 2.4 亿美元，在希腊累计完成工程承包营业额29 亿美元。两国建有双边贸易和经济合作混合委员会机制，迄今共召开了 13次会议。

12.3.2.3　中国与葡萄牙

在农业技术合作方面，中葡两国早在 1993 年就签署了科技合作协定，多年以来，两国的科技合作一直没有间断。2018 年 10 月 31 日，中葡科技创新合作研讨会在上海召开，葡萄牙科技基金会主席保罗·费朗教授在会上表示出与中方在可再生能源、生物、农业、海洋和新材料领域合作的愿景。2018 年 12 月，葡萄牙与中国签署共建"一带一路"谅解备忘录，两国发表了联合声明，表示葡萄牙欢迎并乐意参与共建"一带一路"，两国将主动开展政治对话，提高东西方的交流，相互学习和进步；同时，两国也希望能与非洲和拉美的第三方国家共同进行合作。2019 年 7 月 12 日，中国葡萄牙科技合作联委会第 9 次会议在里斯本召开。中国科技部部长王志刚和葡萄牙科学、技术与高等教育部部长曼努埃尔·埃托尔共同主持会议。中葡政、校、研、企多方代表一同回顾合作成就、研讨发展计划、积聚优势资源，达成合作共识，为将来的合作奠定良好基础，完善顶层规划（梁嘉明等，2021）。

在农业投资合作方面，中葡双向投资近年来呈现高度活跃的态势。在葡萄牙经济总体不景气的情况下，葡萄牙企业并没有放慢对华投资的脚步，2013 年中国位列葡对外直接投资目的国第 33 位，较上年提升 18 位。据中国商务部统计，截至 2014 年年底，葡萄牙累计对华投资共 205 项，实际投入 1.87 亿美元，主要投资领域涉及金融、高科技、能源、汽车等。中国对葡投资虽然起步较晚，但近年来发展迅猛。据统计，2014 年中国在葡萄牙投资额约为 18.39 亿欧元，占葡萄牙 GDP 的 1.06%，比例为全欧洲最高。葡萄牙对外投资贸易局数据显示，截至 2014 年底中国企业在葡的投资总额已高达 95 亿欧元。中资企业在葡投资形式和领域日趋多元化，已从能源、通信设备、水务类大型项目扩展至金融、保险、旅游和医疗等多个领域。

在农业科技合作方面，2017 年 9 月，中葡海洋生物科学国际联合实验室在上海海洋大学揭牌成立，上海海洋大学与葡萄牙阿尔加夫大学联合开展鱼类和贝类免疫进化与适应、鱼类繁殖发育、海洋微生物、海洋生态系统、极地海洋等多学科交叉合作研究。科技合作一直是葡中友好关系的重要组成部分，双方在这些领域建设的联合研究平台，正在为联合研究、人员交流、产学研结合等发挥重要作用。

12.3.2.4　中国与塞尔维亚

在农业贸易合作方面，近年来，中塞经贸合作渐入佳境，双边贸易快速增长。根据中方统计，2020 年中塞双边贸易总额 21.2 亿美元，同比增长 52.3%。其中，中国出口额 16.2 亿美元，同比增长 57.3%；进口额 5 亿美元，同比增长 38%。从中东欧地区范围看，中塞贸易总额和出口增幅均居首位，进口增幅居第二位。据塞方统计，2020 年中国是塞尔维亚第三大贸易伙伴，是塞尔维亚第二大进口来源国，占比 12.5％，比 2019 年提高 3.1 个百分点；中国是塞尔维亚第 17 大出口市场，比 2019 年提升了 2 个位次，占比 1.9％。[①]

在农业科技合作方面，塞尔维亚农业装备水平很高，农业生产普遍实现了机械化。不论是农户或农场都使用拖拉机、联合收割机及各种播种机、脱粒机、包装机等自动化机械。畜牧养殖也实现了机械化和自动化；畜舍采用现代化设备，配有取暖和通风装置、自动饲喂器和清粪装置及自动挤奶机械等。塞尔维亚传统生物技术很强，而且不断地进行技术革新和改造。一方面，从发达国家引进良种和先进技术，并积极地消化、推广；另一方面，把自己的良种和先进技术向国外输出。中国与塞尔维亚多所高校、科研机构、企业等建立了良好农业技术合作交流关系。塞尔维亚如今常年派遣年轻农业人才来到中国进行科研交流活动，培育更多的农业高端人才。塞尔维亚与中国多所农林类高校建立了良好的农业科技交流关系，携手开拓中赛农业合作新领域。

12.3.2.5　中国与克罗地亚

在农业贸易合作方面，中克两国的农业合作经贸主要在中国—中东欧的农业合作经贸框架下进行。2016 年，中国—中东欧国家农业合作经贸论坛在中国昆明举办，其间首次召开了农业部长会议，同期还举办了中国国际农产品交易会，实现了中国与中东欧国家全覆盖，并建立了每年召开农业部长会议的长效机制，形成了农业部长会议、农业合作经贸论坛和农产品博览会"三位一体"的模式。在此框架下，中国—中东欧国家农业合作机制日臻成熟，汇聚出蓬勃活力。中国与克罗地亚也建立起了稳固的双边合作基础。近年来，中国农业农村部已与多个中东欧国家签署了 40 多份双边农业合作协议，与克罗地亚在内的中东欧国家农业部建立了农业合作工作组。中克两国农业部可积极组织开展有关农产品贸易的活动，包括组织相关研讨会、产品推介会、展览会、贸易博览会，经济技术洽谈会，并为来访贸易团组提供便利。两国加强信息交流，推动两国农产品贸易的进一步发展（辛岭、胡景丽，2008）。

在农业技术合作方面，中国和克罗地亚科技合作起步较晚，但双方对发展科技领域的互利合作关系都有着强烈愿望。中国与中东欧国家的农业科技合作源远流长，可以追溯到 20 世纪 50 年代。当时，中国与大部分中东欧国家关系良好，进行了大量的农业科技领域合作交流，取得了一系列成果。受历史因素影响，这一交流一度出现中断。从 20 世纪 90 年代末开始，中国与绝大部分中东欧国家的农业科技领域交流得到恢复和发展，部分国家的交流合作还得到大大加强。中国与克方现有的农业科技合作内容有：禽流感防控技术合作、水产

---

① 《塞尔维亚——对外投资合作国别（地区）指南（2020 年版）》塞尔维亚。

养殖技术合作（申云、陈佳玉，2020）。

在农业投资合作方面，据中国商务部统计，2022 年中国对克罗地亚直接投资流量 522 亿美元；截至 2020 年底，中国对克罗地亚直接投资存量 2.42 亿美元。2019 年 4 月 10 日，中国商务部部长钟山与克罗地亚共和国经济、企业和手工业部部长霍尔瓦特在克罗地亚首都萨格勒布共同签署了《中华人民共和国商务部和克罗地亚共和国经济、企业和手工业部关于在经济合作联合委员会框架下建立投资合作联合工作组的谅解备忘录》。中克投资合作联合工作组是双方携手打造的投资合作新平台，旨在进一步扩大双向投资，推动两国经贸合作再上新台阶。在相关政策与实际举措的实施下，中克两国将积极开展农业投资领域的相关合作。

12.3.3　西北欧国家

12.3.3.1　中国与奥地利

在农业贸易合作方面，中国和奥地利有着良好的双边贸易关系。在 2022 年，中奥双边贸易额为 133.6 亿美元，同比下降 3.0%，其中中国出口额 51.2 亿美元，下降 4.3%，进口额 82.4 亿美元，下降 2.2%，处于贸易逆差状态。

在农业科技合作方面，中国农业科学院大力推进与奥地利的农业科技合作。在 2015 年，农业部副部长、中国农业科学院院长李家洋率团前往奥地利，代表团会晤了国际原子能机构副总干事奥尔多·马拉瓦兹，并与联合国粮农组织（FAO）、国际原子能机构（IAEA）核技术应用联合司代表进行了座谈，双方共同探讨了在农作物辐射育种、昆虫辐照不育、水资源管理与土壤营养、动物生产与健康、农产品质量等领域加强合作的途径和方式，并就共建"中国—IAEA 核农学联合实验室"进行了磋商。2017 年中国农业科学院副院长万建民应邀率团出访奥地利，IAEA 与中国农科院商议成立"中国农科院—国际原子能机构核技术粮食与农业应用联合中心"，共同推进中奥农业科技进步。

在农业投资合作方面，据我国外交部统计，截至 2022 年 12 月底，中国共批准奥在华投资项目 1 523 个，实际利用奥资 28.9 亿美元；1—12 月新增批准项目 47 项，同比下降 13%，实际利用奥资 1.6 亿美元，同比增长 65.8%。截至 2022 年 12 月，我国对奥全行业直接投资累计 7.9 亿美元。奥地利在中东欧地区有着丰富的投资和融资经验，这为推进中奥合作创造了条件。

12.3.3.2　中国与立陶宛

在农业技术合作方面，建交以来，两国关系稳步发展，各领域交流与合作不断扩大。近年来，两国高层往来密切，尤其在农业领域，中立两国各自敞开了深化双边理解与合作的大门，双边农业协同发展打开了新局面。比如在 2016 年，立中签署《立产乳制品对华出口的卫生检验检疫议定书》，立陶宛 17

家乳品生产企业获得对华出口资格。农业部副部长余欣荣率团访问立陶宛，与立农业部副部长罗兰德·塔拉斯克维丘斯（Roland Taraskevicius）举行会谈，双方就中立农业领域合作深入交换意见，并共同签署《2018—2020年农业领域合作行动计划》。近年来，中立农业领域合作密切，2015—2017年分别签署立陶宛海产品、乳制品及冷冻牛肉输华检验检疫议定书。

在农业投资合作方面，受益于"一带一路"倡议，2019年中立双边贸易额增长2%，达21.35亿美元。立陶宛是中国在波罗的海地区最大的贸易伙伴，中国则是立陶宛在亚洲最大的贸易伙伴。中国在立陶宛投资合作项目正稳步增加，合作领域不断拓展扩大。立陶宛宽松的金融创新政策环境，吸引不少中国金融科技企业关注，截至2019年年底共有10家中国金融科技公司在立陶宛注册并获得立陶宛中央银行颁发的电子货币机构或支付机构牌照。

12.3.3.3 中国与拉脱维亚

中国与拉脱维亚政府间通过"一带一路经济带"建设，搭建中国—中东欧合作交流平台。通过跨国投资模式、国际会展模式、国际加盟代理模式等进行宽口径农业合作。

在农业技术合作方面，2018年9月18日，在中国国家主席习近平和拉脱维亚总统韦约尼斯的共同见证下，两国政府代表签署了《中华人民共和国政府和拉脱维亚共和国政府科学技术合作协定》。根据该协定，中拉双方将成立政府间科学与技术合作委员会，定期召开双边科技例会，交流双方研究与技术合作发展情况。双方将致力于促进两国的科研机构、高校、企业组织参与双边科学会议和展览等活动，在双边确定的优先合作领域开展人员交流和技术研发合作，共建联合实验室或联合研发中心等。

在农业投资合作方面，中国是拉脱维亚在欧盟外的第二大贸易伙伴，双边贸易近年来发展良好，越来越多的中国企业把拉脱维亚纳入对欧洲投资视野，两国在投资合作领域不断拓展。在"一带一路"倡议提出之前，中拉两国双边贸易往来及相互投资比重较低；"一带一路"倡议提出之后，两国合作的潜力被激发，逐渐形成良好的贸易投资合作环境。中国积极引进拉脱维亚企业在华投资的同时，进一步推动中国实力雄厚的企业走出国门，赴拉脱维亚投资。目前，在拉脱维亚投资的中国企业有华为（拉脱维亚）技术有限公司、通宇通讯（拉脱维亚）有限公司、中国港湾（拉脱维亚）工程有限公司、PLK国际公司等。据拉脱维亚中央银行统计，2015年中国对拉脱维亚直接投资新增45万美元，截至2015年末，投资存量达94万美元。2018年在"一带一路"倡议的促进下，中国对拉脱维亚直接投资流量达到1 068万美元，较2017年增加了1 060万美元，中国在拉脱维亚直接投资存量达1 170万美元。到2021年，中国对拉脱维亚的投资流量为 482 万美元，投资存量为 2 112 万美元。

12.4 合作政策

12.4.1 东欧国家

12.4.1.1 中国与俄罗斯

在合作政策方面，俄罗斯是中国最大的邻国，中俄间的农业合作已经进行了 300 多年，合作的基础已经很深。2007 年中俄签署了《中国东北老工业基地与俄罗斯远东地区合作规划纲要》，2009 年中俄正式批准了《中国东北地区同俄罗斯远东及东西伯利亚地区合作纲要（2009—2018 年）》，2015年中俄签署《关于丝绸之路经济带建设和欧亚经济联盟建设对接合作的联合声明》，标志着双方明确共同致力于推动"一带一路"建设与"跨亚欧发展带"建设接轨的意愿。2016 年俄罗斯总统普京提出"大欧亚伙伴关系"建设倡议，并积极推动其与中国提出的"一带一路"建设相连接，开辟"整个欧亚大陆的共同经济空间"。2018 年中俄签署了《中俄在俄罗斯远东地区合作发展规划（2018—2024 年）》，这些文件为双边合作提供了制度保障（刘超男，2021）。在中俄建交 70 周年之际，两国领导人签署了发展中俄新时代全面协作伙伴关系的战略。纵观目前国内外发展局势可以看出，俄罗斯在中国加快农业对外开放步伐、推进"一带一路"建设中的重要性明显提升，而中国已成为俄罗斯最重要的农产品贸易伙伴之一。关于外资企业获得土地和参与农业投资合作的政策如下：

1. 外资企业获得土地的政策

《俄罗斯联邦外国投资法》规定：外国投资者应按照俄罗斯联邦和俄罗斯联邦主体的法律享有获得土地、其他自然资源、建筑物、设施和其他不动产的权利。如俄罗斯联邦法律未作其他规定，由外国投资的商业组织可以在招标（拍卖、竞买）中获得租赁土地的权利。

2. 外资参与当地农业投资合作的政策

俄罗斯法律规定，除特殊情况外，外资均享受国民待遇。根据俄罗斯《土地法》，边境地区及特定地区不允许外国人和外资企业获得土地所有权，禁止外国公民和公司以及外资股份超过 50% 的俄罗斯公司拥有俄罗斯农业用地。而根据俄罗斯现行相关法律法规，外国人和外资企业在俄注册为法人后，通过竞拍方式可获得土地所有权和使用权。租赁农用土地的上限不能超过 49 年。迄今为止，外国对俄罗斯农业部门投资仍处于较低水平，进入俄罗斯农业部门的外资以欧美国家为主，多集中在俄罗斯领土欧洲部分。目前，中国公司和其他法人租用俄罗斯土地，主要用于种植大豆、玉米、水稻等作物，合作区域大多分布在远东和西伯利亚地区。

3. 外资参与当地林业投资合作的政策

俄罗斯法律规定，除特殊情况外，外资均享受国民待遇。根据俄罗斯《土地法》，禁止外国公民和公司拥有俄罗斯林业用地，通过竞拍方式可获得林地使用权。2007 年 1 月 1 日，俄罗斯新《森林法典》生效。新《森林法典》主要解决了以下四方面的法律规范和界定：一是明确划分了森林使用的法律基础和保护森林再生产的公共标准，规定从 2009 年 1 月起，在森林利用方面将从申请制过渡到计划制。二是确定了新的林业管理关系，原由联邦中央控制的大部分森林资源和林权移交地方，联邦主体将直接负责林区管理。三是规定林区租赁期限从 1997 年《森林法典》规定的 3 年延长到最高 49 年，确定了以竞拍为主获得林地使用权的方式，同时要求保证竞拍过程透明。四是确立了林业开发优先投资项目机制。为解决木材砍伐和木材深加工两个领域发展严重失衡的问题，俄罗斯政府已多次明确提出发展木材深加工的政策导向，其中包括吸引外资参与木材深加工体系建设。

12.4.1.2　中国与乌克兰

乌克兰主管国内和国外投资的政府部门主要是乌克兰经济发展和贸易部，该部下属的国家投资项目和支持发展司主要负责实施投资政策。其主要职责有：起草有关国家投资政策的法律提案，投资和创新项目的分析，对国家设立特别（自由）经济开发区、工业（产业）园区、优先发展区、科技园区等促进投资和创新项目提出建议，就有关国家投资政策协调中央和地方关系，落实措施，营造乌克兰积极的投资形象，对开展吸引固定资产投资、外商直接投资进行分析，提供合理化建议以刺激投资，按法律规定、在项目许可范围内检验和选择需要政府支持的投资项目。

中乌自 1992 年建交以来，两国政府间签署了一系列协定，各领域友好互利合作发展顺利。2011 年中乌正式建立了战略合作伙伴关系，这为两国关系平稳健康发展提供了重要保障。乌克兰地处"一带一路"沿线，是首批参与"一带一路"建设的国家之一。战略合作伙伴关系的确定和"一带一路"合作纽带为两国农产品贸易的快速增长提供了机遇。2013 年 12 月，中乌两国签订《中乌战略伙伴关系发展规划（2014—2018）》，强调扩大和深化两国农业领域合作，为双边农产品贸易注入新活力。2014 年，两国签署有关乌克兰参与"一带一路"建设的双边议定书，为双方农产品贸易等多领域合作指明了方向。2016 年，两国在首届"乌克兰丝绸之路论坛"上围绕农业等领域合作进行了交流，共同致力于为双边农产品贸易自由化与便利化创造良好的外部环境。2017 年 5 月，两国签署标准、计量、认证认可等国家质量技术基础领域合作协议，助推包括农产品贸易在内的"标准联通"。同年 12 月，两国签署《实施

"一带一路"倡议的行动计划》《农工综合体投资合作计划》和《中国—乌克兰农业投资合作规划》，旨在拓展两国在农业种植、农业技术、农业投资以及农产品加工、销售与物流等农业全产业链的合作，为增加双边农产品贸易体量及保障农产品供给带来新的发展契机。自"一带一路"倡议推进以来，中乌陆续签署了玉米、大麦、大豆、油菜籽粕（饼）、冷冻蓝莓、冷冻牛肉、奶制品、羚羊等动植物检疫要求议定书，樱桃对华出口检疫要求议定书正在协商中，两国农产品贸易种类日益多元化。总体而言，乌克兰始终奉行以融入欧洲为目标、以保障本国安全利益和振兴民族经济为基轴、以大国关系为支点的全面外交战略。

12.4.1.3　中国与波兰

中国与波兰自建交以来，政治关系融洽，中波不断签订友好合作的双边协约，促进双边经贸合作发展。中国政府与波兰政府就双边贸易投资、双重征税、动植物卫生检疫等方面签署了有益于促进双边经贸合作发展的协议。2004年，中波两国政府成立经济合作联合委员会，每年召开一次会议，在两国轮流举行，促进中波两国合作便利化；2011年两国政府发表《关于建立战略伙伴关系的联合声明》；2012—2016年两国先后签署《关于共同推进丝绸之路经济带和21世纪海上丝绸之路建设的谅解备忘录》《关于共同编制中波合作规划纲要的谅解备忘录》，表达双方在"一带一路"框架下共同开展双边合作规划编制工作的意愿。波兰政府支持中国"一带一路"倡议，加入亚洲基础设施投资银行，十分欢迎中国企业到波兰进行投资，积极致力于欧亚合作。2015年9月，中国农业部副部长屈冬玉与时任波兰农业和农村发展部部长萨维茨基在波兹南举行会谈，并续签了《中华人民共和国农业部与波兰共和国农业和农村发展部在中波农业科技中心框架下的合作协议》。同时，波兰的2030国家长期发展战略以及大力推动的经济外交举措与中国的丝路倡议十分契合，为中波关系合作发展带来了新的机遇。

外资企业或自然人，无须获得波兰内政部许可，也无须满足当地政府的特别规定即可租赁土地，租赁期限无特殊规定。租赁主要有两种类型：一是仅限使用而不能获利，二是既可使用也可用于获利。需要注意的是，若砍伐树木，需向环境部额外申请许可。根据新土地销售法规定，自2016年4月30日起，禁止国有土地在未来5年内出售（2021年该政策已再延长5年），并规定大多数国有耕地可出租，但不得出售，小于2公顷的土地和用于住房、商业、物流中心或仓库等非农业用途的土地除外。私人耕地仅可出售给拥有不超过300公顷土地的私人农场主。买方须有足够的农业种植资格，且在其土地所属社区居住至少5年。农业产业署享有土地优先购买权，但近亲属土地继承不受此优先权限制。非农户可以购买小于0.3公顷的地块。

12.4.1.4 中国与罗马尼亚

中罗两国在发展农业以及促进农业合作方面也出台了一系列政策措施。中国政府在"一带一路"建设中提出"资金、设备、技术、标准、服务"五大支持措施,鼓励国内企业参与"一带一路"建设,这也促进了外向型农业商业化、美丽乡村建设以及农业供给侧结构性改革。罗马尼亚政府鼓励中外投资企业向罗马尼亚的农业领域投资发展,加强中外合作,提高罗马尼亚农业的优势。1991年1月16日,中罗双方在北京签署《中华人民共和国政府和罗马尼亚政府关于避免双重征税和防止偷漏税的协定》。2006年10月19日,中罗双方在布加勒斯特签署《中华人民共和国政府和罗马尼亚政府经济合作协定》。该协议约定两国将加强在能源、通讯、运输等领域和中小企业、咨询服务、技术专家交流、展会等方面的合作;支持对方在本国设立企业、代表处和分支机构;加深经济立法和项目推介方面的信息交流;建立政府间经济合作联合委员会并轮流定期举行例会等。2016年7月4日,中罗双方在布加勒斯特签署修订后的《中华人民共和国政府和罗马尼亚政府关于避免双重征税和防止偷漏税的协定》。2019年9月,中罗签署《中华人民共和国海关总署与罗马尼亚农业与农村发展部关于植物检疫合作谅解备忘录》,该文件被纳入2021年中国—中东欧国家领导人峰会成果清单。

罗马尼亚政府对外资企业获得土地的政策也进行了明确的规定。自2012年起,罗马尼亚允许欧盟公民以及依据欧盟法律注册的法人购买土地,用于建设住宅或商业场所;非欧盟公民和法人仅可依据国际条约和对等原则在罗马尼亚获得土地,并且条件不得优于欧盟和罗马尼亚本国公民及法人。外国企业在罗马尼亚购买土地最便捷的方式是在罗马尼亚注册特殊目的载体(SPV),成为罗马尼亚的法人。

12.4.1.5 中国与捷克

2005年12月,中捷两国签订《中华人民共和国政府和捷克共和国政府关于促进和保护投资的协定》,替代1991年12月签订的《中华人民共和国政府与捷克斯洛伐克联邦共和国政府促进和保护投资协定》。1987年6月,中捷两国签订《中华人民共和国政府与捷克斯洛伐克社会主义共和国政府避免双重征税和防止偷漏税协定》。2009年9月,两国又新签了上述协定。2004年4月,中捷两国签订《中华人民共和国政府与捷克共和国政府经济合作协定》,替代1993年11月双方签订的《中华人民共和国政府与捷克共和国政府经贸合作协定》。2005年12月,中捷两国签订《中华人民共和国农业部与捷克共和国农业部关于农业及食品加工工业合作的协议》《中华人民共和国国家林业局和捷克共和国农业部关于林业合作的协议》《中华人民共和国劳动和社会保障部与捷克共和国劳动和社会事务部合作谅解备忘录》等协议。2016年3月,中捷两国签订《中华人民共和国商务部与捷克共和国工业和贸易部关于工业园区合作的谅解备忘录》《中华人民共和国商务部与捷克共和国地方发展部关于加强旅游基础设施投资合作的备忘录》。2017 年 5 月，两国签订《中华人民共和国商务部与捷克共和国工业和贸易部关于中小企业合作的谅解备忘录》。

根据捷克法律，国家、地方政府和其他机构，公司和个人均可拥有土地。外国企业和居民也可获得捷克土地所有权。土地所有者有义务根据土地用途使用土地和依法进行管理。土地所有者须办理土地登记手续，如在建筑用地上修建建筑物，须办理建筑审批手续。外国人购买房地产如需贷款，银行通常要求提供永久居留权或公司注册证明。

12.4.2　南欧国家

12.4.2.1　中国与意大利

中意两国政府 1991 年签订了《中意经济合作协议》。2004 年两国签署了《中意关于建立全面战略伙伴关系的联合公报》，同年 5 月签署《中意成立中意政府委员会的联合声明》，6 月中意签署《中意知识产权合作协定》。2008 年中意签署《中意科技合作联合声明》。2010 年中意签署《中意关于加强经济合作的三年行动计划》。2014 年中意签署《中意关于加强经济合作的三年行动计划2014—2016》。2017 年中意签署《中国和意大利关于加强经贸、文化和科技合作的行动计划（2017—2020 年）》。2018 年中意签署《关于开展第三方市场合作的谅解备忘录》。2019 年 3 月中意发布《中华人民共和国和意大利共和国关于加强全面战略伙伴关系的联合公报》，签署政府间关于共同推进"一带一路"建设的谅解备忘录。

外资企业在意大利获得土地所有权方面享有与意大利本国个人和企业同等的私有财产保护权。外资企业可通过购买方式获得土地永久所有权，通过租赁方式获得合同规定年限的使用权。意大利法律对外国投资农业/林业领域无限制性规定，外国投资者在符合对等原则（即投资来源国亦给予意大利投资者相同的待遇）的基础上，可获得意大利农业耕地/林地的所有权或承包经营权，相关权利无法定期限，亦不存在法定附加条件。农业用地/林地所有权转移涉及多项关联性法律问题，例如邻接农地所有权人优先购买问题、禁止外国投资者购买边境土地问题等，需就具体项目咨询专业律师意见。

12.4.2.2　中国与希腊

希腊是欧盟成员国，对外贸易政策由欧盟统一制定，成员国只能执行欧盟对外贸易政策或经欧盟授权实施的贸易措施。希腊与欧盟其他成员国之间的货物贸易实行自由流动，与欧盟外国家的贸易适用欧盟统一的贸易政策。希腊执行欧盟《关于对进口实施共同原则的第（EU）2015/478 号规则》和《关于对某些第三国实施共同进口原则的第（EU）2015/755 号规则》，对相关进口产品实行进口配额、进口许可和进口登记等措施。希腊实行欧盟《关于实施共同出口原则的第（EU）2015/479 号规则》和《关于文化产品出口的第（EC）116/2009 号规则》等，对少数产品实施出口管理措施。

自 1972 年中希建交以来，双方先后签署的经贸合作方面的协定有：1983 年中希双方签署《经济技术合作协定》，1992 年中希签署《双边投资保护协定》，2002 年中希签署《所得避免双重征税和防止偷漏税协定》，2006 年中希签署《关于中小企业合作的谅解备忘录》，2010 年中希签署《加强双边投资合作的谅解备忘录》，2011 年中希签署《加强基础设施领域合作谅解备忘录》，2016 年中希签署《中国商务部投资促进局与希腊企业局双向投资合作谅解备忘录》，2017 年中希签署《中希重点领域 2017—2019 年合作计划》，2019 年两国分别签署《关于重点领域 2020—2022 年合作框架计划》和《中国商务部与希腊发展和投资部关于推动双边投资合作高质量发展的谅解备忘录》。在 2017 年和 2019 年的"一带一路"国际合作高峰论坛期间，尤其是中国国家主席习近平访问希腊期间，双方共同签订了《2017—2019 年重点领域合作计划》和《关于重点领域 2020—2022 年合作框架计划》，目的是加强双方在基础设施建设、交通、通讯、能源、制造业以及金融服务业等方面的全面合作。2018 年 8 月，双方签订了《共建"一带一路"合作谅解备忘录》，以便开展更广领域的合作，如文化教育、创意产业、媒体合作、智库交流、公共卫生、科技、体育以及青年和地方政府交流等（郭艳，2020）。

在希腊的外国人购买土地一般是没有限制的，可以自由买卖，且受法律保护，购买土地一样可以获得希腊永居身份，其流程和步骤与购房基本相同。在希腊购买农业用地并经营农业，可以享受政府给予的税费减免、农机补助等扶持政策，还有农业保险作为经营保障，政府会以价格保护政策收购橄榄。外资企业可以在希腊获得土地，享有对土地的所有权。但是希腊对边境地区土地购买有严格的规定，因手续极其繁琐，非欧盟公民很难购置到边境地区土地。希腊政府正在筹备一个"数字地图"平台，将实时更新和记录每一块希腊土地的情况，包括土地使用许可证情况，该地块上建筑物资料，以及该地块是否适用自然保护区、森林、海岸线、考古遗址等规划限制规定情况。希腊大部分林地为国有，只有少部分林地属于私人。获得私人的林地不须经过审批，可以直接购买或承包。希腊林地所有权没有时间限制。

12.4.2.3　中国与葡萄牙

葡萄牙奉行自由贸易原则，于 1986 年加入欧共体，其贸易规定均执行欧盟统一政策，对欧盟以外第三国进出口贸易实行统一海关疆域、统一海关法规、统一关税的贸易政策。但是，由于近年来欧盟国家产业受到新兴国家的冲击，葡萄牙贸易保护主义倾向抬头，在欧盟发起的反倾销、反补贴等各类案件中，一般支持欧盟采取保护措施。为保护葡萄牙和其他欧盟国家的正常经济秩序，维护国家安全，保障消费者健康，保护当地物种不受侵害，葡萄牙规定个别产品或物种不得进口或限制进口，部分产品进口需要取得配额或受特殊协定限制。除海关限制以外，部分商品进口还应遵循葡萄牙政府相关部门的法律规定，这些规定包括禁止进口、配额项下商品、限定物品运输路线、需进行特殊处理、加注标识、特许加工等。中国和葡萄牙政府在投资合作领域签订的协定是：《中葡两国促进和相互保护投资协定》（2005 年）。中国和葡萄牙政府签署的避免双重征税的协定是：《中葡关于避免双重征税和防止偷漏税协定》（1998 年）。中国和葡萄牙政府签署的其他协定包括：《中华人民共和国政府和葡萄牙共和国政府贸易协定》（1980 年）、《中葡经济合作协定》（2005 年）。此外，2017 年 10 月中国国家海洋局与葡萄牙海洋部签署《关于建立"蓝色伙伴关系"概念文件及海洋合作联合行动计划框架》。

葡萄牙没有专门的土地法。私人所有土地占土地总量的主要部分，私有土地的价值量占全部土地资产价值的绝大部分；私有土地虽受政府调节，但主要以市场机制配置；国有（政府所有）、公有和私有土地处在动态变化中。葡萄牙绝大部分土地可像普通商品一样交易，购买时仔细研究合同条款，谨慎签约，以保障自己的权益。购买中最重要的是要弄清楚政府对土地的开发活动范围的规定。比如，如果该土地之前不允许建厂生产，则需要去当地政府申请变更，费用不菲，当地政府还可能拒绝购买者的申请。

12.4.2.4　中国与塞尔维亚

塞尔维亚《贸易法》规定，境内的企业、法人在与外国法人或自然人进行商品进出口贸易、国际服务贸易时须签订合同，该合同应符合塞尔维亚的法律法规及国际合同法。所有在塞尔维亚境内依法注册的经济实体享有同等的外贸经营权。除个别商品外，国家对进口商品无限制。塞尔维亚取消了进口配额，基本上实现了自由进口贸易。塞尔维亚关税税则主要涵盖 8 500 余种产品，除保障国内市场需要的少量农产品需一定出口配额限制外，其他商品可自由出口。塞尔维亚对各类动植物产品的进口进行检疫，核查进口产品的特征及进口商的相关信息。塞尔维亚贸易、旅游和电信部及塞尔维亚农业、林业和水资源部下属检疫机构负责此类工作。塞尔维亚有关进口商品检验的法规有 20 个，条例有 80 个，标准有 8 500 余项。中国已与塞尔维亚签署塞尔维亚冷冻牛羊猪肉对华出口检验检疫议定书。

1995 年 12 月，中国与前南联盟签订双边投资保护协定。塞尔维亚继承了前南联盟的国际法主体地位，因此该协定仍然有效。1997 年 3 月，中国与前南联盟签订避免双重征税协定。塞尔维亚继承了前南联盟的国际法主体地位，因此该协定仍然有效。中塞两国经贸往来日益密切，在多双边合作机制框架下的农业务实合作逐步加深。2017 年"一带一路"国际合作高峰论坛期间，中塞两国政府签署了《中华人民共和国政府和塞尔维亚共和国政府关于基础设施领域经济技术合作协定附件三》，中国农业农村部与塞尔维亚农业与环境保护部签署《关于制定农业经贸投资行动计划的备忘录》。中塞两国 2017 年签署《中华人民共和国国家质量监督检验检疫总局和塞尔维亚共和国农业、林业和水利部关于中国从塞尔维亚输入牛肉的检验检疫和兽医卫生要求议定书》，2018 年签署《中华人民共和国农业农村部与塞尔维亚共和国农业、林业和水利部关于共同支持建设果蔬产业园的谅解备忘录》。

12.4.2.5　中国与克罗地亚

中克政府间建有经济联委会和科技合作委员会等机制，签有共建"一带一路"谅解备忘录等多项合作文件，各领域交流不断深化。2002 年 5 月 17 日，中国和克罗地亚发表关于深化互利合作关系的联合声明。2005 年 5 月 26 日，发表关于建立全面合作伙伴关系的联合声明。2017 年 5 月 14 日，发表关于共同推进丝绸之路经济带和 21 世纪海上丝绸之路建设的谅解备忘录。2019 年 4 月 10 日，中克两国政府发表联合声明。2019 年 4 月 13 日，中克政府签署《中国—中东欧国家合作杜布罗夫尼克纲要》，在该文件中，讨论制定有关农业方面的政策，如：与会各方宣布 2020 年为"中国—中东欧国家农业多元合作年"；与会各方支持通过学术讨论、项目对接、人才培训、展会论坛等活动，拓展和深化 17 国可持续农业合作。克罗地亚驻华大使米海林表示，克罗地亚为中国企业提供和本土企业相同的投资机会以及激励政策，只要是在克罗地亚当地进行投资，无论政府还是私人的项目，投资领域从基础设施建设到小型生产加工项目均可。克罗地亚政府通过一系列的投资促进政策，为投资者提供 25%～45%的投资退税。这项政策包括减免企业所得税（最高可达 10 年）、新雇员工直接补贴（最高可达 1.8 万欧元）、投资成本补贴（最高 100 万欧元）以及研发补贴（最高 50 万欧元）（郭艳，2020）。

克罗地亚 2009 年修订的《所有权和其他物权法》规定，欧盟成员国的个人和法人可以在克罗地亚购买除农业用地和自然保护区外的一切不动产，并且没有任何特殊条件，即享有国民待遇。除欧盟成员国外，其他与克罗地亚签有双边对等条约的国家公民和企业亦可在克罗地亚购买不动产。目前，中国公民和企业在克罗地亚不能购买土地。但中国公民和企业在克罗地亚注册的公司享有克罗地亚国民待遇，可以在克罗地亚购买土地等不动产。

12.4.3　西北欧国家

12.4.3.1　中国与奥地利

中国与奥地利两国政府间所签署的相关协定，是保护中国企业在奥地利投资利益的基础。2007 年 11 月，中奥双方签订《中华人民共和国农业部长与奥地利共和国农林、环境与水利部长关于农业合作的谅解备忘录》；2015 年 3 月，签署了《中华人民共和国商务部和奥地利共和国联邦科学、研究和经济部关于共同支持建立中奥苏通生态园的谅解备忘录》《中华人民共和国国家质量监督检验检疫总局与奥地利共和国联邦卫生部关于中国从奥地利共和国输入冷冻猪肉的检验检疫和卫生条件议定书》；2018 年 4 月，签订《关于未来就共建"一带一路"倡议开展合作的联合声明》；2019 年 4 月，签订《中国国家发展改革委与奥地利数字化和经济事务部关于开展第三方市场合作的谅解备忘录》。①

12.4.3.2　中国与立陶宛

立陶宛 2004 年 5 月 1 日加入欧盟以后，执行欧盟统一的对外贸易政策，包括统一的关税、进口禁令、进口许可、技术性贸易壁垒和检验检疫措施。立陶宛本国生产的产品属于欧盟原产地产品，对于第三国与欧盟其他国家适用相同的出口关税。立陶宛执行欧盟统一的进出口政策，鼓励出口，遵循欧盟在安全和技术标准方面对进出口产品的规定。1992 年 1 月 30 日，中国经贸部副部长谷永江和立陶宛经济部长希缅纳斯在北京签署《中华人民共和国政府和立陶宛共和国政府经济贸易合作协定》。1993 年 11 月 8 日，中国经贸部副部长谷永江和立陶宛外交部长波·季利斯在北京签署《中华人民共和国政府和立陶宛共和国政府关于鼓励和相互保护投资协定》。2009 年 10 月 19 日，中国交通运输部部长李盛霖和立陶宛交通和通信部部长马修利斯在维尔纽斯签署《中国、白俄罗斯和立陶宛三国关于连接亚洲和欧洲的东西交通走廊倡议的联合宣言》。近年来，中立农业领域合作密切，2015—2017 年分别签署《立陶宛海产品、乳制品及冷冻牛肉输华检验检疫议定书》。2017 年 8 月，中国农业部和立陶宛农业部签署《中华人民共和国农业部和立陶宛共和国农业部 2018—2020 年农业领域合作行动计划》。

根据立陶宛投资法，外国投资者可依据立陶宛共和国民法典所规定的程序，租赁国有土地。根据立陶宛土地法，国有土地租赁的最高年限为 99 年，其中农业用地的租赁期不超过 25 年。经立陶宛政府批准，土地租赁期可延期。国有土地租赁采用竞拍形式，除特殊条款规定外，一般以出价最高者获胜。依

---

① 中华人民共和国商务部.《对外投资合作国别（地区）指南》之《奥地利》。

照法定程序注册为农场主或在政府农业企业从事农业生产的自然人，以及每年营业收入 50％以上来自于农产品销售的法人，可享有土地租赁优先权。根据立陶宛《土地法》规定，立陶宛土地按所有权可分为中央政府所有、地方政府所有和私有土地三种；按照土地使用目的分为农业用地、林业用地、水产业用地、保护用地和其他用地五种。在立陶宛进行土地使用和开发包括以下程序：获得土地地块、对地块进行详细规划、建设施工、官方认定建设施工完毕并确定相应用途。

12.4.3.3 中国与拉脱维亚

拉脱维亚奉行自由贸易政策，反对贸易保护主义。加入欧盟后，执行欧盟共同体贸易政策，遵循欧盟在安全和技术标准方面对进口产品的相关规定。对来自欧盟其他成员国的产品免征关税，对来自欧盟以外国家的产品按照欧盟统一税率征收关税。欧盟进口许可制度主要有监管、配额管理和保障措施 3 类。欧盟海关还利用各种技术要求，如产品标准、卫生和动植物卫生标准等作为进口管理手段。拉脱维亚进出口农产品检疫执行欧盟规定。对生产加工环节中的产地环境、农业投入品、产中产后质量进行监管；对市场环节中的包装、标志、农产品实行追溯制度；对市场准入的农产品质量和技术标准、标签和包装是否符合生态环境等进行严格检验检疫。

1991 年中国与拉脱维亚建交以来，两国先后签署了《中华人民共和国政府和拉脱维亚共和国政府关于对所得和财产避免双重征税和防止偷漏税协定》《中华人民共和国政府和拉脱维亚共和国政府关于促进和保护投资协定》。2004 年 4 月 15 日，中国政府与拉脱维亚政府在北京签署了《促进和保护投资协定》。作为欧盟成员国，拉脱维亚遵守《中欧地理标志协定》和《中欧全面投资协议》内容。但《中欧全面投资协议》目前暂时冻结。2009 年 8 月，两国农业部签署了《中拉农业合作协议》，为开展和加强双边农业合作奠定了基础。"一带一路"倡议提出后，两国于 2016 年签署《关于共同推进丝绸之路经济带和 21 世纪海上丝绸之路建设的谅解备忘录》，2018 年 9 月 18 日，在中国国家主席习近平和拉脱维亚总统韦约尼斯的共同见证下，两国政府代表签署了《中华人民共和国政府和拉脱维亚共和国政府科学技术合作协定》等。这些协议为双方具体领域合作奠定了较好的法律基础。

外资企业有权获得土地，但应向当地议会提交申请，并在申请通过一个月内到拉脱维亚商业登记处登记。每个自然人和法人最高可购买 2 000 公顷土地。2017 年 5 月，拉脱维亚议会对《农村土地私有化法》进行修订，不允许未获得永久居住的外国人购买农田，规定在拉脱维亚购买土地的自然人和法人必须拥有 B2 级别以上的拉脱维亚语知识，即能够应对日常生活和专业问题的沟通，理解不同内容的差异，起草日常生活文件等。为避免农田集中在一个或多个联系密切的人手中，政府规定法律上相关的人员拥有农田合计不得超过 4 000 公顷。

12.5　典型合作案例

12.5.1　东欧国家

12.5.1.1　中国与俄罗斯

在俄投资农业项目的中国企业不在少数。比如浙江华俄兴邦投资有限公司在俄罗斯贝加尔边疆区投资 30 亿元建立俄中联合生产企业，种植饲料、谷物、油料等农作物和中药材，发展畜牧业和养禽业；中国著名的酵母生产商安琪酵母，在俄罗斯投资建设的首个酵母工厂于 2019 年 2 月在利佩茨克州丹科夫经济特区竣工投产；佳沃北大荒农业控股有限公司计划在俄罗斯远东地区兴建一个年产能高达 24 万吨的大豆加工厂，生产大豆油、卵磷脂、糖浆等。同时，俄罗斯也有计划在中国进行农业项目的投资，比如俄罗斯最大的农业企业——俄罗斯农业集团计划投资 50 亿美元在青岛平度建设一个大型生猪养殖、屠宰和饲料加工一体化项目。总体来说，中国在俄罗斯投资农业的规模和资金远超俄罗斯在中国的投资（叶霄，2021）。

凭借对俄罗斯农业合作的地缘、资源和产业优势，黑龙江在中俄农业贸易投资合作中扮演着主力军地位，其对俄农业合作规模和水平不断提升。借"一带一路"倡议契机，双边农业合作有望开创全新局面。中俄两国资源互补，政治互信。作为国内最早开展对俄农业合作的省份，黑龙江的企业目前共在俄设立农业子企业 187 家，在俄建设农业合作园区 7 家，累计获得耕地面积 100 万公顷。

以九三粮油工业集团有限公司为例，公司近年来积极开展对俄大豆和大豆油的贸易活动，采购俄罗斯非转基因大豆油累计超过 10 万吨，非转基因大豆 26 万吨，总货值 20 亿元。作为黑龙江大豆产业的骨干力量，九三集团在逐步扩大对俄大豆贸易规模的同时，积极开展对俄大豆产业投资，推动中俄大豆贸易链、产业链的构建。黑龙江与俄罗斯远东地区有近 3 000 千米的边境线，省内有 10 多个口岸可供通货，两地农业合作最为活跃。目前，两地农业开发规模持续扩大，合作领域不断拓宽，黑龙江在俄粮食种植结构已由过去的以蔬菜种植为主转向以大豆种植为主，以玉米、水稻、小麦等粮食作物种植为辅。在粮食作物种植之外，企业合作向猪、牛等禽类养殖、粮食加工、饲料加工、仓储物流及农产品批发建设等领域延伸。黑龙江省对俄农业产业协会在俄从事种植、养殖、加工贸易的企业有 120 多家，总投资额为 7 亿多美元，年产粮食约 170 万吨。

中俄农业合作有效拉动了俄方种植业和养殖业发展,丰富了当地农产品市场,使俄方的农业资源得到更加合理的开发和利用。中方投资经营的各农场和农业园区为当地提供了包括管理、种植、检验等众多就业岗位,使当地民众可以获得稳定收入,造福了当地社会。企业对俄投资领域不断拓展,已由单一的粮食种植向仓储物流等多领域、全产业链延伸发展。黑龙江与俄罗斯远东地区在绿色有机农产品跨境联动发展方面的互补优势明显,合作前景广阔。在"一带一路"建设背景下,推进黑龙江对俄农业合作,带动国内农机出口和劳务输出,回运种植生产加工的农产品具有重要意义。

2021 年 10 月,中粮集团从俄罗斯进口的 667 吨小麦抵达黑河口岸,于 19日脱箱卸至当地海关监管库。这是中国首次成规模地从俄罗斯远东地区进口小麦,打开了中俄农业合作新渠道。俄农业出口中心公布的数据显示,截至2021 年 11 月 21 日,俄农业出口总额已达 303.94 亿美元,与上年同期相比增长 20.4%。该中心预测,2030 年前俄罗斯对中国的农产品出口额可较 2020 年增加 30 亿美元。位于山东青岛的中国—上合组织地方经贸合作示范区将打造总投资约 20 亿美元的中国俄罗斯中心,该项目位于上合示范区核心区内,建筑面积约 20 万平方米,建成后将为中俄贸易扩大和多元化作出重要贡献。俄罗斯直接投资基金总裁基里尔德米特里耶夫认为,未来几年中国对俄的外国直接投资有潜力增至目前规模的 10~20 倍。当前,两国正积极引导扩大投资。商务部新闻发言人表示,中俄两国经贸主管部门正在研究升级中俄投资协定的可行性,努力为双边投资合作提供更好的制度性安排。专家表示,这表明中俄两国有意愿从投资领域入手,拓展和提升双边经贸合作水平,推动两国经贸合作实现高质量发展。

12.5.1.2 中国与乌克兰

乌克兰拥有全世界 30% 以上的黑土地资源,还头顶着"欧洲粮仓"的美称,这片肥沃土地上生产出来的粮食自然也就变得"产能过剩",需要对外出口才能消化这些粮食产能。早在 2011 年的时候,中国和乌克兰就签署了建设中乌农业合作园区的谅解备忘录,宣告中乌两国在农业和粮食进出口问题上的合作正式开始。到了 2013 年,中国新疆生产建设兵团和乌克兰农业巨头 KSG公司签订合作协议,兵团将以投资 26 亿美元为代价租赁乌克兰 300 万公顷优质良田,租用期为 50 年,这些被租用的良田计划用来种植粮食和发展饲养畜牧业。这是中国有史以来所进行的最大规模海外农业投资,乌克兰也因此成为中国最大的一处海外农场所在地。到了 2017 年,中国商务部、农业部与乌克兰农业部和经贸部,一同合作签署了《中国—乌克兰投资合作规划》,这份文件表明,中国计划在未来对乌克兰的农业投资大约在 100 亿美元,继续助力乌克兰农业发展、提升中乌两国在农业领域的合作水平。而到了今天,中国已经

超越了印度，成为乌克兰最大的农产品进口国，一年的农产品进口总价高达
19.55 亿美元。

2016 年中粮集团全资子公司中粮公司在乌克兰投资 7 500 万美元建设的
DSSC 码头正式投产，DSSC 码头建成投产后将成为乌克兰最先进的农产品中
转码头，进一步优化乌克兰及周边国家从河流到海口的物流仓储体系，提高进
出口量。

中乌泛达农业有限公司（简称泛达公司）是中国河南黄泛区实业集团与乌
克兰企业于 2013 年成立的合资公司。随后，泛达公司收购了科留科夫卡区的
两家农场，租赁了 6 400 多公顷的土地，目前累计投资约 1 000 万美元，主要
从事奶牛和肉牛养殖、饲料生产、粮食种植等，为当地农户创造了 250 多个就
业岗位。

12.5.1.3　中国与波兰

中波农业科技中心是回良玉副总理 2006 年 4 月出访波兰的成果，旨在建
立中波农业科研与经贸合作平台，促进双方在农业科技、推广教育以及农产品
贸易等领域的务实合作。2006 年 11 月，时任波兰副总理兼农业部长莱佩尔访
华期间，两国农业部签署了中波农业科技中心合作协议，为期三年。2009 年
底，两国政府批准将项目延期三年。2012 年底双方农业部同意将该项目再次
延期。2015 年 9 月，中国农业部副部长屈冬玉与时任波兰农业和农村发展部
部长萨维茨基在波兹南举行会谈，并续签了《中华人民共和国农业部与波兰共
和国农业和农村发展部在中波农业科技中心框架下的合作协议》。自中波农业
科技中心成立以来，两国的农业科技合作得到大大加强，先后多次受到两国农
业部领导的充分肯定。原农业部副部长、中国常驻联合国粮农机构代表牛盾曾
批示："中波农业科技中心的建立和工作开展是农业国际合作理念的创新，并
取得了实效，应给予充分肯定，要进一步完善并推广好的经验。"

截至 2018 年，两国科研机构在中波农业科技中心框架下共开展了三批次
12 项合作课题研究（第一批 4 项，执行期 2007—2011 年；第二批 5 项，2009
年启动，其中 2 项于 2013 年结题；第三批 3 项，2013 年启动 1 项，2015 年启
动 2 项），领域涉及果树育种、畜牧养殖、微生物应用、猪蓝耳病防治、农产
品质量安全风险评估与检测，内容涵盖种猪和樱桃品种引进、食品安全监测、
联合实验室构建、专利技术申请等。双方合作成果丰硕，据不完全统计，中方
合作机构共引进波兰甜樱桃品种 5 个、酸樱桃品种 5 个、苹果品种 10 个、西
梅品种 2 个、柞树种质资源 1 份、桑蚕种质资源 11 份，与波方交换亚麻资源
7 份、微生物菌株 12 个，并初步建立了蔬菜中多农药残留（94 种）基于
QuEChERs 样品处理的液相色谱—三重四级杆串联质谱检测方法、蔬菜中多
农药残留（96 种）基于 QuEChERs 样品处理的气相色谱—三重四级杆串联质

谱检测方法。此外，结合波兰技术研发的可移动经济型猪舍荣获 13 项专利，猪蓝耳病毒抗体竞争 ELISA 检测试剂盒研发项目取得突破性进展。2016 年 7 月，"中国农科院兰州兽医所—波兰国家兽医研究所动物疫病防控联合实验室"在兰州正式揭牌成立，标志着两国在动物疫病防控研究领域的合作进入实质性阶段。①

中波双方科研人员经过长期合作，在重大和主要动物疫病的快速诊断领域取得了一系列丰硕成果。2018 年非洲猪瘟疫情在我国全面暴发，给我国养猪业造成了毁灭性打击，早发现、早诊断和早扑杀是及时控制疫情的最有效手段，尤其在没有有效疫苗的情况下，快速诊断在疫情防控中更显重要。波兰早在 2014 年 2 月就暴发了非洲猪瘟，作为抗疫主力的波兰国家兽医研究所在对抗疫情方面积累了丰富经验。在中波联合实验室框架指导下，兰州兽医研究所第一时间与波方展开合作，分析病毒基因序列，并成功开发了非洲猪瘟病毒直接扩增 qPCR 检测试剂盒、非洲猪瘟病毒实时荧光 RAA 检测试剂盒、非洲猪瘟病毒可视化 LAMP 检测试剂盒和非洲猪瘟抗体检测的间接 ELISA 试剂盒，为我国防控非洲猪瘟疫情做出了贡献。此外，还在开发猪繁殖与呼吸综合征病毒（1 型和 2 型）、牛和禽支原体、动物衣原体的实时荧光 PCR 检测试剂盒以及古典猪瘟病毒阻断 ELISA 抗体检测试剂盒开发方面进行了富有成效的合作，为这些疫病的流行病学研究和防控提供了有力工具。

12.5.1.4 中国与罗马尼亚

中国与罗马尼亚两国在经贸合作、文化交流和人员往来等方面都取得了较大进展。此外，中罗双边经济联委会等合作机制聚焦共性问题，为双边经贸合作发挥了保驾护航的作用。在罗马尼亚布加勒斯特农业科学与兽医大学的试验田上，一座崭新的温室大棚格外引人注目，这就是首个中国—罗马尼亚农业科技园所在地。该农业科技园由中国农业科学院农业环境与可持续发展研究所和布加勒斯特农业科学与兽医大学合作共建。农业科技园包括智能 LED 植物工厂和轻简化节能日光温室，占地 500 平方米，园内所有设备和技术都由中方提供。

现代化的轻简化节能日光温室里面配备着先进的主动蓄放热调温系统和水肥一体化灌溉设备，采用内嵌式无土栽培等技术，可年产番茄等果菜 8 000 千克以上。智能 LED 植物工厂是中国近年来高科技创新成果，可以模拟自然环境在任何地点、任何时间生产出洁净安全的果蔬产品，解决城市蔬菜的供给难题。罗马尼亚夏季炎热、冬季寒冷，智能 LED 植物工厂可以克服气候、地理等条件制约，在城市就近生产蔬菜和功能性植物。

---

① 农业农村部对外经济合作中心 . 波兰农业情况介绍。

中罗农业科技园花卉实验部的负责人索林娜·派特拉介绍说，工厂虽然只有 50 平方米，栽培面积却达到 150 平方米。该植物工厂利用 LED 节能光源、浅液流营养液立体栽培等技术，可年产叶菜 4 000 千克。此外，中国的系统研发人员还为所有的操作系统研发了中英双语界面，并手把手地指导罗马尼亚科研人员操作和管理。罗马尼亚的果蔬种植面积并不大，很多农产品都需要从欧盟其他国家进口，罗马尼亚的果蔬价格在冬天会偏高。如果中国的技术和品种能够在罗马尼亚顺利落地普及，可以大大缓解这种供需矛盾。因此，农业科技园落成意义重大，将对罗马尼亚民众生活产生积极影响。

2014 年以来，中罗双方的农业科技人员在"人工光植物工厂节能关键技术合作研究"领域开展深入的合作，成果显著。双方在核桃、樱桃、枣、甜柿等果树种质资源方面也展开了交流互换工作。来自中国的技术和品种开始在罗马尼亚推广，越来越多的中国农产品出现在当地人的餐桌上。

12.5.1.5　中国与捷克

1956 年，为支持新中国建设，捷克斯洛伐克向中方赠送 677 台农业机械，用来装备一个农场。周恩来总理亲自命名为"中捷友谊农场"，并在河北沧州宣告成立。自成立以来，中捷友谊农场由一个简单的农场发展为中捷联合产业园区，销售额增长几十倍，地方财政收入增量巨大，充分释放发展活力的中捷农场成为河北省乃至全国模范产业园区。2013 年以来中捷友谊农场举办的推介会达成的投资额逐年增长，促进了中国和中东欧的农业投资。目前，中捷农场已经发展成为全国现代化农业示范农场，是河北省对外开放合作的新平台。

2004 年起，中捷友谊农场开始实施以"农业产业转型、农村社会转型、农民身份转型"为主题的战略转型，在合法自愿的基础上，将农民、农工手中的土地予以协议收回；2010 年，中捷友谊农场大规模的转型基本完成；2013年，生产队农工所承包的土地到期，中捷友谊农场予以全部收回，由农场下属的沧州临港中捷友谊农场农业发展有限公司统一经营。依托集中流转的 8 万亩土地，过去由农工家庭单元分散式种植，转变为现在公司化的统一种植，生产经营主体实现了"华丽转身"，全域规模化、机械化种植的农业生产大幕正式开启。2018 年，中捷友谊农场又积极学习捷克、斯洛伐克等中东欧国家田野精细化管理先进经验，从德国、美国等国家购入自走式青贮饲料收获机、科罗尼牧草打捆缠膜一体机等先进机械设备，全株玉米青贮收获量达 3 000 亩/天，苜蓿收获量达 2 000 亩/天，实现了机械化、精细化的田间管理。土地的产业化经营和精细化管理，让中捷友谊农场呈现出一片现代农业发展新天地。当前，中捷友谊农场正按照"饲草基地化、管理规范化、经营产业化"的发展模式，以推广全株青贮玉米、苜蓿为重点，以提高种植效益为目标，全力抓好"种、管、收、贮、用"等关键环节，推进规模化种植再获新突破。

中捷友谊农场积极推进石家庄君乐宝乳业有限公司与本土奶企——河北乡谣乳业有限公司进行合作，充分利用君乐宝的经营、技术和品牌优势，进一步扩大乡谣乳业产能，推进企业转型升级；积极助推企业"品牌"变"名牌"，成功协助犇放牧业有限公司、渤捷种业有限公司、罗非鱼养殖公司、海益水产养殖有限公司等企业申报市级龙头企业，协助金太阳绿色农业有限公司成功申报省级龙头企业；协助多家企业成功申报"省著名商标""省名牌产品"，其中金太阳绿色农业有限公司注册的"捷阳"商标，渤捷种业有限公司注册的"渤捷"商标，沧州临港海益水产养殖有限公司的"中国对虾"和渤海种业"三疣梭子蟹"，被认证为"河北省名牌产品"。

12.5.2 南欧国家

12.5.2.1 中国与意大利

2014年10月14日，国务院总理李克强与意大利总理伦齐共同会见中意企业家委员会委员及企业家代表，并见证两国企业间合作签字仪式。华西希望集团（华西希望特驱集团养殖事业部）与意大利TWB公司达成5亿欧元（约合40亿元人民币）安全食品产业链项目合作意向协议，双方将共同在中国建设食品安全产业链体系，发展生猪养殖，按照欧盟标准建立安全生产体系，生产安全食品。

2019年1月，杭州瑞年贸易有限公司以及国内优秀合作伙伴一行参加意大利绿色肥料集团和杭州瑞年贸易有限公司的新战略合作协议签署活动。到达意大利绿色肥料集团总部后，杭州瑞年开启全程网络直播，在全国各地的同行和种植户在线关注下、现场的国内合作伙伴以及意大利绿色肥料集团总裁Gonella Giuseppe先生的见证下，杭州瑞年总经理田曹江先生和意大利绿色肥料集团副总裁罗兰佐先生共同签署新战略合作协议，进一步加强双方在中国市场的战略合作，开启HPP研发体系下新型产品在中国市场的试验推广工作，开创营养调控健康理念在中国市场的应用。

2020年7月13日永利实业集团（海南）有限公司与意大利国会支持的政府参股公司意大利农业股份有限公司在北京渔阳饭店正式签署了进出口贸易双边合作协议。永利实业总裁丁明先生表示集团贯彻执行"一带一路"宏伟战略部署，率先在海南省组建中意贸易流通枢纽，就双边贸易开展合作。

12.5.2.2 中国与希腊

希腊是"陆上丝绸之路"与"海上丝绸之路"的交会点。比雷埃夫斯港（以下简称比港）地处巴尔干半岛南端、希腊东南部，连接欧亚非三地，被视为欧洲"南大门"，是"21世纪海上丝绸之路"的重要节点。比港拥有陆地面积272.5万平方米，海岸线总长约24千米，是希腊最大的港口和地中海地区重要的集装箱港口。2008 年国际金融危机后，国际航运市场低迷。中国远洋运输（集团）公司逆势扩张，于 2008 年通过竞标获得比港 2 号集装箱码头和规划中的 3 号集装箱码头的 35 年特许经营权，并在 2 年内扭亏为盈。2016年，中国远洋海运集团（以下简称中远海运，2016 年由中国远洋运输（集团）总公司和中国海运（集团）总公司重组而成）在成功经营比港集装箱码头的基础上，以近 3.7 亿欧元收购比港港口管理局 67％的股份，成为比港经营者。2019 年《成功履行比港总规划谅解备忘录》正式签约，标志着新的 6 亿欧元的投资计划进入实施阶段。在总体规划框架下，中远海运将把比港进一步打造成为欧洲一流的"千万标准箱级"集装箱中转港、海陆联运"桥头堡"、国际物流分拨中心、地中海乃至欧洲的修船中心和地中海最大的汽车中转码头（周太东，2020）。

2019 年 6 月 19 日，时任国务院总理李克强到访希腊，在与希腊总理萨马拉斯举行会谈后，两国总理共同见证了经贸、文化、海洋和基础设施建设等领域双边合作文件的签署，双方同意将共同开辟海洋合作新领域。

2015 年 4 月 28 日，四川省达州市政府代表团访问希腊，并与希腊拉菲娜市达成共建橄榄油交易中心合作意向。达州市政府代表团与拉菲娜市长 VASILIS PIS-TIKIDIS，以及拉菲娜市最大的油橄榄种植基地、加工企业负责人进行了会谈，双方就在四川达州共同建立橄榄油交易中心以及品油师资质培训等相关事宜进行了深入探讨，并签署了合作意向书。

12.5.2.3　中国与葡萄牙

2014 年 11 月 14 日，葡萄牙农业与海洋部部长阿松桑·克里斯塔斯在北京提出，葡萄牙与中国的农业合作取得了重要进展，中国人将品尝到猪肉香肠、黑猪肉等更多来自葡萄牙的美食，同时两国也在寻求在海洋领域的合作，葡萄牙正在大力推行的海洋发展战略将为两国合作提供新的机遇。除了在中国具有较高认知度的葡萄酒和橄榄油等产品，有越来越多种类的葡萄牙农副产品正在进入中国。来自葡萄牙的奶制品正式进军中国市场，目前已有 33 家乳品生产企业注册名单通过审核并获得出口资格，而对于包括猕猴桃在内的水果、婴儿米粉等产品出口的相关程序也正在审核之中。其间，葡萄牙葡萄酒协会带领 33 家酒庄携 100 多款葡萄酒产品的"豪华代表团"参加了在上海新国际博览中心举行的葡萄酒与烈酒贸易展览会，葡萄牙针对中国市场制定了一系列推广计划。葡萄牙葡萄酒协会此次在上海同中国方面签订了合作协议，将在中国多个城市进行葡萄牙葡萄酒推广活动，并且这类推广活动还将拓展到橄榄油、奶制品等产品。

2018 年，中粮国际进驻葡萄牙，该集团将在波尔图（葡萄牙第二大城市）设立服务中心，为葡萄牙农业食品进出口业务提供服务。根据中粮国际与葡萄牙投资贸易局（AICEP）签订的协议，该中心设立之初将为葡萄牙创造 150 个就业岗位，运营四年后，预计创造 400 个就业岗位。科技方面的合作项目是中国科学院与葡萄牙 Tekever 公司联合成立的 STARlab 空间和海洋实验室。

2019 年 5 月 26—28 日，中国海关总署署长倪岳峰访问葡萄牙，会见葡萄牙农业、林业和农村发展部部长路易斯·桑托斯，双方共同签署植物、猪肉等相关产品进口协议。葡方非常关注与中国农业贸易关系的推进，计划将更多农副产品出口到中国。虽主要精力在于推进水果输华，但葡萄牙也在与中国洽谈蜂蜜、禽肉、牛羊肉等农副产品及食品的出口事宜。近年来，葡萄牙与中国在农业食品领域的合作达到了积极的贸易平衡，交易金额达 1.5 亿欧元，极大地带动了葡萄牙的农业增长。2018 年 10 月 17 日葡萄牙养猪协会（FPAS）宣布葡萄牙已与中国达成协议，将从 2019 年起向中国出口猪肉。除此之外，葡萄牙的水产和乳制品已获准输华。

自 2021 年 3 月 1 日起，中国与欧盟签订的《中欧地理标志协定》正式生效，附录中纳入双方各 200 多项地理标志产品，岩梨（Pera Rocha）是其中唯一一种葡萄牙水果，葡萄牙种植的将近一半岩梨都用于出口，主要市场是英国、巴西、加拿大、阿联酋、摩洛哥、德国、法国、爱尔兰和西班牙。葡萄牙全国岩梨果商协会（ANP）会长多明格斯·桑托斯（Domingos dos Santos）认为中欧互认地理标志是岩梨输华安全认证方面的新进展。2019 年 11 月，ANP 参加了在中国举办的国际食品饮料及餐饮设备展览会，赢得了中国消费者的青睐。目前，ANP 正在推进一个总投资约 43 万欧元（约合人民币334.87 万元）的对外推广项目，但是由于新冠疫情的影响，许多安排都只得延期，其中包括一个葡萄牙农业部长对中国的访问计划。2022 年，ANP 又将开展一项新的业务扩张计划，并将中国作为它的主要目标市场。2021 年，中葡中心成立三周年庆典暨中医药健康应用培训会期间，中国农业科学院农产品加工研究所与葡萄牙米尼奥大学分子与环境生物学中心签订《食药植物功能食品开发、人才培养、联合教育合作备忘录》。中葡具备良好的合作基础，加工所期待与葡方一道努力，共同在健康食品研发、人才培养、科技合作、学术交流等方面建立长期、友好的合作，深化中葡人民的友谊。

12.5.2.4 中国与塞尔维亚

近年来，随着塞尔维亚投资环境的不断改善，中资企业在塞尔维亚的投资额逐渐增长。主要形式有两种：一种是旅塞华商投资建设的"中国商品销售中心"，包括位于贝尔格莱德的"70 号中国商城"和"Belmax 贸易中心"；另一种是履行国内有关境外直接投资手续的大额投资并购项目，包括山东好彩有限责任公司并购塞尔维亚地产企业以获取中国驻前南斯拉夫使馆旧址土地所有权、江苏恒康家居科技股份有限公司与丹麦 EVERRESTAPS 公司合资成立塞尔维亚艾瑞斯特制品有限公司、河北钢铁集团收购塞尔维亚斯梅戴雷沃钢厂98％资产等。中塞两国在农业领域的合作主要以农业科技为主，但目前才刚刚起步，赴塞投资的中资农业企业较少。[①]

2021年12月6日，山东省与塞尔维亚伏伊伏丁那省（以下简称伏省）共同举办中国山东省—塞尔维亚伏省友好合作高层对话暨农业合作交流会。山东省农业厅、省农科院以及伏省农林水务部负责人分别介绍了两省农业、畜牧业、农业科研情况以及对外合作情况。山东省农业技术推广中心、省农科院相关单位与伏省农产品交易中心、植物保护和服务中心等多个机构、研究所参加交流会，并就病虫监测体系建设、农产品贸易、生物安全防治等领域的对口合作进行了深入交流，达成合作共识，为两省在农业领域开展务实合作奠定坚实基础。塞尔维亚是中国—中东欧合作机制及"一带一路"重点国家之一，山东省多家企业在塞有重要基建和投资项目。伏省综合实力突出，是塞尔维亚重要的经济大省、农业大省，与山东省合作潜力巨大，双方已签署关于建立友好关系的意向书。

据悉，2022年，一家中国公司正计划向塞尔维亚玉米加工业投资2.5亿欧元。目前谈判正在进行中，中国投资者计划每年加工50万吨玉米以生产氨基酸、淀粉和葡萄糖。塞尔维亚的玉米年产量介于620万～700万吨，这将是一个不可忽视的数量。同时，塞尔维亚每年出口玉米数量为300万～350万吨。

12.5.2.5　中国与克罗地亚

1994年4月11日，中国政府和克罗地亚共和国政府，为加强友好关系，鼓励和促进科技合作的发展，达成了合作协定。协定中规定缔约双方鼓励相互邀请科学家和其他技术专家传授科学技术知识和经验或讲学；相互派遣专家、技术人员进行科技考察；交换科学技术信息和资料、产品、材料、设备、仪器、配件的样品、种子、苗木等；就双方感兴趣的项目进行共同研究、研制试验和交换研制成果等内容。部分高校开展科技部国际合作司关于征集中国—克罗地亚科技合作委员会人员交流项目申报工作。

2019年，四川省农业科学院园艺研究所派遣科研人员赴克罗地亚执行了两国政府间科技合作项目，双方初步达成合作意向，未来将共同开展利用SSR或者SNP技术进行果树栽培品种的生物多样性研究。2019年8月28日，由农业农村部对外经济合作中心承办的"2019年克罗地亚农业合作研修班"在京正式开班。中克双方在农业方面进行多次深入交流，并制定相关政策，促进两国之间的科研单位进行合作交流，中克双方农业发展前景良好。

---

① 农业农村部对外经济合作中心《中国—塞尔维亚农业合作概述》。

12.5.3 西北欧国家

12.5.3.1 中国与奥地利

中国和奥地利在农业、创新、环保和科技等领域有着较为广泛的合作空间。早在 2014 年 10 月，农业部副部长牛盾会见了来访的奥地利农林环境与水利部部长安德烈·鲁佩莱希特一行。牛盾对奥方高度重视中奥农业合作表示肯定，赞同鲁佩莱希特关于更新中奥农业合作谅解备忘录的建议。为落实好中奥农业合作谅解备忘录，牛盾建议成立工作组，制定合作工作计划。此外，牛盾还建议双方加强在畜牧业、动物卫生、农产品质量安全和农产品贸易等领域的合作。在 2016 年 11 月，中国政府批准奥地利向中国出口猪肉。奥地利计划每年向中国出口价值 4 000 万欧元的 1.3 万吨猪肉（奥本国年消耗猪肉约 4.9 万吨）。由于欧盟限制对俄罗斯农产品出口，致使奥地利的猪肉生产出现无法消化的富余产能。中国对奥地利放开猪肉市场，解决了奥地利的燃眉之急（刘作奎，2017）。到了 2017 年，中国农业部与奥地利农林、环境和水利部共同商定在杭州余杭建设有机茶示范茶园，并在农业部质量安监局、国际合作司、中国绿色食品发展中心的联合统筹指导下，由浙茶集团负责具体实施创建，为我国优质农产品"走出去"作出了贡献。2021 年，在奥地利的一座上百年的葡萄园中，中国华为公司与奥地利最大的无人机提供商合作共同探索智慧农业中的潜力，利用 5G 技术结合无人机检测害虫以及葡萄的生长环境，并预测其收成情况。

12.5.3.2 中国与立陶宛

2016 年，中国国家质检总局与立陶宛农业部、国家食品和兽医总局正式签署立陶宛乳制品对华出口的卫生检验检疫议定书，立陶宛 15 家水产品企业和 17 家乳品生产企业分别获得对华出口资格，多家乳品公司已将商品出口至中国。2017 年中立签署冷冻牛肉对华出口协定书和中立农业合作行动计划、2018 年中立签署青贮饲料议定书、2019 年签署小麦、青贮饲料和野生海捕水产品对华出口议定书，2019 年底立陶宛牛肉和小麦首次实现对华出口。

据立陶宛早报（LRYTAS.LT）2021 年 5 月 16 日报道，考纳斯地区企业家多热里斯（M. Dorelis）成立农业无人机公司（Agrodronas），引进并出租中国农业无人机制造商极飞公司（XAG）生产的无人机，用于替代人力或拖拉机等农业机械，完成播种、施肥、杀虫、监控农作物生长状况、除草等任务，同时也可用于公园、森林养护和区域消杀等工作。多热里斯表示，农业无人机可完成多种任务，保护人类健康和环境。据估算，使用无人机可少用 50% 杀虫剂，节约大量管理成本，比使用拖拉机降低成本 250%。

12.5.3.3　中国与拉脱维亚

2021 年 10 月 29 日，第十届品牌农业发展国际研讨会在京召开。拉脱维亚共和国驻华大使馆商务参赞英格做分享。英格表示，拉脱维亚共和国有着丰富的海洋资源，而且国土一半面积是由森林覆盖，自然资源丰富，有利于农业发展。近年来，拉脱维亚向中国出口加工鱼产品、冷冻鱼产品、牛奶、奶粉，以及葡萄。中国市场潜力巨大，很多品牌想进入中国市场，在中国寻找合作伙伴，共同打造出口产品分销渠道。

拉脱维亚 Kiin Products 公司是一家养蜂的家族企业，第三代养蜂人奥斯卡·米克维可思 2016 年在昆明参加第十四届中国国际农产品交易会时带了十多种蜂蜜与蜂产品参展，他说："我们有一半的国土都是森林，是一个绿色的国家，可以生产出十分健康的有机蜂蜜，它们来源于 100 多种花，含有不同的营养元素。"据了解，拉脱维亚的有机农场和有机农产品正在逐渐增加，2014 年有 11% 的耕地都用于有机农业，除了蜂产业，谷物和乳制品构成了农业产品出口的两大主要支柱。

拉脱维亚牛肉出口中国。"拉脱维亚牛用鲜牧草、干草和谷物喂养。它们生活在设有专用过冬住所的天然绿色牧场里。"在 2014 年 6 月，中国国家质检总局和拉脱维亚农业部签署了向中国出口牛羊肉检疫和卫生要求相关文件，拉脱维亚也成为继罗马尼亚之后第二个牛肉获准进入中国市场的欧洲国家。作为欧盟成员国，拉脱维亚牛肉制品出口一直适用欧盟标准，从农场到屠宰场全流程，不仅严格控制相关兽医标准，也注重提高动物的福利。拉脱维亚牛肉制品获得向中国出口许可的企业有 CESUGALASKOMBINATSLTD 和 BIAMEATLTD 两家公司。借助宁波承办第二届中国—中东欧国家博览会暨国际消费品博览会的优势，拉脱维亚牛肉出口量将达到 2 000 吨。目前，拉脱维亚 12 家乳制品企业和 35 家水产品企业先后获得中国国家认证认可监督管理委员会认证，一些牛羊肉和蜂蜜企业也在积极申请进入中国市场。在 2018 年首届中国国际进口博览会、2020 年中国进出口商品交易会、2021 年中国—中东欧国家博览会、2016 年北京和 2018 年宁波"品味拉脱维亚"活动上，拉脱维亚特色优质食品得到中国消费者的喜爱。

参考文献

REFERENCES

[1] 白子明,李佳辰,周慧秋.中国与哈萨克斯坦农产品贸易的竞争性和互补性研究 [J].农村经济与科技,2021,32 (11):133-137.

[2] 陈吉元,刘玉满.奥地利农业情况和农业政策 [J].中国农村经济,1997 (6):75-79.

[3] 陈容.2000—2017中国农产品出口贸易分析 [J].农学学报,2020,10 (5):84-90.

[4] 陈谢晟."一带一路"背景下赴以色列投资的问题与对策 [J].国际经济合作,2017 (12):44-47.

[5] 程云洁,江瑞瑞.中国与巴基斯坦商品贸易互补性和竞争性研究——基于"中巴经济走廊"建设视角 [J].新疆大学学报(哲学·人文社会科学版),2017,45 (3):1-8.

[6] 德米特.俄罗斯农地制度改革和农业政策的研究以及与中国的比较 [D].呼和浩特:内蒙古农业大学,2012.

[7] 丁存振,肖海峰.中国与中亚西亚经济走廊国家农产品贸易特征分析——基于"一带一路"战略背景 [J].经济问题探索,2018 (6):112-122,163.

[8] 丁世豪,布娲鹣·阿布拉.中国与土耳其农产品贸易增长潜力分析 [J].世界农业,2015 (4):100-104.

[9] 董盈希,等.葡萄牙葡萄酒开拓中国市场的机遇与挑战 [J].现代商业,2022 (27):29-31.

[10] 段正吾,段晓铨.波罗的海地区可持续农业的发展态势 [J].中国农村经济,1999 (7):75-77.

[11] 高际香.俄罗斯农业发展战略调整与未来政策方向 [J].东北亚学刊,2020 (1):86-94,148-149.

[12] 戈丹娜·久多维奇,张佳慧,吴锋.中黑两国经贸和农业的合作现状与未来展望 [J],江南大学学报(人文社会科学版).2015,14 (2).

[13] 戈丹娜·久多维奇,张佳慧,吴锋.中黑两国经贸和农业的合作现状与未来展望 [J].江南大学学报(人文社会科学版),2015,14 (2):79-85.

[14] 谷秋锋.中国—伊朗农产品贸易现状及问题研究 [D].重庆:西南大学,2011.

[15] 郭静利,粟若杨.中国与土库曼斯坦农业合作前景分析 [J].世界农业,2016 (11):183-187.

[16] 郭艳."克罗地亚将继续把优质的农产品带入中国市场"——专访克罗地亚驻华大使达里欧·米海林 [J].中国对外贸易,2020 (11):16-17.

[17] 郭艳.希腊与中国合作空间巨大 期待进博会合作商机——专访希腊驻华大使乔治·

伊利奥普洛斯 [J]. 中国对外贸易，2020 (11)：24-26.

[18] 韩永辉，邹建华. "一带一路"背景下的中国与西亚国家贸易合作现状和前景展望 [J]. 国际贸易，2014 (8)：21-28.

[19] 胡国良，王岩冰. 中俄农产品贸易效率与潜力——基于随机前沿引力模型的分析 [J]. 新疆财经大学学报. 2021 (2).

[20] 胡国良，赵凯路. "一带一路"背景下中俄农业合作的现状及对策 [J]. 农村实用技术，2021 (6)：7-10.

[21] 胡依沽，吴晓璐，王霖斌. "一带一路"背景下中国与意大利农业合作探析——基于扎根理论的研究 [J]. 世界农业，2020 (12).

[22] 华定. 中巴经济走廊建设下的中巴贸易效率和潜力研究 [D]. 广州：广东外语外贸大学，2020.

[23] 贾焰，等. 建设境外农业合作开发区研究 [J], 世界农业. 2016 (1).

[24] 佚名. 江苏省科技厅与斯洛伐克创新与能源署正式签署科技创新合作备忘录 [J]. 华东科技，2021 (1)：11.

[25] 蒋菁. 普京第三任期以来俄罗斯农业的发展状况与政策调整 [J]. 欧亚经济，2020 (3)：59-73+126, 128.

[26] 康永兴，等. 中国—罗马尼亚农业合作开发前景分析 [J]. 安徽农业科学，2019，47 (4)：253-257.

[27] 雷鸣，龙辉. 农产品双边贸易发展对策研究——以中泰贸易为例 [J]. 安徽农学通报，2021，27 (15)：174-175.

[28] 李慧玲，马海霞. 巴基斯坦经济发展机遇与"一带一路"建设 [J]. 学术探索，2016 (7)：36-43.

[29] 李建军，张雨涛. 孟加拉国对外贸易自由化改革及成效 [J]. 南亚研究季刊，2013 (4)：50-55, 5.

[30] 李睿恒. 海外农场：阿联酋的粮食依靠？ [J]. 世界知识，2017 (7)：46-47.

[31] 李兴汉. 爱沙尼亚、拉脱维亚和立陶宛三国国情（一） [J]. 东欧中亚市场研究，2000 (6)：21-27.

[32] 李玉梅. 中国与印度农业贸易发展环境及政策比较 [J]. 世界农业，2016 (7)：140-143.

[33] 梁嘉明，刘小丹，黄海滨. 粤港澳大湾区与葡萄牙、巴西科技合作潜力研究 [J]. 科技管理研究，2021，41 (11)：42-52.

[34] 梁雪秋. "一带一路"背景下黑龙江省与乌克兰农业合作研究 [J]. 商业经济，2019，512 (4)：18-21.

[35] 刘彬凤. "一带一路"背景下中印农业合作的现状及推进策略 [J]. 对外经贸实务，2020 (9)：31-34.

[36] 刘乐霞. 中国与孟加拉国在国际贸易结算中需要注意的内容 [J]. 现代经济信息，2013 (19)：179.

[37] 刘鸣双，Hu Guoliang. 中哈农业合作的发展现状及对策 [J]. 对外经贸，2020 (8)：

9-12.

[38] 刘作奎. 中国和奥地利经贸合作现状与前景及政策建议 [J]. 当代世界，2017 (7)：42-45.

[39] 龙盾，陈瑞剑，杨光. "一带一路"建设下中国企业赴俄罗斯农业投资现状及分析 [J]. 世界农业，2019 (9)：96-103.

[40] 鲁启. 中国—以色列建交后的农业合作 [D]. 西安：西北大学，2010.

[41] 佚名. 罗马尼亚经济与商业环境风险分析报告 [J]. 国际融资，2018 (11)：60-63.

[42] 买买提热夏提·肉孜，布娲鹣·阿布拉. 中国与塔吉克斯坦农产品贸易现状分析 [J]. 边疆经济与文化，2013 (4)：27-30.

[43] 米琳，刘艳，高旭. 吉尔吉斯斯坦与中国贸易的互补性分析 [J]. 现代农业，2021 (4)：27-29.

[44] 苗红萍，等. 中国—吉尔吉斯斯坦农产品贸易分析与展望——基于新中国成立70年的历史考察 [J]. 农业展望，2019，15 (12)：24-31.

[45] 穆晓路，阿尔玛耶夫，张彩虹. 中国与吉尔吉斯斯坦设施农业合作前景浅析 [J]. 新疆农机化，2018 (3)：35-37.

[46] 茹蕾，姜晔，陈瑞剑. "一带一路"农业产业园区建设：趋势特点与可持续发展建议 [J]. 世界农业，2019，(12)：21-26，40-43.

[47] 沈云亭. 以色列农业发展经验及对我国农业现代化的启示 [J]. 农村·农业·农民 (B版)，2019 (3)：33-37.

[48] 舒芹，等. 中巴农产品贸易的效率评价与潜力预测研究 [J]. 干旱区地理，2019，42 (6)：1454-1460.

[49] 司思. 中俄农业——可以合作得更好 [J]. 中国经贸. 2006 (11).

[50] 苏珊珊，霍学喜，黄梅波. 中国与"一带一路"国家农业投资合作潜力和空间分析 [J]. 亚太经济，2019 (2)：112-121，152.

[51] 粟若杨，郭静利. 中国和沙特阿拉伯农业重点合作领域前景分析 [J]. 农业展望，2016，12 (8)：67-71.

[52] 仝宇欣. 罗马尼亚设施园艺发展历程与现状 [J]. 农业工程技术，2021，41 (7)：32-36.

[53] 万翔，等. 以色列的现代沙漠农业 [J]. 甘肃林业科技，2020，45 (3)：42-45.

[54] 汪晓波，朱英丽. 俄罗斯农业现况及中俄农业合作潜力 [J]，北方经贸. 2009 (6).

[55] 王宝锟. 奥地利有机农产品市场快速成长 [N]. 经济日报，2011-06-16 (010).

[56] 王金岩. 中国与阿联酋共建"一带一路"的条件、问题与前景 [J]. 当代世界，2017 (6)：66-69.

[57] 王鹏. "一带一路"投资政治风险研究之塞尔维亚 [OL]. 中国网，http：//opinion. china. com. cn/opinion _ 49 _ 139049. html.

[58] 王蕊，袁波，宋云潇. 自由贸易区战略实施效果评估及展望 [J]. 国际经济合作，2021 (1)：12-22.

[59] 王志. 区域一体化的多重路径地区经济组织的定性比较分析 [J]. 国际论坛，2021，

23 (2)：120 - 141，159 - 160.

[60] 王志民，陈宗华."一带一路"建设的七年回顾与思考 [J].东北亚论坛，2021，30 (1)：104 - 114，128.

[61] 王仲辉，吴亚琴.加强与"一带一路"国家、地区农业贸易合作的研究 [J].中国发展，2017，17 (4)：38 - 44.

[62] 吴刚."一带一路"续写中国与土耳其农产品合作共赢之路 [J].商场现代化，2021 (2)：72 - 74.

[63] 佚名.西欧五国农牧业产业化经营的成功经验——赴西欧五国农业学习考察 [J].甘肃农业，1999 (3)：20 - 22，31.

[64] 夏咏，张庆红，马惠兰.哈萨克斯坦对中国农产品通关便利化：现状、问题与建议 [J].俄罗斯中亚东欧市场，2012 (5)：33 - 36.

[65] 肖宪."一带一路"视角下的中国与以色列关系 [J].西亚非洲，2016 (2)：91 - 108.

[66] 辛岭，胡景丽.克罗地亚农业现状及其与中国的合作 [J]，世界农业.2008 (7).

[67] 辛岭.马其顿农业现状及其与中国的农业合作 [J].现代农业科技.2008 (17).

[68] 徐曼.抓住中国与葡萄牙经贸合作新契机 [N].中国经济时报，2015 - 05 - 19.

[69] 许世信，信乃诠.当代世界农业 [M].北京：中国农业出版社，2010.

[70] 薛荣久，张斌涛.WTO 与"一带一路"规则的构建 [J].国际贸易，2017 (12)：40 - 43.

[71] 闫泓多.俄罗斯农业科技创新政策研究 [J].农家参谋，2020 (13)：33 - 34.

[72] 闫琰，王秀东."一带一路"背景下我国与中亚五国农业区域合作的重点领域 [J].经济纵横，2016 (12)：67 - 72.

[73] 杨超，等.罗马尼亚产业投资环境与合作潜力 [J].国际经济合作，2018 (7)：72 - 76.

[74] 叶霄，N.A.科甘诺娃等.中国与俄罗斯农业合作状况与发展思路 [J].中国农学通报.2021，37 (11).

[75] 殷永林.中巴商品贸易发展研究 [J].南亚研究季刊，2015 (1)：55 - 59，5.

[76] 游赛夫."进博会"——抓住中国与沙特阿拉伯经贸投资新机遇 [J].现代商业，2021 (3)：62 - 64.

[77] 于立新，裴莹.中国"一带一路"战略布局思考 [J].国际贸易，2016 (1)：14 - 20.

[78] 于敏，李德阳，于戈，龙盾.中国对中东欧国家农业投资合作潜力、风险及合作建议 [J].农业展望，2021，17 (3)：109 - 114.

[79] 余贵媛，刘会红.中非贸易合作发展研究 [J].现代经济信息，2018 (23)：136 - 137.

[80] 余宗敏.中国奥地利加深经贸合作可行性研究 [D].北京：对外经济贸易大学，2018.

[81] 袁祥州，朱满德.印度农业支持政策框架及其效应分析 [J].新疆农垦经济，2019 (1)：87 - 93.

[82] 张超阳，杨兴礼，艾少伟.新时期伊朗农业特征与中伊农业合作前景初探 [J].世界

地理研究，2005（1）：46－52.

[83] 张超阳. 中国和伊朗农业合作研究 [D]. 重庆：西南大学，2006.

[84] 张慧. 中国与塔吉克斯坦农业经贸合作现状及前景分析 [J]. 世界农业，2015（3）：123－126，166.

[85] 张帅. 中阿合作论坛框架下的农业合作：特征、动因与挑战 [J]. 西亚非洲，2020（6）：78－107.

[86] 张双双. "一带一路"战略背景下中国对阿拉伯国家出口潜力的实证研究 [D]. 济南：山东财经大学，2015.

[87] 张滔，范鹏辉. 中国与阿联酋经贸合作的空间、挑战和应对建议 [J]. 中国经贸导刊，2020（10）：55－58.

[88] 张希颖，等. 促进中国和中东欧农业投资合作的探索——以中捷农场为例 [J]. 商业经济，2019（4）：79－80，182.

[89] 张颖. 土库曼斯坦与中国农产品贸易分析 [J]. 农业工程，2018，8（4）：149－150.

[90] 张志斋. 中国对菲律宾农产品出口贸易增长方式研究 [D]. 保定：河北大学，2019.

[91] 赵李洁，叶琳. 中非农业科技合作前景及对策研究 [J]. 云南科技管理，2020，33（2）：30－33.

[92] 赵鑫，孙致陆. "一带一路"背景下中国与乌克兰农产品贸易前景分析 [J]. 世界农业. 2021（3）.

[93] 中国信保. 罗马尼亚经济与商业环境风险分析报告 [J]. 国际融资. 2018（11）：60－63.

[94] 张迎红. 中摩务实合作前景广阔 [N]. 人民日报，2016－08－08.

[95] 周太东. 中国与希腊 "一带一路" 投资合作——比雷埃夫斯港项目的成效、经验和启示 [J]. 海外投资与出口信贷，2020（2）：35－39.

[96] 朱月季，胡晨，李佳莲. "一带一路"倡议下中国与东盟国家农业技术合作模式研究 [J]. 世界农业，2018（9）：28－33＋57，247.

[97] 朱长明. 我国农产品出口俄罗斯遭遇绿色壁垒现状、原因及策略 [J]. 对外经贸实务. 2021（3）.

图书在版编目（CIP）数据

"一带一路"农业合作与政策／朱玉春，王永强主编． -- 北京：中国农业出版社，2024. 11. -- ISBN 978-7-109-32642-2

Ⅰ. F31

中国国家版本馆 CIP 数据核字第 2024EN9261 号

"一带一路"农业合作与政策
"YIDAIYILU" NONGYE HEZUO YU ZHENGCE

中国农业出版社出版

地址：北京市朝阳区麦子店街 18 号楼

邮编：100125

责任编辑：赵　刚

版式设计：王　晨　　责任校对：吴丽婷

印刷：北京中兴印刷有限公司

版次：2024 年 11 月第 1 版

印次：2024 年 11 月北京第 1 次印刷

发行：新华书店北京发行所

开本：700mm×1000mm　1/16

印张：20.5

字数：390 千字

定价：148.00 元